300만 독자가 선택한

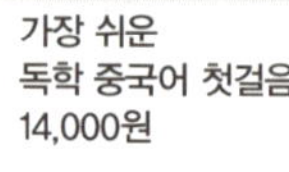

가장 쉬운
독학 일본어 첫걸음
14,000원

가장 쉬운
독학 중국어 첫걸음
14,000원

가장 쉬운
프랑스어 첫걸음의 모든 것
17,000원

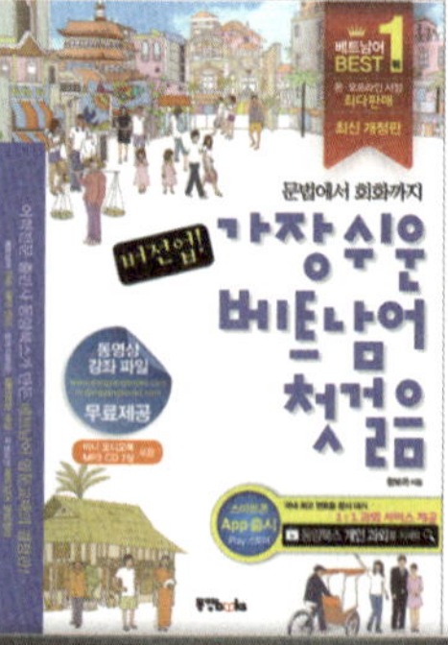

가장 쉬운
독일어 첫걸음의 모든 것
18,000원

가장 쉬운
스페인어 첫걸음의 모든 것
14,500원

버전업! 가장 쉬운
베트남어 첫걸음
16,000원

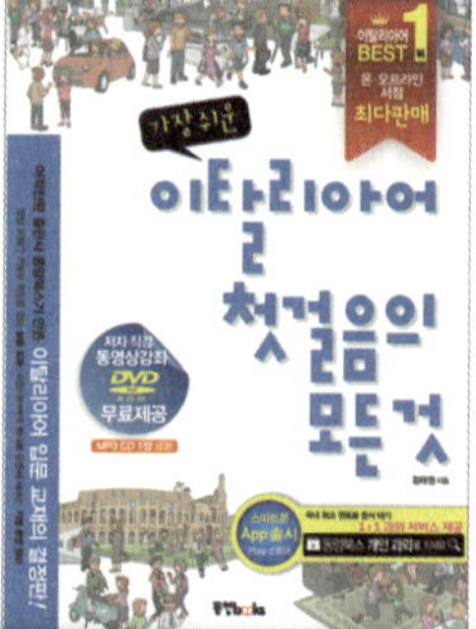

버전업! 가장 쉬운
태국어 첫걸음
16,800원

가장 쉬운
러시아어 첫걸음의 모든 것
16,000원

가장 쉬운
이탈리아어 첫걸음의 모든 것
17,500원

첫걸음 베스트 1위!

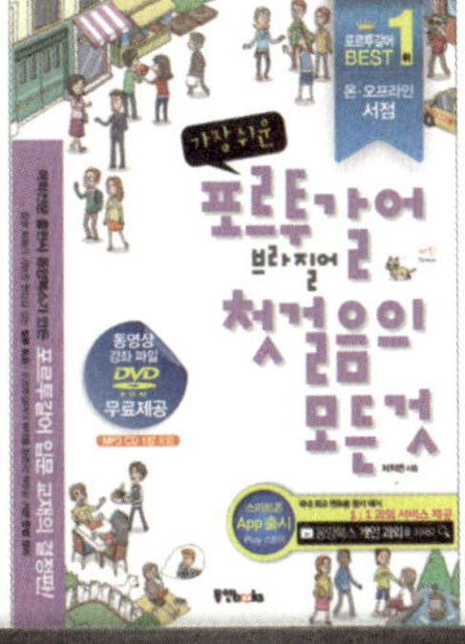

가장 쉬운
포르투갈어 첫걸음의 모든 것
18,000원

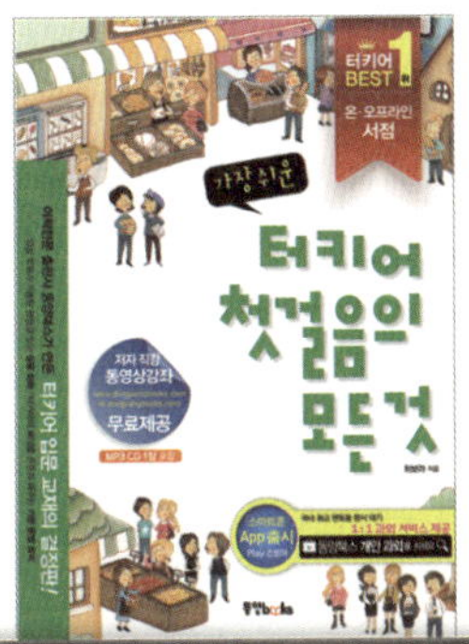

가장 쉬운
터키어 첫걸음의 모든 것
16,500원

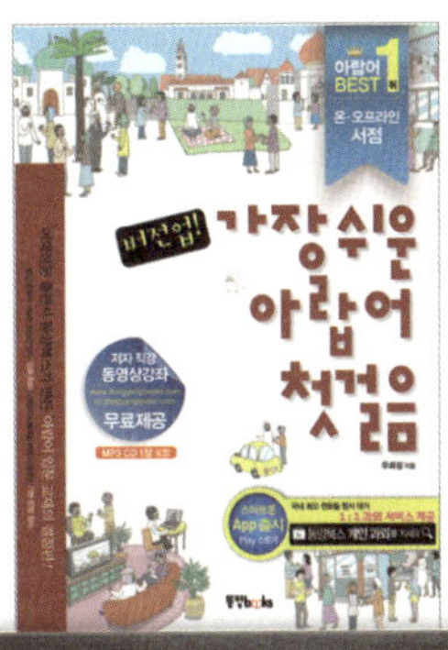

버전업! 가장 쉬운
아랍어 첫걸음
18,500원

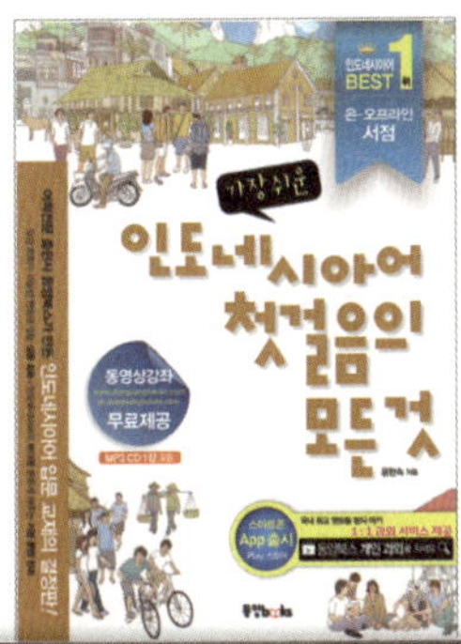

가장 쉬운
인도네시아어 첫걸음의 모든 것
18,500원

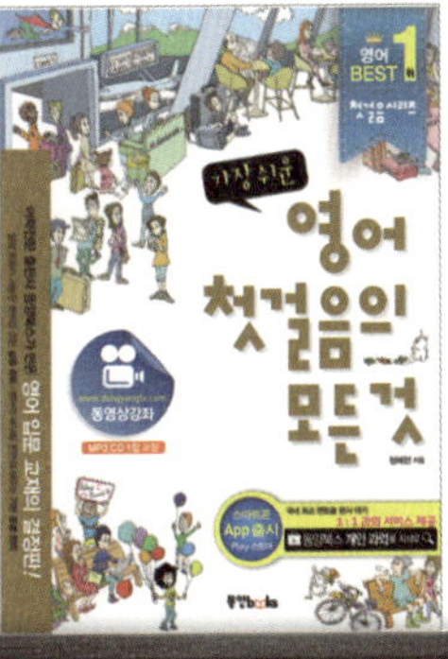

가장 쉬운
영어 첫걸음의 모든 것
16,500원

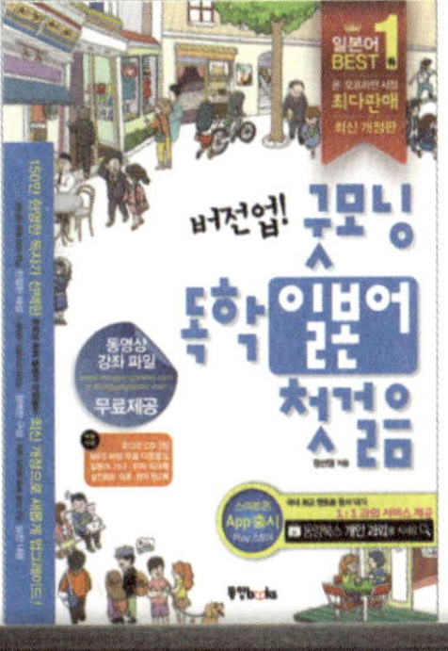

버전업! 굿모닝
독학 일본어 첫걸음
14,500원

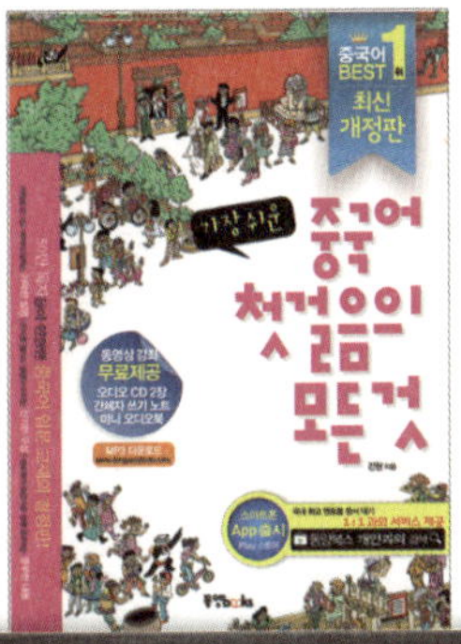

가장 쉬운
중국어 첫걸음의 모든 것
14,500원

동양북스
www.dongyangbooks.com
www.dongyangtv.com
m.dongyangbooks.com

北京大學

新 HSK

더

THE

모의고사

4급

북경대학 감수 | 배수진 · 최지은 편저

동양북스　北京大學出版社
PEKING UNIVERSITY PRESS

초판 인쇄 | 2016년 9월 1일
초판 발행 | 2016년 9월 5일

편저자 | 배수진 · 최지은
발행인 | 김태웅
총　괄 | 권혁주
편집장 | 이경숙
책임편집 | 김효수, 장아름
디자인 | 차경숙
마케팅 총괄 | 나재승
마케팅 | 서재욱, 김귀찬, 왕성석, 이종민, 조경현
온라인 마케팅 | 김철영, 양윤모, 탁수지
제　작 | 현대순
총　무 | 한경숙, 안서현, 최여진, 강아담
관　리 | 김훈희, 이국희, 김승훈, 이규재

발행처 | 동양북스
등　록 | 제10-806호(1993년 4월 3일)
주　소 | 서울시 마포구 동교로22길 12 (04030)
전　화 | (02)337-1737
팩　스 | (02)334-6624

http://www.dongyangbooks.com
http://www.dongyangTV.com

ISBN 979-11-5703-194-8 14720
ISBN 979-11-5703-186-3 (세트)

이 도서의 국립중앙도서관 출판예정도서목록(CIP)은 서지정보유통지원시스템 홈페이지(http://seoji.go.kr)와
국가자료공동목록시스템(http://www.nl.go.kr/kolisnet)에서 이용하실 수 있습니다.
(CIP제어번호:CIP2016018955)

머리말

新한어수평고시(新汉语水平考试 , 이하 新HSK)는 중국 국가한반(中国国家汉办)이 새롭게 내놓은 권위 있는 중국어능력평가시험입니다. 新HSK 취득자는 국내 기업 취업 및 승진 시 일정의 가산점을 부여받을 수 있는 장점이 있어, 응시자 수가 해마다 증가하고 있습니다. 그뿐만 아니라 문화, 예술, 산업 등 다방면에서 중국어에 대한 수요가 증가하고 있기에, 이제 중국어는 영어 못지않게 중요한 언어가 되었습니다. 이에 수험생들이 단시간에 新HSK를 취득할 수 있도록 실제 시험과 유사한 문제들을 반복 학습함으로써 시험 합격률을 높이고, 실제 중국어 구사 능력까지 향상할 수 있게 하기 위해서 이 실전 모의고사 문제집을 만들게 되었습니다.

1 최신 개정 난이도 전격 반영!

이 책의 집필진은 수십 년간 현장 강의 경험을 통해 매년 바뀌는 新HSK의 경향과 흐름을 파악하였고, 특히 2013년에 비해 월등히 난이도가 높아진 최근 新HSK 경향을 반영하였습니다. 출제율이 떨어지는 어휘들은 배제하였고, 최근 4~5개월 동안의 기출 경향을 담았습니다. 또한, 新HSK에 출제된 문장과 단어, 출제 특징 및 문제의 핵심 포인트를 분석하였습니다. 이를 통해 수험생들이 실제 시험과 매우 유사한 문제들로 학습하여 짧은 시간 내에 점수를 취득할 수 있게 될 것입니다.

2 응시자 눈높이에 맞춘 문제 구성

다년간의 HSK 강의 경험을 통해 많은 수험생들이 쉽게 암기하지 못하는 어휘, 어려워하는 문장 구조들을 통계 분석하여 반영하였습니다. 눈높이에 정확히 맞춰진 문제 및 어휘들을 통해 시간 낭비 없이 최단 시간에 수험 능력을 전반적으로 향상할 수 있도록 하였습니다.

3 북경대학의 감수로 믿고 푸는 실전 모의고사

시중에 많은 HSK 모의고사가 있지만, 권위 있는 북경대학 HSK 집필진이 감수하고 그 결과를 반영한 모의고사는 본 서가 처음이자 마지막입니다. 다년간 HSK만을 연구하고 또 문제 출제에 참여한 경험이 있는 집필진들이 직접 감수를 하여 현재 출간된 그 어떤 모의고사보다도 더 최신 출제 경향에 가까워, 본 서로 자신의 실력을 점검한 후 바로 시험장으로 갈 수 있는 단 하나의 모의고사라고 자부합니다.

본 실전 모의고사 문제집은 최근 변화된 난이도에 근거해서 HSK 강의만 10년 해온 편저자가 수험생들의 눈높이에 맞춰 집필된 훌륭한 수험 대비서임을 자부합니다. 오랜 기간 동안 심혈을 기울여 준비한 이 실전 모의고사 시리즈가 新HSK를 준비하는 모든 수험생들에게 밝은 빛을 비춰주는 등대가 되길 바랍니다.

편저자 배수진, 최지은

新HSK는 국제 중국어능력 표준화 시험으로, 중국어가 모국어가 아닌 수험생의 생활 · 학습 · 업무 중 중국어를 이용하여 교제를 진행하는 능력을 중점적으로 측정한다.

1. 구성 및 용도

新HSK는 필기시험과 구술시험으로 나누어지며, 각 시험은 서로 독립되어 있다. 또한 新HSK는 ① 대학의 신입생 모집 · 분반 · 수업 면제 · 학점 수여, ② 기업의 인재채용 및 양성 · 진급, ③ 중국어 학습자의 중국어 응용능력 이해 및 향상, ④ 중국어 교육 기관의 교육 성과 파악 등의 참고 기준으로 사용할 수 있다.

필기시험	구술시험
新HSK 6급 (구 고등 HSK에 해당)	HSKK 고급
新HSK 5급 (구 초중등 HSK에 해당)	HSKK 고급
新HSK 4급 (구 초중등 HSK에 해당)	HSKK 중급
新HSK 3급 (구 기초 HSK에 해당)	HSKK 중급
新HSK 2급 (신설)	HSKK 초급
新HSK 1급 (신설)	HSKK 초급

※구술시험은 녹음 형식으로 이루어진다.

2. 등급

新HSK 각 등급과 〈국제 중국어 능력 기준〉, 〈유럽 언어 공통 참고규격(CEF)〉의 대응 관계는 아래와 같다.

新HSK	어휘량	국제 중국어 능력 기준	유럽 언어 공통 참고규격(CEF)
6급	5,000 이상	5급	C2
5급	2,500	5급	C1
4급	1,200	4급	B2
3급	600	3급	B1
2급	300	2급	A2
1급	150	1급	A1

新HSK 1급	매우 간단한 중국어 단어와 문장을 이해하고 사용할 수 있으며, 구체적인 의사소통 요구를 만족시키고 진일보한 중국어 능력을 구비한다.
新HSK 2급	익숙한 일상 화제에 대해 중국어로 간단하고 직접적인 교류를 할 수 있으며, 초급 중국어의 우수 수준이라 할 수 있다.
新HSK 3급	중국어로 일상생활, 학습, 업무 등 방면에서 기본 의사소통이 가능하며 중국에서 여행할 때 대부분의 의사소통이 가능하다.
新HSK 4급	비교적 넓은 영역의 화제에 대해 중국어로 토론할 수 있으며, 원어민과 비교적 유창하게 대화할 수 있다.
新HSK 5급	중국어로 신문과 잡지를 읽고 영화와 TV 프로그램을 감상할 수 있으며 중국어로 비교적 완전한 연설을 할 수 있다.
新HSK 6급	중국어로 된 정보를 가볍게 듣고 이해할 수 있으며, 구어 또는 서면어의 형식으로 자신의 견해를 유창하게 표현할 수 있다.

3. 접수

① **인터넷 접수** : HSK 홈페이지(www.hsk.or.kr)에서 접수

② **우 편 접 수** : 구비서류(사진 부착한 응시원서 + 반명함판 사진 1장 + 응시비 입금영수증)를 동봉하여 HSK 한국사무국으로 등기 발송

③ **방 문 접 수** : 서울공자아카데미(HSK 한국사무국 2층)에서 접수

    접수시간 평일 - 오전 9시 30분~12시, 오후 1시~5시 30분 /

                  토요일 - 오전 9시 30분~12시

    준비물 응시원서, 사진 3장(3×4cm 반명함판 칼라 사진, 최근 6개월 이내 촬영)

4. 시험 당일 준비물

수험표, 2B 연필, 지우개, 신분증

※유효한 신분증:

- 18세 이상 - 주민등록증, 운전면허증, 기간만료 전의 여권, 주민등록증 발급신청 확인서

- 18세 미만 - 기간만료 전의 여권, 청소년증, 청소년증 발급신청 확인서, HSK 신분확인서

    주의! 학생증, 사원증, 국민건강보험증, 주민등록등본, 공무원증은 인정되지 않음

5. 성적 조회, 성적표 수령

시험일로부터 1개월 후 중국고시센터 홈페이지(www.hanban.org)에서 개별 성적 조회가 가능하며, 성적표는 시험일로부터 45일 이후 발송된다.

1. 新HSK 4급 소개

- **어휘 수 :** 1,200개
- **수　준 :** 비교적 넓은 영역의 화제에 대해 중국어로 토론할 수 있으며, 원어민과 비교적 유창하게 대화할 수 있다.
- **대　상 :** 매주 2~4시간씩 4학기 정도의 중국어를 학습하고 1,200개의 상용어휘 및 관련 어법지식을 가지고 있는 학습자를 대상으로 한다.

2. 시험 구성

시험과목	문제형식		문항 수	시간
듣기	제1부분	10	45	약 30분
	제2부분	15		
	제3부분	20		
듣기 답안지 작성				5분
독해	제1부분	10	40	40분
	제2부분	10		
	제3부분	20		
쓰기	제1부분	10	15	25분
	제2부분	5		
합계			100	약 100분

※**총 시험 시간 105분(개인정보 작성 시간 5분 포함)**

3. 영역별 문제 유형

듣기	제1부분 (10문제)	**단문 듣고 주어진 문장의 옳고 그름 판단하기** 한 사람이 말한 후 두 번째 사람이 한 문장을 말한다. 두 번째 사람이 하는 말의 옳고 그름을 판단한다.(녹음은 1번 들려준다)
	제2부분 (15문제)	**2문장의 대화를 듣고 질문에 답하기** 두 사람의 대화 후 질문에 대한 답을 고른다. 시험지에 제시되는 4개의 선택항 중 알맞은 답안을 고른다.(녹음은 1번 들려준다)

	제3부분 (20문제)	**4~5문장의 대화나 단문 듣고 질문에 답하기** 대화는 각 1문제씩 10문제, 단문은 각 2문제씩 10문제로 이루어져 있다. 대화나 단문을 듣고 시험지에 제시되는 4개의 선택항 중 알맞은 답안을 고른다.(녹음은 1번 들려준다)
독 해	제1부분 (10문제)	**괄호 안에 들어갈 알맞은 단어 고르기** 5문제는 한 문장, 5문제는 대화로 이루어져 있다. 제시된 선택항 중에서 빈칸에 들어갈 단어를 고른다.
	제2부분 (10문제)	**문장 배열하기** 주어진 ABC 3개의 문장을 순서에 맞게 배열한다.
	제3부분 (20문제)	**단문 독해하고 질문에 답하기** 짧은 단락은 각 1문제씩 14문제, 비교적 긴 단락은 각 2문제씩 6문제로 이루어져 있다. 독해 후 4개의 선택항 중 알맞은 답을 고른다.
쓰 기	제1부분 (10문제)	**주어진 어휘를 조합해서 문장 만들기** 문제마다 몇 개의 어휘가 주어지며, 어휘를 이용하여 문장을 만든다.
	제2부분 (5문제)	**주어진 사진과 어휘를 보고 문장 쓰기** 매 문제마다 사진과 어휘가 한 개씩 제공되는데, 그림의 내용에 맞게 문장을 만든다.

4. 성적

성적표는 듣기, 독해, 쓰기 세 영역의 점수 및 총점이 기재되며, 총점이 180점을 넘어야 합격이다.

	만점	점수
듣기	100	
독해	100	
쓰기	100	
총점	300	

※HSK 성적은 시험일로부터 2년간 유효하다.

国家汉办/孔子学院总部
Hanban/Confucius Institute Headquarters

新 汉 语 水 平 考 试
Chinese Proficiency Test

HSK （四级）成绩报告
HSK (Level 4) Examination Score Report

姓名：＿＿＿＿＿＿＿＿＿＿＿＿＿＿＿＿＿＿＿＿＿＿
Name

性别：＿＿＿＿＿＿ 国籍：＿＿＿＿＿＿＿＿＿＿＿＿＿
Gender　　　　　Nationality

考试时间：＿＿＿＿＿＿＿＿＿ 年 ＿＿＿＿ 月 ＿＿＿＿ 日
Examination Date　　　　　Year　　　Month　　　Day

编号：＿＿＿＿＿＿＿＿＿＿＿＿＿＿＿＿＿＿＿＿＿＿＿＿
No.

	满分 （Full Score）	你的分数 （Your Score）
听力 （Listening）	100	
阅读 （Reading）	100	
书写 （Writing）	100	
总分 （Total Score）	300	

总分180分为合格 （Passing Score：180）

主任　　　　　　　　　　　 国家汉办
Director ＿＿＿＿＿＿＿＿＿＿　Hanban

中国 • 北京
Beijing • China

차례

실전 모의고사

제1회

新汉语水平考试
HSK(四级)
全真模拟题 1

注意

一、　HSK(四级)分三部分：

　　1．听力(45题，约30分钟)

　　2．阅读(40题，40分钟)

　　3．书写(15题，25分钟)

二、　听力结束后，有5分钟填写答题卡。

三、　全部考试约105分钟(含考生填写个人信息时间5分钟)。

中国　北京　　　　　　　　　　　　ＸＸＸＸ/ＸＸＸＸＸＸ　　编制

一、听 力

第 一 部 分

第1-10题：判断对错。

> 例如：我想去办个信用卡，今天下午你有时间吗? 陪我去一趟银行?
>
> ★ 他打算下午去银行。 （ ✓ ）
>
>   现在我很少看电视，其中一个原因是，广告太多了，不管什么时间，也不管什么节目，只要你打开电视，总能看到那么多的广告，浪费我的时间。
>
> ★ 她喜欢看电视广告。 （ ✕ ）

1. ★ 已经联系上李律师了。 （ ）

2. ★ 那个人非常会讲笑话。 （ ）

3. ★ 那场比赛他输了。 （ ）

4. ★ 王先生还没到酒店。 （ ）

5. ★ 老张天天迟到。 （ ）

6. ★ 她在向大家道歉。 （ ）

7. ★ 超市允许带包进入。 （ ）

8. ★ 三点以后人会比较少。 （ ）

9. ★ 任务推迟了两天才完成。 （ ）

10. ★ 睡太久对身体不好。 （ ）

第 二 部 分

第11-25题：请选出正确答案。

11.　A 很精彩　　　B 还在进行　　　C 在郊区举行　　　D 他们输了

12.　A 内容乱　　　B 很有趣　　　C 错误多　　　D 广告少

13.　A 很瘦　　　B 有礼貌　　　C 有些懒　　　D 很安静

14.　A 复习　　　B 改密码　　　C 记住新号码　　　D 申请邮箱

15.　A 学游泳　　　B 做蛋糕　　　C 写小说　　　D 练普通话

16.　A 能学到东西　　　B 受爸爸的影响　　　C 觉得有趣　　　D 京剧很流行

17.　A 朴律师　　　B 房东　　　C 文章的作者　　　D 服务员

18.　A 公园出口　　　B 超市　　　C 售票处　　　D 厕所

19.　A 能正常打球　　　B 更严重了　　　C 还要打针　　　D 好多了

20.　A 方向感差　　　B 很失望　　　C 认识路　　　D 怕发生危险

21.　A　长得不高　　　B　很优秀　　　C　弄破了信封　　　D　会功夫

22.　A　航班时间　　　B　大门密码　　　C　信用卡卡号　　　D　电话号码

23.　A　来不及看　　　B　没看懂　　　C　没错误　　　D　书太厚

24.　A　要去留学　　　B　是公司职员　　　C　不要打扮　　　D　请假了

25.　A　专业不符　　　B　来不及了　　　C　奖金少　　　D　要经常加班

第26-45题：请选出正确答案。

> 例如：男：把这个文件复印五份，一会儿拿到会议室发给大家。
>
> 女：好的。会议是下午 3 点吗?
>
> 男：改了。三点半，推迟了半个小时。
>
> 女：好，602 会议室没变吧?
>
> 男：对，没变。
>
> 问：会议几点开始?
>
> A 两点　　　　B 3 点　　　　C 3:30 ✓　　　　D 6 点

26.　A 增加收入　　　B 签证　　　　C 申请奖学金　　　D 留学

27.　A 啤酒　　　　B 咖啡　　　　C 果汁　　　　　D 茶

28.　A 不常在家　　　B 电价降了　　　C 没用冰箱　　　D 空调不常开

29.　A 交通不便　　　B 价格高　　　　C 不够大　　　　D 环境一般

30.　A 药店关门了　　B 男的感冒了　　C 衬衫破了　　　D 女的现金不够

31.　A 首都机场　　　B 海洋馆　　　　C 飞机上　　　　D 饭店

32.　A 博士毕业了　　B 签证被拒　　　C 学法律　　　　D 要留学

33.　A 正在下雨　　　B 雪停了　　　　C 阴天　　　　　D 天晴了

34.　A 竞争大　　　　B 压力大　　　　C 太自信了　　　D 水平低

35. A 倒垃圾　　　B 擦桌子　　　C 填单子　　　D 去应聘

36. A 小李的丢了　　B 小李是售票员　　C 害怕是假的　　D 证明他没错

37. A 坐错火车了　　B 很累　　　C 没拿登机牌　　　D 买错票了

38. A 要交费　　　B 讨论理想　　　C 邀请了记者　　　D 周日举行

39. A 别着急　　　B 干杯　　　C 积极参加　　　D 穿正式些

40. A 选椅子　　　B 借他现金　　　C 付款　　　D 换零钱

41. A 忘记密码了　　B 很穷　　　C 买了条裤子　　　D 信用卡用不了

42. A 很有名　　　B 在北京　　　C 在黄河上　　　D 有百年历史

43. A 要赶飞机　　　B 票卖光了　　　C 堵车了　　　D 下雨了

44. A 有点儿大　　　B 很正式　　　C 很漂亮　　　D 有点儿小

45. A 不爱打扮　　　B 正在减肥　　　C 很吃惊　　　D 要去约会

二、阅 读

第 一 部 分

第46-50题：选词填空。

A 圆　　　B 调查　　C 提前　　D 坚持　　E 商量　　F 首先

例如：　她每天都（ D ）走路上下班，所以身体一直很不错。

46.　不管别人怎么说，（　　）你自己要勇敢才行。

47.　今天的月亮又大又（　　），太漂亮了，我们出去走走吧。

48.　商店起火的原因警察还在（　　），一有结果我就通知您。

49.　参加还是不参加，你还是先和李老师（　　）一下再做决定吧。

50.　我怕路上堵车，所以每天早上都（　　）一个小时出发。

第51-55题：选词填空。

> A 感觉　　B 台　　C 温度　　D 辛苦　　E 收拾　　F 学期

例如：　A：今天真冷啊，好像白天最高（　C　）才2℃。
　　　　B：刚才电视里说明天更冷。

51.　A：估计再有两趟就搬完了，你的东西可真多呀！
　　　B：是啊。今天真是（　　）你了，一会儿我请你吃饭。

52.　A：这（　　）复印机怎么用？
　　　B：说明书上写得很详细，你先看看。

53.　A：你醒了，肚子还疼不疼了？
　　　B：躺了一会儿，（　　）好多了。下午不需要去打针了吧？

54.　A：我（　　）好了，毛巾、牙刷和牙膏都放在行李箱里了。
　　　B：这些东西不用带，酒店会提供的。

55.　A：这（　　）学校要开羽毛球课，我们一块儿选吧。
　　　B：不了，打羽毛球太累，而且我打算多花些时间练习弹钢琴。

第 二 部 分

第56-65题：排列顺序。

> 例如： A：可是今天起晚了
>
> 　　　 B：平时我骑自行车上下班
>
> 　　　 C：所以就打车来公司了　　　　　B A C

56. A：一边喝咖啡，一边听听音乐

    B：我喜欢找个安静的地方

    C：当我心情不好或者觉得累的时候

57. A：以后就是一名正式的导游了

    B：我通过导游考试了

    C：爸爸，告诉您一个好消息

58. A：相反，做自己不喜欢的事

    B：做自己喜欢的事，即使再困难，也不会觉得辛苦

    C：即使再简单也会觉得很累

59. A：春节是一年之中最重要的节日

    B：到那时人们会举行各种各样的迎新年活动

    C：对于中国人来说

60. A：后来就交给我来做了

    B：这次活动本来是由小李负责的

    C：由于他突然生病住院了

61.　A：怎样让皮肤更湿润

　　　B：是每个爱美的女孩都会考虑的问题

　　　C：秋季皮肤容易干燥

62.　A：相信不同的人会给出不同的答案

　　　B：到底什么是幸福

　　　C：在我看来，只要能做自己喜欢的事，就是幸福

63.　A：请您按照"先下后上"的顺序上下车

　　　B：并注意脚下，照顾好老人和孩子，谢谢

　　　C：各位乘客，为了保证您和他人的安全

64.　A：那儿的花儿都开了，真漂亮

　　　B：吸引了很多人前去参观

　　　C：这几天北京的公园特别热闹，随着天气变暖

65.　A：但科学家发现，狗其实是游泳高手

　　　B：很多人以为狗不会游泳

　　　C：它们甚至能游数十公里那么远

第 三 部 分

第66-85题：请选出正确答案。

> 例如：她很活泼，说话很有趣，总能给我们带来快乐，我们都很喜欢和她在
> 一起。
>
> ★ 她是个什么样的人？
>
> A 幽默 ✓　　　B 马虎　　　C 骄傲　　　D 害羞

66. 这段时间大家都很辛苦，这次展览会能顺利举行与各位的支持和努力是分不开
的。来，咱们一起干一杯。

　　★ 说话人在：

　　A 道歉　　　B 跟职员打招呼　　C 表示感谢　　　D 找东西

67. 毕业后我养成了这样的一个好习惯——每天早上都把当天计划要干的事情写在
纸上，提醒自己安排好时间，这样就不会手忙脚乱了。

　　★ 他习惯每天早上：

　　A 找资料　　　B 锻炼身体　　　C 做好计划　　　D 写信

68. 抽烟不仅对自己的身体不好，还会污染空气，影响周围人的健康。为了鼓励大
家少抽烟，人们将每年的5月31日定为"世界无烟日"。

　　★ 这段话主要告诉我们要：

　　A 少抽烟　　　B 保护环境　　　C 注意安全　　　D 学会拒绝

69. 理想能够使人走出困境。一个人在遇到困难时，如果能继续坚持自己的理想，一步步走下去，那么困难对他来说就只是暂时的。

    ★ 这段话主要告诉我们要：

    　　A 幸福　　　　　B 重视方向　　　C 坚持理想　　　D 打好基础

70. 我上学校网站看了课表，发现王老师这学期开了一门"现代汉语语法"课，我想去听听，之前看过他写的一篇关于这方面的文章，非常有趣。

    ★ 他在谈：

    　　A 课前预习　　　B 选课　　　　　C 汉字与文化　　D 对语法的看法

71. 小蓝，你把这些材料按照时间顺序整理一下，晚上吃饭前交给我就行。另外，关老师回来后，让她来我办公室一趟。

    ★ 根据这段话，关老师：

    　　A 现在不在　　　B 很辛苦　　　　C 不想帮忙　　　D 没完成任务

72. 中国有句话叫"不管三七二十一"，意思是说一个人不管现有条件怎么样，也不考虑最终的结果，就做起事来，这样往往会白费力气，永远得不到自己想要的结果。

    ★ 这段话中"白"的意思是：

    　　A 来得及　　　　B 很生气　　　　C 误会很深　　　D 没有效果

73. 要想更快适应新环境，其实有很多办法。例如：多和周围的朋友们打招呼，在别人遇到困难的时候去帮一把，或者跟别人聊聊他感兴趣的事，这些都可以让身边的人更快地接受你。

    ★ 怎样才能更快适应新环境？

    　　A 要准备　　　　B 常开玩笑　　　C 多和人聊天儿　D 找对方向

74. 对很多女性朋友来说，网上购物是一种放松心情、缓解压力的好方法。尤其是当买到自己喜欢的东西时，那种愉快的感觉可以让她们暂时忘掉一些烦恼。

★ 这段话主要谈的是什么？

A 爱情的作用　　B 购物的好处　　C 缓解疲劳　　D 怎样增加自信

75. 不少自行车后面都有一个灯，尽管小，但用处却很大。每当后面汽车的灯光照到它时，它就会发光，这样就能提醒司机前方有人。

★ 自行车后灯可以：

A 引起司机注意　　B 减少堵车　　C 节约用电　　D 提高车费

76. 小明，我妹妹想报考你那个专业的博士，她有些问题想问你，我能把你的手机给她吗？

★ 说话人的妹妹想：

A 换班级　　B 考博士　　C 想学中文　　D 问价格

77. 鲁迅是著名的翻译家，也是深受中国人喜爱的作家。他的《阿Q正传》不仅深受中国朋友的喜爱，在国外读者中也很受欢迎。

★ 根据这段话，可以知道鲁迅：

A 性格很好　　B 爱开玩笑　　C 喜欢翻译　　D 很受欢迎

78. 今天下出租车时，由于着急赶时间，我不小心把钱包忘在了出租车上。司机师傅发现后马上叫住我，把钱包还给了我。

★ 司机叫住我，是为了：

A 还我钱包　　B 停车　　C 找我零钱　　D 和我聊天儿

79. 广东人爱喝的"凉茶"，其实并不是茶，而是一种用中药做成的饮料，对身体
很好。另外，凉茶热着喝效果也很不错。

　★ 凉茶：

　　A 比较热　　　　　　　　　　B 是一种饮料

　　C 夏季喝更好　　　　　　　　D 是用西红柿做的

80-81.

　　朋友的批评往往能帮助我们认清自己的缺点和错误，所以当我们听到批评时，先
不要发脾气，尤其不要乱生气，而是应该冷静地想想他们提出的意见或者建议是否正
确，对我们有没有帮助。

　★ 根据这段话，朋友的批评能让我们：

　　A 适应社会　　　　　　　　　B 增加自信

　　C 缺少安全感　　　　　　　　D 看到自己的错误

　★ 受到批评时，我们首先应该：

　　A 表示抱歉　　　B 冷静下来　　　C 原谅自己　　　D 同情别人

82-83.

　　选择越多越好吗？有个科学家做了一个研究：让前30名学生在5种巧克力中选择
一种，后30名学生在50种巧克力中选择。结果发现，后30名学生中有更多的人觉得
所选的巧克力不好吃，后悔当时的选择。太多的东西容易让人无法选择，同样，对管
理者来说，太多的意见也会让他们很难做出决定。

　★ 关于那些学生，可以知道：

　　A 很粗心　　　B 更爱吃糖　　　C 共60名　　　D 有人说假话

　★ 这段话主要想告诉我们什么？

　　A 不要浪费　　　　　　　　　B 结果很重要

　　C 要重视管理　　　　　　　　D 选择多不一定好

84-85.

　　这家体育馆的服务不错，给我的印象很特别。比如说，他们会免费提供饼干和矿泉水，打球打累的时候，我们就可以吃点儿东西休息一下。他们还经常举办一些活动，邀请的都是网球高手。我参加过几次，每次都玩儿得挺愉快。

★ 我觉得那家体育馆怎么样？

A　太旧了　　　　B　服务很好　　　　C　饭很好吃　　　　D　喝水不方便

★ 在聚会上，我：

A　很安静　　　　B　特别激动　　　　C　打扮得很帅　　　　D　玩儿得很愉快

三、书　写

第 一 部 分

第 86-95 题：完成句子。

例如：那座桥　　800年的　　历史　　有　　了

那座桥有800年的历史了。

86. 真的　　很精彩　　刚才的　　比赛

87. 行李箱的　　弄丢了　　钥匙　　女儿把

88. 儿童　　1.3米　　免费　　乘车　　以下的

89. 传真机　　正常　　使用了　　已经　　可以

90. 乘坐　　我们的　　航班　　欢迎您　　再次

91. 你们　　解决问题的　　方法了吗　　商量出

92. 改变　　第一印象　　往往　　很难

93. 真是　　消息　　这个　　激动了　　太让人

94. 共同语言　　他们俩　　许多　　有

95. 这场　　赢得　　比赛　　非常漂亮

第 二 部 分

第 96–100 题：看图，用词造句。

例如： 乒乓球 　<u>他很喜欢打乒乓球。</u>

96.  倒

97.  推

98.  窗户

99.  降落

100.  包子

실전 모의고사

제2회

新汉语水平考试
HSK（四级）
全真模拟题 2

注意

一、　HSK（四级）分三部分：

　　1. 听力（45题，约30分钟）

　　2. 阅读（40题，40分钟）

　　3. 书写（15题，25分钟）

二、　听力结束后，有5分钟填写答题卡。

三、　全部考试约105分钟(含考生填写个人信息时间5分钟)。

中国　北京　　　　　　　　　　　　　XXXX/XXXXXXX　　编制

一、听　力

第　一　部　分

第1-10题：判断对错。

> **例如：** 我想去办个信用卡，今天下午你有时间吗? 陪我去一趟银行?
>
> ★ 他打算下午去银行。　　　　　　　　　　　　　　　(✓)
>
> 　　现在我很少看电视，其中一个原因是，广告太多了，不管什么时间，也不管什么节目，只要你打开电视，总能看到那么多的广告，浪费我的时间。
>
> ★ 她喜欢看电视广告。　　　　　　　　　　　　　　(✕)

1. ★ 方向感差的人易迷路。　　　　　　　　　　　　(　　)

2. ★ 哥哥的意见帮助不大。　　　　　　　　　　　　(　　)

3. ★ 他接受了邀请。　　　　　　　　　　　　　　　(　　)

4. ★ 她想租自行车。　　　　　　　　　　　　　　　(　　)

5. ★ 电梯检查不合格。　　　　　　　　　　　　　　(　　)

6. ★ 她俩性格差不多。　　　　　　　　　　　　　　(　　)

7. ★ 大家都很尊重刘师傅。　　　　　　　　　　　　(　　)

8. ★ 活动8月底结束。　　　　　　　　　　　　　　(　　)

9. ★ 他希望大家能提些意见。　　　　　　　　　　　(　　)

10. ★ 在入口处换礼物。　　　　　　　　　　　　　　(　　)

第 二 部 分

第11-25题：请选出正确答案。

11.　A 米饭　　　　B 蛋糕　　　　C 面条　　　　D 包子

12.　A 被批评了　　B 不敢打针　　C 生气了　　　D 咳嗽没好

13.　A 加班了　　　B 身体不舒服　C 出差了　　　D 有约会

14.　A 124　　　　B 65　　　　　C 25　　　　　D 40

15.　A 信封不够　　B 书很厚　　　C 盒子有用　　D 垃圾桶满了

16.　A 很优秀　　　B 咳嗽严重　　C 是大夫　　　D 很懒

17.　A 父亲　　　　B 奶奶　　　　C 儿子　　　　D 妻子

18.　A 肚子难受　　B 迟到了　　　C 路上堵车了　D 出发太早

19.　A 扔垃圾　　　B 去厨房　　　C 买好吃的　　D 下楼

20.　A 很吃惊　　　B 没猜对结果　C 比赛很精彩　D 没看完比赛

21.　A　弄错顺序了　　　B　没耐心　　　C　迟到了　　　D　写错数量了

22.　A　在咳嗽　　　B　没力气了　　　C　没吃饱　　　D　瘦了

23.　A　手表坏了　　　B　马上出发　　　C　堵车了　　　D　没到时间

24.　A　不热情　　　B　太紧张　　　C　很聪明　　　D　很积极

25.　A　妹妹　　　B　叔叔　　　C　房东　　　D　邻居

第 三 部 分

第26-45题：请选出正确答案。

例如： 男：把这个文件复印五份，一会儿拿到会议室发给大家。

女：好的。会议是下午 3 点吗?

男：改了。三点半，推迟了半个小时。

女：好，602 会议室没变吧?

男：对，没变。

问：会议几点开始?

A 两点　　　　　B 3 点　　　　　C 3:30 ✓　　　　　D 6 点

---

26. A 牙疼　　　　B 是大夫　　　　C 想继续读博　　　D 经验多

27. A 最近有演出　B 来不及报名了　C 会跳舞　　　　D 想学钢琴

28. A 写错年龄了　B 破了　　　　　C 没写名字　　　D 丢了

29. A 大使馆　　　B 教室　　　　　C 体育馆　　　　D 餐厅

30. A 350　　　　B 250　　　　　C 550　　　　　D 300

31. A 头不舒服　　B 感冒了　　　　C 胳膊疼　　　　D 一直咳嗽

32. A 火车站　　　B 高速公路上　　C 修车站　　　　D 长城

33. A 找到工作了　B 要看演出　　　C 有约会　　　　D 没准备好

34. A 森林多　　　B 空气好　　　　C 很热闹　　　　D 交通方便

35. A 送照片   B 交作业   C 请假   D 想报名

36. A 爱旅游   B 刚毕业   C 是大学教授   D 专业是法律

37. A 很得意   B 压力大   C 变年轻了   D 很有信心

38. A 收入高   B 更安全   C 压力小   D 机会多

39. A 认真考虑   B 勇敢些   C 照顾好自己   D 别骄傲

40. A 网上留言   B 打电话   C 写信   D 发短信

41. A 报纸   B 说明书   C 广播   D 电视

42. A 常出差   B 无聊   C 无奖金   D 工资高

43. A 生意很成功   B 很失望   C 在卖表   D 很后悔

44. A 照相机   B 空调   C 冰箱   D 传真机

45. A 语言简单   B 用处大   C 很复杂   D 不太准确

第 一 部 分

第46–50题：选词填空。

A 倍　　　B 感谢　　C 故意　　D 坚持　　E 既然　　F 永远

例如：她每天（ D ）走路上下班，所以身体一直很不错。

46. 你（　）已经醒了，就别躺着了，起来洗脸刷牙吧。

47. 观众朋友们，（　）您收听今天的节目，我们明天同一时间再见。

48. 小王不是（　）骗你的，你就原谅他吧。

49. 太阳的质量大约是地球的33万（　）。

50. 祝你们两位新婚快乐、（　）幸福，干杯！

第 51 – 55 题：选词填空。

> A 方向　　 B 标准　　 C 温度　　 D 到底　　 E 瓶　　 F 剩

例如：　A：今天真冷啊，好像白天最高（ C ）才2℃。

　　　　　B：刚才电视里说明天更冷。

51.　A：李明说的那个消息（　　）是真的还是假的？

　　 B：我也不太清楚，很多人都说咱们公司要搬到郊区去。

52.　A：你好，北京博物馆是往这个（　　）走吗？

　　 B：对，在前面红绿灯那儿左转，然后再向前走几百米就到了。

53.　A：她的英文说得真（　　）。

　　 B：是啊，只听声音的话，恐怕没人知道她是个外国人。

54.　A：这个饮料的广告做得真不错，很吸引人。

　　 B：对，看得我特别想喝，真想买一（　　）尝尝。

55.　A：最后的座位没有了，只（　　）下第一排和中间两排的了。

　　 B：那坐中间吧，离得太近对眼睛不好。

第56-65题：排列顺序。

例如：　A：可是今天起晚了

　　　　B：平时我骑自行车上下班

　　　　C：所以就打车来公司了　　　　　　　　B A C

56. A：调查发现，超过半数的女性都考虑过减肥

　　B：有一些甚至还很瘦

　　C：尽管她们中的大多数都并不胖

57. A：不过一定要及时还回去

　　B：可以拿到三层复印店去复印

　　C：这里的杂志都不能外借，你要是有需要

58. A：即使在同一个城市工作

　　B：也只是偶尔出来聚一下

　　C：毕业后我和以前的同学就很少见面了

59. A：他突然想出了一个好主意

　　B：就在所有人都不知道该怎么办时

　　C：顺利地把这个问题解决了

60. A：要是去了广东而没有去那儿尝尝小吃

　　B：那条小吃街在广东很有名，很多人都说

　　C：就不能说自己到过广东

61.　A：邀请了很多名人参加

　　　B：听说明天公司的文艺活动

　　　C：其中还有不少演员和作家呢

62.　A：他们不会因为太善良而让顾客讨厌

　　　B：好的服务员懂得通过打招呼来吸引顾客

　　　C：也不会因为不热情而让顾客觉得不友好

63.　A：我几乎都是在那儿买菜的，因为经常去

　　　B：现在连店里的师傅都认识我了

　　　C：我家附近有家商店

64.　A：其实，这件衣服我也不是百分之百满意

　　　B：而且也没时间再出来买了，所以就它吧

　　　C：但是我正好缺一条明晚晚会时穿的裤子

65.　A：这使得我们俩很快就成了好朋友

　　　B：我们班最近转来了一位新同学

　　　C：她跟我一样爱运动，尤其是爱打羽毛球

<h1 align="center">第 三 部 分</h1>

第66-85题：请选出正确答案。

例如：她很活泼，说话很有趣，总能给我们带来快乐，我们都很喜欢和她在
一起。

★ 她是个什么样的人？

A 幽默 ✓　　　B 马虎　　　C 骄傲　　　D 害羞

66. 我公司现招聘一名经济方面的职员，要求：年龄在40岁以下，至少会两门外
语，有五年以上工作经验。欢迎符合条件者前来应聘。

★ 应聘这个工作的人必须：

A 有工作经验　　　B 工作三年以上　　C 超过45岁　　　D 会说普通话

67. 酸辣汤是中国人常吃的小吃。它的味道就跟名字一样，既酸又辣。在寒冷的冬
天喝上一碗，会让你感觉非常暖和。

★ 酸辣汤：

A 可治疗感冒　　　B 不适合冬天喝　　C 味道酸且辣　　　D 很苦

68. 张医生年轻时非常喜欢旅游，去过很多国家。不管走到哪里，他都会带着照相
机。他说美丽的景色虽然带不走，但他可以带走照片，带走一份美好回忆。

★ 张医生旅行时：

A 总带着相机　　　B 要买地图　　　C 喜欢回忆过去　　D 不爱照相

69. 很多卖书的网站都提供试读服务，顾客在购买前可先在网页上阅读一部分，对书的内容有一个大概的了解后，再决定是不是购买。

   ★ 那些卖书的网站允许顾客：

   A 以旧换新　　　B 先试读后买　　　C 复印图书　　　D 货到付款

70. 爷爷和奶奶结婚60多年了，虽然生活中没有太多的浪漫，但这么多年来他们共同经历了很多风风雨雨，感情非常深。

   ★ 爷爷和奶奶：

   A 想去旅行　　　B 感情很好　　　C 很浪漫　　　D 从来没烦恼

71. 玩儿这个游戏关键是速度是否快，如果后面那只狗跑到了你前面，那你就输了，游戏也就结束了。

   ★ 要想在游戏中赢，就要：

   A 动作很标准　　　B 多同情别人　　　C 跑在狗前面　　　D 抱着狗跑步

72. 哥，过来帮我个忙吧，你和我抬一下电视，我把房间钥匙掉电视后面了。

   ★ 说话人希望哥哥帮他：

   A 租房子　　　B 打扫卫生　　　C 给钥匙　　　D 抬电视

73. 和付现金相比，刷信用卡有许多好处。首先，购物时无需带很多现金，非常方便；其次，刷卡也减少了找零用钱的麻烦。

   ★ 这段话告诉我们，使用信用卡：

   A 很麻烦　　　B 能节约钱　　　C 更简单　　　D 更方便

74. 第一次听中国朋友说"肚子里有货"时，我以为它的意思是肚子难受。后来查了词典，才知道这句话是指人的知识很丰富。

★ "肚子里有货"是说一个人：

A 很有知识　　　　B 越来越胖　　　　C 会开玩笑　　　　D 肚子饿了

75. 生气时不要马上发脾气，最好等24小时。因为24小时后，原来让你生气的事情往往就变得没那么严重了，甚至有时还会觉得别人是对的。很多时候，"等一等"会使你想得更清楚，做事更冷静。

★ "等24小时"是为了让自己：

A 不那么紧张　　　　B 做事更准时　　　　C 冷静下来　　　　D 别太激动

76. 他母亲是音乐老师，从小他就跟着母亲学习弹钢琴。在母亲的严格要求下，他十年如一日地坚持练习，最终成为了一名优秀的钢琴家，并多次获得国际大奖。

★ 关于他，可以知道：

A 受父亲影响大　　　　　　　　B 钢琴弹得很棒
C 降低了自己要求　　　　　　　D 很勇敢

77. 有一种植物非常奇怪，它可以发出声音，白天能"笑"、晚上会"哭"。植物学家经过研究发现，它之所以会这样，很可能是受到了阳光的影响。

★ "这样"指的是那种植物：

A 会唱歌　　　　B 不喜欢阳光　　　　C 能发出声音　　　　D 会污染环境

78. 为了翻译好这篇文章，小明看了很多材料，还和同事讨论了好几天，下了很大功夫。

★ 小明下了很大功夫干什么？

A 收拾房间　　　　B 解释误会　　　　C 翻译文章　　　　D 联系职员

79. 给别人提意见时一定要注意方法。如果你的态度不好，说话也比较难听，那么
即使你提的意见十分正确，别人也很难接受。

★ 给别人提意见时：

A 方法很重要　　　B 要直接　　　　C 信息要详细　　　D 态度要积极

80-81.

在地铁上，总有不少人低着头玩儿手机，这些人就是人们口中的"低头族"。有
研究指出，长时间低头用手机发短信或上网容易引起头疼或眼酸，比看书要累得多。
另外，一直低头玩儿手机而不与身边的人交往，也会使人与人之间的关系越来越远。
因此有网友开玩笑说："世界上最远的距离是我站在你面前，而你却在玩儿手机。"

★ 作者对"低头族"的态度最可能是：

A 诚实　　　　　　B 不关心　　　　C 鼓励　　　　　D 反对

★ 网友那句话说明总是低头玩儿手机会：

A 使人变懒　　　　　　　　　B 对身体不好

C 让人变愉快　　　　　　　　D 影响人们的关系

82-83.

以前报纸不是送到每家门前的，而是要去一个专门的地方取，很麻烦。一个小男
孩儿去取报纸时，想出了一个方法。他敲响了邻居的门，对邻居说："每月只要付我
一点钱，我会把报纸放在你家门前。"很快，他就有了几十个顾客。两个月后，他拿
到了自己的第一笔收入。

★ 小男孩儿说他会把报纸送到哪儿？

A 学校门口　　　B 邻居家门前　　　C 朋友家　　　　D 房东家

★ 小男孩儿通过送报纸：

A 交到了朋友　　　B 提高了成绩　　　C 得到了批评　　　D 赚到了钱

84-85.

　　在中国，很多南方人喜欢去茶楼坐坐，早上起床后，约上一两个好友，要几杯茶，点几样小吃，边吃边聊。尤其是老年人，不用上班，早上锻炼完，去茶楼喝个早茶，坐到11点钟，然后到街上走走，买点儿菜、肉什么的再回家。

★ 喝完茶后，老人会去：

　　A　街上逛逛　　　　B　吃早饭　　　　C　上班　　　　D　锻炼身体

★ 这段话主要谈的是：

　　A　茶楼特点　　　　B　中国人的性格　　C　早茶文化　　　D　茶的作用

三、书 写

第 一 部 分

第86-95题：完成句子。

> 例如： 那座桥　　　800年的　　　历史　　　有　　　了
>
> 那座桥有800年的历史了。

86. 去客厅拿　　　你能　　　帮我　　　报纸　　　吗

87. 会议室是　　　负责安排　　　的　　　由我

88. 她可以　　　讲　　　流利地　　　语言　　　四种

89. 很多人　　　他们的　　　感动了　　　爱情故事　　　被

90. 用得　　　准确　　　不　　　这个词语

91. 电视　　　第一台　　　出现在上世纪中期　　　世界上

92. 把毛巾　　　不要　　　在这里　　　挂

93. 我对　　　很有　　　今天的　　　表演　　　信心

94. 一家商店　　　对面将来　　　开　　　要

95. 比原来的　　　新　　　好用　　　复印机

第 二 部 分

第 96–100 题：看图，用词造句。

例如：　　　　　　　　　　　乒乓球　　　<u>他很喜欢打乒乓球。</u>

96.  眼镜

97. 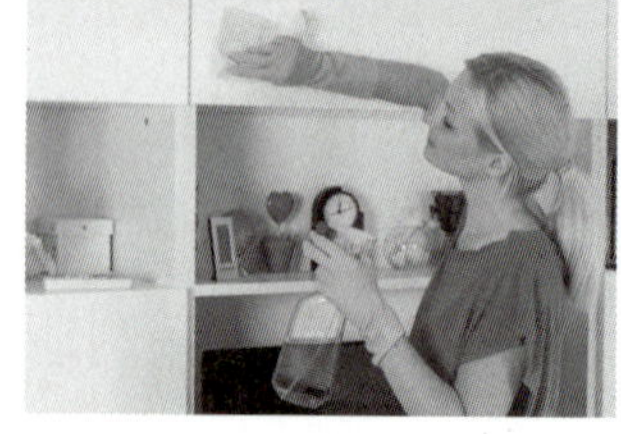 收拾

98.  脱

99. 钥匙

100.  到底

실전 모의고사

제3회

新汉语水平考试
HSK(四级)
全真模拟题 3

注意

一、　HSK(四级)分三部分：

　　1．听力(45题，约30分钟)

　　2．阅读(40题，40分钟)

　　3．书写(15题，25分钟)

二、　听力结束后，有5分钟填写答题卡。

三、　全部考试约105分钟(含考生填写个人信息时间5分钟)。

中国　北京　　　　　　　　　　　ＸＸＸＸ/ＸＸＸＸＸＸ　　编制

一、听 力

第 一 部 分

第1-10题：判断对错。

> 例如: 我想去办个信用卡，今天下午你有时间吗？陪我去一趟银行？
>
> ★ 他打算下午去银行。　　　　　　　　　　　　　　（ ✓ ）
>
> 　　现在我很少看电视，其中一个原因是，广告太多了，不管什么时间，也不管什么节目，只要你打开电视，总能看到那么多的广告，浪费我的时间。
>
> ★ 她喜欢看电视广告。　　　　　　　　　　　　　　（ × ）

1. ★ 他正在游泳。　　　　　　　　　　　　　　（　　）

2. ★ 秋天是看红叶最好的季节。　　　　　　　　（　　）

3. ★ 最好别关窗。　　　　　　　　　　　　　　（　　）

4. ★ 儿子寒假时他很忙。　　　　　　　　　　　（　　）

5. ★ 他建议俩人多交流。　　　　　　　　　　　（　　）

6. ★ 父母反对弟弟出国。　　　　　　　　　　　（　　）

7. ★ 地铁站在广播找人。　　　　　　　　　　　（　　）

8. ★ 会议正在进行。　　　　　　　　　　　　　（　　）

9. ★ 他认为输赢并不重要。　　　　　　　　　　（　　）

10. ★ 这节课讲气候变化。　　　　　　　　　　　（　　）

第11-25题：请选出正确答案。

<table>
<tr><td>例如：</td><td colspan="4">女：该加油了，去机场的路上有加油站吗？</td></tr>
<tr><td></td><td colspan="4">男：有，你放心吧。</td></tr>
<tr><td></td><td colspan="4">问：男的主要是什么意思？</td></tr>
<tr><td></td><td>A 去机场</td><td>B 快到了</td><td>C 油是满的</td><td>D 有加油站 ✓</td></tr>
</table>

11. A 很好喝　　　　B 很苦　　　　C 太咸了　　　　D 不辣

12. A 孩子病了　　　B 水果洗好了　C 先生倒垃圾　　D 把刀放好

13. A 邻居　　　　　B 房东　　　　C 父亲　　　　　D 母亲

14. A 迷路了　　　　B 没打到车　　C 超市很远　　　D 付款的人多

15. A 烤鸭　　　　　B 饼干　　　　C 包子　　　　　D 饺子

16. A 河里　　　　　B 地上　　　　C 厕所　　　　　D 树上

17. A 公司地址　　　B 传真号码　　C 聚会地点　　　D 照片数量

18. A 颜色深　　　　B 值得买　　　C 容易脏　　　　D 客厅放不下

19. A 不要浪费　　　B 多吃水果　　C 去买饮料　　　D 别喝果汁

20. A 大使馆　　　　B 邮局　　　　C 会议室　　　　D 教室

21.　A　讨厌看电视　　　B　要去运动　　　C　他来收拾　　　D　不放心

22.　A　校长　　　　　　B　导游　　　　　C　丈夫　　　　　D　叔叔

23.　A　填空题难　　　　B　没考好　　　　C　没预习　　　　D　复习得不错

24.　A　很凉快　　　　　B　热极了　　　　C　非常冷　　　　D　十分暖和

25.　A　图书馆　　　　　B　家具店　　　　C　体育馆　　　　D　洗手间

第26−45题：请选出正确答案。

例如：男：把这个文件复印五份，一会儿拿到会议室发给大家。

女：好的。会议是下午 3 点吗？

男：改了。三点半，推迟了半个小时。

女：好，602 会议室没变吧？

男：对，没变。

问：会议几点开始？

A 两点　　　　B 3 点　　　　C 3:30 ✓　　　　D 6 点

26. A 厕所　　　　B 车站　　　　C 影院入口　　　　D 停车场

27. A 被误会了　　　　B 没带现金　　　　C 多付款了　　　　D 忘记密码了

28. A 明天再写　　　　B 请一天假　　　　C 按顺序排列　　　　D 降低要求

29. A 商店　　　　B 厨房　　　　C 客厅　　　　D 卫生间

30. A 无法游泳　　　　B 季节不合适　　　　C 很凉快　　　　D 很暖和

31. A 在睡觉　　　　B 车坏了　　　　C 出差了　　　　D 迷路了

32. A 想学京剧　　　　B 放暑假了　　　　C 羡慕别人　　　　D 失败了

33. A 晚上出发　　　　B 凉快了再去　　　　C 带厚衣服　　　　D 带伞

34. A 护士　　　　B 演员　　　　C 警察　　　　D 服务员

35. A 火车站右边　　B 医院后面　　C 郊区　　D 高速公路旁

36. A 9月22日　　B 6月底　　C 每年13号　　D 2月12日

37. A 少开车　　B 重视交通安全　　C 多运动　　D 少抽烟

38. A 习惯了　　B 想引人注意　　C 周围声音大　　D 心情差

39. A 使自己更累　　B 影响别人　　C 浪费时间　　D 对耳朵不好

40. A 伤心　　B 流行　　C 高兴　　D 正式

41. A 里面会放钱　　B 是奖金　　C 塑料做的　　D 只能过年送

42. A 感冒了　　B 去亲戚家了　　C 心情差　　D 要照顾孙子

43. A 很勇敢　　B 很帅　　C 很认真　　D 很富

44. A 唱歌很好　　B 要出国了　　C 很粗心　　D 爱写日记

45. A 签证没办好　　B 没赚到钱　　C 被骗了　　D 朋友要离开

二、阅 读

第 一 部 分

第46-50题：选词填空。

> A 因此　　B 工具　　C 通过　　D 坚持　　E 躺　　F 内

例如：　她每天都（ D ）走路上下班，所以身体一直很不错。

46.　语言是人们交流的（　　），其他任何方法都不能与它相比。

47.　我从小就想成为一名中文系教授，（　　）考大学时我报了中文专业。

48.　小王辛苦了一天，现在只想（　　）在床上休息。

49.　迷路时，我们可以（　　）太阳来判断方向。

50.　中国很多城市都不允许在地铁（　　）吃东西。

第 51-55 题：选词填空。

> A 调查　　B 材料　　C 温度　　D 继续　　E 够　　F 技术

例如：　A：今天真冷啊，好像白天最高（ C ）才2℃。
　　　　B：刚才电视里说明天更冷。

51.　A：你帮我看一下打印机里还剩多少纸，我要打印200多页表格。
　　　B：估计不（　　）了，我再给你放一些。

52.　A：办护照都需要准备什么（　　）？
　　　B：一般大使馆的网站上都会有介绍，你上网查查。

53.　A：快过年了，我想理个发。你平时都去哪儿理？
　　　B：我常去我家西边那家，里面有个理发师（　　）挺不错。

54.　A：您下个月的工作计划是什么？
　　　B：除了（　　）给一些杂志写文章外，我会把重点放到写小说上。

55.　A：星期天你还来办公室加班？
　　　B：对，上次的（　　）结果我还没整理好，星期一要交。

第 二 部 分

第56-65题：排列顺序。

例如： A：可是今天起晚了

B：平时我骑自行车上下班

C：所以就打车来公司了 　　　　　B A C

56. A：还能鼓励自己更愉快地生活

B：大多数人都愿意把将来的生活想得很美好

C：因为这样不仅可以提高自己的信心

57. A：这其实是很正常，习惯就好了

B：比如对那儿的天气、交通等不适应

C：人们到一个不太熟悉的地方后，易出现不适应的情况

58. A：现在的社会是一个高速发展的信息社会

B：因此，快速且准确地获取信息

C：对每个人来说都很关键

59. A：现在我给大家每人发一个信封

B：任务内容就在里面

C：大家必须按规定在下午7点前完成里面的任务

60. A：听邻居王阿姨说他是个作家

B：对面新搬来一个小伙子

C：写过好几本很受儿童欢迎的小说

61.　A：他在书中提出了很多新鲜的教育看法

　　　B：相信年轻父母肯定能从生活中学到不少东西

　　　C：这本书的作者是一位著名的儿童教育家　　　　　_______________

62.　A：我家前边新开了个羽毛球馆

　　　B：一小时只要25元，比学校便宜了一半儿

　　　C：办卡还能再打8折　　　　　_______________

63.　A：我们就按照这个计划进行了

　　　B：以上就是韩中文化节活动的详细安排

　　　C：如果各位没什么意见的话　　　　　_______________

64.　A：头发就被刮乱了

　　　B：今天风实在太大了，我刚一出门

　　　C：没办法，只好又跑回家去戴了个帽子　　　　　_______________

65.　A：这些家具看起来很普通

　　　B：即使用上三四十年也不会坏

　　　C：但实际上都是由经验丰富的老师傅做的，质量非常好　_______________

第 三 部 分

第66-85题：请选出正确答案。

66. 我们的一生中既有幸福快乐，也有困难难过。但不管怎样，我们都要感谢生命
和生活，因为所有的酸甜苦辣，最后都会成为美好的回忆。

    ★ 这段话主要想告诉我们：

    A 要勇敢   B 要关注结果   C 要有责任感   D 要感谢生活

67. 要真正学会一门语言，光学习语法是不够的，关键是要多听和多说。只有这
样，才会慢慢找到语言感觉，也就是我们常说的语感。

    ★ 这段话主要谈的是：

    A 多学习语言   B 要多查词典   C 怎样学语法   D 怎样找语感

68. 中午我在同事家玩儿，她10岁的儿子突然开门进来了。同事问："你今天不是
参加运动会吗？跑了第几？"她儿子说："别提了，最后一秒时，跑最后的那
个人差点儿赶上我。"

    ★ 同事的儿子：

    A 不是最后一名 B 跑步成绩优秀 C 不敢参赛   D 要运动

69. 每到春天，这条公路两边的树上就会开满花，又香又漂亮。每次经过这里，空气中的香味总能让我放松下来，心情也会变好。

★ 春天走在那条路上，会让我觉得：

A 路难走 　　　 B 心情愉快 　　　 C 很失望 　　　 D 很有自信

70. 告诉大家一个好消息，今年公司的收入是去年的三倍，这与大家的努力工作是分不开的。公司决定，年底给大家多发奖金。

★ 公司今年：

A 招了新人 　　　 B 收入增加了 　　　 C 遇到很大竞争 　　 D 降低了工资

71. 事有大小之分，我们一般重视大事，然而把小事做好的人往往更易成功。一个人如果连一件小事都不去做或者做不好，又怎能做成大事呢？

★ 这段话主要告诉我们：

A 要成功 　　　 B 小事也得重视 　　 C 做大事易出错 　　 D 别害怕失败

72. 有些广告做得非常精彩，很容易吸引人们去购买那些东西。但在买之前，我们应该先弄清楚自己到底需不需要，千万不能受广告影响而去买一些自己不需要的东西。

★ 这段话提醒我们，买东西前应考虑：

A 自己是否需要 　 B 质量好坏 　　 C 广告精不精彩 　 D 价格高低

73. 先生，您乘坐的航班还有10分钟就要起飞了，现在已经停止换登机牌了。10:30的航班还有票，要帮您换那一班吗？

★ 那位先生：

A 错过了飞机 　　 B 被禁止抽烟 　　 C 行李超重了 　　 D 丢了飞机票

74. 在很多国外朋友眼中，吃烤鸭和听京剧、爬长城一样，是来北京必须要做的事情。

★ 很多外国人认为，来北京：

A 要学太极拳　　　B 必须尝尝烤鸭　　C 中文要流利　　　D 要学功夫

75. 这张画儿挺有名的，是上个世纪齐白石老先生画的。他的国画水平到现在没有人能超过。

★ 齐白石：

A 国画没特点　　　B 爱画猴子　　　C 出名早　　　D 国画水平极高

76. 在中国，父母会为出生满一个月的孩子举办"满月酒"。这天，父母会邀请亲戚朋友来家里做客。大家聚在一起，共同祝贺孩子满月了，并希望他能健康地长大。

★ "满月酒"：

A 为孩子办的　　　　　　　　B 由亲戚朋友负责
C 生日那天办　　　　　　　　D 要办一个月

77. 字写错了，可以用橡皮擦掉重新写，那生活中走错了路该怎么办呢？其实发现自己错了，及时回头，重新找条正确的方向，别让错误继续下去就行了。

★ 生活中走错了路该怎么办？

A 给朋友打电话　　B 先找原因　　　C 及时找对的路　　D 总结经验

78. 同学们，我们先跟着音乐来练习一下上节课学的五个动作。大家记得跳舞的同时要看着镜子，检查自己的动作是否标准。

★ 说话人希望学生：

A 要标准　　　　　B 边跳边看镜子　　C 严格要求自己　　D 把腿抬高

79. 玩笑要在合适的时间、地点，根据不同人的性格，选择不同的方法来开。这样
    才能引人发笑，并让人觉得你有幽默感，而不是让人讨厌你。

    ★ 玩笑：

    A 表示幽默　　　　B 总能让人高兴　C 不能随便开　　　D 大多很无聊

80-81.

　　很多时候，朋友之间出现误会时，两个人都会想，如果他先道歉，我就原谅他。
但谁都不愿意做那个先说"对不起"的人，于是他们的距离就会越来越远。其实一句
简单的"抱歉"，也许就能换回一段友谊，减少一些后悔。

    ★ 和朋友出现问题时，许多人都希望：

    A 朋友先道歉　　　　　　　　　B 很想说"抱歉"

    C 得到同情　　　　　　　　　　D 问题不严重

    ★ "距离"指的是朋友间的：

    A 感情　　　　　B 理想　　　　　C 区别　　　　　D 印象

82-83.

　　网上购物原来只能在电脑上进行，但随着手机互联网的发展，用手机上网购物正
变得越来越方便。与电脑相比，手机更小更轻，想上网购物时，只要从口袋里拿出手
机，就能轻松完成，比用电脑方便多了。

    ★ 用手机购物比用电脑更：

    A 便宜　　　　　B 方便　　　　　C 简单　　　　　D 复杂

    ★ 这段话主要谈的是：

    A 手机游戏　　　　　　　　　　B 手机网上购物

    C 电脑的发展　　　　　　　　　D 网上购物的好处

84-85.

儿童一般在四五岁时开始认识世界，而他们的知识经验又无法解释遇到的问题，所以喜欢向大人们问这问那，尤其爱问"为什么"。这时，父母首先要表扬孩子，鼓励他们问问题；其次要有耐心。如果自己也不知道答案，可以直接对他们说"这个问题我现在不会回答，我看过书后再告诉你"，这样做还能鼓励孩子多看书，使他们从小养成爱读书的好习惯。

★ 四五岁的孩子爱问问题，是因为他们：

A 认真看书　　　　　　　　B 觉得很有趣

C 缺少知识　　　　　　　　D 希望得到表扬

★ 孩子问问题时，父母应该：

A 先猜答案　　　　　　　　B 让他们问老师

C 耐心回答　　　　　　　　D 让孩子找出答案

三、书 写

第 一 部 分

第86–95题：完成句子。

> 例如：那座桥　　800年的　　历史　　有　　了
>
> 那座桥有800年的历史了。

86. 会议　　上午的　　顺利　　吗

87. 这种想法　　理解和接受　　现在还很难　　被

88. 警察的　　怀疑　　引起了　　他们的话

89. 要注意　　春季外出时　　保护　　皮肤

90. 首都图书馆　　阅读环境　　为大家　　很好的　　提供了

91. 杯子　　我不小心　　把　　掉地上了

92. 王律师　　很吃惊　　这个消息　　让

93. 人　　我丈夫　　十分　　幽默的　　是一个

94. 你带他们　　一下　　参观　　到处

95. 城市交通　　重要影响　　有　　对经济发展

第 二 部 分

第 96-100 题：看图，用词造句。

例如：　　　　乒乓球　　　<u>他很喜欢打乒乓球。</u>

96. 　　酸

97. 　　笑话

98. 　　激动

99. 　　味道

100. 　　毕业

실전 모의고사

제4회

新汉语水平考试
HSK（四级）
全真模拟题 4

注意

一、 HSK（四级）分三部分：

1. 听力（45题，约30分钟）

2. 阅读（40题，40分钟）

3. 书写（15题，25分钟）

二、 听力结束后，有5分钟填写答题卡。

三、 全部考试约105分钟(含考生填写个人信息时间5分钟)。

中国　北京　　　　　　　　　　XXXX/XXXXXX　　编制

一、听 力

第 一 部 分

第1-10题：判断对错。

> 例如：我想去办个信用卡，今天下午你有时间吗？陪我去一趟银行？
>
> ★ 他打算下午去银行。　　　　　　　　　　　　　　　（ ✓ ）
>
> 　现在我很少看电视，其中一个原因是，广告太多了，不管什么时间，也不管什么节目，只要你打开电视，总能看到那么多的广告，浪费我的时间。
>
> ★ 她喜欢看电视广告。　　　　　　　　　　　　　　　（ × ）

1. ★ 现在没有合适的房子。　　　　　　　　　　　　（　　）

2. ★ 戴眼镜需要时间适应。　　　　　　　　　　　　（　　）

3. ★ 小吃店生意越来越差。　　　　　　　　　　　　（　　）

4. ★ 弟弟跟以前不一样了。　　　　　　　　　　　　（　　）

5. ★ 儿童不吃早餐会影响学习。　　　　　　　　　　（　　）

6. ★ 她是警察。　　　　　　　　　　　　　　　　　（　　）

7. ★ 云的变化很有意思。　　　　　　　　　　　　　（　　）

8. ★ 她想吃包子。　　　　　　　　　　　　　　　　（　　）

9. ★ 舞会将在这个礼拜天举行。　　　　　　　　　　（　　）

10. ★ 那种镜子比较轻。　　　　　　　　　　　　　　（　　）

第11-25题：请选出正确答案。

例如：女：该加油了，去机场的路上有加油站吗？

男：有，你放心吧。

问：男的主要是什么意思？

A 去机场　　　B 快到了　　　C 油是满的　　　D 有加油站 ✓

---

11. A 商店　　　B 亲戚家　　　C 邮局　　　D 地铁站

12. A 说　　　B 听　　　C 汉字　　　D 语法

13. A 大使馆很近　　　B 走过去　　　C 要赶时间　　　D 打车贵

14. A 随便走　　　B 右转　　　C 一直向前　　　D 向左走

15. A 感冒了　　　B 去亲戚家了　　　C 太冷了　　　D 去看孙子了

16. A 天气　　　B 菜的味道　　　C 住房条件　　　D 管理方法

17. A 导游　　　B 记者　　　C 售货员　　　D 翻译

18. A 宾馆　　　B 商店　　　C 电影院　　　D 动物园

19. A 先洗碗　　　B 把火关小　　　C 加点儿盐　　　D 放些糖

20. A 变活泼了　　　B 懂礼貌了　　　C 爱干净了　　　D 更仔细了

21. A 500 B 2000 C 3000 D 1000

22. A 不正式 B 脏了 C 破了 D 肥了

23. A 没休息好 B 胳膊疼 C 饿了 D 咳嗽得厉害

24. A 讨厌阴天 B 很得意 C 在机场 D 丢了登机牌

25. A 写总结 B 跑步 C 洗澡 D 打印材料

第 三 部 分

第26-45题：请选出正确答案。

例如： 男：把这个文件复印五份，一会儿拿到会议室发给大家。

女：好的。会议是下午3点吗?

男：改了。三点半，推迟了半个小时。

女：好，602会议室没变吧?

男：对，没变。

问：会议几点开始?

A 两点　　　　B 3点　　　　C 3:30 ✓　　　　D 6点

---

26. A 1500元　　　B 2050元　　　C 950元　　　D 600元

27. A 不轻松　　　B 让人难忘　　　C 很顺利　　　D 效果差

28. A 不能买门票　　B 烦恼少　　　C 休息时间多　　D 能到处旅行

29. A 介绍好书　　　B 填调查表　　　C 买杂志　　　D 复印表格

30. A 决定去哪儿吃　B 点菜　　　　C 介绍新菜　　　D 买饺子

31. A 在郊区　　　　B 比较旧　　　　C 租出去了　　　D 刚卖了

32. A 丢钱包了　　　B 在擦桌子　　　C 是警察　　　　D 在银行

33. A 记者　　　　　B 李博士　　　　C 儿童　　　　　D 博士的妻子

34. A 让人难受　　　B 十分精彩　　　C 很值得　　　　D 比较无聊

35. A 刚出生不久　　B 比较胖　　C 很爱笑　　D 今天过生日

36. A 兴奋　　B 眼睛难受　　C 时间过得快　　D 注意力提高了

37. A 写文章　　B 远离互联网　　C 多复习　　D 去图书馆

38. A 伤心　　B 冷静　　C 紧张　　D 高兴

39. A 没人试过　　B 效果好　　C 被观众肯定了　　D 上新闻了

40. A 医生工作太累　　B 太花钱　　C 年龄大　　D 身体受不了

41. A 学习永远不晚　　B 要学会坚持　　C 要有自信　　D 要勇敢

42. A 乱扔垃圾　　B 拿刀　　C 打扰动物　　D 给动物吃的

43. A 判断什么能吃　　B 适应气候　　C 让自己放松　　D 使用火

44. A 打羽毛球　　B 唱京剧　　C 吃烤鸭　　D 修理自行车

45. A 办演出　　B 爬长城　　C 教课　　D 收拾房间

二、阅 读

第 一 部 分

第46-50题：选词填空。

> A 方向　　B 来自　　C 调查　　D 坚持　　E 翻译　　F 吃惊

例如：　她每天都（ D ）走路上下班，所以身体一直很不错。

46.　商店起火的原因警察还在（　　），一有结果我就通知您。

47.　接下来，我们请一位（　　）上海的朋友谈谈他是怎样教育女儿的。

48.　世界上的森林正在以让人（　　）的速度减少。

49.　为顾客们提供更好的服务，一直是我们努力的（　　）。

50.　严格来讲，这个词语（　　）成"幸福"是不准确的。

第51-55题：选词填空。

> A 知识　　B 举办　　C 温度　　D 粗心　　E 正好　　F 交

例如：　A：今天真冷啊，好像白天最高（ C ）才2℃。
　　　　B：刚才电视里说明天更冷。

51. A：今天语言节活动（　　）得非常成功，祝贺你们！
　　B：谢谢您，王校长。您能来是对我们最大的鼓励。

52. A：你周末经常去参加文化活动吧？
　　B：对，我觉得光学习书本（　　）是不够的，还要多积累生活经验。

53. A：小明，你的衣服是不是穿反了？
　　B：啊？对，我太（　　）了，谢谢。

54. A：怎么了？这些材料有问题吗？
　　B：是的，您还需要再（　　）一份签证的复印件。

55. A：我昨天刚搬完家，很多东西都还没来得及整理，房间太乱了。
　　B：需要我帮忙收拾吗？我今天（　　）有时间。

第 二 部 分

第56-65题：排列顺序。

例如：　A：可是今天起晚了

　　　　B：平时我骑自行车上下班

　　　　C：所以就打车来公司了　　　　　　　B A C

56.　A：以上这些方法都是有科学依据的

　　　B：比如坚持锻炼、增加睡觉时间、多和朋友在一起等

　　　C：有许多种方法可以使我们心情愉快　　　______

57.　A：免费进入公园游玩儿

　　　B：中国很多城市都有规定

　　　C：年满65岁的老年人可免费乘坐公共汽车　　　______

58.　A：4年的留学生活很快就要结束了

　　　B：相信这些都会成为我日后的美好回忆

　　　C：我在这里经历了很多，也学到了很多　　　______

59.　A：姐，逛完街我们去吃饭吧

　　　B：商场3层新开了家火锅店

　　　C：听说味道挺不错，咱们去尝尝　　　______

60.　A：千万不能再打网球了

　　　B：在你胳膊好之前

　　　C：最好也别提重东西　　　______

61. A：另外，还需要注意一点，馆内禁止吃东西

    B：同学们可以按照艺术馆提供的地图参观

    C：今天我们将参观山东省著名的艺术馆

62. A：由一位当过多年广播员的老师给我们上

    B：是每周三上午的第四节课

    C：这个学期的语法课时间已经安排好了

63. A：她是在爷爷奶奶身边长大的

    B：作者在书中回忆说

    C：小时候，因为父母工作很忙

64. A：完全不像一个刚毕业的大学生

    B：让我们都没想到的是

    C：新来的那个人遇到问题时那么冷静

65. A：大家一块儿在客厅包饺子

    B：周末她经常邀请朋友们来自己家玩儿

    C：一边包一边聊天，十分热闹

第 三 部 分

第66-85题：请选出正确答案。

> 例如：她很活泼，说话很有趣，总能给我们带来快乐，我们都很喜欢和她在
> 一起。
>
> ★ 她是个什么样的人？
>
> A 害羞　　　　B 马虎　　　　C　骄傲　　　　D 幽默 ✓

66. 迟到是很不礼貌的。也许有人会认为晚到10分钟影响不大，但实际上，时间对
每个人都特别重要，说严重点儿，迟到其实是在浪费他人的生命。

　　★ 根据这段话，我们要：

　　　　A 准时　　　　B 勇敢　　　　C 节约　　　　D 认真做好计划

67. 即使只有千分之一的机会，我们也要试试，不能放弃。如果不去试，就一点儿
机会都没有了。

　　★ "千分之一"说明：

　　　　A 速度很快　　B 性格多变　　C 希望极小　　D 任务简单

68. 小王！告诉你一个好消息，我上次面试的那家广告公司给我打电话了，通知我
下周一正式上班。

　　★ 我：

　　　　A 没通知考试　　B 发工资了　　C 应聘成功了　　D 没有诚实

69. 这次科学考试的最后一题可以有不同的答案，只要大家说出自己的想法并且给出合理的解释，就能得分。

    ★ 最后那个题：

      A 特别难　　　　　B 超出学生水平　　C 没人答对　　　　D 没标准答案

70. 人们运动后，出汗比较多，皮肤温度也比较高，不适合马上洗澡，最好休息15到30分钟后再洗，否则容易出现全身无力的情况。

    ★ 运动后：

      A 要把汗擦干净　　B 不能坐着　　　　C 容易累　　　　　D 不能马上洗澡

71. 爷爷总能看到生活中积极的一面，对他来说，世上好像就没有烦恼。我很奇怪他是怎么做到的，他对我说："开心是一天，烦恼也是一天，为什么不笑着过呢？"

    ★ 爷爷：

      A 生活态度积极　　B 爱开玩笑　　　　C 很愉快　　　　　D 很有责任感

72. 人们常说："自信的人最美丽。"这提醒我们，无论什么时候都要相信自己。要是连自己都不相信自己，又怎么能让别人相信你呢？

    ★ 这段话主要想告诉我们要：

      A 对自己负责　　　B 自信　　　　　　C 多批评自己　　　D 原谅别人

73. 外面风怎么这么大，橡皮和纸都被刮到桌子下面了，我都没法写作业了，咱们还是把窗户稍微关一点儿吧。

    ★ 说话人是什么意思？

      A 外面太响了　　　B 天气很凉快　　　C 他感冒了　　　　D 想关窗户

74. 随着社会的发展，出现了许多专门的招聘网站。我们通过它来找工作，可以及时了解最新的招聘信息，节约很多时间。

★ 这段话主要谈的是招聘网站的：

A 发展过程　　　B 社会责任　　　C 管理方法　　　D 优点

75. 刚才新闻说前面那条街道堵车严重，我们在这个路口左转，换条路走吧。尽管距离远些，但应该会更快到那里。

★ 换条路走，可以：

A 换乘地铁　　　B 更快到目的地　C 找对方向　　　D 使距离变短

76. 幸福是什么？幸福不是你的爱人有多美丽，而是爱人的笑有多美；幸福不是你成功时有多少人为你祝贺，而是失败时有个声音在你耳边："没事，有我在！"

★ 这段话主要谈的是：

A 幸福是什么　　B 生活的态度　　C 真正的友谊　　D 怎样获得成功

77. 写日记是个很好的习惯。我们对世界的认识、对事情的想法随着经历的丰富而发生变化，而这些改变都可以从日记中看到。

★ 从日记中，我们可以发现：

A 社会的发展　　B 将来的路　　　C 自己的变化　　D 人与人的区别

78. 别看大熊猫动作慢，看起来又笨又懒，其实它们也有活泼的一面，喜欢爬上爬下，非常可爱。

★ 大熊猫：

A 总是很兴奋　　B 有时很活泼　　C 很懒　　　　　D 对人友好

79. 小明生活中把很多看起来没用的东西变成了有用的东西。比如，把不穿的衣服变成了包，把大矿泉水桶做成了垃圾桶，甚至还用旧报纸做了把椅子等。这不但有趣，还引起了人们对保护环境的关注。

★ 他能把很多没用的东西：

A 存到银行去　　　　　　　　　B 扔掉

C 安排好时间　　　　　　　　　D 重新变为有用的

80-81.

别以为只有人才会说话，其实大自然也有语言，而且到处都是。懂一点儿大自然的语言，对于我们出门旅行有很大的好处，因为很多动植物都会提前"通知"我们接下来的天气会怎么样。例如，白云高高的，说明第二天十有八九是个晴天。

★ 通过白云很高这一现象，我们可以判断：

A 快要下雨了　　B 第二天是晴天　C 空气质量好　　D 天快黑了

★ 读懂大自然的语言，可以：

A 熟悉生活环境　　　　　　　　B 快速发展经济

C 了解天气的情况　　　　　　　D 保护环境

82-83.

看书时遇到不懂的词句怎么办才好呢？别急，先跳过不懂的地方，直接往下读。通过后面的阅读，之前不懂的部分可能就会明白了。相反，要是你的眼睛一直停留在不懂的词或者句子那儿，恐怕看再久也不会懂。

★ 这段话中，"跳过"是什么意思？

A 暂时不看　　　B 猜猜　　　C 用铅笔画出来　D 仔细研究

★ 根据这段话，遇到不懂的词时可以：

A 多看几遍　　　　　　　　　　B 多与他人讨论

C 多研究　　　　　　　　　　　D 通过后文理解

84-85.

两家店卖同一种小吃，这种小吃加鸡蛋会更好吃。两家店价格和顾客数量都差不多，但每天右边的店比左边的赚钱多，这是为什么？原来左边的服务员这样问客人："加不加鸡蛋？"有说加的，也有说不加的，各一半左右。右边的却问："加一个鸡蛋还是两个？"爱吃的说加两个，不爱吃的说加一个，也有不加的，但很少。一天下来，右边的店就比左边的多卖出不少鸡蛋。

★ 关于那两家店，可以知道：

A 客人几乎一样多　　　　　B 需排队

C 右边的价格便宜　　　　　D 房租差不多

★ 右边那家店之所以更赚钱，是因为它：

A 每天打折　　　　　　　　B 问话方法好

C 服务态度好　　　　　　　D 更受欢迎

三、书 写

第 一 部 分

第 86 – 95 题：完成句子。

例如：那座桥　　　800年的　　　历史　　　有　　　了

那座桥有800年的历史了。

86.　能把　　　我手机上　　　详细内容　　　发到　　　吗

87.　这盒饼干　　　爸爸送给我　　　是过年时　　　的

88.　爬长城的　　　我们　　　明天　　　事情　　　正在商量

89.　所有　　　都　　　人　　　反对这个　　　活动

90.　生意　　　好　　　商店的　　　比过去　　　多了

91.　那棵树　　　30米　　　高　　　大约有

92.　她　　　感动了　　　深深地　　　观众们被

93.　让人　　　草莓　　　受不了　　　酸得

94.　习惯　　　要　　　养成课后复习　　　的

95.　严格　　　非常　　　母亲　　　对妹妹

第 二 部 分

第 96 - 100 题：看图，用词造句。

例如： 乒乓球 他很喜欢打乒乓球。

96. 道歉

97. 公里

98. 规定

99. 伤心

100. 抱

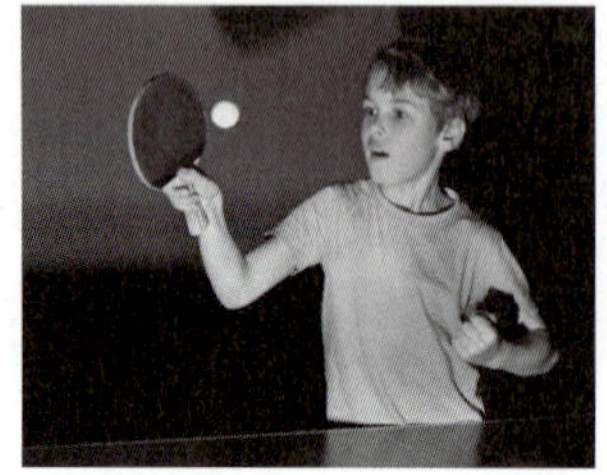

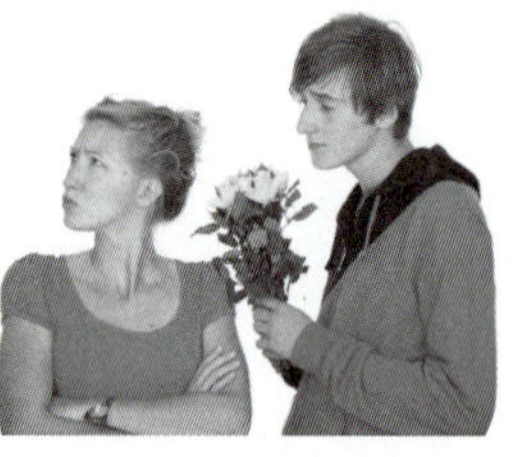

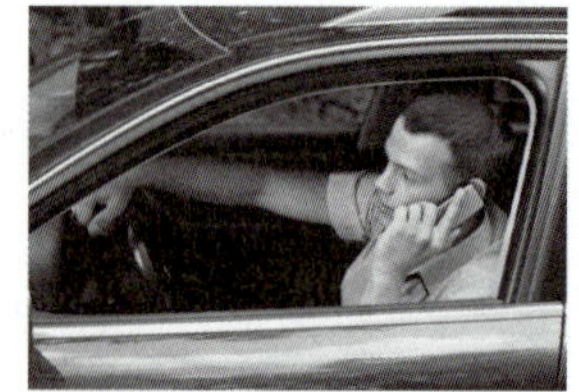

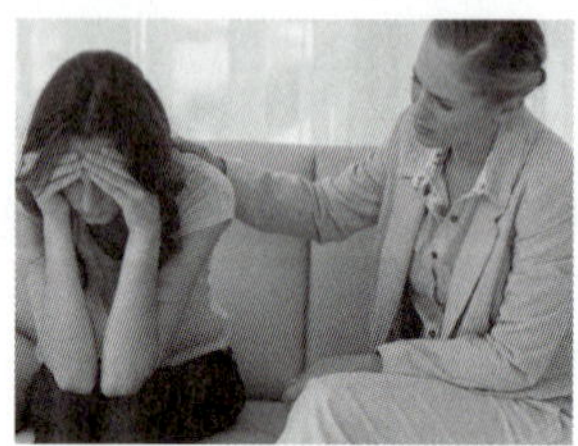

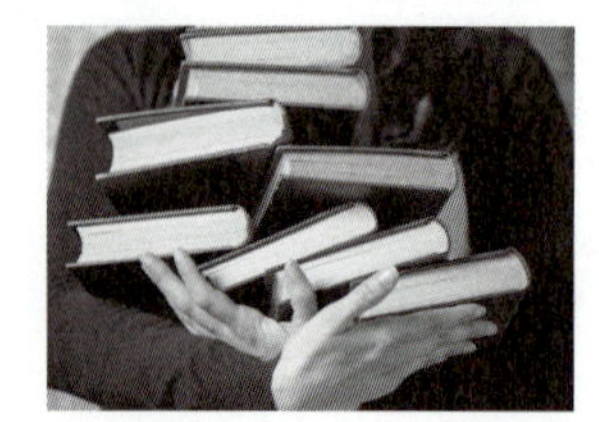

실전 모의고사

제5회

新汉语水平考试
HSK（四级）
全真模拟题 5

注意

一、　HSK（四级）分三部分：

　　1．听力（45题，约30分钟）

　　2．阅读（40题，40分钟）

　　3．书写（15题，25分钟）

二、　听力结束后，有5分钟填写答题卡。

三、　全部考试约105分钟（含考生填写个人信息时间5分钟）。

中国　北京　　　　　　　　　　　　　XXXX/XXXXXXX　　　编制

一、听 力

第 一 部 分

第1–10题：判断对错。

例如：我想去办个信用卡，今天下午你有时间吗？陪我去一趟银行？

★ 他打算下午去银行。 （ ✓ ）

现在我很少看电视，其中一个原因是，广告太多了，不管什么时间，也不管什么节目，只要你打开电视，总能看到那么多的广告，浪费我的时间。

★ 她喜欢看电视广告。 （ ✕ ）

1. ★ 沙发按时送到。 （ ）

2. ★ 尊重他人能为自己赢得尊重。 （ ）

3. ★ 小马的工作还没完成。 （ ）

4. ★ 北京西站附近堵车了。 （ ）

5. ★ 那家店的衣服不贵。 （ ）

6. ★ 今年旅馆生意比去年好。 （ ）

7. ★ 下周一的语法课继续上。 （ ）

8. ★ 多数人支持这次大会。 （ ）

9. ★ 九江市历史很短。 （ ）

10. ★ 有误会要及时解释清楚。 （ ）

第11-25题：请选出正确答案。

例如：女：该加油了，去机场的路上有加油站吗？

男：有，你放心吧。

问：男的主要是什么意思？

A 去机场　　B 快到了　　C 油是满的　　D 有加油站 ✓

11. A 爱打扮　　B 去打网球了　　C 很热情　　D 不在家

12. A 非常棒　　B 很可怜　　C 特别勇敢　　D 不够年龄

13. A 发传真　　B 发电子邮件　　C 发短信　　D 见面谈

14. A 家里比较热　　B 要去购物　　C 想换空调　　D 很渴

15. A 力气变大了　　B 心里难受　　C 被骗了　　D 瘦了

16. A 他换号了　　B 他手机关机　　C 他电话占线　　D 他出差了

17. A 右边缺水　　B 左边向阳　　C 树生病了　　D 右边有污染

18. A 想爬山　　B 去海洋馆　　C 没空儿　　D 想陪女儿

19. A 能锻炼能力　　B 想换个环境　　C 赚钱多　　D 比较轻松

20. A 是空的　　B 黑色的　　C 塑料的　　D 很重

21.　A 日记　　　　B 工作总结　　　C 学期计划　　　D 小说

22.　A 填错了　　　B 错过时间了　　C 被拒绝了　　　D 要重新报名

23.　A 办公室　　　B 教室　　　　　C 厨房　　　　　D 卫生间

24.　A 没看到表演　　B 啤酒不打折　　C 没带地图　　　D 没尝到小吃

25.　A 无法上网　　　B 换号码了　　　C 最近很忙　　　D 忘记密码了

第 三 部 分

第26-45题：请选出正确答案。

例如： 男：把这个文件复印五份，一会儿拿到会议室发给大家。

女：好的。会议是下午 3 点吗？

男：改了。三点半，推迟了半个小时。

女：好，602 会议室没变吧？

男：对，没变。

问：会议几点开始？

A 两点　　　　B 3 点　　　　C 3:30 ✓　　　　D 6 点

26.　A 问地址　　　　B 想请假　　　　C 找人修车　　　　D 关心男的

27.　A 导游　　　　B 作家　　　　C 记者　　　　D 演员

28.　A 不好看　　　　B 很贵　　　　C 很流行　　　　D 有些重

29.　A 男的迟到了　　　　B 女的没带钥匙　　　　C 电影很精彩　　　　D 他们在公园

30.　A 教室　　　　B 植物园　　　　C 书店　　　　D 银行

31.　A 对体育感兴趣　　　　B 会弹钢琴　　　　C 爱好唱歌　　　　D 有演出经历

32.　A 酒的做法　　　　B 葡萄甜不甜　　　　C 餐厅地点　　　　D 阿姨的职业

33.　A 更漂亮　　　　B 很流行　　　　C 在打折　　　　D 更轻

34.　A 眼镜盒　　　　B 帽子　　　　C 毛巾　　　　D 塑料袋

35.　A 首都宾馆　　B 篮球馆　　C 大使馆　　D 长城饭店

36.　A 动物的皮　　B 塑料　　C 纸　　D 树叶

37.　A 做鞋的技术　　B 做鞋的材料　　C 鞋的出现　　D 鞋的缺点

38.　A 自己熟悉　　B 没人走过　　C 轻松　　D 距离远

39.　A 坚持下去　　B 不怕失败　　C 积累知识　　D 有信心

40.　A 易紧张　　B 对人热情　　C 脾气好　　D 很冷静

41.　A 别羡慕他人　　B 要学会拒绝　　C 不要骄傲　　D 问题都能解决

42.　A 爱好　　B 节日　　C 健康　　D 教育

43.　A 不被重视　　B 不太科学　　C 人们最熟悉　　D 很辛苦

44.　A 不能太随便　　B 千万别激动　　C 要友好　　D 别在众人面前

45.　A 提前通知　　B 声音要大　　C 只说优点　　D 先表扬后批评

二、阅 读

第 一 部 分

第46-50题：选词填空。

> A 理发　　B 文章　　C 世纪　　D 坚持　　E 停　　F 后悔

例如：　她每天都（ D ）走路上下班，所以身体一直很不错。

46.　女儿，你的头发有点儿长了，该去（　）了。

47.　我的车就（　）在商店旁边，你到了就能看见。

48.　什么时候结束并不重要，重要的是结束了就不要（　）。

49.　我家对面的那条马路是1910年修的，到现在都快一个（　）了。

50.　这篇（　）是由王教授和他的学生一起写的。

第51-55题：选词填空。

> A 郊区　　B 不过　　C 温度　　D 毕业　　E 超过　　F 流行

例如：　A：今天真冷啊，好像白天最高（ C ）才2℃。

　　　　B：刚才电视里说明天更冷。

51.　A：你马上就要（　　）了吧? 将来有什么打算?

　　　B：我想出国读博士，正在准备签证的材料呢。

52.　A：听说我们公司12月要搬到（　　），到时候我又得重新租房子了。

　　　B：这个消息准确吗? 我怎么不知道?

53.　A：你好，请问我儿子可以买儿童票吗?

　　　B：不用，身高没（　　）一米二的儿童不用买票。

54.　A：你看，广播里的歌真好听，是谁唱的?

　　　B：声音听着挺熟悉的，（　　）我一下子想不起来了。

55.　A：姐，你觉得这条蓝色的裙子怎么样?

　　　B：挺好的，今年（　　）蓝色，而且夏天穿这样的裙子也凉快。

第 二 部 分

第56-65题：排列顺序。

> 例如： A：可是今天起晚了
>
> B：平时我骑自行车上下班
>
> C：所以就打车来公司了　　　　　　　B A C

56. A：我晚点儿才能回去，冰箱里有早上剩下的包子

    B：就先吃点儿

    C：桌子上还有饼干，你要是饿了　　　　　　＿＿＿＿＿＿

57. A：信息量较大，重点也多

    B：这段对话谈了好几个方面的问题

    C：所以我们理解起来有点儿困难　　　　　　＿＿＿＿＿＿

58. A：每次收钱后，他都会先存4000元到银行里

    B：剩下的用做房租、水电费等生活费用

    C：小王每个月的工资加上奖金有两万多　　　＿＿＿＿＿＿

59. A：受母亲的影响

    B：每天晚上无论多晚都要看几页书再睡

    C：我从小就养成了睡前阅读的习惯　　　　　＿＿＿＿＿＿

60. A：可又不太清楚他是否有空儿接电话

    B：这时礼貌的做法就是先给他发条短信

    C：当你想联系一个人时　　　　　　　　　　＿＿＿＿＿＿

61. A：生活中，我们永远不会知道

B：我们能做的就是开心过好每一天

C：明天将会发生什么

____

62. A：这种情况下，就需要及时解释

B：两个人在一起，总会出现一些问题

C：否则，误会就可能越来越深

____

63. A：你这个动作做得还是不太标准，我给你跳一遍

B：你仔细看着，应该像我这样

C：先抬腿，然后再抬胳膊

____

64. A：这次男子100米短跑比赛

B：当他知道这个结果后，开心得跳了起来

C：小王比第二名快了近五秒钟

____

65. A：课前预习，课上认真听讲，课后及时复习

B：我对同学们的要求非常简单

C：就是希望大家能做到以下三点

____

第66-85题：请选出正确答案。

> 例如：她很活泼，说话很有趣，总能给我们带来快乐，我们都很喜欢和她在
> 一起。
>
> ★ 她是个什么样的人？
>
> A 害羞　　　　B 马虎　　　　C 骄傲　　　　D 幽默 ✓

66. 三叶草的叶子一般为三片，但偶尔也会出现四片叶子的，这种四片叶子的叫
"四叶草"，因为不常见，所以有人说，找到这种"四叶草"的人会得到幸
福。

★ "四叶草"：

A 很高兴　　　　B 非常矮　　　　C 很少见　　　　D 表示友谊

67. 有的人常不好意思拒绝朋友的要求，害怕这样会影响两个人的感情。但真正的
友谊不会因为你的一次拒绝就受到影响。

★ 有的人不愿拒绝朋友，是担心会：

A 后悔　　　　B 影响友情　　　　C 被人笑话　　　　D 遇到困难

68. 我来中国一年多了，平时交流也没什么问题，大家都说我的汉语水平提高了很
多，但我觉得我的阅读还不太好，需要多学习。

★ 他想要：

A 多复习　　　　　　　　B 多交中国朋友

C 多学阅读　　　　　　　D 多了解中国文化

69. 做事情，不要一开始就考虑过多：会不会很难，结果会怎么样……这些其实都不重要，重要的是要勇敢地去做，只有去做，一切才有可能。

    ★ 根据这段话，做事情关键是：

    A 敢于开始　　　　B 提前调查　　　　C 多研究　　　　D 有责任心

70. 研究发现，如果人一天静坐超过7小时，就会影响身体健康。科学家提醒人们，每天静坐的时间最好不要超过5小时，尤其是久坐办公室的人和学生更要注意，有时间一定要站起来活动活动。

    ★ 科学家提醒人们：

    A 要多走路　　　　B 不要久坐　　　　C 不要抽烟　　　　D 要常检查身体

71. 上次去上海已经是7年前的事了，当时我还在北京读硕士。记得那时候正好是春天，山上的草都刚刚变绿，景色非常美。

    ★ 上次去上海时，他：

    A 感冒了　　　　B 在放寒假　　　　C 在读硕士　　　　D 觉得很无聊

72. 旅游不仅能让我们看到许多美丽的景色，还能让我们认识很多来自各国的朋友。

    ★ 这段话主要谈的是：

    A 怎样准备旅游　　B 旅行的目的　　C 旅游的好处　　D 真正的朋友

73. 小李来中国6年了，中文水平很高。平时和中国朋友聊天儿，她几乎都能听懂。偶尔遇到难理解的词语，朋友稍微一解释她就明白了。

    ★ 和中国朋友交流时，她：

    A 觉得很有意思　　　　　　　　B 常查词典
    C 大部分都明白　　　　　　　　D 说得非常标准

74. 这种植物的叶子非常漂亮，开的花也很香。不过它不喜欢阳光，适合放在阴凉的地方。不少人不了解它的这个特点，买回家后就把它一直放在窗边，这样它很容易死掉。

★ "这个特点"指的是：

A 长得特别快　　B 不喜欢阳光　　C 花很漂亮　　D 难适应环境

75. 按照规定，儿童乘坐飞机也需要购买机票。不满两岁的孩子，票价是大人的10%，但不提供座位；而两岁至12岁的儿童，票价是大人的50%，提供座位。

★ 根据这段话，10岁的儿童坐飞机时：

A 无座位　　　B 机票半价　　C 可提前登机　　D 提供免费早餐

76. 张阿姨，我们这种矿泉水取自雪山，不仅很好喝，用它来洗脸对皮肤也很有好处，所以价格要比其他矿泉水贵一些。

★ 这种矿泉水的特点是：

A 很甜　　　　B 有点儿咸　　C 来自长山　　D 洗脸对皮肤好

77. 目前，人们越来越多喜欢到郊区过周末。因为忙了一周后，他们想找一个空气新鲜、安静的地方好好放松一下。而且，方便的交通也为他们的出行提供了条件。

★ 人们喜欢去郊区玩儿，是因为那儿：

A 饭菜很好吃　　B 环境不错　　C 很少堵车　　D 购物方便

78. 孩子一般是通过父母的看法来认识自己，因此父母要常对孩子说："你行！""你可以！"只要父母认为孩子行，孩子就会变得更加自信。

★ 这段话主要想告诉我们，父母要：

A 听孩子的意见　　　　　　　　B 跟孩子一起商量

C 多鼓励孩子　　　　　　　　　D 理解孩子

79. 我昨天到机场后，只想着给妹妹买礼物，竟然忘记换登机牌了。如果不是同事提醒，我差点儿就错过了航班。

★ 说话人：

A 赶上了航班　　　　　　　B 来不及买礼物

C 推迟了约会　　　　　　　D 买不到机票

80-81.

不少人都羡慕导游，觉得他们能到处玩儿。其实，这个职业并不像人们想的那样轻松。首先，导游要对景点非常了解，而且讲解时还要想办法引起游客的兴趣。其次，导游每天都要走很多路，只有能吃苦，才能坚持下来。另外，旅行中会遇到各种各样的麻烦，导游必须能够冷静地解决问题。

★ 很多人羡慕导游，是因为导游：

A 工资高　　　B 很轻松　　　C 知识丰富　　　D 能去各地玩儿

★ 根据这段话，可以知道什么？

A 旅行费很贵　　　　　　　B 游客没耐心

C 热情很关键　　　　　　　D 导游工作辛苦

82-83.

一般情况下，对于不太熟悉的人，我们往往会根据周围人对他的想法来做出判断，但这样并不一定正确。要想真正了解一个人，不能只听别人说，而应该多与他交流，时间久了，自然就会了解这个人。

★ 人们一般根据什么来判断不熟悉的人？

A 自己的检验　　　　　　　B 别人的看法

C 他人的性格　　　　　　　D 老人的经历

★ 想真正了解一个人，应该：

A 相信他　　　　　　　　　B 同情他

C 多与他交流　　　　　　　D 多提赞成意见

84-85.

　　幸福是什么？各有各的看法。有人说健康是最大的幸福。还有人说，小时候幸福是一件东西，比如一本书、一块儿巧克力，得到了就很幸福；长大后，幸福是一种态度，是生活的态度决定了我们幸福感的高低。无论你认为幸福是什么，只要你用心去找，就一定能发现它。

★ 有人觉得小时候幸福是：

A　得到关心　　　　　　　　B　多玩儿游戏

C　取得好成绩　　　　　　　D　得到一件东西

★ 最后一句的"它"指的是：

A　幸福　　　　B　高兴　　　　C　性格　　　　D　态度

三、书 写

第 一 部 分

第 86-95 题：完成句子。

例如：那座桥　　　800年的　　　历史　　　有　　　了

那座桥有800年的历史了。

86. 意见和看法　　谈了　　他们都　　自己的

87. 要　　好习惯　　的　　养成　　晚上读书

88. 英文　　他的　　说得　　不太标准

89. 调查　　还　　吗　　你现在　　来得及

90. 排好队　　按照　　顺序　　请大家

91. 我　　适应了　　这里的　　已经　　生活

92. 内容　　原来的　　他　　不得不　　改变

93. 举个　　例子　　你　　能　　解释　　吗

94. 都　　完成了　　今天　　所有的　　任务

95. 这个班的　　大部分　　学生　　日本　　来自

第 二 部 分

第 96–100 题：看图，用词造句。

例如：　　　　　　　乒乓球　　　　他很喜欢打乒乓球。

96. 　　汗

97. 　　困

98. 　　受不了

99. 　　抬

100. 　　长城

녹음 스크립트

（音乐，30秒，渐弱）

大家好！欢迎参加HSK(四级)考试。
大家好！欢迎参加HSK(四级)考试。
大家好！欢迎参加HSK(四级)考试。

HSK(四级)听力考试分三部分，共45题。
请大家注意，听力考试现在开始。

第 一 部 分

一共10个题，每题听一次。

例如： 我想去办个信用卡，今天下午你有时间吗？陪我去一趟银行？
    ★ 他打算下午去银行。

现在我很少看电视，其中一个原因是，广告太多了，不管什么时间，也不管什么节目，只要你打开电视，总能看到那么多的广告，浪费我的时间。
    ★ 她喜欢看电视广告。

现在开始第1题：

1. 李律师的手机一直占线，暂时联系不上他。既然时间到了，我们就先开始吧。不等他了。
    ★ 已经联系上李律师了。

2. 单位新来的那个年轻人非常幽默，很会讲笑话。跟他一起工作，大家都觉得很愉快。

   ★ 那个人非常会讲笑话。

3. 他说因为压力太大他想过放弃这次比赛，是父亲一直鼓励他，让他重获信心，并最终赢得了比赛。

   ★ 那场比赛他输了。

4. 王先生，请把您的航班号还有航班降落的时间告诉我们，到时我们酒店会安排司机去机场接您的。

   ★ 王先生还没到酒店。

5. 老张这个人每次都很准时，开会从来不迟到，今天到现在还不来，大概是有什么事情。你打个电话问问他吧。

   ★ 老张天天迟到。

6. 这次演出之所以能够获得成功，除了演员们的努力外，也离不开各位的支持。非常感谢大家。来！我们干杯。

   ★ 她在向大家道歉。

7. 对不起，小姐。您的提包不能带进去，超市出口有存包的地方，您可以把包存在那儿。

   ★ 超市允许带包进入。

8. 小姐，你前边大概有20个人在等着，要是你不着急的话可以三点以后再过来，那时人会少很多。

   ★ 三点以后人会比较少。

9. 在大家的共同努力下，我们提前两天完成了任务。为了表示感谢，今天晚上我请大家吃饭。

   ★ 任务推迟了两天才完成。

10. 许多人一到周末就喜欢睡懒觉，而且一睡就是大半天，医生提醒我们：睡觉时间太长并不好，有时甚至会引起头痛。一般睡够八个小时就行。

　★ 睡太久对身体不好。

第 二 部 分

例如：　女：该加油了，去机场的路上有加油站吗？

　　　　男：有，你放心吧。

　　　　问：男的主要是什么意思？

现在开始第11题：

11. 男：真可惜! 这场比赛我们差点儿就赢了。

　　女：没关系。大家努力了就可以了，输赢并不重要。

　　问：关于比赛可以知道什么？

12. 男：这个学习英语的网站很不错，内容丰富，广告也不多。

　　女：那你把网址发给我吧，我正在准备英语考试呢。

　　问：男的觉得那个网站怎么样？

13. 男：我今天看见王大夫的孙子啦，胖胖的，真可爱。

　　女：是啊，我也见过一回，那孩子还特别懂礼貌。

　　问：女的觉得王大夫的孙子怎么样？

14. 男：你最好换个密码。这个全是数字，太简单了，不安全。

　　女：谢谢你的提醒，我一会儿就换。

　　问：男的建议女的做什么？

15. 男：快放暑假了，你有什么打算？
    女：我想学游泳，正好我家附近新开了家游泳馆，很方便。
    问：女的暑假准备做什么？

16. 女：没想到你这么喜欢京剧。
    男：我爸爸爱听。我从小就跟他一起听，所以对京剧有很深的感情。
    问：男的为什么喜欢听京剧？

17. 女：刚才朴律师来找你了，让你把这几篇文章整理一下。
    男：我知道，下楼的时候正好遇到他了。
    问：男的下楼时遇到谁了？

18. 女：喂，我到博物馆门口啦，你在哪儿？
    男：我在买票，你在入口处稍微等我一会儿。
    问：男的现在最可能在哪儿？

19. 女：大夫，我女儿的胳膊怎么样了？
    男：已经好得差不多了，不过这几天还是不能打网球。
    问：她女儿的胳膊怎么样了？

20. 女：我怎么觉得咱俩好像迷路了。
    男：没有，我去年来过这儿，前面路口右转就到了。
    问：关于男的，下列哪个正确？

21. 男：那个人长什么样子，你还有印象吗？
    女：我只记得她个子挺矮的，黄头发。对了，她手里还拿了个信封。
    问：关于那个人，下列哪个正确？

22. 男：咱家大门密码是多少，我记不清了。

　　女：就是咱家电话号码的后四位。

　　问：

23. 男：这份报告你仔细看过啦？

　　女：对，都看了好几遍啦，没发现什么问题。

　　问：女的主要是什么意思？

24. 男：你今天打扮得真漂亮！

　　女：谢谢！我今天第一天上班，想给同事们留个好印象。

　　问：关于女的可以知道什么？

25. 男：这家公司还不错，你没发一封求职信试试？

　　女：没有，我的专业不太符合他们的要求。

　　问：女的为什么没发求职信？

第 三 部 分

一共20个题，每题听一次。

例如：　男：把这个文件复印五份，一会儿拿到会议室发给大家。

　　　　女：好的。会议是下午3点吗？

　　　　男：改了。三点半，推迟了半个小时。

　　　　女：好，602会议室没变吧？

　　　　男：对，没变。

　　　　问：会议几点开始？

现在开始第26题：

26.　女：你申请奖学金了吗？
　　　男：申请了，不过竞争挺大的，不一定能拿到。
　　　女：不用担心，以你的条件肯定没问题。
　　　男：谢谢！
　　　问：他们在谈什么？

27.　女：先生，您的橙汁。
　　　男：我没点果汁，我要的是咖啡。
　　　女：抱歉，我记错了，马上给您换。
　　　男：没关系。
　　　问：男的点了什么？

28.　女：上个月的电费交了吗？
　　　男：交了，前天我去银行存钱时顺便交的，一共90多块钱。
　　　女：比之前少了很多。
　　　男：现在秋天了，我们不常开空调，电费当然少啦。
　　　问：电费为什么少了？

29.　女：住在这里，交通和生活都挺方便的。
　　　男：是，而且周围风景也不错。
　　　女：就是太贵了，全部下来要两百多万。
　　　男：确实不便宜。咱们再考虑考虑吧。
　　　问：他们觉得那个房子怎么样？

30.　女：我的钱不够，你有两百块吗？
　　　男：我也没带多少现金，这家店不能刷卡吗？
　　　女：他们的刷卡机坏了。
　　　男：那我们去取钱吧。
　　　问：根据对话，下列哪个正确？

31. 男：小姐，能不能给我一杯饮料。

女：好的。请问，您要咖啡、葡萄酒还是果汁？

男：苹果汁。顺便问一下，我们的航班还有多久降落？

女：大概四十分钟。

问：对话最可能发生在哪儿？

32. 男：你留学的事情怎么样了？

女：申请了三个学校，其中一个回信了，说会给我寄通知书。

男：那先祝贺你了，你是读什么专业？

女：经营管理学，跟硕士读的一样。

问：关于女的可以知道什么？

33. 男：雨停了，太阳也出来了，我去把窗户打开。

女：好，这场雨下得真及时。

男：是啊。外面的空气肯定很新鲜。

女：那咱们去公园散散步吧。

问：现在天气怎么样？

34. 男：您认为周明输掉比赛的理由是什么？

女：他是第一次参加这种国际比赛，估计心里比较紧张。

男：您的意思是他压力太大了？

女：我觉得是。按照他平时的水平，拿第一应该没问题。

问：女的认为周明为什么会输？

35. 男：你再仔细看看，是不是哪儿错了。

女：没有啊，一共五台电脑，三张办公桌，还有…

男：不对，你把椅子和桌子的数量写反了。

女：对不起，我错了，我再重新填一张单子吧。

问：女的接下来要做什么？

第36-37题是根据下面一段话：

　　小李上火车后发现自己的座位上已经有人了，就礼貌地请那个人让出座位，但那个人不客气地说："这是我的座位。"接着拿出票给小李看。小李仔细看了看笑着说："您确实没坐错座位，但您坐错火车了。"

36.　那个人为什么拿票给小李看？

37.　那个人怎么了？

第38-39题是根据下面一段话：

　　这个礼拜天上午十点，我们将在二层会议室举办"怎样与学生成为朋友"的讨论会，这次讨论会我们邀请到了几位国内著名的教育家，希望感兴趣的老师积极参加。

38.　关于讨论会可以知道什么？

39.　说话人希望老师怎么做？

第40-41题是根据下面一段话：

　　小张你能帮我在网上付1060块钱吗？我刚买了两双运动鞋，但我的信用卡出问题了，付不了钱，这家店又不支持货到付款，我中午取了钱就还你。

40.　说话人想请小张帮什么忙？

41.　关于说话人可以知道什么？

第42-43题是根据下面一段话：

　　小王，前面那座桥就是著名的南京长江大桥。它是长江上的第三座大桥，已经有四十七年的历史了。本来想带你去看看的，但你还要赶飞机。时间来不及了，下次你来南京我一定带你好好参观一下。

42.　关于那座桥，可以知道什么？

43.　小王这次为什么无法参观？

第44-45题是根据下面一段话：

王小姐在商场买裤子。她从试衣间出来后，售货员说："您穿这条裤子有点儿大。"王小姐却说："那太好了，我就买这条。"售货员感到很奇怪，王小姐解释说："我穿上它，朋友见了肯定会说我减肥成功了。"

44.　售货员觉得那条裤子王小姐穿怎么样？

45.　关于王小姐，可以知道什么？

听力考试现在结束。

〈제2회〉녹음 스크립트

(音乐，30秒，渐弱)

大家好! 欢迎参加HSK(四级)考试。
大家好! 欢迎参加HSK(四级)考试。
大家好! 欢迎参加HSK(四级)考试。

HSK(四级)听力考试分三部分，共45题。
请大家注意，听力考试现在开始。

第 一 部 分

一共10个题，每题听一次。

例如： 我想去办个信用卡，今天下午你有时间吗? 陪我去一趟银行?

★ 他打算下午去银行。

现在我很少看电视，其中一个原因是，广告太多了，不管什么时间，也不管什么节目，只要你打开电视，总能看到那么多的广告，浪费我的时间。

★ 她喜欢看电视广告。

现在开始第1题:

1. 方向感是人对东西南北、前后左右等方向的感觉。方向感不好的人往往容易迷路。

   ★ 方向感差的人易迷路。

2. 哥哥是个很有主意的人。平时我遇到困难不知道怎么解决时都会去问他，而他也确实能给我提供一些很好的建议。

   ★ 哥哥的意见帮助不大。

3. 李医生，谢谢你的邀请。可惜我这周末已经有其他安排了，不能参加这次聚会了，你们好好玩儿。

   ★ 他接受了邀请。

4. 这个公园非常大，要是走路的话，估计一天都逛不完。对面正好有租自行车的，我们骑车逛吧。

   ★ 她想租自行车。

5. 昨天我们去了邮局对面的那个小区，对那儿所有的电梯都进行了检查，检查结果完全符合安全标准。

   ★ 电梯检查不合格。

6. 她们俩姐妹虽然出生时间只差几分钟，但性格却完全相反。姐姐很害羞，不太喜欢说话，而妹妹很幽默，喜欢讲笑话。

   ★ 她俩性格差不多。

7. 刘师傅不仅专业技术好，还爱帮助其他同事。大家都很尊重他，所以都愿意选他当店长。

   ★ 大家都很尊重刘师傅。

8. 好消息，从今天起到七月九号我店全场七折起，夏季鞋帽还参加满三百减五十的活动。

   ★ 活动8月底结束。

9. 希望通过这次交流会，大家能给我们的工作，提一些意见或者建议。不管是哪方面的，我们都会认真考虑。

   ★ 他希望大家能提些意见。

10. 购物满三百元的顾客，可免费获得一份小礼物，请您在付款后，拿着购物小票，到一楼出口处换取。

   ★ 在入口处换礼物。

第 二 部 分

一共15个题，每题听一次。

例如： 女：该加油了，去机场的路上有加油站吗？

男：有，你放心吧。

问：男的主要是什么意思？

现在开始第11题：

11. 女：家里只剩几个西红柿了，没别的菜了。

男：那晚上做西红柿鸡蛋面吧。好久没吃面条了。

问：男的晚上想吃什么？

12. 男：儿子咳嗽还没好，吃药没有？

女：吃了，但没什么作用。我打算明天带他去打针。

问：儿子怎么了？

13. 女：前天同学聚会你怎么没去？

男：本来是要去的，但那天公司有急事，我加班到很晚，最后就没去。

问：男的为什么没参加同学聚会？

14. 女：爸，还有多远能到高速公路服务区啊，我有点儿饿了。

男：大约40公里，20多分钟就能到。车上有面包，你先吃点儿。

问：他们距离服务区大概多少公里？

15. 男：这两个大纸盒要是没用的话，我就扔到垃圾桶里了。

女：别扔，我想用它们放些旧书旧报纸什么的，你给我吧。

问：女的是什么意思？

16. 女：你咳嗽这么厉害，以后别抽烟了。
    男：我也知道抽烟对身体不好，可是一忙起来就忘了，以后会注意的。
    问：关于男的可以知道什么？

17. 女：儿子下午要去一场演唱会，有点儿远，你开车送他吧。
    男：我中午要送爸爸去火车站，来得及吗？
    问：男的要送谁去火车站？

18. 男：小李竟然还没到，他从来不迟到啊。
    女：我也觉得奇怪，给他打了好几个电话都没人接。
    问：小李怎么了？

19. 女：这周围有垃圾桶吗？我去把废纸扔了。
    男：前面往右转，楼梯旁边就有一个。
    问：女的接下来最可能去做什么？

20. 女：礼拜天的网球比赛你看了吗？结果怎么样？
    男：我只看了前半场，后面的因为太困了就没看。
    问：男的主要是什么意思？

21. 男：你太粗心了，货物数量这儿竟然少写了一个0。
    女：抱歉，我马上改过来，保证下次不会再出现这样的错误了。
    问：女的为什么道歉？

22. 女：我们稍微休息一下吧，我没力气了。
    男：好的。包里有矿泉水，你先喝点儿吧。
    问：女的怎么了？

23. 女：都五点一刻了，你怎么还不去接孙女?

   男：你忘了，孩子今天参加乒乓球比赛，六点才结束。

   问：男的是什么意思?

24. 男：你对新来的那个小伙子印象怎么样?

   女：不错，人很聪明，学东西也快。只是缺少经验，还需要多锻炼锻炼。

   问：女的觉得那个小伙子怎么样?

25. 女：刚刚是谁敲门?

   男：房东，他来提醒我们，月底交水电费。

   问：敲门的人是谁?

第 三 部 分

一共20个题，每题听一次。

例如： 男：把这个文件复印五份，一会儿拿到会议室发给大家。

   女：好的。会议是下午3点吗?

   男：改了。三点半，推迟了半个小时。

   女：好，602会议室没变吧?

   男：对，没变。

   问：会议几点开始?

现在开始第26题：

26. 女：老刘，你女儿博士毕业了吧。

男：对，去年就毕业了。

女：我记得她是学医的。现在做什么呢？

男：在一家医院当医生。

27. 男：请问，钢琴班现在还能报名吗？

女：当然可以。你们俩都要报吗？

男：就我一个，可以试听吗？

女：可以。您先把这张表格填好，我给您安排。

28. 女：材料都检查了？有没有问题？

男：除了一份材料没写名字外，其他的都没问题。

女：谁这么粗心，竟然连名字都没写？

男：不知道，稍后我查一下。

29. 男：我们明天上午在体育馆东门见吧。

女：招聘会不是在307教室举行吗？

男：地点改在体育馆了，我不是发短信告诉你了吗？

女：奇怪，我没收到。

30. 女：马经理，这个餐厅怎么样？

男：好象有点儿小，这次会来二百位左右的客人。

女：没问题，这个餐厅最多能坐300人。

男：是吗？那就这个吧。

31. 男：王丽，好久没联系了，周末去打网球吧。
    女：恐怕不行，我这两天头痛得厉害。
    男：怎么了，是不是感冒啦？
    女：不是，这几天晚上睡得不好，总做梦。
    问：女的怎么了？

32. 女：你怎么停下来了，高速公路上不让停车呀！
    男：车好像坏了，我下去看看。
    女：前天不是刚修理过嘛？
    男：是啊，不知道怎么回事。
    问：他们现在在哪儿？

33. 男：对不起! 刚才我在看表演，没听到手机响。
    女：没事。我想问你，这周二的招聘会你去不去？
    男：我已经找到工作了，不去了。
    女：真的啊？ 那祝贺你了!
    问：男的为什么不去招聘会？

34. 女：你暑假出去旅行了？
    男：对，去了趟海南。
    女：感觉怎么样？
    男：非常好，景色美、空气也新鲜。有时间你也去看看吧。
    问：男的觉得海南怎么样？

35. 男：打扰一下，请问朴老师在吗？
    女：他出差了，你找他有事吗？
    男：我想问问学校广播站招记者的事。今天还能报名吗？
    女：可以，明天是最后一天。
    问：男的为什么找朴老师？

第36-37题是根据下面一段话：

　　我理想的职业是小学老师。首先是因为老师每年都放寒暑假。这对爱好旅游的我来说，非常有吸引力。其次，我喜欢跟小孩子交流。孩子的世界很简单，跟他们在一起很放松，会感觉自己年轻了很多。

36.　关于说话人可以知道什么？

37.　说话人觉得跟孩子在一起怎么样？

第38-39题是根据下面一段话：

　　儿子，你想去北京发展我不反对，北京虽然竞争大，但机会也多。年轻人是应该多去外面看看，但我希望你在做这个选择之前，考虑清楚，好好想想这个决定对你的将来是否有帮助。

38.　说话人认为去北京发展有什么优点？

39.　说话人希望儿子怎么样？

第40-41题是根据下面一段话：

　　听众朋友们，今天的节目到这里就全部结束了，感谢您的收听，您对节目有什么不满意的地方请发短信告诉我们，我们很高兴能收到大家的意见和建议，下周五晚上同一时间欢迎您准时收听。再见！

40.　听众可以怎样向节目提意见？

41.　这段话最可能来自哪儿？

第42-43题是根据下面一段话：

　　小张是个敢想敢做的人，他三十岁时，放弃了一份当时工资很高的工作。跟朋友从零开始做起了家具生意。短短五年，他就有了自己的家具公司，还把家具卖到了国外。

42.　小张放弃了一份怎么样的工作？

43.　小张现在怎么样？

第44-45题是根据下面一段话：

　　我刚看了这个照相机的使用说明书，介绍得非常详细，尤其是常见问题那部分，总结了许多使用过程中容易出现的错误，我觉得非常有用，你也看看吧。

44.　那份说明书是关于什么的？

45.　说话人觉得那份说明书怎么样？

听力考试现在结束。

（音乐，30秒，渐弱）

大家好！欢迎参加HSK(四级)考试。
大家好！欢迎参加HSK(四级)考试。
大家好！欢迎参加HSK(四级)考试。

HSK(四级)听力考试分三部分，共45题。
请大家注意，听力考试现在开始。

第 一 部 分

一共10个题，每题听一次。

例如： 我想去办个信用卡，今天下午你有时间吗？陪我去一趟银行？
　　　★ 他打算下午去银行。

　　　现在我很少看电视，其中一个原因是，广告太多了，不管什么时间，也不管什么节目，只要你打开电视，总能看到那么多的广告，浪费我的时间。
　　　★ 她喜欢看电视广告。

现在开始第1题：

1. 最近水温太低，下水容易感冒。我们还是等天气暖和点儿再去海边游泳吧。
　　★ 他正在游泳。

2. 说到北京的秋天不得不提香山红叶。每年到了十月底满山都是红叶。景色十分漂亮。如果秋天来北京却不去香山看红叶，你一定会后悔的。
　　★ 秋天是看红叶最好的季节。

3. 刚才电视上说，今天午后会有一场大雨，你出门前一定要记得关好窗户，尤其是客厅的窗户。

   ★ 最好别关窗。

4. 我平时工作比较忙，很少有时间带儿子出去玩儿，这次他放寒假，正好我也有空，于是就带他去了好几个地方旅游。

   ★ 儿子寒假时他很忙。

5. 你们俩主要是缺少交流，要是平时你们多聊聊天儿，互相多一些了解，就不会发生这样的误会了。

   ★ 他建议俩人多交流。

6. 弟弟这学期就大四了，他申请了出国留学，想毕业后去国外读国际法，父母都很尊重他的选择。

   ★ 父母反对弟弟出国。

7. 乘客们请注意，现在广播找人，来自山东的赵萌小姐，请您听到广播后马上到地铁站西北口，您的家人在那儿等您。

   ★ 地铁站在广播找人。

8. 会议室入口处的桌子上有一张表格，请各位先到那儿填一下自己的姓名和国籍，会议十分钟后正式开始。

   ★ 会议正在进行。

9. 我看，比赛的输赢并不是最重要的。在与他人的竞争中，使自己获得提高，才是参赛的最终目的。

   ★ 他认为输赢并不重要。

10. 同学们，今天我们要学习太阳的知识，"太阳离地球有多远，太阳的温度究竟有多高。"学完这节课，大家就会知道答案了。

    ★ 这节课讲气候变化。

<h1 style="text-align:center">第 二 部 分</h1>

例如： 女：该加油了，去机场的路上有加油站吗？

男：有，你放心吧。

问：男的主要是什么意思？

现在开始第11题：

11. 男：服务员，这个汤盐放太多了，没法喝。

女：对不起，我们马上给您重新做一份。

问：男的觉得那个汤怎么样？

12. 女：水果刀一定要放在孩子看不见的地方，不然会很危险。

男：刚才没注意到，我这就收起来。

问：女的是什么意思？

13. 男：母亲节快到了，今年咱们送妈妈什么呢？

女：昨天散步时，我看她很喜欢邻居家的猫。我们也送她一只。

问：他们要准备给谁礼物？

14. 男：就去买两瓶果汁，你怎么花了这么长时间？

女：超市排队付款的人太多了，等了很久。

问：女的为什么去了那么久？

15. 女：他们这儿最有名的是包子，饺子也特别好吃。

男：那我要一份饺子吧，好久没吃了。

问：男的最后决定吃什么？

16. 男：外面风那么大，你出去做什么？

女：有些袜子被刮到楼下那棵小树上了，我去拿回来。

问：袜子现在在哪儿？

17. 男：把你公司的详细地址发给我吧，我晚上就把照片给你寄过去。

女：好的，麻烦你啦。

问：男的希望女的告诉他什么？

18. 女：这个黄色的沙发怎么样？好看吧！

男：确实好看，不过太容易脏了，还是看看别的吧。

问：男的觉得这个沙发怎么样？

19. 男：妈，我快渴死了，家里还有橙汁吗？

女：你喝矿泉水吧，果汁是甜的，越喝越渴。

问：女的让男的怎么做？

20. 男：小马，你要去邮局，顺便帮我寄份材料吧。

女：没问题，你把地址写给我。

问：小马要去哪儿？

21. 女：你们去看电视吧，我来收拾碗筷。

男：我收拾就行了。您陪爸去楼下走走吧。

问：男的主要是什么意思？

22. 男：这家海洋馆是亚洲最大的，你怎么知道的？

女：刚才导游说的。那会儿你和爷爷正好去存包了。

问：是谁说那家海洋馆是亚洲最大的？

23. 男：这个星期就考国际法了，你复习得怎么样？

女：差不多了，这几天再把重点内容看一遍就行了。

24. 女：下雨了，凉快多了，前几天实在是太热了。

男：对啊，前两天晚上热得都睡不着，今天终于能睡个好觉了。

问：现在天气怎么样？

25. 男：现在买沙发，能免费送货上门吗？

女：可以，您留下电话和地址，我们这星期内给您送到。

问：他们最可能在哪儿？

第 三 部 分

一共20个题，每题听一次。

例如： 男：把这个文件复印五份，一会儿拿到会议室发给大家。

女：好的。会议是下午3点吗？

男：改了。三点半，推迟了半个小时。

女：好，602会议室没变吧？

男：对，没变。

问：会议几点开始？

现在开始第26题：

124

26. 女：喂，我已经到电影院了。
    男：我也到了，但影院的停车位都满了。我在找停车的地方。
    女：影院旁边有家超市，那里也有免费停车场。
    男：好，我去找找！先挂了，一会儿见。
    问：男的在找什么？

27. 男：你怎么连信用卡的密码都忘了？
    女：这张卡办了之后从来没用过。
    男：会不会是你的生日或电话号码？
    女：试了，都不对。
    问：女的怎么了？

28. 女：都11点了，你怎么还不睡？
    男：明天要交工作总结，我还没写完呢。
    女：我看你太困了，先去睡吧。明天早起，再继续写吧。
    男：只好这样了，再写下去估计也写不好，实在是困得受不了了。
    问：女的建议男的怎么做？

29. 男：需要我帮忙吗？
    女：你把洗好的水果拿到客厅去吧。
    男：好，要不要我帮你做饭？
    女：不用，你陪爸妈聊聊天儿吧，鱼汤好了就可以吃饭了。
    问：对话最可能发生在哪儿？

30. 女：你们在讨论什么？这么热闹？
    男：我们在商量毕业旅行的事，你来得正好，提点建议吧。
    女：北戴河不错，景色美丽，现在去也凉快，还可以游泳。
    男：这主意不错。
    问：女的觉得现在去北戴河怎么样？

31. 男：你知道小兰去哪儿吗？她的手机一直占线。

    女：她出差了，你找她有事？

    男：她的自行车钥匙在我这儿。

    女：她就住我家附近我帮你给她吧。

    问：关于小兰可以知道什么？

32. 女：马上就放寒假了，你有什么打算？

    男：我想去学京剧。

    女：寒假就一个月，这么短的时间，你能学会吗？

    男：先学些基础的，以后接着学。

    问：关于男的可以知道什么？

33. 男：丽江这几天天气怎么样？

    女：这一星期都是晴天，温度也比北京高。

    男：那就不用带厚衣服了吧？

    女：要带，那儿早晚温度低，得穿厚点儿。

    问：女的建议怎么做？

34. 女：您最近有什么计划吗？

    男：最近在为一部电影做准备工作。

    女：什么电影，能谈谈电影的大概内容吗？

    男：是关于警察的故事，我在里面演一位老警察。

    问：男的最可能是做什么的？

35. 男：听说小高在郊区开了一家饭馆儿。

    女：是嘛，怎么开在郊区了？

    男：那边租金便宜，而且附近有几个学校，很多学生都去他那儿吃饭。

    女：那生意一定不错。

    问：那个饭馆儿在哪儿？

第36-37题是根据下面一段话：

每年的9月22号是世界无车日，需要指出的是无车并不是拒绝汽车，而是让大家认识到汽车对城市环境的污染，鼓励人们少开车，多骑自行车或乘公共汽车。

36. 世界无车日是哪天？

37. 世界无车日鼓励人们怎么做？

第38-39题是根据下面一段话：

在公共汽车上，常看到人们带着耳机听歌，由于周围声音较大，人们往往会把耳机声音开得更大，而且有些人一听就是一两个小时。这样长久下去，对耳朵很不好。因此，坐公共汽车时，最好别带耳机听音乐。

38. 人们为什么会把耳机声音开得很大？

39. 在公共汽车上戴耳机听音乐有什么坏处？

第40-41题是根据下面一段话：

汉语中很多带颜色的词语都有特别的意思，比如："红包"不是指普通红色的包，而是专门指包着钱的红纸包。在中国"红色"常用来表示好的、开心的事，所以红包就有了希望别人幸福、快乐的意思。结婚时人们最常送的礼物就是"红包"。

40. 红色常用来表示什么样的事情？

41. 关于"红包"下列哪个正确？

第42-43题是根据下面一段话：

老李的孙子出生后，她每天忙着照顾孩子，也不来唱歌了。昨天，我在路上遇见她，她一脸幸福的样子。还得意地对我说："孙子特别可爱，长大了肯定是个帅小伙儿。"

42. 老李为什么不去唱歌了？

43. 老李觉得孙子长大后会怎么样？

第 44-45 题是根据下面一段话：

　　小晴是我最好的朋友，我俩从小一块儿长大，后来还在同一个大学读书，她今年申请了出国留学，下个月六号就要走了，我很为她感到高兴，可是一想到我们就要分开了，心里又有些难过。

44.　关于小晴，下列哪个正确？

45.　说话人为什么感到难过？

听力考试现在结束。

〈제4회〉 녹음 스크립트

（音乐，30秒，渐弱）

大家好! 欢迎参加HSK(四级)考试。
大家好! 欢迎参加HSK(四级)考试。
大家好! 欢迎参加HSK(四级)考试。

HSK(四级)听力考试分三部分，共45题。
请大家注意，听力考试现在开始。

第 一 部 分

一共10个题，每题听一次。

例如： 我想去办个信用卡，今天下午你有时间吗? 陪我去一趟银行?

★ 他打算下午去银行。

现在我很少看电视，其中一个原因是，广告太多了，不管什么时间，也不管什么节目，只要你打开电视，总能看到那么多的广告，浪费我的时间。

★ 她喜欢看电视广告。

现在开始第1题：

1. 张先生，不好意思。我们这里暂时没有符合您要求的房子，不过这两天会有一些新的房子要出租。到时我帮您注意一下。

★ 现在没有合适的房子。

2. 很多人刚开始戴眼镜时会觉得不太习惯。这其实是很正常的，戴一段时间就会慢慢适应了。

★ 戴眼镜需要时间适应。

3. 这家小吃店，开了快5年了，生意一直特别好。开店的那对夫妻很热情，做的东西也好吃，很多人都愿意去他们店里吃小吃。

★ 小吃店生意越来越差。

4. 弟弟确实长大了，我记得以前他常常把家里弄得又脏又乱，现在不但会收拾自己的房间，有时还会帮着打扫厨房和洗手间。

★ 弟弟跟以前不一样了。

5. 研究发现不吃早餐容易使孩子变笨，影响他们的学习成绩，所以家长一定要让孩子吃早餐，而且要让他们吃好。

★ 儿童不吃早餐会影响学习。

6. 当时我并没有考虑那么多，因为当人们遇到危险的时候，我们做警察的有责任去帮助他们。

★ 她是警察。

7. 云的样子会随着风而发生变化，有时看着像一只老虎，过一会儿可能就变成了一只鸟，接着又可能会变成一棵大树。真是有趣极了！

★ 云的变化很有意思。

8. 我在一本杂志上看过关于这家饭店的介绍。我记得上面说他们家的饺子和烤鸭非常好吃。我们去尝尝吧。

★ 她想吃包子。

9. 王律师，下周六晚上我们公司要举办一场舞会，我们经理，想邀请您和您妻子参加，您那时候有时间吗？

★ 舞会将在这个礼拜天举行。

10. 这种小镜子非常适合你们年轻女孩子用，样子好看又不重，放在包里十分方便。

★ 那种镜子比较轻。

第 二 部 分

一共15个题，每题听一次。

例如： 女：该加油了，去机场的路上有加油站吗？

男：有，你放心吧。

问：男的主要是什么意思？

现在开始第11题：

11.　女：你坐地铁吗？一起走吧！

男：你先走吧。我得去对面的邮局一趟，给我妹寄东西。

问：男的现在要去哪儿？

12.　男：学了这么久的汉语，我觉得听和说很容易。

女：对，不过语法就难多了。

问：女的觉得汉语哪方面比较难？

13.　女：这儿离宾馆至少一公里，我们打个车吧。

男：不用，我们的行李箱都很轻，拉着走很快就到了。

问：男的是什么意思？

14.　女：我们向前走，还是往右转？

男：都可以，不过往前走，会稍微远一些，还是右转吧。

问：男的建议怎么走？

15.　男：王阿姨，您最近怎么没来唱京剧啊？

女：我小孙子出生了，这两天光忙着去医院看他了。

问：女的为什么没去唱京剧？

16.　女：你在这儿还适应吗？

　　　　男：挺好的，这儿的人很友好，环境也好，就是菜特别辣，还不太习惯。

　　　　问：男的对什么不太适应？

17.　女：马上就放暑假了，你有什么计划？

　　　　男：我打算去我叔叔的公司，帮忙做些翻译工作。

　　　　问：男的暑假打算干什么工作？

18.　男：你好！我刚才在座位上发现了一个帽子。

　　　　女：谢谢！应该是观众丢的，经常有人看完电影后，把东西忘在这儿。

　　　　问：对话最可能发生在哪儿？

19.　女：你尝一下鱼汤，看会不会咸了？

　　　　男：我刚才喝了一口，没什么味道，再加一小勺盐吧。

　　　　问：男的建议怎么做？

20.　女：你弟弟上学后，改变了不少。我记得他以前很害羞。

　　　　男：对，他现在活泼多了。

　　　　问：弟弟现在怎么样？

21.　男：这辆车是你新买的吧？我看才跑了两千公里。

　　　　女：去年秋天买的，快半年了，不过没怎么开。

　　　　问：那辆车跑了多少公里？

22.　女：丽丽呢？去洗手间了？

　　　　男：是，她刚才倒果汁，不小心把果汁弄到裤子上了。

　　　　问：丽丽的裤子怎么了？

23.　女：我昨天打了会儿网球，结果，今天胳膊疼得都抬不起来了。

　　　　男：你平时运动太少，突然一运动，当然受不了。

　　　　问：女的怎么了？

24. 男：喂，你到机场了吗? 几点的航班?

    女：到了，九点的，但是外面还在下雪，飞机恐怕不能按时起飞了。

    问：关于女的，下列哪个正确?

25. 女：我想去公园散散步，一起去吧?

    男：我不去了，我得继续写工作总结，明天就要交了。

    问：男的接下来要做什么?

第 三 部 分

一共20个题，每题听一次。

例如：男：把这个文件复印五份，一会儿拿到会议室发给大家。

    女：好的。会议是下午3点吗?

    男：改了。三点半，推迟了半个小时。

    女：好，602会议室没变吧?

    男：对，没变。

    问：会议几点开始?

现在开始第26题：

26. 女：我们买台打印机，怎么样?

    男：好啊! 这样以后打印东西就方便多了。

    女：你看这个原价一千五，打完折才950。

    男：行! 你决定吧。

    问：打印机现在多少钱?

27. 男：出差回来了，怎么样？

女：一切都很顺利。我们提出的要求那家公司都同意了。

男：太好了！

女：稍后我把出差情况总结一下，然后发您邮箱。

28. 女：我小时候特别羡慕导游。

男：为什么？

女：因为导游可以到处去玩儿。

男：看来你很喜欢旅游啊。

29. 男：您好，能麻烦您帮我们填份调查表吗？

女：是关于什么的？

男：有关儿童阅读情况的。

女：好的，没问题。

30. 女：你常来这家小吃店吗？

男：对，我几乎每个礼拜都来。

女：既然你这么熟，那你点吧。

男：没问题，保证你喜欢。

31. 男：喂，你好！我在网上看到你出租房子的广告了。

女：不好意思。房子已经租出去了。

男：那打扰啦。

女：没关系，再见！

32. 女：你好，我刚才在你们店用过餐。
　　 男：我记得您。您有什么事？
　　 女：我好像把钱包忘在桌子上了，应该是十号桌。
　　 男：原来是您丢的呀！
　　 问：关于女的，下列哪个正确？

33. 男：最近有李博士的消息吗？
　　 女：我上午刚收到他的邮件。
　　 男：他说什么了？
　　 女：他说那个关于儿童教育的调查快结束了，九月回国。
　　 问：他们在谈谁？

34. 女：你学功夫多长时间了？
　　 男：从六岁开始，到现在已经二十多年了。
　　 女：一定很苦、很累吧。
　　 男：确实是，不过回头想想，虽然辛苦，但都是值得的。
　　 问：男的怎么看自己学功夫的经历？

35. 男：小王的孩子出生了，男孩儿还是女孩儿？
　　 女：男孩儿，两周前出生的。
　　 男：我还没来得及去祝贺他呢。
　　 女：我也没去，哪天我们一起去吧。
　　 问：关于小王的孩子，下列哪个正确？

第36-37题是根据下面一段话：

现在生活中最影响注意力的东西就是互联网。网上好玩儿的东西太多了。不管是用电脑还是用手机上网，点来点去一两个小时很快就过去了。因此，要想多看点儿书最好远离互联网。每天留出一小时，关掉电脑，开始阅读。

36. 上网会让人觉得怎么样？

37. 怎样才能让自己多看点儿书？

第38-39题是根据下面一段话：

昨天晚上是我第一次在那么多人面前表演，我很紧张。姐姐给我出了个主意，让我把下面的座位想成是空的，没有观众，这样就不会紧张了。我按照她说的去做，确实放松了很多，这真是一个好方法。

38. 说话人一开始心情怎么样？

39. 关于姐姐的方法，下列哪个正确？

第40-41题是根据下面一段话：

有一个人想学医，可又觉得自己年龄太大，于是就去问一个朋友，学医需要5年，等学完我就45岁了。朋友对他说："即使你不学，再过5年你也是45岁啊！不管你学什么，只要现在去学就永远不晚。"

40. 那个人一开始担心什么问题？

41. 这个故事主要想告诉我们什么？

第42-43题是根据下面一段话：

动物园常提醒游客，不要随便给动物扔吃的。因为人在吃东西前，会进行选择，知道哪些不该吃，可大部分动物没有这个能力。如果吃了不该吃的东西，例如：塑料袋，它们不但会生病，甚至还会有生命危险。

42. 动物园提醒游客不要做什么？

43. 大部分动物没有什么能力？

第44-45题是根据下面一段话：

　　爷爷非常喜欢京剧，每晚都会和朋友去公园唱上几段。尽管他们并不专业，但唱得很认真。每次都会吸引很多人在一旁观看，甚至还有的人想跟着他们学，最近他们正商量教课的事情呢。

44.　爷爷晚上常去公园做什么？

45.　爷爷和朋友最近在商量什么事情？

听力考试现在结束。

（音乐，30秒，渐弱）

大家好！欢迎参加HSK(四级)考试。
大家好！欢迎参加HSK(四级)考试。
大家好！欢迎参加HSK(四级)考试。

HSK(四级)听力考试分三部分，共45题。
请大家注意，听力考试现在开始。

第 一 部 分

一共10个题，每题听一次。

例如： 我想去办个信用卡，今天下午你有时间吗？陪我去一趟银行？
　　　★ 他打算下午去银行。

　　　现在我很少看电视，其中一个原因是，广告太多了，不管什么时间，也不管什么节目，只要你打开电视，总能看到那么多的广告，浪费我的时间。
　　　★ 她喜欢看电视广告。

现在开始第1题：

1. 你好，我这个月四号在你们店买了个沙发。当时说一个星期内保证送到，可现在都快两个礼拜了，仍然没收到货。我想问一下是怎么回事？
　　　★ 沙发按时送到。

2. 生活中不要随便对别人发脾气，更不要随便拿别人的缺点开玩笑。这不仅是对他人的尊重，同时也能为自己赢得尊重。
　　　★ 尊重他人能为自己赢得尊重。

3. 小马生病了，暂时不能来上班，为保证我们的计划能按时完成，他的工作就
   由大家一起来做。如果有困难，希望大家能互相帮助，共同解决。

   ★ 小马的工作还没完成。

4. 这里是北京交通广播，提醒听众朋友们，北京西站附近现在堵车严重，请去
   往西站乘坐火车的朋友们，提前出发，或者选择地铁出行。

   ★ 北京西站附近堵车了。

5. 那家店我常陪女朋友去逛，她说里边的衣服虽然样子看着比较简单，但穿上
   后效果却不错，而且价格也便宜，每次去逛她都能买到满意的衣服。

   ★ 那家店的衣服不贵。

6. 由于天气原因，今年我们这儿的游客数量比去年减少了3/4，去年这个时候旅
   馆每天都住得满满的，可今年大部分房间都空着。

   ★ 今年旅馆生意比去年好。

7. 各位同学，马教授让我通知大家，由于他下周要到外地出差，下星期一硕士
   二年级的语法课暂停一次。

   ★ 下周一的语法课继续上。

8. 举行这次大会的目的是，让更多的人加入进来和我们一起保护动物。尽管在
   举行过程中遇到了一些困难，但还是得到了大多数人的理解和支持。

   ★ 多数人支持这次大会。

9. 九江市在长江的南边，是江西省第二大城市，它有两千二百多年的历史。既
   是一座文化名城，也是著名的旅游城市。

   ★ 九江市历史很短。

10. 两个人之间要是有了误会，一定要及时解释清楚，否则，时间一长，误会就
    会更深，到那时，再去解决恐怕就不容易了。

    ★ 有误会要及时解释清楚。

第 二 部 分

例如： 女：该加油了，去机场的路上有加油站吗？

　　　 男：有，你放心吧。

　　　 问：男的主要是什么意思？

现在开始第11题：

11.　男：阿姨！小云呢？我们约好了上午去打羽毛球。

　　　女：她去理发了。你在客厅坐会儿，她很快就回来。

　　　问：关于小云，下列哪个正确？

12.　女：杂志上说有个小孩儿，你随便说个字，他都知道在词典的哪一页。

　　　男：我也看到那篇文章了。他才七岁，太厉害了。

　　　问：男的觉得那个小孩儿怎么样？

13.　男：你给小张发短信了吗？

　　　女：这件事短信说不清楚，我约了他中午见面说。

　　　问：女的决定怎样跟小张说那件事？

14.　男：这么晚了还在外面散步？

　　　女：我家空调坏了，还没来得及找人修理，所以就出来凉快一下。

　　　问：女的最可能是什么意思？

15.　女：你一个暑假减了五公斤，怎么做到的呀？

　　　男：主要是增加运动量，我每天都去打一小时的羽毛球，然后游一小时的泳。

　　　问：男的怎么了？

16.　男：你通知王教授了吗？
　　　女：还没有，他的电话一直占线，联系不上。
　　　问：为什么没联系上王教授？

17.　男：这棵树左边的叶子怎么比右边的多那么多？
　　　女：因为左边向着太阳，照到的阳光更多。
　　　问：为什么左边的叶子更多？

18.　女：女儿一直想去骑马，正好这周日是她生日，我们带她去吧。
　　　男：行，咱俩最近太忙了都没好好陪她。
　　　问：男的主要是什么意思？

19.　男：以你的能力完全可以找一份更好的工作。
　　　女：这份工作虽然工资不高，但比较轻松，而且离家近，方便我照顾孩子。
　　　问：女的为什么选择那份工作？

20.　男：昨天，你打扫客厅时，有没有看见一个深蓝色的纸盒子？
　　　女：看见了，我看里面什么都没有就扔了，怎么了？
　　　问：关于那个盒子，下列哪个正确？

21.　女：你在写什么？日记吗？
　　　男：不是，是学期计划。每个学期开始前，我都会写那么一个计划。已经养成
　　　　　习惯了。
　　　问：男的在写什么？

22.　男：都这么久了，你怎么还没报完名？
　　　女：别提了，刚才电脑突然死机了，填的内容都没了，我只好再填一遍信息。
　　　问：关于女的，可以知道什么？

23. 男：怎么刚才家里电话一直占线？

　　女：我那会儿在厨房做饭呢，出来才发现，电话没放好。

　　

24. 女：你带儿子去海洋馆了，好玩儿吗？

　　男：挺好玩儿的，就是我们去晚了，错过了动物表演，有点儿可惜。

　　问：男的为什么觉得可惜？

25. 男：我这儿现在不能上网，明天再把表格发给你，行吗？

　　女：只能这样了，明天你直接发我邮箱里吧。

　　问：关于男的，可以知道什么？

第 三 部 分

例如：　男：把这个文件复印五份，一会儿拿到会议室发给大家。

　　　　女：好的。会议是下午3点吗？

　　　　男：改了。三点半，推迟了半个小时。

　　　　女：好，602会议室没变吧？

　　　　男：对，没变。

　　　　问：会议几点开始？

现在开始第26题：

26. 女：喂！您好。我的车突然坏了，你们现在能过来修理吗？

　　男：没问题。请说一下您现在的地点。

　　女：三元桥附近，离机场高速公路路口很近。

　　男：好的，您知道是哪儿的问题吗？

　　问：女的为什么打电话？

27. 男：您写这本小说花了多长时间？

女：从前年夏天到今年春天前后差不多两年。

男：书中的故事吸引了很多读者，尤其是那些做父母的人。

女：对，因为这本书关注的重点，就是父母与子女之间相互理解的问题。

问：女的最可能是做什么的？

28. 女：哥，你看这个照相机好不好看？

男：挺漂亮的，但有点儿重，不太适合女孩子拿。

女：确实不轻，不过专业相机都挺重的吧。

男：是，你要是喜欢就买了吧，价钱也合适。

问：男的觉得那个相机怎么样？

29. 男：喂，你到哪儿了？你把钥匙忘在沙发上了。

女：啊，我已经到办公室了。那今天下班你来接我？

男：好，我们俩顺便在外面看个电影吧。

女：行，我中午上网查查，有什么好看的电影。

问：根据对话下列哪个正确？

30. 女：你想买哪方面的书？

男：科学方面的，7、8岁孩子看的。

女：《地球的日记》挺好的，简单又有趣。

男：能拿给我看看吗？

问：对话最可能发生在哪儿？

31. 男：请问举办这次比赛的目的是什么？

女：我们想发现一些爱好音乐的人，给他们一个机会，让他们的音乐之路走得
更远。

男：对参赛者有什么要求吗？

女：只要喜欢唱歌就可以来报名。

问：什么样的人可以报名？

32. 女：这葡萄酒的味道真不错，在哪儿买的？

男：不是买的，是我妈自己做的。

女：阿姨真厉害！你能帮我问问是怎么做的吗？

男：当然可以，我让她把做法写给你。

问：女的想知道什么？

33. 男：这两个眼镜有什么区别吗？

女：虽然看起来差不多，但是左边这个轻一些。

男：是吗？那麻烦你都拿给我试试吧。

女：好的。我建议你买这个轻的，戴着舒服。

问：左边那个眼镜怎么样？

34. 女：我们去趟超市吧，明天出去玩儿，得买点儿饼干和面包。

男：还有矿泉水、果汁什么的。

女：对，你记得拿几个塑料袋放车里，到时候用。

男：好的。

问：女的提醒男的带什么？

35. 男：这次会议在什么地方举行？

女：我看网站上发的消息，说是安排在首都宾馆。

男：离我们这儿还挺近的。

女：是，坐地铁大约二十分钟就能到。

问：会议在哪儿举行？

第36-37题是根据下面一段话：

　　鞋保护了我们的双脚让我们走得更远，那么鞋是怎么来的呢？鞋的出现与自然环境有很大关系。以前，路不好走，气候冷热变化大。人们为了保护自己的脚，就用树叶把脚包住。这应该是最早的鞋了。

36.　最早的鞋是用什么做的？

37.　这段话主要谈的是什么？

第38-39题是根据下面一段话：

　　很多人都想选择一条别人没有走过的路来获得成功，其实是否有人走过并不重要，关键是我们要选择适合自己的路，并且坚持走下去。只有这样，才能比别人走得更久更远，才能看到别人看不到的景色。

38.　很多人都想走条什么样的路？

39.　选择适合自己的路后，应该怎么做？

第40-41题是根据下面一段话：

　　他这个人最大优点是遇事冷静，无论遇到多大问题都不会着急，而是会努力地去找解决的方法，他常挂在嘴边的一句话是："没有解决不了的问题，只有不会解决问题的人。"

40.　关于他，下列哪个正确？

41.　下列哪个是他的看法？

第42-43题是根据下面一段话：

　　散步是一种最简单也是人们最熟悉的运动，对身体大有好处。随着社会的发展，人们越来越关心健康问题，散步也更加受到人们的重视。每年的9月29日，是世界散步日。在这一天，很多人都会走出家门，用散步来欢迎这个节日的到来。

42.　人们越来越关心什么问题？

43.　关于散步这种运动，下列哪个正确？

第44-45题是根据下面一段话：

　　表扬和批评是两门不同的艺术，一般情况下，表扬可在人多的时候，如：会议上提出来。而批评最好在没有其他人的情况下进行，这样可能更容易让人接受。当对一个人既有表扬又有批评时，最好先表扬后批评，效果可能会更好些。

44.　批评别人时，要注意什么？

45.　如果既要表扬又要批评时，最好怎么做？

听力考试现在结束。

정답

제1~5회

<h1 style="text-align:center">〈제1회〉정답</h1>

一、听　力

第一部分

1. ✕	2. ✓	3. ✕	4. ✓	5. ✕
6. ✕	7. ✕	8. ✓	9. ✕	10. ✓

第二部分

11. D	12. D	13. B	14. B	15. A
16. B	17. A	18. C	19. D	20. C
21. A	22. B	23. C	24. B	25. A

第三部分

26. C	27. B	28. D	29. B	30. D
31. C	32. D	33. D	34. B	35. C
36. D	37. A	38. D	39. C	40. C
41. D	42. A	43. A	44. A	45. B

二、阅　读

第一部分

46. F	47. A	48. B	49. E	50. C
51. D	52. B	53. A	54. E	55. F

第二部分

56. CBA	57. CBA	58. BAC	59. CAB	60. BCA
61. CAB	62. BAC	63. CAB	64. CAB	65. BAC

第三部分

66. C	67. C	68. A	69. C	70. B
71. A	72. D	73. C	74. B	75. A
76. B	77. D	78. A	79. B	80. D
81. B	82. C	83. D	84. B	85. D

三、书　写

第一部分

86. 刚才的比赛真的很精彩。

87. 女儿把行李箱的钥匙弄丢了。

88. 1.3米以下的儿童免费乘车。

89. 传真机已经可以正常使用了。

90. 欢迎您再次乘坐我们的航班。

91. 你们商量出解决问题的方法了吗?

92. 第一印象往往很难改变。

93. 这个消息真是太让人激动了。

94. 他们俩有许多共同语言。

95. 这场比赛赢得非常漂亮。

第二部分

（参考答案）

96. 来，我给你倒茶。

97. 他在推着东西走。

98. 我妈把窗户打开了。

99. 飞机快要降落了。

100. 这家店的包子特别好吃。

<h1 align="center">〈제2회〉정답</h1>

一、听 力

第一部分

1. ✓	2. ✕	3. ✕	4. ✓	5. ✕
6. ✕	7. ✓	8. ✕	9. ✓	10. ✕

第二部分

11. C	12. D	13. A	14. D	15. C
16. B	17. A	18. B	19. A	20. D
21. D	22. B	23. D	24. C	25. C

第三部分

26. B	27. D	28. C	29. C	30. D
31. A	32. B	33. A	34. B	35. D
36. A	37. C	38. D	39. A	40. D
41. C	42. D	43. A	44. A	45. B

二、阅 读

第一部分

46. E	47. B	48. C	49. A	50. F
51. D	52. A	53. B	54. E	55. F

第二部分

56. ACB	57. CBA	58. CAB	59. BAC	60. BAC
61. BAC	62. BAC	63. CAB	64. ACB	65. BCA

第三部分

66. A	67. C	68. A	69. B	70. B
71. C	72. D	73. D	74. A	75. C
76. B	77. C	78. C	79. A	80. D
81. D	82. B	83. D	84. A	85. C

三、书　写

第一部分

86. 你能帮我去客厅拿报纸吗?

87. 会议室是由我负责安排的。

88. 她可以流利地讲四种语言。

89. 很多人被他们的爱情故事感动了。

90. 这个词语用得不准确。

91. 世界上第一台电视出现在上世纪中期。

92. 不要把毛巾挂在这里。

93. 我对今天的表演很有信心。

94. 对面将来要开一家商店。

95. 新复印机比原来的好用。

第二部分

（参考答案）

96. 你看，哪副眼镜更好看呢?

97. 妈妈在收拾房间。

98. 她要把左脚的鞋脱掉。

99. 这是你房间的钥匙，请拿好。

100. 答案到底是什么呢?

〈제3회〉정답

一、听 力

第一部分

1. ×	2. ✓	3. ×	4. ×	5. ✓
6. ×	7. ✓	8. ×	9. ✓	10. ×

第二部分

11. C	12. D	13. D	14. D	15. D
16. D	17. A	18. C	19. D	20. B
21. C	22. B	23. D	24. A	25. B

第三部分

26. D	27. D	28. A	29. B	30. C
31. C	32. A	33. C	34. B	35. C
36. A	37. A	38. C	39. D	40. C
41. A	42. D	43. B	44. B	45. D

二、阅 读

第一部分

46. B	47. A	48. E	49. C	50. F
51. E	52. B	53. F	54. D	55. A

第二部分

56. BCA	57. CBA	58. ABC	59. ABC	60. BAC
61. CAB	62. ABC	63. BCA	64. BAC	65. ACB

第三部分

66. D	67. D	68. A	69. B	70. B
71. B	72. A	73. A	74. B	75. D
76. A	77. C	78 B	79. C	80. A
81. A	82. B	83. B	84. C	85. C

三、书 写

第一部分

86. 上午的会议顺利吗?

87. 这种想法现在还很难被理解和接受。

88. 他的话引起了警察的怀疑。

89. 春季外出时要注意保护皮肤。

90. 首都图书馆为大家提供了很好的阅读环境。

91. 我不小心把杯子掉地上了。

92. 这个消息让王律师很吃惊。

93. 我丈夫是一个十分幽默的人。

94. 你带他们到处参观一下。

95. 城市交通对经济发展有重要影响。

第二部分

（参考答案）

96. 我不喜欢吃酸的。

97. 她在手机上看到了一个笑话。

98. 我姐今天毕业，她心里太激动了。

99. 我尝尝这汤的味道怎么样。

100. 祝贺你顺利毕业。

〈제4회〉정답

一、听　力

第一部分

1. ✓	2. ✓	3. ✕	4. ✓	5. ✓
6. ✓	7. ✓	8. ✕	9. ✕	10. ✓

第二部分

11. C	12. D	13. B	14. B	15. D
16. B	17. D	18. C	19. C	20. A
21. B	22. B	23. B	24. C	25. A

第三部分

26. C	27. C	28. D	29. B	30. B
31. C	32. A	33. B	34. C	35. A
36. C	37. B	38. C	39. B	40. C
41. A	42. D	43. A	44. B	45. C

二、阅　读

第一部分

46. C	47. B	48. F	49. A	50. E
51. B	52. A	53. D	54. F	55. E

第二部分

56. CBA	57. BCA	58. ACB	59. ABC	60. BAC
61. CBA	62. CBA	63. BCA	64. BCA	65. BAC

第三部分

66. A	67. C	68. C	69. D	70. D
71. A	72. B	73. D	74. D	75. B
76. A	77. C	78. B	79. D	80. B
81. C	82. A	83. D	84. A	85. B

三、书　写

第一部分

86. 能把详细内容发到我手机上吗?

87. 这盒饼干是过年时爸爸送给我的。

88. 我们正在商量明天爬长城的事情。

89. 所有人都反对这个活动。

90. 商店的生意比过去好多了。

91. 那棵树大约有30米高。

92. 观众们被她深深地感动了。

93. 草莓让人酸得受不了。

94. 要养成课后复习的习惯。

95. 母亲对妹妹非常严格。

第二部分

（参考答案）

96. 他拿着花儿向女朋友道歉。

97. 还有40公里，20分钟就到了。

98. 要遵守规定，这里不能抽烟。

99. 别伤心了，以后还有机会。

100. 你怎么抱这么多书? 我来帮你吧!

〈제5회〉 정답

一、听　力

第一部分

1. ✕　　2. ✓　　3. ✓　　4. ✓　　5. ✓
6. ✕　　7. ✕　　8. ✓　　9. ✕　　10. ✓

第二部分

11. D	12. A	13. D	14. A	15. D
16. C	17. B	18. D	19. D	20. A
21. C	22. D	23. C	24. A	25. A

第三部分

26. C	27. B	28. D	29. B	30. C
31. C	32. A	33. D	34. D	35. A
36. D	37. C	38. B	39. A	40. D
41. D	42. C	43. C	44. D	45. D

二、阅　读

第一部分

| 46. A | 47. E | 48. F | 49. C | 50. B |
| 51. D | 52. A | 53. E | 54. B | 55. F |

第二部分

| 56. ACB | 57. BAC | 58. CAB | 59. ACB | 60. CAB |
| 61. ACB | 62. BAC | 63. ABC | 64. ACB | 65. BCA |

第三部分

66. C	67. B	68. C	69. A	70. B
71. C	72. C	73. C	74. B	75. B
76. D	77. B	78. C	79. A	80. D
81. D	82. B	83. C	84. D	85. A

三、书 写

第一部分

86. 他们都谈了自己的意见和看法。

87. 要养成晚上读书的好习惯。

88. 他的英文说得不太标准。

89. 你现在还来得及调查吗?

90. 请大家按照顺序排好队。

91. 我已经适应了这里的生活。

92. 他不得不改变原来的内容。

93. 你能举个例子解释吗?

94. 今天所有的任务都完成了。

95. 这个班的大部分学生来自日本。

第二部分

(参考答案)

96. 我每次运动的时候都会出很多汗。

97. 我困了,想去睡觉。

98. 走太多了,腿疼得受不了了。

99. 我们把沙发抬到客厅去吧。

100. 我打算这个周末去爬长城。

新 汉 语 水 平 考 试
HSK（四级）答题卡

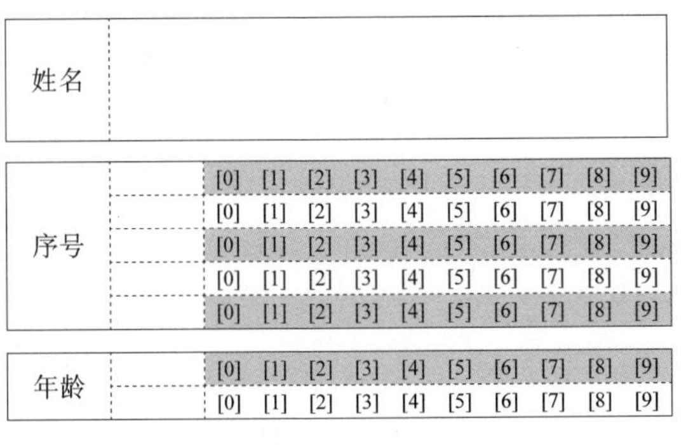

姓名	

序号	[0] [1] [2] [3] [4] [5] [6] [7] [8] [9] [0] [1] [2] [3] [4] [5] [6] [7] [8] [9] [0] [1] [2] [3] [4] [5] [6] [7] [8] [9] [0] [1] [2] [3] [4] [5] [6] [7] [8] [9] [0] [1] [2] [3] [4] [5] [6] [7] [8] [9]
年龄	[0] [1] [2] [3] [4] [5] [6] [7] [8] [9] [0] [1] [2] [3] [4] [5] [6] [7] [8] [9]

国籍	[0] [1] [2] [3] [4] [5] [6] [7] [8] [9] [0] [1] [2] [3] [4] [5] [6] [7] [8] [9] [0] [1] [2] [3] [4] [5] [6] [7] [8] [9]
性别	男 [1] 女 [2]

考点	[0] [1] [2] [3] [4] [5] [6] [7] [8] [9] [0] [1] [2] [3] [4] [5] [6] [7] [8] [9] [0] [1] [2] [3] [4] [5] [6] [7] [8] [9]

你是华裔吗?

是 [1]   不是 [2]

学习汉语的时间:

1年以下 [1]   1年－2年 [2]   2年－3年 [3]   3年以上 [4]

注意   请用 2B 铅笔这样写: ▬

一、听力

1. [√] [×]   6. [√] [×]   11. [A] [B] [C] [D]   16. [A] [B] [C] [D]   21. [A] [B] [C] [D]
2. [√] [×]   7. [√] [×]   12. [A] [B] [C] [D]   17. [A] [B] [C] [D]   22. [A] [B] [C] [D]
3. [√] [×]   8. [√] [×]   13. [A] [B] [C] [D]   18. [A] [B] [C] [D]   23. [A] [B] [C] [D]
4. [√] [×]   9. [√] [×]   14. [A] [B] [C] [D]   19. [A] [B] [C] [D]   24. [A] [B] [C] [D]
5. [√] [×]   10. [√] [×]   15. [A] [B] [C] [D]   20. [A] [B] [C] [D]   25. [A] [B] [C] [D]

26. [A] [B] [C] [D]   31. [A] [B] [C] [D]   36. [A] [B] [C] [D]   41. [A] [B] [C] [D]
27. [A] [B] [C] [D]   32. [A] [B] [C] [D]   37. [A] [B] [C] [D]   42. [A] [B] [C] [D]
28. [A] [B] [C] [D]   33. [A] [B] [C] [D]   38. [A] [B] [C] [D]   43. [A] [B] [C] [D]
29. [A] [B] [C] [D]   34. [A] [B] [C] [D]   39. [A] [B] [C] [D]   44. [A] [B] [C] [D]
30. [A] [B] [C] [D]   35. [A] [B] [C] [D]   40. [A] [B] [C] [D]   45. [A] [B] [C] [D]

二、阅读

46. [A] [B] [C] [D] [E] [F]   51. [A] [B] [C] [D] [E] [F]
47. [A] [B] [C] [D] [E] [F]   52. [A] [B] [C] [D] [E] [F]
48. [A] [B] [C] [D] [E] [F]   53. [A] [B] [C] [D] [E] [F]
49. [A] [B] [C] [D] [E] [F]   54. [A] [B] [C] [D] [E] [F]
50. [A] [B] [C] [D] [E] [F]   55. [A] [B] [C] [D] [E] [F]

56. _______   58. _______   60. _______   62. _______   64. _______

57. _______   59. _______   61. _______   63. _______   65. _______

66. [A] [B] [C] [D]   71. [A] [B] [C] [D]   76. [A] [B] [C] [D]   81. [A] [B] [C] [D]
67. [A] [B] [C] [D]   72. [A] [B] [C] [D]   77. [A] [B] [C] [D]   82. [A] [B] [C] [D]
68. [A] [B] [C] [D]   73. [A] [B] [C] [D]   78. [A] [B] [C] [D]   83. [A] [B] [C] [D]
69. [A] [B] [C] [D]   74. [A] [B] [C] [D]   79. [A] [B] [C] [D]   84. [A] [B] [C] [D]
70. [A] [B] [C] [D]   75. [A] [B] [C] [D]   80. [A] [B] [C] [D]   85. [A] [B] [C] [D]

86.

87.

88.

89.

90.

91.

92.

93.

94.

95.

96.

97.

98.

99.

100.

新 汉 语 水 平 考 试
HSK（四级）答题卡

姓名	

序号

	[0] [1] [2] [3] [4] [5] [6] [7] [8] [9]
	[0] [1] [2] [3] [4] [5] [6] [7] [8] [9]
	[0] [1] [2] [3] [4] [5] [6] [7] [8] [9]
	[0] [1] [2] [3] [4] [5] [6] [7] [8] [9]
	[0] [1] [2] [3] [4] [5] [6] [7] [8] [9]

年龄

	[0] [1] [2] [3] [4] [5] [6] [7] [8] [9]
	[0] [1] [2] [3] [4] [5] [6] [7] [8] [9]

国籍

	[0] [1] [2] [3] [4] [5] [6] [7] [8] [9]
	[0] [1] [2] [3] [4] [5] [6] [7] [8] [9]
	[0] [1] [2] [3] [4] [5] [6] [7] [8] [9]

性别	男 [1]	女 [2]

考点

	[0] [1] [2] [3] [4] [5] [6] [7] [8] [9]
	[0] [1] [2] [3] [4] [5] [6] [7] [8] [9]
	[0] [1] [2] [3] [4] [5] [6] [7] [8] [9]

你是华裔吗？

是 [1]	不是 [2]

学习汉语的时间：

1年以下 [1]	1年－2年 [2]	2年－3年 [3]	3年以上 [4]

注意　请用 2B 铅笔这样写：▬

一、听力

1. [√] [×]　　6. [√] [×]　　11. [A] [B] [C] [D]　　16. [A] [B] [C] [D]　　21. [A] [B] [C] [D]
2. [√] [×]　　7. [√] [×]　　12. [A] [B] [C] [D]　　17. [A] [B] [C] [D]　　22. [A] [B] [C] [D]
3. [√] [×]　　8. [√] [×]　　13. [A] [B] [C] [D]　　18. [A] [B] [C] [D]　　23. [A] [B] [C] [D]
4. [√] [×]　　9. [√] [×]　　14. [A] [B] [C] [D]　　19. [A] [B] [C] [D]　　24. [A] [B] [C] [D]
5. [√] [×]　　10. [√] [×]　　15. [A] [B] [C] [D]　　20. [A] [B] [C] [D]　　25. [A] [B] [C] [D]

26. [A] [B] [C] [D]　　31. [A] [B] [C] [D]　　36. [A] [B] [C] [D]　　41. [A] [B] [C] [D]
27. [A] [B] [C] [D]　　32. [A] [B] [C] [D]　　37. [A] [B] [C] [D]　　42. [A] [B] [C] [D]
28. [A] [B] [C] [D]　　33. [A] [B] [C] [D]　　38. [A] [B] [C] [D]　　43. [A] [B] [C] [D]
29. [A] [B] [C] [D]　　34. [A] [B] [C] [D]　　39. [A] [B] [C] [D]　　44. [A] [B] [C] [D]
30. [A] [B] [C] [D]　　35. [A] [B] [C] [D]　　40. [A] [B] [C] [D]　　45. [A] [B] [C] [D]

二、阅读

46. [A] [B] [C] [D] [E] [F]　　51. [A] [B] [C] [D] [E] [F]
47. [A] [B] [C] [D] [E] [F]　　52. [A] [B] [C] [D] [E] [F]
48. [A] [B] [C] [D] [E] [F]　　53. [A] [B] [C] [D] [E] [F]
49. [A] [B] [C] [D] [E] [F]　　54. [A] [B] [C] [D] [E] [F]
50. [A] [B] [C] [D] [E] [F]　　55. [A] [B] [C] [D] [E] [F]

56. ______　58. ______　60. ______　62. ______　64. ______

57. ______　59. ______　61. ______　63. ______　65. ______

66. [A] [B] [C] [D]　　71. [A] [B] [C] [D]　　76. [A] [B] [C] [D]　　81. [A] [B] [C] [D]
67. [A] [B] [C] [D]　　72. [A] [B] [C] [D]　　77. [A] [B] [C] [D]　　82. [A] [B] [C] [D]
68. [A] [B] [C] [D]　　73. [A] [B] [C] [D]　　78. [A] [B] [C] [D]　　83. [A] [B] [C] [D]
69. [A] [B] [C] [D]　　74. [A] [B] [C] [D]　　79. [A] [B] [C] [D]　　84. [A] [B] [C] [D]
70. [A] [B] [C] [D]　　75. [A] [B] [C] [D]　　80. [A] [B] [C] [D]　　85. [A] [B] [C] [D]

86.

87.

88.

89.

90.

91.

92.

93.

94.

95.

96.

97.

98.

99.

100.

新 汉 语 水 平 考 试
HSK（四级）答题卡

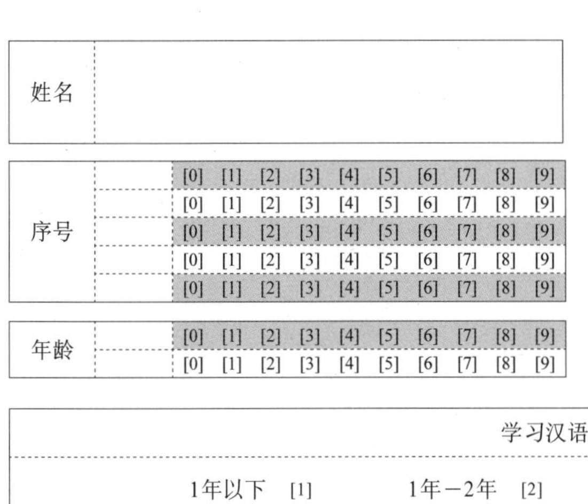

姓名

序号
| [0] | [1] | [2] | [3] | [4] | [5] | [6] | [7] | [8] | [9] |

年龄

国籍
| [0] | [1] | [2] | [3] | [4] | [5] | [6] | [7] | [8] | [9] |

性别　　男 [1]　　　　女 [2]

考点
| [0] | [1] | [2] | [3] | [4] | [5] | [6] | [7] | [8] | [9] |

你是华裔吗?　　是 [1]　　　　不是 [2]

学习汉语的时间:

1年以下 [1]　　　1年－2年 [2]　　　2年－3年 [3]　　　3年以上 [4]

注意　　请用 2B 铅笔这样写：■

一、听力

1. [✓] [✗]	6. [✓] [✗]	11. [A] [B] [C] [D]	16. [A] [B] [C] [D]	21. [A] [B] [C] [D]
2. [✓] [✗]	7. [✓] [✗]	12. [A] [B] [C] [D]	17. [A] [B] [C] [D]	22. [A] [B] [C] [D]
3. [✓] [✗]	8. [✓] [✗]	13. [A] [B] [C] [D]	18. [A] [B] [C] [D]	23. [A] [B] [C] [D]
4. [✓] [✗]	9. [✓] [✗]	14. [A] [B] [C] [D]	19. [A] [B] [C] [D]	24. [A] [B] [C] [D]
5. [✓] [✗]	10. [✓] [✗]	15. [A] [B] [C] [D]	20. [A] [B] [C] [D]	25. [A] [B] [C] [D]

26. [A] [B] [C] [D]	31. [A] [B] [C] [D]	36. [A] [B] [C] [D]	41. [A] [B] [C] [D]
27. [A] [B] [C] [D]	32. [A] [B] [C] [D]	37. [A] [B] [C] [D]	42. [A] [B] [C] [D]
28. [A] [B] [C] [D]	33. [A] [B] [C] [D]	38. [A] [B] [C] [D]	43. [A] [B] [C] [D]
29. [A] [B] [C] [D]	34. [A] [B] [C] [D]	39. [A] [B] [C] [D]	44. [A] [B] [C] [D]
30. [A] [B] [C] [D]	35. [A] [B] [C] [D]	40. [A] [B] [C] [D]	45. [A] [B] [C] [D]

二、阅读

46. [A] [B] [C] [D] [E] [F]	51. [A] [B] [C] [D] [E] [F]
47. [A] [B] [C] [D] [E] [F]	52. [A] [B] [C] [D] [E] [F]
48. [A] [B] [C] [D] [E] [F]	53. [A] [B] [C] [D] [E] [F]
49. [A] [B] [C] [D] [E] [F]	54. [A] [B] [C] [D] [E] [F]
50. [A] [B] [C] [D] [E] [F]	55. [A] [B] [C] [D] [E] [F]

56. ____________ 58. ____________ 60. ____________ 62. ____________ 64. ____________

57. ____________ 59. ____________ 61. ____________ 63. ____________ 65. ____________

66. [A] [B] [C] [D]	71. [A] [B] [C] [D]	76. [A] [B] [C] [D]	81. [A] [B] [C] [D]
67. [A] [B] [C] [D]	72. [A] [B] [C] [D]	77. [A] [B] [C] [D]	82. [A] [B] [C] [D]
68. [A] [B] [C] [D]	73. [A] [B] [C] [D]	78. [A] [B] [C] [D]	83. [A] [B] [C] [D]
69. [A] [B] [C] [D]	74. [A] [B] [C] [D]	79. [A] [B] [C] [D]	84. [A] [B] [C] [D]
70. [A] [B] [C] [D]	75. [A] [B] [C] [D]	80. [A] [B] [C] [D]	85. [A] [B] [C] [D]

86.

87.

88.

89.

90.

91.

92.

93.

94.

95.

96.

97.

98.

99.

100.

新 汉 语 水 平 考 试
HSK （四级） 答题卡

姓名

国籍

[0] [1] [2] [3] [4] [5] [6] [7] [8] [9]
[0] [1] [2] [3] [4] [5] [6] [7] [8] [9]
[0] [1] [2] [3] [4] [5] [6] [7] [8] [9]

性别　　　男 [1]　　　　女 [2]

序号

[0] [1] [2] [3] [4] [5] [6] [7] [8] [9]
[0] [1] [2] [3] [4] [5] [6] [7] [8] [9]
[0] [1] [2] [3] [4] [5] [6] [7] [8] [9]
[0] [1] [2] [3] [4] [5] [6] [7] [8] [9]
[0] [1] [2] [3] [4] [5] [6] [7] [8] [9]

考点

[0] [1] [2] [3] [4] [5] [6] [7] [8] [9]
[0] [1] [2] [3] [4] [5] [6] [7] [8] [9]
[0] [1] [2] [3] [4] [5] [6] [7] [8] [9]

年龄

[0] [1] [2] [3] [4] [5] [6] [7] [8] [9]
[0] [1] [2] [3] [4] [5] [6] [7] [8] [9]

你是华裔吗?

是 [1]　　　　不是 [2]

学习汉语的时间:

1年以下 [1]　　　　1年－2年 [2]　　　　2年－3年 [3]　　　　3年以上 [4]

注意　　请用 2B 铅笔这样写: ▬

一、听力

1. [√] [×]　　6. [√] [×]　　11. [A] [B] [C] [D]　　16. [A] [B] [C] [D]　　21. [A] [B] [C] [D]
2. [√] [×]　　7. [√] [×]　　12. [A] [B] [C] [D]　　17. [A] [B] [C] [D]　　22. [A] [B] [C] [D]
3. [√] [×]　　8. [√] [×]　　13. [A] [B] [C] [D]　　18. [A] [B] [C] [D]　　23. [A] [B] [C] [D]
4. [√] [×]　　9. [√] [×]　　14. [A] [B] [C] [D]　　19. [A] [B] [C] [D]　　24. [A] [B] [C] [D]
5. [√] [×]　　10. [√] [×]　　15. [A] [B] [C] [D]　　20. [A] [B] [C] [D]　　25. [A] [B] [C] [D]

26. [A] [B] [C] [D]　　31. [A] [B] [C] [D]　　36. [A] [B] [C] [D]　　41. [A] [B] [C] [D]
27. [A] [B] [C] [D]　　32. [A] [B] [C] [D]　　37. [A] [B] [C] [D]　　42. [A] [B] [C] [D]
28. [A] [B] [C] [D]　　33. [A] [B] [C] [D]　　38. [A] [B] [C] [D]　　43. [A] [B] [C] [D]
29. [A] [B] [C] [D]　　34. [A] [B] [C] [D]　　39. [A] [B] [C] [D]　　44. [A] [B] [C] [D]
30. [A] [B] [C] [D]　　35. [A] [B] [C] [D]　　40. [A] [B] [C] [D]　　45. [A] [B] [C] [D]

二、阅读

46. [A] [B] [C] [D] [E] [F]　　51. [A] [B] [C] [D] [E] [F]
47. [A] [B] [C] [D] [E] [F]　　52. [A] [B] [C] [D] [E] [F]
48. [A] [B] [C] [D] [E] [F]　　53. [A] [B] [C] [D] [E] [F]
49. [A] [B] [C] [D] [E] [F]　　54. [A] [B] [C] [D] [E] [F]
50. [A] [B] [C] [D] [E] [F]　　55. [A] [B] [C] [D] [E] [F]

56. ________　　58. ________　　60. ________　　62. ________　　64. ________

57. ________　　59. ________　　61. ________　　63. ________　　65. ________

66. [A] [B] [C] [D]　　71. [A] [B] [C] [D]　　76. [A] [B] [C] [D]　　81. [A] [B] [C] [D]
67. [A] [B] [C] [D]　　72. [A] [B] [C] [D]　　77. [A] [B] [C] [D]　　82. [A] [B] [C] [D]
68. [A] [B] [C] [D]　　73. [A] [B] [C] [D]　　78. [A] [B] [C] [D]　　83. [A] [B] [C] [D]
69. [A] [B] [C] [D]　　74. [A] [B] [C] [D]　　79. [A] [B] [C] [D]　　84. [A] [B] [C] [D]
70. [A] [B] [C] [D]　　75. [A] [B] [C] [D]　　80. [A] [B] [C] [D]　　85. [A] [B] [C] [D]

86.

87.

88.

89.

90.

91.

92.

93.

94.

95.

96.

97.

98.

99.

100.

新 汉 语 水 平 考 试
HSK（四级）答题卡

姓名

国籍

[0] [1] [2] [3] [4] [5] [6] [7] [8] [9]
[0] [1] [2] [3] [4] [5] [6] [7] [8] [9]
[0] [1] [2] [3] [4] [5] [6] [7] [8] [9]

性别　　　男 [1]　　　　　女 [2]

序号

[0] [1] [2] [3] [4] [5] [6] [7] [8] [9]
[0] [1] [2] [3] [4] [5] [6] [7] [8] [9]
[0] [1] [2] [3] [4] [5] [6] [7] [8] [9]
[0] [1] [2] [3] [4] [5] [6] [7] [8] [9]
[0] [1] [2] [3] [4] [5] [6] [7] [8] [9]

考点

[0] [1] [2] [3] [4] [5] [6] [7] [8] [9]
[0] [1] [2] [3] [4] [5] [6] [7] [8] [9]
[0] [1] [2] [3] [4] [5] [6] [7] [8] [9]

年龄

[0] [1] [2] [3] [4] [5] [6] [7] [8] [9]
[0] [1] [2] [3] [4] [5] [6] [7] [8] [9]

你是华裔吗?

是 [1]　　　　　不是 [2]

学习汉语的时间：

1年以下 [1]　　　1年－2年 [2]　　　2年－3年 [3]　　　3年以上 [4]

注意　　请用 2B 铅笔这样写：■

一、听力

1. [√] [×]　　6. [√] [×]　　11. [A] [B] [C] [D]　　16. [A] [B] [C] [D]　　21. [A] [B] [C] [D]
2. [√] [×]　　7. [√] [×]　　12. [A] [B] [C] [D]　　17. [A] [B] [C] [D]　　22. [A] [B] [C] [D]
3. [√] [×]　　8. [√] [×]　　13. [A] [B] [C] [D]　　18. [A] [B] [C] [D]　　23. [A] [B] [C] [D]
4. [√] [×]　　9. [√] [×]　　14. [A] [B] [C] [D]　　19. [A] [B] [C] [D]　　24. [A] [B] [C] [D]
5. [√] [×]　　10. [√] [×]　　15. [A] [B] [C] [D]　　20. [A] [B] [C] [D]　　25. [A] [B] [C] [D]

26. [A] [B] [C] [D]　　31. [A] [B] [C] [D]　　36. [A] [B] [C] [D]　　41. [A] [B] [C] [D]
27. [A] [B] [C] [D]　　32. [A] [B] [C] [D]　　37. [A] [B] [C] [D]　　42. [A] [B] [C] [D]
28. [A] [B] [C] [D]　　33. [A] [B] [C] [D]　　38. [A] [B] [C] [D]　　43. [A] [B] [C] [D]
29. [A] [B] [C] [D]　　34. [A] [B] [C] [D]　　39. [A] [B] [C] [D]　　44. [A] [B] [C] [D]
30. [A] [B] [C] [D]　　35. [A] [B] [C] [D]　　40. [A] [B] [C] [D]　　45. [A] [B] [C] [D]

二、阅读

46. [A] [B] [C] [D] [E] [F]　　51. [A] [B] [C] [D] [E] [F]
47. [A] [B] [C] [D] [E] [F]　　52. [A] [B] [C] [D] [E] [F]
48. [A] [B] [C] [D] [E] [F]　　53. [A] [B] [C] [D] [E] [F]
49. [A] [B] [C] [D] [E] [F]　　54. [A] [B] [C] [D] [E] [F]
50. [A] [B] [C] [D] [E] [F]　　55. [A] [B] [C] [D] [E] [F]

56. ____　58. ____　60. ____　62. ____　64. ____

57. ____　59. ____　61. ____　63. ____　65. ____

66. [A] [B] [C] [D]　　71. [A] [B] [C] [D]　　76. [A] [B] [C] [D]　　81. [A] [B] [C] [D]
67. [A] [B] [C] [D]　　72. [A] [B] [C] [D]　　77. [A] [B] [C] [D]　　82. [A] [B] [C] [D]
68. [A] [B] [C] [D]　　73. [A] [B] [C] [D]　　78. [A] [B] [C] [D]　　83. [A] [B] [C] [D]
69. [A] [B] [C] [D]　　74. [A] [B] [C] [D]　　79. [A] [B] [C] [D]　　84. [A] [B] [C] [D]
70. [A] [B] [C] [D]　　75. [A] [B] [C] [D]　　80. [A] [B] [C] [D]　　85. [A] [B] [C] [D]

86.

87.

88.

89.

90.

91.

92.

93.

94.

95.

96.

97.

98.

99.

100.

北京大學

新HSK THE 모의고사

북경대학 감수!

5세트 모의고사의 완벽한 해석!

THE 모의고사와 함께라면 4급도 THE는 어렵지 않다!

★ 최신 기출 경향을 반영한 문제로 내 실력을 점검할 수 있는 기회
★ 최신 문제 5세트로 시험 전 최종 실력을 점검할 수 있는 기회
★ 내 실력을 고득점으로 업그레이드 할 수 있는 최고의 기회

북경대학 新HSK THE 모의고사 5세트로
실력은 THE 높이고 합격까지!

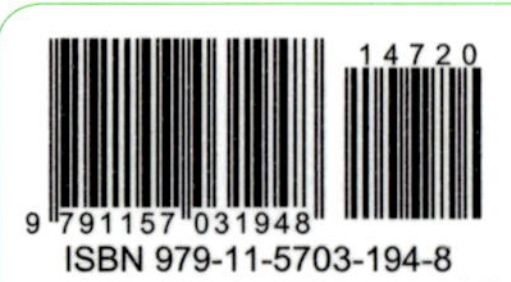

문제집＋해설집＋MP3 CD 1장 값 **17,000원**

9791157031948 14720
ISBN 979-11-5703-194-8
ISBN 979-11-5703-186-3 (세트)

北京大學

新 HSK THE 모의고사

북경대학 감수 | 배수진 · 최지은 편저

북경대학 新HSK THE 모의고사로
4급을 THE 만만하고, THE 쉽게 합격까지!

동양북스　北京大學 出版社　PEKING UNIVERSITY PRESS

300만 독자가 선택한

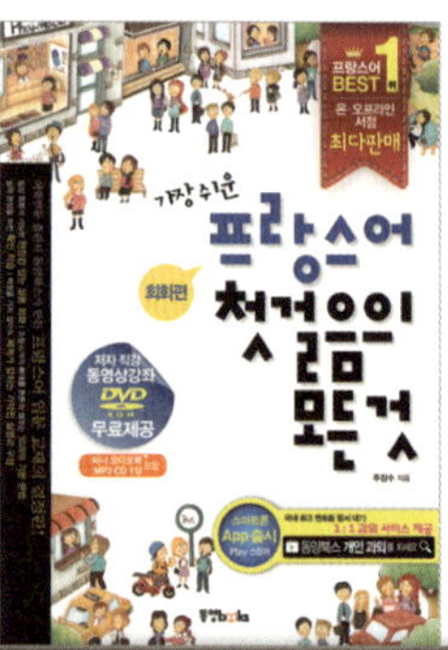

가장 쉬운
독학 일본어 첫걸음
14,000원

가장 쉬운
독학 중국어 첫걸음
14,000원

가장 쉬운
프랑스어 첫걸음의 모든 것
17,000원

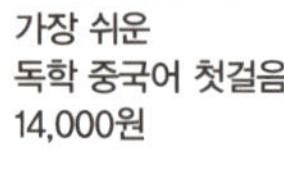

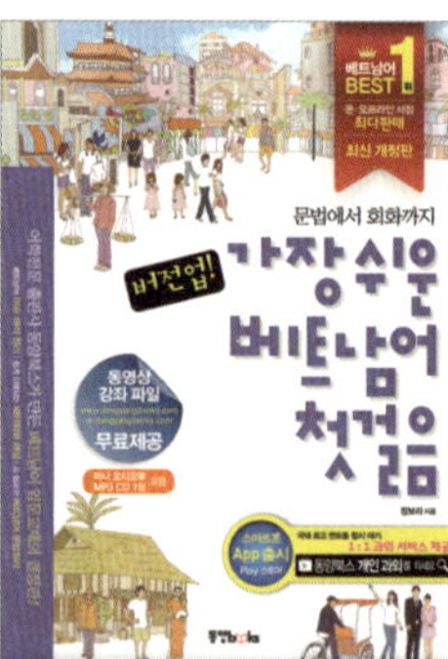

가장 쉬운
독일어 첫걸음의 모든 것
18,000원

가장 쉬운
스페인어 첫걸음의 모든 것
14,500원

버전업! 가장 쉬운
베트남어 첫걸음
16,000원

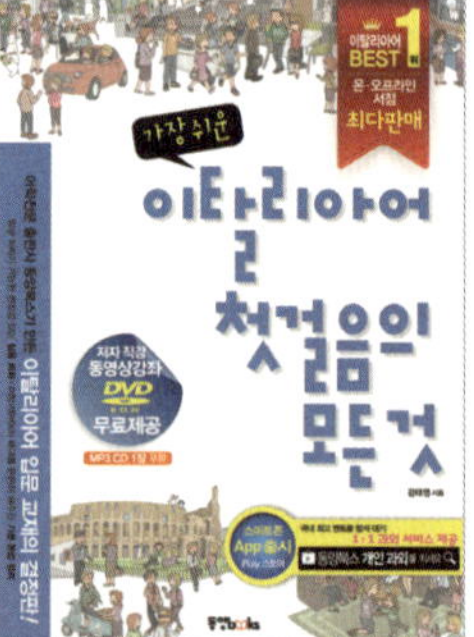

버전업! 가장 쉬운
태국어 첫걸음
16,800원

가장 쉬운
러시아어 첫걸음의 모든 것
16,000원

가장 쉬운
이탈리아어 첫걸음의 모든 것
17,500원

첫걸음 베스트 1위!

가장 쉬운
포르투갈어 첫걸음의 모든 것
18,000원

가장 쉬운
터키어 첫걸음의 모든 것
16,500원

버전업! 가장 쉬운
아랍어 첫걸음
18,500원

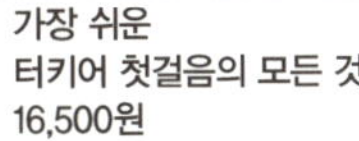

가장 쉬운
인도네시아어 첫걸음의 모든 것
18,500원

가장 쉬운
영어 첫걸음의 모든 것
16,500원

버전업! 굿모닝
독학 일본어 첫걸음
14,500원

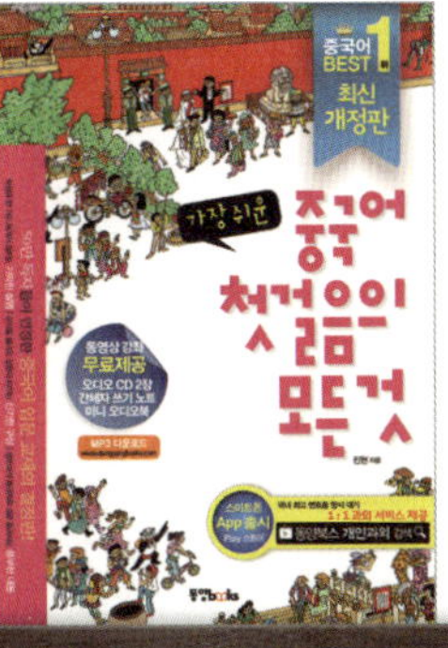

가장 쉬운
중국어 첫걸음의 모든 것
14,500원

동양북스

www.dongyangbooks.com
www.dongyangtv.com
m.dongyangbooks.com

4급

초판 인쇄 | 2016년 9월 1일
초판 발행 | 2016년 9월 5일

편저자 | 배수진 · 최지은
발행인 | 김태웅
총　괄 | 권혁주
편집장 | 이경숙
책임편집 | 김효수, 장아름
디자인 | 차경숙
마케팅 총괄 | 나재승
마케팅 | 서재욱, 김귀찬, 왕성석, 이종민, 조경현
온라인 마케팅 | 김철영, 양윤모, 탁수지
제　작 | 현대순
총　무 | 한경숙, 안서현, 최여진, 강아담
관　리 | 김훈희, 이국희, 김승훈, 이규재

발행처 | 동양북스
등　록 | 제10-806호(1993년 4월 3일)
주　소 | 서울시 마포구 동교로22길 12 (04030)
전　화 | (02)337-1737
팩　스 | (02)334-6624

http://www.dongyangbooks.com
http://www.dongyangTV.com

ISBN 979-11-5703-194-8 14720
ISBN 979-11-5703-186-3 (세트)

© 배수진 · 최지은, 2016

이 도서의 국립중앙도서관 출판예정도서목록(CIP)은 서지정보유통지원시스템 홈페이지(http://seoji.go.kr)와
국가자료공동목록시스템(http://www.nl.go.kr/kolisnet)에서 이용하실 수 있습니다.
(CIP제어번호:CIP2016018955)

차례

新汉语水平考试

실전 모의고사 해설

제1회

听 力

第 一 部 分

1-10

1

李律师的手机一直占线，暂时联系不上他。既然时间到了，我们就先开始吧。不等他了。

★ 已经联系上李律师了。

이 변호사의 휴대전화가 계속 통화 중이라서 잠시 그와 연락이 안 되네요. 시간이 됐으니 저희 먼저 시작하시죠. 그를 기다리지 않겠습니다.

★ 이미 이 변호사와 연락이 됐다. (✕)

> **단어** 律师 lǜshī 몡 변호사 | 占线 zhànxiàn 동 통화 중이다 | 暂时 zànshí 몡 잠시 | 联系 liánxì 동 연락하다 | 开始 kāishǐ 동 시작하다

> **해설** '既然 A, 就 B'는 '이왕 A하게 되었으니, B하다'라는 의미로 '既然'이 앞 문장에 나오고 '就' 이외에도 '还'나 '也'가 뒤 문장에 같이 올 수 있다. '占线(통화 중이다)', '联系不上(연락이 안 된다)'이 언급된 것으로 보아 통화 중이라 연락이 되지 않는다는 것을 알 수 있으므로 정답은 X이다.

2

单位新来的那个年轻人非常幽默，很会讲笑话。跟他一起工作，大家都觉得很愉快。

★ 那个人非常会讲笑话。

회사에 새로 온 그 젊은이는 굉장히 웃기는데 농담을 엄청 잘해요. 그와 같이 일하면 모두 즐거워해요.

★ 그 사람은 농담을 굉장히 잘한다. (✓)

> **단어** 幽默 yōumò 톙 유머러스하다 | 讲 jiǎng 동 말하다, 이야기하다 | 笑话 xiàohua 몡 우스운 이야기, 농담 | 愉快 yúkuài 톙 즐겁다, 유쾌하다

> **해설** 질문의 '讲笑话(농담을 하다)'가 지문에도 그대로 언급이 되었기 때문에 정답은 ✓이다.

3

他说因为压力太大他想过放弃这次比赛，是父亲一直鼓励他，让他重获信心，并最终赢得了比赛。

★ 那场比赛他输了。

그가 말하길 스트레스가 너무 커서 이번 시합을 포기할까 생각했었는데, 아버지께서 계속 격려하여 그가 다시 자신감을 얻게 하였고, 최후에 경기에서 이길 수 있었대요.

★ 그 경기에서 그가 졌다. (✕)

> **단어** 压力 yālì 몡 스트레스 | 放弃 fàngqì 동 포기하다 | 比赛 bǐsài 몡 시합, 경기 | 鼓励 gǔlì 동 격려하다 | 最终 zuìzhōng 몡 최후 | 赢得 yíngdé 동 얻다, 이기다

> **해설** 시합을 포기할 뻔했지만 아버지의 격려로 자신감을 얻어 이길 수 있었으므로 정답은 X이다. '重获'는 '重新(다시) + 获得(얻다)'라고 생각하고 '다시 얻다'라고 해석할 수 있다.

4

王先生，请把您的航班号还有航班降落的时间告诉我们，到时我们酒店会安排司机去机场接您的。

★ 王先生还没到酒店。

왕 선생님, 당신의 항공편 번호와 착륙 시간을 저희에게 알려주세요. 때가 되면 저희 호텔에서 기사를 배정해 공항으로 당신을 마중 나가도록 하겠습니다.

★ 왕 선생님은 아직 호텔에 도착하지 않았다. (√)

단어 航班 hángbān 몡 항공편 | 降落 jiàngluò 됭 착륙하다 | 酒店 jiǔdiàn 몡 호텔 | 机场 jīchǎng 몡 공항

해설 왕 선생님에게 항공편 번호와 착륙 시간을 물었고 때가 되면 마중 나간다고 했다. 이를 통해 왕 선생님이 아직 도착하지 않았음을 알 수 있으므로 정답은 √이다. '酒店'은 '술집'이라고 오해하기 쉽지만 '호텔'이라고 해석하는 것이 적합하다.

5

老张这个人每次都很准时，开会从来不迟到，今天到现在还不来，大概是有什么事情。你打个电话问问他吧。

★ 老张天天迟到。

장 씨 이 사람은 매번 시간을 잘 지켜서 회의에 여태 지각한 적이 없어요. 오늘 지금까지 아직 안 오다니 아마 무슨 일이 있겠죠. 당신이 전화해서 그에게 좀 물어봐요.

★ 장 씨는 매일 지각한다. (×)

단어 准时 zhǔnshí 혱 시간을 지키다 | 迟到 chídào 됭 지각하다 | 大概 dàgài 뷔 아마(도)

해설 '从来不'와 '从来没'는 '여태껏 ~한 적이 없다'는 뜻으로 '从来不迟到(여태껏 지각한 적이 없다)'에서 장 씨가 여태 늦어 본 적이 없다는 것을 알 수 있다. 그러므로 정답은 X이다.

6

这次演出之所以能够获得成功，除了演员们的努力外，也离不开各位的支持。非常感谢大家。来！我们干杯。

★ 她在向大家道歉。

이번 공연이 성공을 얻을 수 있었던 이유는 배우들의 노력 외에도 모두의 지지를 빼놓을 수 없습니다. 여러분 굉장히 감사합니다. 자! 저희 건배하죠.

★ 그녀는 모두에게 사과를 하고 있다. (×)

단어 演出 yǎnchū 몡 공연 | 之所以 zhī suǒyǐ 젭 ~의 이유 | 获得 huòdé 됭 얻다 | 成功 chénggōng 몡 성공 | 演员 yǎnyuán 몡 배우 | 支持 zhīchí 됭 지지하다 | 感谢 gǎnxiè 됭 감사하다 | 干杯 gānbēi 됭 건배하다 ‖ 道歉 dàoqiàn 됭 사과하다

해설 '感谢(감사하다)'와 '干杯(건배하다)'의 단어를 통해 사과보단 감사의 표현을 하고 있음을 알 수 있으므로 정답은 X이다.

7

对不起，小姐。您的提包不能带进去，超市出口有存包的地方，您可以把包存在那儿。

★ 超市允许带包进入。

죄송한데요. 아가씨, 당신의 핸드백은 가지고 들어갈 수가 없습니다. 슈퍼마켓 출구에 가방을 보관하는 장소가 있으니 당신은 가방을 그곳에 보관하실 수 있습니다.

★ 슈퍼마켓은 가방을 가지고 들어가는 것을 허락한다. (×)

단어 超市 chāoshì 몡 超级市场(슈퍼마켓)의 약칭 ‖ 允许 yǔnxǔ 됭 동의하다

해설 핸드백은 가지고 들어갈 수 없고 따로 보관 장소에 보관할 수 있다고 했으므로 정답은 X이다.

8

小姐，你前边大概有20个人在等着，要是你不着急的话可以三点以后再过来，那时人会少很多。

★ 三点以后人会比较少。

아가씨, 당신 앞에 대략 20명 정도 기다리고 있어요. 만약에 당신이 급하지 않으면 3시 이후에 다시 오세요. 그때는 사람이 훨씬 적을 거예요.

★ 3시 이후에는 사람이 비교적 적을 것이다. (✓)

단어　大概 dàgài 🖳 대략 | 要是 yàoshi 🖳 만약 ‖ 比较 bǐjiào 🖳 비교적

해설　'要是…的话'의 구문은 '如果(만약)'와 같은 의미로 쓰인다. 지금 사람이 많아 3시 이후에 사람이 적을 것이니 그때 오라고 안내를 하고 있으므로 정답은 √이다.

9

在大家的共同努力下，我们提前两天完成了任务。为了表示感谢，今天晚上我请大家吃饭。

★ 任务推迟了两天才完成。

여러분 모두의 노력 아래 우리가 이틀 앞당겨 임무를 완성했습니다. 감사함을 표현하기 위해 오늘 저녁에 제가 여러분께 식사를 대접하겠습니다.

★ 임무는 이틀이 미루어져야 비로소 완성된다. (✗)

단어　提前 tíqián 🖳 (예정된 시간·위치를) 앞당기다 | 完成 wánchéng 🖳 완성하다 | 任务 rènwu 🖳 임무 | 感谢 gǎnxiè 🖳 감사하다 ‖ 推迟 tuīchí 🖳 뒤로 미루다

해설　'提前两天(이틀 앞당기다)'으로 보아 이틀 미룬 것이 아니라 앞당겨서 완성했다는 것을 알 수 있으므로 정답은 X이다. '在…下'는 '~하에(아래에)'라고 해석할 수 있다.

10

许多人一到周末就喜欢睡懒觉，而且一睡就是大半天，医生提醒我们：睡觉时间太长并不好，有时甚至会引起头痛。一般睡够八个小时就行。

★ 睡太久对身体不好。

많은 사람이 주말만 되면 늦잠 자는 걸 즐기며 한번 자면 반나절이나 잔다. 의사들은 수면 시간이 너무 길어도 결코 좋지 않으며 어떤 때는 심지어 두통을 유발하기도 한다고 경고한다. 일반적으로 8시간 자면 충분하다고 한다.

★ 너무 오래 자는 것은 건강에 안 좋다. (✓)

단어　睡懒觉 shuìlǎnjiào 늦잠을 자다 | 提醒 tíxǐng 🖳 일깨우다, 경고하다 | 甚至 shènzhì 🖳 심지어 | 头痛 tóutòng 🖳 두통

해설　'并不'는 '결코 ~하지 않다'의 의미이다. 지문에 '并不好(결코 좋지 않다)'가 언급되었으므로 수면 시간이 너무 길어도 결코 좋지 않다는 것을 알 수 있다. 그러므로 정답은 √이다.

第 二 部 分

🎯 11-25

11

男: 真可惜! 这场比赛我们差点儿就赢了。
女: 没关系。大家努力了就可以了, 输赢并不重要。

问: 关于比赛可以知道什么?

A 很精彩 　　 B 还在进行
C 在郊区举行 D 他们输了

남: 진짜 아쉽다! 이번 축구경기 하마터면 이길 뻔했는데.
여: 괜찮아. 다들 노력했으면 그걸로 됐지. 이기고 지는 건 전혀 중요하지 않아.

문: 경기에 관해 알 수 있는 것은 무엇인가?

A 훌륭하다 　　 B 아직 진행 중이다
C 학교에서 개최한다 D 그들이 졌다

단어 比赛 bǐsài 명 시합, 경기 | 差点儿 chàdiǎnr 부 간신히, 하마터면 | 重要 zhòngyào 형 중요하다

해설 '差点儿'은 '하마터면'의 의미로 사실상 행위가 이루어지지 않고 '～할 뻔했다'라고 해석할 수 있다. 남자가 경기에서 하마터면 이길 뻔했다고 말했으므로 그들이 졌다는 것을 알 수 있다. 그러므로 정답은 D이다.

12

男: 这个学习英语的网站很不错, 内容丰富, 广告也不多。
女: 那你把网址发给我吧, 我正在准备英语考试呢。

问: 男的觉得那个网站怎么样?

A 内容乱 　　 B 很有趣
C 错误多 　　 D 广告少

남: 이 영어 학습 사이트 괜찮네요. 내용도 풍부하고 광고도 적어요.
여: 그럼 사이트 주소를 나한테 보내줘요. 마침 영어 시험을 준비하고 있었거든요.

문: 남자는 그 사이트를 어떻게 생각하는가?

A 내용이 질서가 없다 　 B 재미있다
C 오류가 많다 　　 D 광고가 적다

단어 英语 Yīngyǔ 명 영어 | 网站 wǎngzhàn 명 인터넷 홈페이지 | 内容 nèiróng 명 내용 | 丰富 fēngfù 형 풍부하다 | 广告 guǎnggào 명 광고 | 网址 wǎngzhǐ 명 인터넷 홈페이지 주소 | 准备 zhǔnbèi 동 준비하다 | 考试 kǎoshì 명 시험

해설 남자는 사이트에 관해 내용이 풍부하고 광고가 적다고 칭찬하고 있다. 그리고 대화에서 '广告也不多(광고도 적다)'가 직접 언급되었으며, '少(적다)'는 '不多(많지 않다)'와 같은 의미로 정답은 D이다.

13

男: 我今天看见王大夫的孙子啦, 胖胖的, 真可爱。
女: 是啊, 我也见过一回, 那孩子还特别懂礼貌。

问: 女的觉得王大夫的孙子怎么样?

A 很瘦 　　 B 有礼貌
C 有些懒 　 D 很安静

남: 오늘 왕 의사의 손자를 봤는데 통통한 게 진짜 귀엽더라고요.
여: 맞아요. 나도 한 번 만났었는데 그 아이는 유달리 예의도 바르더군요.

문: 여자는 왕 의사의 손자를 어떻게 생각하는가?

A 말랐다 　　 B 예의가 있다
C 좀 게으르다 D 조용하다

단어 大夫 dàifu 명 의사 | 孙子 sūnzi 명 손자 | 可爱 kě'ài 형 귀엽다 | 礼貌 lǐmào 명 예의

해설 '回'는 '회', '번', '차례'를 뜻하는 양사이다. '懂礼貌(예의가 바르다)'를 언급함으로써 여자는 왕 의사의 아이가 유달리 예의가 바르다며 칭찬하고 있으므로 정답은 B이다.

14

男：你最好换个密码。这个全是数字，太简
单了，不安全。
女：谢谢你的提醒，我一会儿就换。

问：男的建议女的做什么？

A 复习
B 改密码
C 记住新号码
D 申请邮箱

남：너 비밀번호 바꾸는 게 제일 좋겠다. 이거 전부
숫자라 너무 간단해서 안전하지 않아.
여：알려줘서 고마워. 조금 이따 바꿀게.

문：남자는 여자가 무엇을 하도록 건의하는가?

A 복습한다
B 비밀번호를 바꾼다
C 새 번호를 기억한다
D 우편함을 신청한다

단어 密码 mìmǎ 명 비밀번호 ｜ 简单 jiǎndān 형 간단하다 ｜ 安全 ānquán 형 안전하다 ｜ 提醒 tíxǐng 동 일깨우다, 경고하
다 ‖ 建议 jiànyì 동 건의하다

해설 남자의 첫마디에서 정답이 언급되었다. 비밀번호가 전부 숫자이므로 바꾸는 게 좋겠다고 건의하고 있으므로 정답은 B이
다. 듣기 2부분은 첫마디에 정답이 나오는 경우가 많으니 처음부터 주의해서 듣도록 하자.

15

男：快放暑假了，你有什么打算？
女：我想学游泳，正好我家附近新开了家游
泳馆，很方便。

问：女的暑假准备做什么？

A 学游泳
B 做蛋糕
C 写小说
D 练普通话

남：곧 여름 방학인데 너 무슨 계획 있어?
여：나 수영 배우고 싶어. 마침 우리 집 근처에 수
영장이 하나 새로 생겼는데 편리하겠어.

문：여자는 여름 방학에 무엇을 하려고 준비하는가?

A 수영을 배운다
B 케이크를 만든다
C 소설을 쓴다
D 표준어를 연습한다

단어 暑假 shǔjià 명 여름 방학 ｜ 打算 dǎsuan 명 계획 ｜ 游泳 yóuyǒng 명 수영 ｜ 附近 fùjìn 명 근처 ｜ 游泳馆 yóuyǒngguǎn
명 수영장 ｜ 方便 fāngbiàn 형 편리하다

해설 '暑假'는 '여름 방학'으로 남자가 여자에게 여름 방학에 무슨 계획이 있다고 묻고 있다. 정답은 여자의 첫마디에서 찾을 수
있는데, 수영을 배우고 싶다고 말하고 있으므로 정답은 A이다.

16

女：没想到你这么喜欢京剧。
男：我爸爸爱听。我从小就跟他一起听，所
以对京剧有很深的感情。

问：男的为什么喜欢听京剧？

A 能学到东西
B 受爸爸的影响
C 觉得有趣
D 京剧很流行

여：네가 이렇게 경극을 좋아할 줄 생각도 못했네.
남：우리 아빠가 좋아하시거든. 나는 어려서8부터
아빠랑 같이 들어서 경극에 대한 애정이 깊어.

문：남자는 왜 경극 듣는 것을 좋아하는가?

A 무언가를 배울 수 있다
B 아빠의 영향을 받았다
C 재미있다고 생각한다
D 경극이 유행한다

단어 京剧 jīngjù 명 경극[중국 주요 전통극 중 하나] ｜ 深 shēn 형 깊다 ｜ 感情 gǎnqíng 명 감정, 애정

해설 남자의 아빠가 경극을 좋아하며 어려서부터 같이 들었던 것으로 보아 아빠의 영향을 받았다는 것을 알 수 있다. 그러므로
정답은 B이다.

17

女：刚才朴律师来找你了，让你把这几篇文章整理一下。
男：我知道，下楼的时候正好遇到他了。

问：男的下楼时遇到谁了?

A 朴律师　　　　　B 房东
C 文章的作者　　　D 服务员

여: 방금 박 변호사가 와서 당신을 찾았어요. 당신한테 이 몇 편의 글 좀 정리해 달래요.
남: 알아요. 내려갈 때 마침 그와 마주쳤거든요.

문: 남자는 내려갈 때 누구를 만났는가?

A 박 변호사　　　　B 집주인
C 글 작가　　　　　D 종업원

단어 律师 lǜshī 몡 변호사 | 文章 wénzhāng 몡 문장, 글 | 整理 zhěnglǐ 통 정리하다 | 正好 zhènghǎo 뷔 마침 | 遇到 yùdào 통 만나다, 마주치다

해설 질문에서 남자는 누구를 만났느냐고 물어봤는데 그 정답은 여자의 말에서 나왔다. 남자와 여자의 대화를 듣고 정답을 맞추는 문제에서는 두 사람의 말에 모두 귀를 기울여야 정답을 놓치지 않을 수 있다. 이때 보기 A, B, C, D 옆에 들리는 단어를 표시하면서 듣는다면 틀리는 경우가 적어질 것이다. 대화에서 유일하게 나온 직종이 변호사뿐이었으므로 정답은 A이다.

18

女：喂，我到博物馆门口啦，你在哪儿?
男：我在买票，你在入口处稍微等我一会儿。

问：男的现在最可能在哪儿?

A 公园出口　　　　B 超市
C 售票处　　　　　D 厕所

여: 여보세요. 나 박물관 입구에 도착했는데 넌 어디야?
남: 나 표 사고 있어. 입구에서 나를 조금만 기다려.

문: 남자는 지금 어디에 있을 가능성이 가장 큰가?

A 공원 출구　　　　B 슈퍼마켓
C 매표소　　　　　D 화장실

단어 博物馆 bówùguǎn 몡 박물관 | 稍微 shāowēi 뷔 조금, 약간, 다소

해설 여자가 어디냐고 묻자 남자가 표를 사고 있다고 대답했으므로 매표소에 있다는 것을 알 수 있다. 그러므로 정답은 C이다.

19

女：大夫，我女儿的胳膊怎么样了?
男：已经好得差不多了，不过这几天还是不能打网球。

问：她女儿的胳膊怎么样了?

A 能正常打球
B 更严重了
C 还要打针
D 好多了

여: 의사 선생님, 제 딸의 팔이 어떻게 된 거예요?
남: 이미 거의 나았어요. 하지만 요 며칠은 계속 테니스를 칠 수 없습니다.

문: 그녀의 딸 아이 팔이 어떻게 되었는가?

A 정상적으로 공을 칠 수 있다
B 더 심해졌다
C 여전히 주사를 맞아야 한다
D 많이 좋아졌다

단어 胳膊 gēbo 몡 팔 | 已经 yǐjing 뷔 이미, 벌써 | 网球 wǎngqiú 몡 테니스

해설 '差不多'는 '비슷하다', '큰 차이가 없다'라는 뜻도 있지만, 상태에 관해서는 '괜찮아지다'라고 해석할 수 있다. 남자가 '이미 거의 나았다'고 했으므로 정답은 D이다.

20

女: 我怎么觉得咱俩好像迷路了。
男: 没有，我去年来过这儿，前面路口右转就到了。

问: 关于男的，下列哪个正确?

A 方向感差
B 很失望
C 认识路
D 怕发生危险

여: 나는 어째 우리 둘이 길을 잃은 것 같아요.
남: 아니에요. 내가 작년에 여기 와봤는데 앞에 길목에서 오른쪽으로 돌면 도착해요.

문: 남자에 관해, 아래의 어느 것이 정확한가?

A 방향감각이 떨어진다
B 실망스럽다
C 길을 안다
D 위험이 발생할까 무섭다

단어 迷路 mílù 통 길을 잃다 | 转 zhuǎn 통 돌다, 회전하다

해설 남자는 작년에 여기에 와본 적이 있고 오른쪽으로 돌면 된다고 길을 가르쳐 주고 있으므로 정답은 C이다.

21

男: 那个人长什么样子，你还有印象吗?
女: 我只记得她个子挺矮的，黄头发。对了，她手里还拿了个信封。

问: 关于那个人，下列哪个正确?

A 长得不高
B 很优秀
C 弄破了信封
D 会功夫

남: 그 사람 어떻게 생겼는지 아직 인상이 남아 있나요?
여: 그 여자 키가 꽤 작았고 노란색 머리였던 것밖에 기억이 안 나요. 맞다, 그녀는 손에 편지봉투를 하나 들고 있었어요.

문: 그 사람에 관해, 아래의 어느 것이 정확한가?

A 키가 크지 않다
B 우수하다
C 편지봉투를 찢었다
D 쿵후를 할 줄 안다

단어 印象 yìnxiàng 명 인상 | 矮 ǎi 형 (사람의 키가) 작다 | 头发 tóufa 명 머리카락 | 信封 xìnfēng 명 편지봉투

해설 그 사람이 키가 꽤 작았고 노란색 머리였던 것을 기억한다고 여자가 대답했다. 정답이 여자의 첫마디에서 언급되었으므로 처음부터 귀를 기울여 잘 듣는 습관을 갖자. 정답은 A이다.

22

男: 咱家大门密码是多少，我记不清了。
女: 就是咱家电话号码的后四位。

问: 男的想知道什么?

A 航班时间   B 大门密码
C 信用卡卡号   D 电话号码

남: 우리 집 대문 비밀번호가 몇 번인지 정확히 기억이 나지 않아.
여: 우리 집 전화번호 뒤 네 자리잖아.

문: 남자는 무엇을 알고 싶어 하는가?

A 비행기 시간   B 대문 비밀번호
C 신용카드 번호   D 전화번호

단어 密码 mìmǎ 명 비밀번호 | 电话号码 diànhuà hàomǎ 명 전화번호

해설 남자가 처음에 집 대문의 비밀번호가 기억나지 않는다고 했으므로 정답은 B이다. '记不清'은 정도보어로 '기억하는 정도가 분명하지 않다'는 의미이다.

23

男: 这份报告你仔细看过啦?
女: 对，都看了好几遍啦，没发现什么问题。

问: 女的主要是什么意思?

A 来不及看
B 没看懂
C 没错误
D 书太厚

남: 이 보고서 당신 자세히 읽어봤어요?
여: 네. 벌써 몇 번씩이나 읽어봤는데 어떠한 문제를 발견하지 못했어요.

문: 여자의 말에 주요한 의미는 무엇인가?

A 보기에 늦었다
B 보고 이해하지 못했다
C 오류가 없다
D 책이 너무 두껍다

단어 报告 bàogào 명 보고서 | 仔细 zǐxì 형 자세하다 | 问题 wèntí 명 문제

해설 여자가 몇 번을 보았지만 어떠한 문제도 발견하지 못했다고 했으므로 보기 C의 내용과 같다. 그러므로 정답은 C이다. 보기 A의 '来不及'는 '(시간 등이) 늦다', '제때 맞추지 못하다'는 의미이다.

24

男: 你今天打扮得真漂亮!
女: 谢谢! 我今天第一天上班，想给同事们留个好印象。

问: 关于女的可以知道什么?

A 要去留学
B 是公司职员
C 不要打扮
D 请假了

남: 당신 오늘 정말 예쁘게 꾸몄네요!
여: 고마워요! 제가 오늘 처음으로 출근하는 거라 회사 동료들에게 좋은 인상을 남겨주고 싶었거든요.

문: 여자에 관해 무엇을 알 수 있는가?

A 유학 가야 한다
B 회사 직원이다
C 꾸미면 안 된다
D 휴가를 신청했다

단어 打扮 dǎban 동 꾸미다 | 漂亮 piàoliang 형 예쁘다 | 印象 yìnxiàng 명 인상

해설 '동료들에게 좋은 인상을 남겨주고 싶다'고 말하는 여자는 회사 직원임을 알 수 있다. 그러므로 정답은 B이다.

25

男: 这家公司还不错，你没发一封求职信试试?
女: 没有，我的专业不太符合他们的要求。

问: 女的为什么没发求职信?

A 专业不符
B 来不及了
C 奖金少
D 要经常加班

남: 이 회사 꽤 괜찮은데 너 구직 편지를 보내지 않았어?
여: 안 해 봤어. 내 전공이 그들의 요구에 그다지 맞지 않아.

문: 여자는 왜 구직 편지를 보내지 않았는가?

A 전공이 맞지 않다
B 늦었다
C 보너스가 적다
D 자주 야근해야 한다

단어 公司 gōngsī 명 회사 | 求职信 qiúzhíxìn 명 구직 편지 | 专业 zhuānyè 명 전공 | 符合 fúhé 동 맞다, 부합하다 | 要求 yāoqiú 명 요구

해설 '求职信(구직 편지)'이 나오는 것으로 보아 여자가 구직 중인 상황임을 알 수 있다. 여자의 말을 통해 정답을 알 수 있는데, 그녀의 전공과 그들의 요구가 그다지 맞지 많아 구직 편지를 보내지 않았다고 했으므로 정답은 A이다.

26

女：你申请奖学金了吗?
男：申请了，不过竞争挺大的，不一定能拿到。
女：不用担心，以你的条件肯定没问题。
男：谢谢!

问：他们在谈什么?

A 增加收入　　　　B 签证
C 申请奖学金　　　D 留学

여: 너 장학금 신청했어?
남: 신청했지. 그런데 경쟁이 너무 세서 받을 수 있을지 모르겠어.
여: 걱정할 필요 없어. 네 조건이면 확실히 문제없을 거야.
남: 고마워!

문: 그들은 무엇을 이야기하고 있는가?

A 수입 증대　　　　B 비자
C 장학금 신청　　　D 유학

단어 申请 shēnqǐng 통 신청하다 | 奖学金 jiǎngxuéjīn 명 장학금 | 竞争 jìngzhēng 명 경쟁 | 担心 dānxīn 통 걱정하다 | 条件 tiáojiàn 명 조건 | 肯定 kěndìng 부 확실히

해설 여자가 장학금을 신청했냐고 물어보면서 대화가 시작된다. 남자와 여자는 장학금에 관해 이야기하고 있으므로 정답은 C이다.

27

女：先生，您的橙汁。
男：我没点果汁，我要的是咖啡。
女：抱歉，我记错了，马上给您换。
男：没关系。

问：男的点了什么?

A 啤酒　　　　B 咖啡
C 果汁　　　　D 茶

여: 선생님, 오렌지 주스입니다.
남: 저는 과일 주스를 주문하지 않았어요. 제가 시킨 건 커피예요.
여: 죄송해요. 제가 잘못 기억했나 보네요. 금방 바꿔드리겠습니다.
남: 괜찮아요.

문: 남자는 무엇을 주문했는가?

A 맥주　　　　B 커피
C 과일 주스　　D 차

단어 橙汁 chéngzhī 명 오렌지 주스 | 果汁 guǒzhī 명 과일 주스 | 咖啡 kāfēi 명 커피 | 抱歉 bàoqiàn 통 미안해하다

해설 여자가 오렌지 주스를 주자 남자는 커피를 주문했다고 대답했으므로 정답은 B이다.

28

女：上个月的电费交了吗?
男：交了，前天我去银行存钱时顺便交的，一共90多块钱。
女：比之前少了很多。
男：现在秋天了，我们不常开空调，电费当然少啦。

问：电费为什么少了?

A 不常在家
B 电价降了
C 没用冰箱
D 空调不常开

여: 지난 달 전기 요금 냈어요?
남: 냈어요. 그제 내가 은행에 가서 입금하는 김에 냈는데 총 90위안이 넘어요.
여: 전보다는 많이 줄었네요.
남: 이제 가을이잖아요. 우리는 에어컨을 자주 켜지 않으니까 전기 요금도 당연히 적죠.

문: 전기 요금은 왜 줄었는가?

A 자주 집에 없다
B 전기료가 떨어졌다
C 냉장고를 쓰지 않았다
D 에어컨을 자주 켜지 않았다

단어 | **电费** diànfèi 명 전기 요금 | **交** jiāo 동 제출하다, 내다 | **银行** yínháng 명 은행 | **顺便** shùnbiàn 부 ~하는 김에 | **秋天** qiūtiān 명 가을 | **空调** kōngtiáo 명 에어컨

해설 | '전보다는 많이 줄었다'라는 여자의 말 뒤에 남자가 '우리는 에어컨을 자주 켜지 않아서 전기 요금도 적다'라고 대답했기 때문에 정답은 D이다.

29

女：住在这里，交通和生活都挺方便的。
男：是，而且周围风景也不错。
女：就是太贵了，全部下来要两百多万。
男：确实不便宜。咱们再考虑考虑吧。

问：他们觉得那个房子怎么样？

A 交通不便
B 价格高
C 不够大
D 环境一般

여：여기에 살면 교통과 생활 모두 정말 편하겠어요.
남：네. 게다가 주위 경치도 좋아요.
여：단지 너무 비싸요. 전부 다 하면 2백만 위안이 넘게 필요해요.
남：확실히 싸진 않죠. 우리 다시 생각 좀 해봐요.

문：그들은 그 집이 어떻다고 생각하는가?

A 교통이 불편하다
B 가격이 높다
C 그렇게 크지 않다
D 환경이 그저 그렇다

단어 | **交通** jiāotōng 명 교통 | **生活** shēnghuó 명 생활 | **方便** fāngbiàn 형 편리하다 | **周围** zhōuwéi 명 주변 | **风景** fēngjǐng 명 풍경, 경치 | **便宜** piányi 형 (값이) 싸다 | **考虑** kǎolǜ 동 고려하다, 생각하다

해설 | 여자가 '교통과 생활 모두 편하겠다'고 하였으므로 A는 답이 될 수 없다. 또 남자는 '주위 경치가 좋다'고 말하고 있으므로 D도 답이 아니다. 답은 여자의 '太贵(너무 비싸다)'라는 말에서 찾을 수 있는데, 보기의 '价格高(가격이 높다)'라는 말과 같으므로 정답은 B이다.

30

女：我的钱不够，你有两百块吗？
男：我也没带多少现金，这家店不能刷卡吗？
女：他们的刷卡机坏了。
男：那我们去取钱吧。

问：根据对话，下列哪个正确？

A 药店关门了
B 男的感冒了
C 衬衫破了
D 女的现金不够

여：내 돈이 부족하네. 너 2백 위안 있어?
남：나도 현금을 얼마 안 가지고 있는데, 이 가게 카드 긁을 수 없니?
여：카드 결제기가 고장 났대.
남：그럼 우리 돈을 찾으러 가자.

문：대화에 근거해, 아래의 어느 것이 정확한가？

A 약국이 문을 닫았다
B 남자가 감기에 걸렸다
C 셔츠가 찢어졌다
D 여자의 현금이 부족하다

단어 | **现金** xiànjīn 명 현금 | **刷卡** shuākǎ 동 카드를 긁다 | **取钱** qǔqián 동 돈을 찾다

해설 | 여자가 돈이 부족하다고 했지만, 카드 결제기가 고장 나서 남자는 돈을 찾으러 가자고 한 것으로 보아 현금이 부족하다는 것을 알 수 있다. 그러므로 정답은 D이다. '刷卡'는 '카드를 긁다', '取钱'은 '돈을 찾다'라는 의미로 돈과 관련된 중요한 단어는 암기해 두면 좋다.

31

男：小姐，能不能给我一杯饮料。
女：好的。请问，您要咖啡、葡萄酒还是果汁？
男：苹果汁。顺便问一下，我们的航班还有多久降落？
女：大概四十分钟。

问：对话最可能发生在哪儿？

A　首都机场　　　　B　海洋馆
C　飞机上　　　　　D　饭店

남：아가씨, 저한테 음료 한 잔 주실 수 있나요?
여：그럼요. 커피, 포도주 아니면 과일 주스를 원하시나요?
남：사과 주스요. 그 김에 좀 여쭤볼게요. 우리 항공편은 얼마나 더 있으면 착륙하나요?
여：약 40분 후요.

문：대화는 어디에서 이루어지고 있을 가능성이 가장 큰가?

A　서우두 공항　　　　B　아쿠아리움
C　비행기 안　　　　　D　호텔

> **단어**　饮料 yǐnliào 명 음료 | 咖啡 kāfēi 명 커피 | 葡萄酒 pútáojiǔ 명 포도주 | 苹果汁 píngguǒzhī 명 사과 주스 | 顺便 shùnbiàn 부 ~하는 김에 | 航班 hángbān 명 항공편 | 降落 jiàngluò 동 착륙하다 | 大概 dàgài 부 아마(도)

> **해설**　대화 앞부분의 음료에 관한 이야기로는 장소를 짐작하기 어렵다. 하지만 남자의 '우리 항공편이 얼마나 더 있으면 착륙하나요?'라는 말에서 비행기 안이라는 것을 알 수 있다. 그러므로 정답은 C이다.

32

男：你留学的事情怎么样了？
女：申请了三个学校，其中一个回信了，说会给我寄通知书。
男：那先祝贺你了，你是读什么专业？
女：经营管理学，跟硕士读的一样。

问：关于女的可以知道什么？
A　博士毕业了
B　签证被拒
C　学法律
D　要留学

남：당신 유학 가는 일은 어떻게 됐어요?
여：세 개 학교에 신청했는데 그중에 하나에서 회신이 왔어요. 나한테 통지서를 보낼 거래요.
남：그럼 일단 축하해야겠네요. 무슨 전공이에요?
여：경영관리학이에요. 석사에서 공부한 거랑 같아요.

문：여자에 관해 알 수 있는 것은 무엇인가?
A　박사과정을 졸업했다
B　비자가 거절당했다
C　법률을 배운다
D　유학을 가려고 한다

> **단어**　留学 liúxué 동 유학하다 | 申请 shēnqǐng 동 신청하다 | 回信 huíxìn 동 회신하다 | 通知书 tōngzhīshū 명 통지서 | 祝贺 zhùhè 동 축하하다 | 专业 zhuānyè 명 전공 | 经营 jīngyíng 동 경영하다 | 管理 guǎnlǐ 명 관리

> **해설**　남자의 '유학 가는 일은 어떻게 됐어요?'라는 질문을 통해 여자가 유학을 가려고 한다는 것을 알 수 있으므로 정답은 D이다.

33

男：雨停了，太阳也出来了，我去把窗户打开。
女：好，这场雨下得真及时。
男：是啊。外面的空气肯定很新鲜。
女：那咱们去公园散散步吧。

问：现在天气怎么样？

A　正在下雨　　　　B　雪停了
C　阴天　　　　　　D　天晴了

남：비가 그치고 해도 나왔어요. 가서 창문 좀 열게요.
여：좋아요. 이번 비는 정말 딱 맞춰 왔네요.
남：그러게요. 바깥 공기가 확실히 신선하겠어요.
여：그럼 우리 공원에 가서 산책 좀 해요.

문：지금 날씨는 어떠한가?

A　비가 내리고 있다　　　　B　눈이 그쳤다
C　흐리다　　　　　　　　D　날이 갰다

> **단어**　停 tíng 동 멈추다 | 窗户 chuānghu 명 창문 | 及时 jíshí 형 시기 적절하다 | 空气 kōngqì 명 공기 | 肯定 kěndìng 부 확실히 | 新鲜 xīnxiān 형 신선하다 | 公园 gōngyuán 명 공원 | 散步 sànbù 동 산보하다, 산책하다

> **해설**　남자의 '비가 그치고 해도 나왔다'는 말을 통해 날이 갰다는 것을 알 수 있다. 그러므로 정답은 D이다.

34

男：您认为周明输掉比赛的理由是什么？
女：他是第一次参加这种国际比赛，估计心里比较紧张。
男：您的意思是他压力太大了？
女：我觉得是。按照他平时的水平，拿第一应该没问题。

问：女的认为周明为什么会输？

A 竞争大
B 压力大
C 太自信了
D 水平低

남: 당신은 저우밍(周明)이 경기에 진 이유가 무엇이라고 생각하십니까?
여: 그는 처음으로 이런 국제대회에 참가한 것이기 때문에 아마 마음속으로 꽤 긴장했을 겁니다.
남: 당신의 말뜻은 그의 스트레스가 너무 컸다는 뜻인가요?
여: 제 생각엔 그래요. 그의 평소 실력으로 봤을 때 1위를 하는 건 분명히 문제없거든요.

문: 여자는 저우밍이 왜 졌다고 여기는가?

A 경쟁이 심해서
B 스트레스가 커서
C 자신감이 너무 넘쳐서
D 실력이 낮아서

단어 | 输掉 shūdiào 지다 | 理由 lǐyóu 명 이유, 까닭 | 国际 guójì 명 국제 | 估计 gūjì 통 추측하다 | 紧张 jǐnzhāng 형 긴장하다 | 压力 yālì 명 스트레스 | 按照 ànzhào 개 ~에 따라

해설 | 저우밍이 경기에 진 이유에 '그는 처음으로 이런 국제대회에 참가하다', '꽤 긴장하다' 등의 대화가 나왔다. 또 남자가 직접 '스트레스가 너무 컸다는 뜻인가요?'라고 질문을 했고 여자가 동의했으므로 정답은 B이다.

35

男：你再仔细看看，是不是哪儿错了。
女：没有啊，一共五台电脑，三张办公桌，还有…
男：不对，你把椅子和桌子的数量写反了。
女：对不起，我错了，我再重新填一张单子吧。

问：女的接下来要做什么？

A 倒垃圾
B 擦桌子
C 填单子
D 去应聘

남: 어느 부분이 틀렸는지 다시 자세히 좀 봐요.
여: 없는데요. 총 컴퓨터 5대, 사무용 책상 3개, 그리고…
남: 틀렸네요. 당신은 의자랑 책상 수량을 반대로 썼어요.
여: 미안해요. 제가 잘못했네요. 제가 다시 명세서를 작성할게요.

문: 여자는 이어서 무엇을 하려고 하는가?

A 쓰레기를 버린다
B 책상을 닦는다
C 명세서를 작성한다
D 구직하러 간다

단어 | 仔细 zǐxì 형 자세하다 | 电脑 diànnǎo 명 컴퓨터 | 椅子 yǐzi 명 의자 | 桌子 zhuōzi 명 책상 | 数量 shùliàng 명 수량 | 重新 chóngxīn 부 다시 | 填 tián 통 작성하다, 기입하다 | 单子 dānzi 명 명세서, 목록

해설 | '당신은 의자랑 책상 숫자를 반대로 썼다'는 대화에서 여자가 잘못 작성했다는 것을 알 수 있다. 여자의 '내가 다시 명세서를 채워 넣겠다'라는 말을 통해 명세서 작성 중임을 알 수 있으므로 정답은 C이다. '填'은 '작성하다'라는 의미로 '(빈칸, 목록 등을) 채워 넣다'라는 표현에 주로 사용한다.

小李上火车后发现自己的座位上已经有人了，就礼貌地请那个人让出座位，但³⁶那个人不客气地说："这是我的座位。"接着拿出票给小李看。小李仔细看了看笑着说："您确实没坐错座位，但³⁷您坐错火车了。"

샤오리(小李)는 기차에 오른 후 자신의 자리에 이미 사람이 있다는 것을 발견하고는 예의 바르게 그 사람한테 자리를 비켜달라고 했다. 그런데 ³⁶그 사람은 무례하게 "여기가 내 자리예요."라고 말하며, 이어서 표를 꺼내 샤오리에게 보여주었다. 샤오리는 자세히 보더니 웃으면서 "당신은 확실히 자리를 잘못 앉은 건 아니네요. 그런데 ³⁷기차를 잘못 타셨어요."라고 말했다.

단어 发现 fāxiàn 图 발견하다 | 礼貌 lǐmào 图 예의 바르다 | 座位 zuòwèi 图 좌석, 자리 | 仔细 zǐxì 图 자세하다 | 确实 quèshí 閉 확실히

36 那个人为什么拿票给小李看?

A 小李的丢了
B 小李是售票员
C 害怕是假的
D 证明他没错

그 사람은 왜 표를 꺼내 샤오리에게 보여주었는가?

A 샤오리의 것을 잃어버려서
B 샤오리가 매표원이라서
C 가짜일까 겁나서
D 그가 틀리지 않았다는 걸 증명하기 위해서

해설 샤오리의 자리에 다른 사람이 앉아있었고, 상대방이 자리를 비켜주지 않자 그 사람은 본인의 자리라는 것을 증명하기 위해 표를 보여주는 상황이다. 그러므로 정답은 D이다.

37 那个人怎么了?

A 坐错火车了
B 很累
C 没拿登机牌
D 买错票了

그 사람은 어떻게 된 건가?

A 기차를 잘못 탔다
B 피곤하다
C 탑승권을 가지지 않았다
D 표를 잘못 샀다

해설 샤오리가 '당신은 기차를 잘못 탔다'라고 했으므로 정답은 A이다. 듣기 문제를 풀 때 '但(그러나)'과 같은 역접 접속사가 있는 문장을 주의해서 들어야 한다.

> 这个 ³⁸礼拜天上午十点，我们将在二层会议室 ³⁸举办 "怎样与学生成为朋友" 的 ³⁸讨论会，这次讨论会我们邀请到了几位国内著名的教育家，³⁹希望感兴趣的老师积极参加。

> 이번 주 ³⁸일요일 오전 10시에 우리는 2층 회의실에서 '어떻게 학생과 친구가 될 것인가'라는 ³⁸토론회를 개최할 것입니다. 이번 토론회에서는 국내의 저명한 교육가 몇 분을 초대할 예정이니, ³⁹관심 있는 선생님의 적극적인 참여를 바랍니다.

단어 礼拜天 lǐbàitiān 몡 일요일 | 举办 jǔbàn 통 개최하다 | 成为 chéngwéi 통 ~이 되다 | 讨论 tǎolùn 통 토론하다 | 邀请 yāoqǐng 통 초청하다, 초대하다 | 著名 zhùmíng 형 저명하다 | 感兴趣 gǎn xìngqù 관심이 있다 | 积极 jījí 형 적극적이다 | 参加 cānjiā 통 참가하다, 참여하다

38 关于讨论会可以知道什么?

A 要交费
B 讨论理想
C 邀请了记者
D 周日举行

토론회에 관해 알 수 있는 것은 무엇인가?

A 돈을 내야 한다
B 꿈을 토론한다
C 기자들을 초대했다
D 일요일에 주최한다

해설 앞부분에 '일요일 오전'에 열린다는 말이 나와 있으므로 정답은 D이다. 보통 '요일'을 말할 때 '星期'를 사용하지만 '礼拜(요일)'도 사용할 수 있음을 알아두자.

39 说话人希望老师怎么做?

A 别着急
B 干杯
C 积极参加
D 穿正式些

말하는 사람은 선생님이 어떻게 하길 바라는가?

A 조급해하지 않는다
B 건배한다
C 적극적으로 참여한다
D 정장 차림으로 입는다

해설 글의 마지막에 '관심 있는 선생님의 적극적인 참여를 바란다'라는 내용으로 보아 적극적인 참여를 권하고 있으므로 정답은 C이다.

<table>
<tr>
<td>

小张你能帮我在网上付1060块钱吗？我刚买了两双运动鞋，^{40, 41}但我的信用卡出问题了，付不了钱，这家店又不支持货到付款，⁴⁰我中午取了钱就还你。

</td>
<td>

샤오장(小张) 네가 인터넷으로 1,060위안 좀 내줄 수 있어? 내가 방금 운동화 두 켤레를 샀는데 ^{40, 41}내 신용카드에 문제가 생겨서 계산할 수가 없어. 이 가게가 착불도 안 돼. ⁴⁰내가 점심에 돈을 찾아서 너에게 돌려줄게.

</td>
</tr>
</table>

단어 　**运动鞋** yùndòngxié 圀 운동화 | **信用卡** xìnyòngkǎ 圀 신용카드 | **支持** zhīchí 圄 지지하다 | **付款** fùkuǎn 圄 돈을 지불하다 | **取钱** qǔqián 돈을 찾다

40

说话人想请小张帮什么忙？ 　　　　　말하는 사람은 샤오장에게 무엇을 도와달라고 부탁하는가？

A 选椅子 　　　　　　　　　　A 의자를 고른다
B 借他现金 　　　　　　　　B 그에게 현금을 빌린다
C 付款 　　　　　　　　　　C 돈을 지불한다
D 换零钱 　　　　　　　　　D 잔돈을 바꾼다

해설 　'내 신용카드에 문제가 생겨서 계산할 수가 없다'는 말로 보아 돈을 지불하는 것에 문제가 생긴 것을 알 수 있다. '내가 점심에 돈을 찾아서 너에게 돌려주겠다'라는 마지막 문장을 통해서 C가 정답임을 알 수 있다.

41

关于说话人可以知道什么？ 　　　　　말하는 사람에 관해 알 수 있는 것은 무엇인가？

A 忘记密码了 　　　　　　　A 비밀번호를 잊었다
B 很穷 　　　　　　　　　　B 가난하다
C 买了条裤子 　　　　　　　C 바지를 한 벌 샀다
D 信用卡用不了 　　　　　　D 신용카드를 사용할 수가 없다

해설 　글에서 신용카드에 문제가 생겨 쓸 수 없다는 것을 직접 언급했다. 그러므로 정답은 D이다.

42-43

<table>
<tr><td>

小王，⁴²前面那座桥就是著名的南京长江大桥。它是长江上的第三座大桥，已经有四十七年的历史了。本来想带你去看看的，⁴³但你还要赶飞机。时间来不及了，下次你来南京我一定带你好好参观一下。

</td><td>

샤오왕(小王), ⁴²앞에 저 다리가 바로 그 유명한 난징(南京) 창장(长江)대교예요. 저게 창장에 있는 세 번째 대교인데 벌써 47년의 역사를 가지고 있어요. 원래는 당신을 데리고 가서 좀 보려고 했는데 ⁴³당신은 비행기 시간을 맞춰야 해요. 시간이 부족할 거예요. 다음에 당신이 난징에 오면 내가 꼭 당신을 데리고 잘 구경시켜줄게요.

</td></tr>
</table>

단어　桥 qiáo 몡 다리 | 著名 zhùmíng 혱 저명하다, 유명하다 | 已经 yǐjing 븬 이미, 벌써 | 历史 lìshǐ 몡 역사 | 来不及 láibují 됭 (시간이 부족하여) 손쓸 틈이 없다, 시간이 맞지 않다 | 参观 cānguān 됭 (전람회 · 공장 · 명승고적 등을) 참관하다, 잘 보다

42　关于那座桥，可以知道什么?　　　　그 다리에 관해, 알 수 있는 것은 무엇인가?

A 很有名	A 유명하다
B 在北京	B 베이징에 있다
C 在黄河上	C 황허에 있다
D 有百年历史	D 백 년의 역사를 가지고 있다

해설　'유명한 난징 창장대교'라고 했으므로 유명한 다리인 것을 알 수 있다. 이처럼 글에서 나온 '著名(유명하다)'이 '有名(유명하다)'처럼 비슷한 의미의 단어로 보기에서 바뀌어 출제될 수 있으니 유의해야 한다. 그러므로 정답은 A이다.

43　小王这次为什么无法参观?　　　　샤오왕은 이번에 왜 구경할 수 없었는가?

A 要赶飞机	A 비행기 시간에 맞춰야 한다
B 票卖光了	B 표가 다 팔렸다
C 堵车了	C 차가 막힌다
D 下雨了	D 비가 내린다

해설　'당신은 비행기 시간을 맞춰야 한다. 시간이 부족하다'는 문장을 통해 비행기 시간에 맞춰야 하는 것을 알 수 있다. 그러므로 정답은 A이다.

> 王小姐在商场买裤子。她从试衣间出来后，售货员说："⁴⁴您穿这条裤子有点儿大。"王小姐却说："那太好了，我就买这条。"售货员感到很奇怪，王小姐解释说："⁴⁵我穿上它，朋友见了肯定会说我减肥成功了。"

> 미스 왕은 상가에서 바지를 샀다. 그녀가 탈의실에서 나온 후 판매원이 "⁴⁴이 바지를 입으시기엔 좀 크네요."라고 말했다. 그런데 미스 왕은 오히려 "그럼 정말 잘됐네요. 저 이걸로 살게요."라고 했다. 판매원이 이상하게 생각하니 미스 왕은 "⁴⁵제가 이걸 입으면 친구들이 보고 분명 다이어트에 성공했다고 말할 거예요."라고 설명했다.

단어 商场 shāngchǎng 몡 백화점, 상가 | 裤子 kùzi 몡 바지 | 售货员 shòuhuòyuán 몡 판매원 | 奇怪 qíguài 혱 이상하다 | 解释 jiěshì 동 설명하다 | 减肥 jiǎnféi 동 감량하다, 다이어트하다

44 售货员觉得那条裤子王小姐穿怎么样?

판매원은 그 바지를 미스 왕이 입으면 어떨 거라고 생각하는가?

A 有点儿大　　B 很正式
C 很漂亮　　D 有点儿小

A 좀 크다　　B 정식적이다
C 예쁘다　　D 좀 작다

해설 판매원이 '이 바지를 입기에는 좀 크다'라고 했으므로 정답은 A이다.

45 关于王小姐，可以知道什么?

미스 왕에 관해, 알 수 있는 것은 무엇인가?

A 不爱打扮
B 正在减肥
C 很吃惊
D 要去约会

A 꾸미는 걸 좋아하지 않는다
B 다이어트를 하는 중이다
C 놀랐다
D 약속에 가야 한다

해설 '내가 이걸 입으면 친구들이 보고 분명 다이어트에 성공했다고 말할 것이다'라고 했으므로 다이어트를 하는 중임을 알 수 있다. 그러므로 정답은 B이다.

二　阅　读

第　一　部　分

46-50

A　圆	B　调查	A　둥글다	B　조사하다
C　提前	D　坚持	C　앞당기다	D　견지하다
E　商量	F　首先	E　상의하다	F　먼저

단어　**圆** yuán 형 둥글다 | **调查** diàochá 동 조사하다 | **提前** tíqián 동 앞당기다 | **坚持** jiānchí 동 유지하다, 견지하다 | **商量** shāngliang 동 상의하다 | **首先** shǒuxiān 부 먼저

46　不管别人怎么说，(F 首先)你自己要勇敢才行。

다른 사람이 어떻게 말하든 관계없이 (먼저) 너 스스로 용감해야 한다.

단어　**不管** bùguǎn 접 ~를 막론하고, ~에 관계없이 | **勇敢** yǒnggǎn 형 용감하다

해설　빈칸이 뒤의 절 맨 앞에 있으므로 주어 앞에 나올 수 있는 부사 F가 정답이 된다.

47　今天的月亮又大又(A 圆)，太漂亮了，我们出去走走吧。

오늘의 달은 크고 (둥글구나). 너무 예쁘다. 우리 나가서 좀 걷자.

단어　**月亮** yuèliang 명 달 | **漂亮** piàoliang 형 예쁘다

해설　빈칸이 포함된 문장의 '又 + 술어 + 又 + 술어' 구문은 '~하기도 하고 ~하기도 한다'라는 뜻이다. 보기 중 가장 적절한 정답은 A가 된다.

48　商店起火的原因警察还在(B 调查)，一有结果我就通知您。

상점의 화재 원인을 경찰이 아직 (조사하고) 있습니다. 결과가 나오면 바로 당신에게 알려 드리겠습니다.

단어　**商店** shāngdiàn 명 상점 | **起火** qǐhuǒ 동 불이 나다 | **原因** yuányīn 명 원인 | **警察** jǐngchá 명 경찰 | **结果** jiéguǒ 명 결과

해설　빈칸 앞에 부사 '还在(아직 ~하고 있다)'가 있으므로 빈칸에는 술어가 와야 한다. 술어는 주로 동사 혹은 형용사가 쓰이는데, '경찰이 아직 (　) 있다'고 했으므로 문맥에 어울리는 정답은 B이다.

49　参加还是不参加，你还是先和李老师(E 商量)一下再做决定吧。

참가하든 참가하지 않든 너는 원래대로 먼저 이 선생님과 (상의)를 좀 한 후에 다시 결정하도록 해.

단어　**参加** cānjiā 동 참가하다 | **决定** juédìng 동 결정하다

해설　빈칸 뒤에 '一下(좀 ~하다)'를 보고 빈칸 안에 들어갈 품사가 동사라는 것을 알 수 있다. 따라서 보기 중 가장 적절한 정답은 E이다.

50 我怕路上堵车，所以每天早上都(**C 提前**)一个小时出发。

나는 길에 차가 막히는 것이 걱정되어서 매일 아침 한 시간 (앞당겨) 출발한다.

> **단어** 堵车 dǔchē 동 차가 막히다 | 出发 chūfā 동 출발하다

> **해설** 빈칸 뒤에 시간명사가 있으므로 시간과 관련된 동사가 나와야 한다. 그러므로 정답은 C이다.

> **Tip** '提前(앞당기다)' 뒤에는 일반적으로 시간명사가 나오므로 보기에 '提前(앞당기다)'이 나올 경우 지문에서 시간명사부터 찾자!

51-55

A 感觉	B 台	A 느끼다	B 대[기계 세는 양사]
C 温度	D 辛苦	C 온도	D 수고하다
E 收拾	F 学期	E 정리하다	F 학기

> **단어** 感觉 gǎnjué 동 느끼다 | 台 tái 양 대[기계 세는 양사] | 温度 wēndù 명 온도 | 辛苦 xīnkǔ 동 수고하다 | 收拾 shōushi 동 정리하다 | 学期 xuéqī 명 학기

51
A 估计再有两趟就搬完了，你的东西可真多呀！
B 是啊。今天真是(**D 辛苦**)你了，一会儿我请你吃饭。

A 어림잡아 두 번 더 하면 다 옮기겠다. 너 물건이 정말 많구나!
B 응. 오늘 정말 (수고했어). 이따가 내가 밥을 살게.

> **단어** 估计 gūjì 동 추측하다 | 趟 tàng 양 차례, 번[왕래한 횟수를 세는 데 쓰임] | 搬 bān 동 옮기다, 운반하다, 이사하다

> **해설** A가 B의 물건을 옮겨주고 있음을 알 수 있다. 그러므로 빈칸에 들어갈 말로 '수고했다'라는 뜻의 D가 가장 적절하다.

52
A 这(**B 台**)复印机怎么用?
B 说明书上写得很详细，你先看看。

A 이 복사기한 (대)는 어떻게 사용하는 것입니까?
B 설명서에 아주 상세히 쓰여 있으니 먼저 좀 보세요.

> **단어** 复印机 fùyìnjī 명 복사기 | 详细 xiángxì 형 상세하다

> **해설** '지시사 + ( ) + 명사'의 형태이므로 빈칸 안에는 양사가 들어가야 한다. 그러므로 복사기 등의 기계를 세는 양사인 B가 정답이다.

53
A 你醒了，肚子还疼不疼了?
B 躺了一会儿，(**A 感觉**)好多了。下午不需要去打针了吧?

A 너 일어났구나. 배가 아직 아프니?
B 잠시 누워 있었더니 훨씬 좋아진 (느낌이야). 오후에 주사 맞으러 갈 필요는 없겠지?

> **단어** 醒 xǐng 동 잠에서 깨다 | 肚子 dùzi 명 (사람이나 동물의) 복부, 배 | 躺 tǎng 동 눕다 | 需要 xūyào 동 필요하다 | 打针 dǎzhēn 동 주사를 맞다

> **해설** A가 배가 아직 아픈지 물어보자 B가 '잠시 누워 있었더니 훨씬 좋아진 ( )'라고 대답하였으므로 문맥상 어울리는 답은 A임을 알 수 있다.

54

A 我（ E 收拾 ）好了，毛巾、牙刷和牙膏都放在行李箱里了。
B 这些东西不用带，酒店会提供的。

A 나는 (정리) 다 했어. 수건과 칫솔, 치약 모두 가방 안에 넣었어.
B 이 물건들은 가져갈 필요 없어. 호텔에서 제공해줄 거야.

단어 毛巾 máojīn 명 수건 | 牙刷 yáshuā 명 칫솔 | 牙膏 yágāo 명 치약 | 行李箱 xínglixiāng 명 트렁크, 여행가방 | 提供 tígōng 통 (자료 · 물자 · 의견 · 조건 등을) 제공하다

해설 빈칸 뒤에 결과보어 '好'가 있으므로 빈칸에 동사가 와야 한다. 보기에 동사는 A, D, E가 있으나, 문맥상 어울리는 E가 정답이다.

55

A 这（ F 学期 ）学校要开羽毛球课，我们一块儿选吧。
B 不了，打羽毛球太累，而且我打算多花些时间练习弹钢琴。

A 이번 (학기)에 학교에서 배드민턴 수업이 열릴 거야. 우리 같이 선택하자.
B 아니. 배드민턴 하는 건 너무 피곤해. 게다가 나는 피아노 연습에 시간을 더 쓸 거야.

단어 羽毛球 yǔmáoqiú 명 배드민턴 | 打算 dǎsuan 통 ~할 생각이다 | 练习 liànxí 통 연습하다 | 弹 tán 통 (악기를) 타다, 뜯다, 치다 | 钢琴 gāngqín 명 피아노

해설 빈칸 뒤에 '学校(학교)'가 있으므로 학교와 관련된 단어가 와야 하므로 정답은 F이다.

第 二 部 分

56

A 一边喝咖啡，一边听听音乐	A 커피를 마시며 음악을 듣는다
B 我喜欢找个安静的地方	B 나는 조용한 곳을 찾는 것을 좋아한다
C 当我心情不好或者觉得累的时候	C 나는 기분이 좋지 않거나 피곤하다고 느낄 때
	(C B A)

단어 安静 ānjìng 휑 조용하다 | 心情 xīnqíng 몡 감정, 기분

해설 '在…时' 혹은 '当…的时候'는 '~할 때'라는 의미이다. 이 구문이 독해 2부분에서 나왔을 때는 일반적으로 첫 번째 문장이 될 수 있음을 알아야 한다. 그리고 B에서 언급된 '喜欢'의 '좋아한다'는 의미가 '조용한 곳을 찾는 것'과 A의 '커피를 마시며 음악을 듣는 것'에 모두 적용되어 '나는 조용한 곳을 찾아 커피를 마시며 음악을 듣는 것을 좋아한다'가 되어야 자연스러우므로 C-B-A가 정답이다.

57

A 以后就是一名正式的导游了	A 나중에 정식 관광 가이드가 될 거예요
B 我通过导游考试了	B 저 관광 가이드 시험에 통과했어요
C 爸爸，告诉您一个好消息	C 아빠, 아빠한테 좋은 소식 하나 알려드릴게요
	(C B A)

단어 正式 zhèngshì 휑 정식의 | 通过 tōngguò 동 통과하다 | 导游 dǎoyóu 몡 관광 가이드 | 考试 kǎoshì 몡 시험을 치다 | 消息 xiāoxi 몡 소식, 정보

해설 C에서 아빠에게 좋은 소식을 알려준다고 했고, 그 좋은 소식이 B에 있는 관광 가이드 시험에 통과했다는 내용이다. 통과를 했으니 A에서 이후에 정식 관광 가이드가 된다고 말하였으므로 정답은 C-B-A이다

58

A 相反，做自己不喜欢的事	A 반대로 자신이 싫어하는 일을 하면
B 做自己喜欢的事，即使再困难，也不会觉得辛苦	B 자신이 좋아하는 일을 하는 것은 설령 더 어렵다 하더라도 고생스럽다고 느껴지지 않을 것이다
C 即使再简单也会觉得很累	C 설령 더 간단하다 하더라도 피곤하다고 느껴질 것이다 (B A C)

단어 即使 jíshǐ 쩝 설령 ~하더라도 | 辛苦 xīnkǔ 휑 고생스럽다 | 简单 jiǎndān 휑 간단하다

해설 비슷한 문장구조를 찾으면 쉽게 해결할 수 있는 문제이다. A의 '相反(반대)'은 앞 내용과 상반된 내용이 이어져야 하므로 첫 문장이 되기 힘들다. 그러므로 A의 반대되는 의미인 B가 먼저 나와야 문맥상 자연스러우므로 B의 문장이 A보다 앞에 나와야 한다. 또한, A를 보충하는 내용으로 C가 나와야 한다. 그러므로 정답은 B-A-C이다.

Tip 접속사 '即使 A, 也 B (설령 A일지라도 B하다)'는 新HSK 4급 독해 2부분에 자주 출제되므로 꼭 암기하자!

59

A 春节是一年之中最重要的节日	A 춘절(春节)은 1년 중 가장 중요한 명절이다
B 到那时人们会举行各种各样的迎新年活动	B 그때가 되면 사람들은 각종 신년맞이 행사를 개최한다.
C 对于中国人来说	C 중국인에게 있어서 (C A B)

단어 春节 Chūn Jié 몡 춘절 | 节日 jiérì 몡 기념일 | 举行 jǔxíng 동 개최하다

해설 'C 중국인에게 있어서', 'A 춘절은 1년 중 가장 중요한 날이다'라고 해야 가장 자연스러우므로 C-A가 된다. 또한, A의 '春节(춘절)'는 B의 '到那时(그때가 되면)'가 지칭하는 날이므로 B는 A뒤에 오는 것이 맞다. 그러므로 정답은 C-A-B가 된다.

60

A 后来就交给我来做了
B 这次活动本来是由小李负责的
C 由于他突然生病住院了

A 그 후에 내가 하도록 맡겨졌다
B 이번 행사는 원래 샤오리가 책임을 지기로 했던 것이다
C 그가 갑자기 병이 나서 입원했기 때문에 (B C A)

 后来 hòulái 몡 그 후, 그 다음 | 负责 fùzé 통 책임지다 | 由于 yóuyú 젭 ~때문에 | 突然 tūrán 凰 갑자기

해설 C의 '由于(~때문에)'를 통해 C가 원인을 나타내는 문장임을 알 수 있으며, 그 결과는 A이다. 그러므로 C 다음에 A가 와야 한다. 남은 보기 B에는 부사 '本来(원래)'가 있으므로 마지막에 올 수 없다. B가 가장 맨 앞자리에 위치해야 의미가 자연스러우므로 답은 B-C-A이다.

📎 Tip 부사 '本来(원래)'가 있는 문장은 앞부분에 나온다.

61

A 怎样让皮肤更湿润
B 是每个爱美的女孩都会考虑的问题
C 秋季皮肤容易干燥

A 어떻게 하면 피부를 더 촉촉하게 할 수 있는지는
B 꾸미기 좋아하는 모든 여자아이가 고민하는 문제일 것이다
C 가을철에는 피부가 쉽게 건조해진다 (C A B)

단어 皮肤 pífū 몡 피부 | 湿润 shīrùn 톙 촉촉하다 | 爱美 àiměi 통 몸치장을 좋아하다 | 考虑 kǎolǜ 통 고려하다 | 秋季 qiūjì 몡 가을철 | 干燥 gānzào 톙 건조하다

해설 B에서 '모든 여자아이가 고민하는 문제'가 지칭하는 것이 A이므로 A-B가 된다. 남은 보기 C는 A와 B의 원인을 나타내므로 문장 맨 앞에 위치한다. 그러므로 정답은 C-A-B이다.

C 秋季皮肤容易干燥 → A 怎样让皮肤更湿润 → B 是每个爱美的女孩都会考虑的问题
　　원인　　　　　　　　　　　　C의 원인으로 인한 야기된 상황

62

A 相信不同的人会给出不同的答案
B 到底什么是幸福
C 在我看来，只要能做自己喜欢的事，就是幸福

A 사람마다 다른 답안을 내놓을 것이라고 믿는다
B 도대체 무엇이 행복인가
C 내가 보기에는 자신이 좋아하는 일을 할 수 있는 것이 바로 행복이다 (B A C)

 相信 xiāngxìn 통 믿다 | 答案 dá'àn 몡 답안, 답 | 到底 dàodǐ 凰 도대체 | 幸福 xìngfú 몡 행복 | 只要 zhǐyào 젭 ~하기만 하면

해설 B에서 '도대체 무엇이 행복인가'라는 화두를 꺼냈으므로 문장의 맨 앞에 나올 가능성이 크다. A에서 '사람마다 다른 답안을 내놓을 것이라고 믿는다'라고 하였고, C는 자신의 처지에서는 어떻게 생각을 하고 있는지 설명하고 있으므로 A 다음 C가 오는 것이 가장 자연스럽다. 따라서 정답은 B-A-C이다.

📎 Tip 포괄적인 내용 다음에 구체적인 내용이 오도록 순서를 배열한다.
不同的人(사람마다) → 在我看来(내가 보기에는)
　포괄　　　　　　　구체

63

A 请您按照"先下后上"的顺序上下车
B 并注意脚下，照顾好老人和孩子，谢谢
C 各位乘客，为了保证您和他人的安全

A '먼저 내리고 난 뒤에 타는' 순서에 따라 승하차 해 주세요
B 또한 발밑을 주의하고 노인과 아이를 살펴주시기 바랍니다. 감사합니다.
C 승객 여러분, 본인과 타인의 안전을 보장하기 위해 (C A B)

단어 按照 ànzhào 〔개〕 ~에 따라 | 顺序 shùnxù 〔명〕 순서 | 注意 zhùyì 〔동〕 주의하다 | 照顾 zhàogù 〔동〕 보살피다 | 乘客 chéngkè 〔명〕 승객 | 保证 bǎozhèng 〔동〕 보증하다, 책임지다

해설 이 내용은 버스나 지하철 등의 대중교통을 탔을 때 들을 수 있는 멘트이다. C의 접속사 '为了(~하기 위해서)'가 있으므로 문장의 맨 앞에 위치한다. 문맥상 C 다음에 A가 나와야 자연스럽다. 나머지 B에서 마지막 방송 멘트인 '谢谢(감사합니다)'를 언급했으므로 B는 가장 마지막에 와야 한다. 그러므로 정답은 C-A-B이다.

64

A 那儿的花儿都开了，真漂亮
B 吸引了很多人前去参观
C 这几天北京的公园特别热闹，随着天气变暖

A 그곳의 꽃이 모두 피어 정말 아름다워서
B 많은 사람이 가서 구경하도록 잡아끈다
C 요 며칠 베이징(北京)의 공원은 특히 북적거린다. 날씨가 따뜻해짐에 따라 (C A B)

단어 吸引 xīyǐn 〔동〕 잡아끌다 | 参观 cānguān 〔동〕 (전람회·공장·명승고적 등을) 참관하다, 잘 보다 | 特别 tèbié 〔부〕 유달리, 특별히 | 热闹 rènao 〔형〕 번화하다, 시끌벌적하다 | 随着 suízhe 〔개〕 ~에 따라

해설 C에서 '요 며칠 베이징의 공원이 특히 북적거린. 날씨가 따뜻해짐에 따라' 다음에 A의 내용을 보면 그곳의 꽃이 모두 피었고, A로 인한 결과가 B가 되는 것이 자연스러우므로 C-A-B가 정답이다.

65

A 但科学家发现，狗其实是游泳高手
B 很多人以为狗不会游泳
C 它们甚至能游数十公里那么远

A 하지만 과학자는 개가 사실 수영의 고수라는 것을 발견했다
B 많은 사람은 개는 수영을 하지 못한다고 여긴다
C 심지어 그들은 10km나 멀리 수영할 수 있다 (B A C)

단어 狗 gǒu 〔명〕 개 | 游泳 yóuyǒng 〔동〕 수영하다 | 高手 gāoshǒu 〔명〕 고수, 달인 | 甚至 shènzhì 〔부〕 심지어

해설 A에서 역접을 나타내는 접속사 '但(하지만)'과 C의 '甚至(심지어)'가 첫 문장이 되기는 힘들다. 그러므로 B가 문장의 앞에 오게 된다. B가 문장 맨 앞에 오게 될 때, C의 '它们(그들)'은 A의 '狗(개)'를 가리키는 것이므로 A 뒤에 C가 와야 한다. 그러므로 B-A-C가 정답이다.

第 三 部 分

66-79

66　这段时间大家都很辛苦，这次展览会能顺利举行与各位的支持和努力是分不开的。来，咱们一起干一杯。

그동안 모두 수고했습니다. 이번 전람회가 순조롭게 개최할 수 있었던 것은 여러분들의 지지와 노력을 떼어놓을 수 없습니다. 자, 우리 같이 건배합시다.

★ 说话人在：

A 道歉
B 跟职员打招呼
C 表示感谢
D 找东西

★ 말하는 사람은：

A 사과하고 있다
B 직원과 인사하고 있다
C 감사를 표하고 있다
D 물건을 찾고 있다

단어　展览会 zhǎnlǎnhuì 몡 전람회 ｜ 举行 jǔxíng 동 개최하다 ｜ 支持 zhīchí 동 지지하다 ｜ 努力 nǔlì 동 노력하다 ｜ 分不开 fēnbukāi 동 떼어 놓을 수 없다, 밀접하게 연관되다 ‖ 道歉 dàoqiàn 동 사과하다 ｜ 打招呼 dǎ zhāohu 인사하다 ｜ 表示 biǎoshì 동 표시하다, 표명하다

해설　지문에서 '이번 전람회가 순조롭게 거행될 수 있었던 것은 여러분들의 지지와 노력을 떼어놓을 수 없다'라고 감사를 표하고 있으므로 정답은 C이다.

67　毕业后我养成了这样的一个好习惯——每天早上都把当天计划要干的事情写在纸上，提醒自己安排好时间，这样就不会手忙脚乱了。

졸업한 후 나는 이런 좋은 습관을 하나 만들었다. 매일 아침 그날 해야 할 일을 계획해서 종이에 적어 스스로 시간을 잘 안배하도록 상기시킨다. 이러면 허둥지둥하지 않게 된다.

★ 他习惯每天早上：

A 找资料
B 锻炼身体
C 做好计划
D 写信

★ 그의 습관은 매일 아침：

A 자료를 찾는다
B 몸을 단련한다
C 계획을 잘 세운다
D 편지를 쓴다

단어　毕业 bìyè 동 졸업하다 ｜ 养成 yǎngchéng 동 양성하다, 기르다 ｜ 习惯 xíguàn 몡 습관 ｜ 计划 jìhuà 동 계획하다 ｜ 提醒 tíxǐng 동 일깨우다 ｜ 安排 ānpái 동 (인원·시간 등을) 안배하다. ｜ 手忙脚乱 shǒumáng jiǎoluàn 정 (일처리에) 두서가 없다 ‖ 资料 zīliào 몡 자료 ｜ 锻炼 duànliàn 동 (몸을) 단련하다

해설　지문에서 '매일 아침 그날 해야 할 일을 계획하여 종이에 적는다'라고 하였으므로 정답은 C이다.

　　抽烟不仅对自己的身体不好，还会污染空气，影响周围人的健康。为了鼓励大家少抽烟，人们将每年的5月31日定为"世界无烟日"。

★ 这段话主要告诉我们要：

A 少抽烟
B 保护环境
C 注意安全
D 学会拒绝

　　흡연은 자신의 건강에도 좋지 않을 뿐 아니라 공기를 오염시킬 수 있고 주위 사람의 건강에 영향을 줄 수 있다. 사람들이 흡연을 줄이도록 격려하기 위해서 매년 5월 31일을 '세계금연일'로 정했다.

★ 이 글이 우리에게 주로 말하고자 하는 것은 :

A 흡연을 줄이자
B 환경을 보호하자
C 안전에 주의하자
D 거절을 배우자

단어 抽烟 chōuyān 통 흡연하다 | 污染 wūrǎn 통 오염시키다 | 周围 zhōuwéi 명 주위 | 健康 jiànkāng 명 건강 | 鼓励 gǔlì 통 격려하다 ‖ 保护 bǎohù 통 보호하다 | 环境 huánjìng 명 환경 | 安全 ānquán 명 안전 | 拒绝 jùjué 통 (부탁·의견·선물 등을) 거절하다

해설 주제를 묻는 문제이다. '흡연은 자신의 건강에도 좋지 않을 뿐 아니라'라고 흡연의 좋지 않은 점을 언급한 것에 이어, 마지막 문장에 흡연을 줄이고자 하는 내용에 관해 설명하고 있다. 따라서 정답은 A이다.

Tip 주제를 묻는 질문 형태

这段话主要告诉我们 : 이 글이 우리에게 주로 말하고자 하는 것은 :
这段话主要说 : 이 글이 주로 말하고자 하는 것은 :
이러한 질문 형태는 중심 내용을 물어보는 문제이므로 세부 내용을 파악하려 하지 말고, 첫 문장과 마지막 문장을 더 주의 깊게 읽어 전반적인 내용을 파악하는 것이 좋다.

　　理想能够使人走出困境。一个人在遇到困难时，如果能继续坚持自己的理想，一步步走下去，那么困难对他来说就只是暂时的。

★ 这段话主要告诉我们要：

A 幸福
B 重视方向
C 坚持理想
D 打好基础

　　꿈은 사람을 곤경에서 벗어날 수 있게 해준다. 사람이 어려움에 마주쳤을 때 만약 자신의 꿈을 계속 견지하며 한 발 한 발 나아간다면 어려움은 그에게 있어 일시적인 것일 뿐이다.

★ 이 글이 우리에게 주로 말하고자 하는 것은 :

A 행복해야 한다
B 방향을 중시해야 한다
C 꿈을 견지해야 한다
D 기초를 잘 다져야 한다

단어 理想 lǐxiǎng 명 이상 | 困境 kùnjìng 명 곤경 | 遇到 yùdào 통 만나다, 마주치다 | 困难 kùnnan 명 곤란, 어려움 | 暂时 zànshí 명 잠시, 일시 ‖ 重视 zhòngshì 통 중요시하다 | 方向 fāngxiàng 명 방향 | 基础 jīchǔ 명 기초

해설 첫 문장에서 '꿈은 사람을 곤경에서 벗어날 수 있게 해준다'라고 하며, 계속해서 자신의 꿈을 꾸준히 견지해야 한다고 언급하고 있다. 따라서 정답은 C이다

70

我上学校网站看了课表，发现王老师这学期开了一门"现代汉语语法"课，我想去听听，之前看过他写的一篇关于这方面的文章，非常有趣。

나는 학교 인터넷 홈페이지에 접속하여 수업 시간표를 봤다. 왕 선생님께서 이번 학기에 '현대중국어문법' 수업을 여신 것을 발견한 후 무척 들어보고 싶었다. 예전에 그가 쓴 이 방면에 관련된 글을 본 적이 있는 데 매우 흥미로웠다.

★ 他在谈：

A 课前预习
B 选课
C 汉字与文化
D 对语法的看法

★ 그가 이야기하고 있는 것은：

A 수업 전 예습
B 수강 신청
C 한자와 문화
D 어법에 대한 견해

단어 网站 wǎngzhàn 몡 인터넷 홈페이지 | 课表 kèbiǎo 몡 수업 시간표 | 有趣 yǒuqù 혱 흥미가 있다 ‖ 预习 yùxí 몡 예습 | 汉字 Hànzì 한자 | 语法 yǔfǎ 어법 | 看法 kànfǎ 몡 견해

해설 지문에서 '나는 학교 인터넷 홈페이지에 접속하여 수업 시간표를 봤다', 그리고 "현대중국어문법" 수업을 여신 것을 발견한 후 무척 들어보고 싶었다'라고 언급하며 왕 선생님의 수업을 듣고자 하는 상황을 설명하고 있다. 그러므로 정답은 B이다.

71

小蓝，你把这些材料按照时间顺序整理一下，晚上吃饭前交给我就行。另外，关老师回来后，让她来我办公室一趟。

샤오란(小蓝), 이 자료를 시간 순서에 따라 좀 정리해서 저녁에 밥 먹기 전에 나에게 주세요. 이 외에 관 선생님께서 돌아오시면 그녀에게 내 사무실로 오라고 해 주세요.

★ 根据这段话，关老师：

A 现在不在
B 很辛苦
C 不想帮忙
D 没完成任务

★ 이 글에 근거하여, 관 선생님은：

A 지금 안 계신다
B 매우 수고한다
C 돕고 싶지 않다
D 임무를 완성하지 않았다

단어 材料 cáiliào 몡 자료, 재료 | 按照 ànzhào 깨 ~에 따라서 | 顺序 shùnxù 몡 순서 | 整理 zhěnglǐ 동 정리하다 | 另外 lìngwài 젭 이 외에 | 办公室 bàngōngshì 몡 사무실 ‖ 完成 wánchéng 동 완성하다 | 任务 rènwu 몡 임무

해설 지문 마지막에 관 선생님이 돌아오면 그녀로 하여금 나의 사무실로 방문해 달라고 부탁을 하는 상황이므로 관 선생님은 현재 부재중임을 알 수 있다. 그러므로 정답은 A이다.

72

中国有句话叫"不管三七二十一"，意思是说一个人不管现有条件怎么样，也不考虑最终的结果，就做起事来，这样往往会白费力气，永远得不到自己想要的结果。

중국에는 '삼칠에 이십 일도 상관하지 않는다'라는 말이 있는데 사람이 현재 조건이 어떠한지는 상관 하지 않고 또 최후의 결과도 고려하지 않고 일을 시작하는 것을 뜻한다. 이러면 왕왕 힘을 헛되이 낭비하게 되며 영원히 스스로가 원하는 결과를 얻지 못할 수 있다.

★ 这段话中"白"的意思是：

A 来得及　　　B 很生气
C 误会很深　　D 没有效果

★ 이 글에서 '白'의 의미는：

A 늦지 않다　　　B 화나다
C 오해가 깊다　　D 효과가 없다

단어 不管三七二十一 bùguǎn sān qī èrshíyī 셩 다짜고짜, 무턱대고, 앞뒤 가리지 않고 | 条件 tiáojiàn 몡 조건 | 考虑 kǎolǜ 동 고려하다 | 永远 yǒngyuǎn 뷔 영원히 | 结果 jiéguǒ 몡 결과 ‖ 误会 wùhuì 오해 | 效果 xiàoguǒ 몡 효과

 문장에서 '白'의 의미를 묻는 문제이다. 질문의 핵심어 '白'가 그대로 표현된 문장의 앞뒤를 주의 깊게 본다. 앞 문장에서 '사람이 현재 조건이 어떠한지는 상관하지 않고 또 최후의 결과도 고려하지 않고 일을 시작하는 것을 뜻한다'라고 하였고, 이렇게 한다면 '白费力气(힘을 헛되이 낭비하다)'하게 되는 것과 '영원히 스스로가 원하는 결과를 얻지 못할 수 있다'라고 하였으므로 이 문장의 전반적인 내용은 즉, 현재 조건과 최후의 결과를 고려하지 않는다면 마지막에 원하는 결과를 이뤄내지 못한다는 내용임을 알 수 있다. 이로 미루어 보아 보기 A, B, C는 전혀 상관없는 내용이므로 답은 D임을 알 수 있다. 참고로 '白'는 '하얗다'라는 뜻도 있지만, 동사 앞에 쓰여 '헛되이'라는 뜻도 가진다. 그러므로 D가 정답이다.

73

要想更快适应新环境，其实有很多办法。例如：多和周围的朋友们打招呼，在别人遇到困难的时候去帮一把，或者跟别人聊聊他感兴趣的事，这些都可以让身边的人更快地接受你。

★ 怎样才能更快适应新环境？

A 要准备
B 常开玩笑
C 多和人聊天儿
D 找对方向

더욱 빠르게 새로운 환경에 적응하고 싶다면 사실 여러 방법이 있다. 예를 들어 주위의 친구들과 많이 인사를 나누고 다른 사람이 어려움에 부딪혔을 때 도움을 주거나 혹은 다른 사람과 그 사람이 관심 있어 하는 일을 이야기하는 것이다. 이러한 것들은 곁에 있는 사람을 더욱 빠르게 당신을 받아들이게 할 수 있다.

★ 어떻게 해야 비로소 더욱 빠르게 새로운 환경에 적응할 수 있는가?

A 준비를 해야 한다
B 자주 농담을 한다
C 다른 사람과 이야기를 많이 나눈다
D 옳은 방향을 찾는다

 适应 shìyìng 图 적응하다 | **打招呼** dǎ zhāohu 인사하다 | **感兴趣** gǎn xìngqù 관심이 있다 | **接受** jiēshòu 图 받아들이다 ‖ **准备** zhǔnbèi 图 준비하다 | **开玩笑** kāi wánxiào 농담하다 | **聊天儿** liáotiānr 图 잡담하다 | **方向** fāngxiàng 图 방향

 지문의 핵심어구 '要想更快适应新环境(더욱 빠르게 새로운 환경에 적응하고 싶다면)'이 표현된 부분을 주의해서 보면 뒤에 예가 나온다. 새로운 환경에 적응하는 방법으로 '주위의 친구들과 많이 인사를 나눠라', '다른 사람이 어려움에 부딪혔을 때 도와줘라', '다른 사람과 그가 관심 있는 일을 이야기해라' 등을 소개하고 있다. 그러므로 정답은 C이다.

74

对很多女性朋友来说，网上购物是一种放松心情、缓解压力的好方法。尤其是当买到自己喜欢的东西时，那种愉快的感觉可以让她们暂时忘掉一些烦恼。

★ 这段话主要谈的是什么？

A 爱情的作用
B 购物的好处
C 缓解疲劳
D 怎样增加自信

많은 여성에게 있어 인터넷 쇼핑은 일종의 기분을 풀고 스트레스를 해소하는 좋은 방법이다. 특히 자신이 좋아하는 물건을 샀을 때 그 즐거운 감정은 그녀들로 하여금 잠시 걱정거리를 잊게 한다.

★ 이 글이 주로 이야기하는 것은 무엇인가?

A 사랑의 작용
B 쇼핑의 좋은 점
C 피로 해소
D 어떻게 자신감을 증가시키는가

 购物 gòuwù 图 물품을 구입하다 | **放松** fàngsōng 图 편안하게 하다 | **心情** xīnqíng 图 감정, 기분 | **缓解** huǎnjiě 图 완화되다 | **压力** yālì 图 스트레스 | **尤其** yóuqí 图 더욱이, 특히 | **愉快** yúkuài 图 즐겁다, 유래하다 | **忘掉** wàngdiào 图 잊어버리다 | **烦恼** fánnǎo 图 걱정하다 ‖ **爱情** àiqíng 图 애정, 사랑 | **好处** hǎochu 图 좋은 점 | **疲劳** píláo 图 피로 | **增加** zēngjiā 图 증가하다 | **自信** zìxìn 图 자신감

 주제를 묻는 문제이다. '많은 여성에게 있어 인터넷 쇼핑은 일종의 기분을 풀고 스트레스를 해소하는 좋은 방법이다'라고 하였으므로 인터넷 쇼핑이 주는 장점에 대해 설명하고 있다. 그러므로 정답은 B이다.

75

不少自行车后面都有一个灯，尽管小，但用处却很大。每当后面汽车的灯光照到它时，它就会发光，<u>这样就能提醒司机前方有人</u>。

많은 자전거의 뒤쪽에는 등이 하나 있다. 비록 작지만, 쓰임이 크다. 뒤쪽 차량의 불빛이 자전거를 비출 때마다 그것이 빛을 내는데 <u>이렇게 해서 운전자에게 앞쪽에 사람이 있다는 것을 알려준다</u>.

★ 自行车后灯可以：

A 引起司机注意
B 减少堵车
C 节约用电
D 提高车费

★ 자전거 뒤쪽의 등은 :

A 운전자의 주의를 끌 수 있다
B 교통 체증을 감소시킬 수 있다
C 전기 사용을 절약할 수 있다
D 차비를 올릴 수 있다

단어 **自行车** zìxíngchē 몡 자전거 | **用处** yòngchu 몡 용도, 쓸모 | **灯光** dēngguāng 몡 불빛 | **提醒** tíxǐng 동 일깨우다 ‖ **引起** yǐnqǐ 동 (주의를) 끌다 | **减少** jiǎnshǎo 동 감소하다 | **节约** jiéyuē 동 절약하다 | **提高** tígāo 동 높이다, 끌어올리다

해설 자전거 뒤쪽에 있는 등의 용도를 묻는 문제이다. 지문의 초반에 '뒤쪽에는 등이 하나 있다'라고 했고, 마지막 문장에서 '이렇게 해서 운전자에게 앞쪽에 사람이 있다는 것을 알려준다'고 했으므로 A가 정답이다.

76

小明，我妹妹想<u>报考你那个专业的博士</u>，她有<u>些问题想问你，我能把你的手机给她吗？</u>

샤오밍(小明), 내 여동생이 네가 하고 있는 전공의 박사 시험을 응시하고 싶어 해. 동생이 너한테 묻고 싶은 문제들이 있다는데 내가 너의 휴대전화 번호를 동생에게 줘도 될까?

★ 说话人的妹妹想：

A 换班级
B 考博士
C 想学中文
D 问价格

★ 말하는 사람의 여동생이 하고 싶은 것은 :

A 반을 바꾸고 싶다
B 박사 시험을 보고 싶다
C 중국어를 배우고 싶다
D 가격을 묻고 싶다

단어 **报考** bàokǎo 동 응시하다 | **博士** bóshì 몡 박사 ‖ **中文** Zhōngwén 몡 중국어 | **价格** jiàgé 몡 가격

해설 질문의 핵심어구 '妹妹想(여동생이 하고 싶은 것은)'을 지문에서 찾아 문장을 살펴본다. 핵심어구 바로 뒤에 '박사 시험에 응시하고 싶다'라고 하였으므로 정답은 B이다.

77

<u>鲁迅是著名的翻译家</u>，也是深受中国人喜爱的作家。他的《阿Q正传》不仅深受中国朋友的喜爱，<u>在国外读者中也很受欢迎</u>。

<u>루쉰(鲁迅)은 유명한 번역가</u>이며 중국인의 사랑을 깊이 받는 작가이기도 하다. 그의《아Q정전》은 중국인의 사랑을 깊이 받았을 뿐만 아니라 <u>해외 독자에게도 인기가 많다</u>.

★ 根据这段话，可以知道鲁迅：

A 性格很好
B 爱开玩笑
C 喜欢翻译
D 很受欢迎

★ 이 글에 근거하면, 루쉰에 대해 알 수 있는 것은 :

A 성격이 좋다
B 농담하기를 좋아한다
C 번역을 좋아한다
D 인기가 많다

단어 **著名** zhùmíng 혱 저명하다, 유명하다 | **翻译家** fānyìjiā 몡 번역가 | **深受** shēnshòu 동 (매우) 깊이 받다 | **喜爱** xǐ'ài 동 좋아하다, 사랑하다 | **受欢迎** shòuhuānyíng 환영을 받다, 인기가 있다 ‖ **性格** xìnggé 몡 성격

해설 루쉰에 대해 묻는 문제이다. 지문의 첫 문장에 '루쉰은 유명한 번역가이며 중국인의 사랑을 깊이 받는 작가이기도 하다'라고 하였으며, 마지막에 '해외 독자에게도 인기가 많다'라고 하였다. 그러므로 정답은 D이다.

78

今天下出租车时，由于着急赶时间，我不小心把钱包忘在了出租车上。司机师傅发现后马上叫住我，把钱包还给了我。

오늘 택시에서 내릴 때 시간에 쫓겨 나는 조심하지 못하고 지갑을 택시에 두고 내렸다. 택시 기사가 발견한 후에 곧바로 나를 불러 세워 지갑을 돌려줬다.

★ 司机叫住我，是为了：

A 还我钱包
B 停车
C 找我零钱
D 和我聊天儿

★ 기사가 나를 불러 세운 것은, 무엇을 위해서：

A 지갑을 돌려주려고
B 차를 세우려고
C 잔돈을 거슬러 주려고
D 나와 이야기를 하려고

단어 出租车 chūzūchē 명 택시 | 钱包 qiánbāo 명 지갑 | 还给 huángěi 통 ~에게 돌려주다 ‖ 停车 tíngchē 통 차량이 정차하다 | 零钱 língqián 명 잔돈 | 聊天儿 liáotiānr 통 잡담하다

해설 지문 마지막에 '택시 기사가 발견한 후에 곧바로 나를 불러 세워 지갑을 돌려줬다'고 했으므로 택시 기사는 지갑을 돌려주기 위해서 나를 불렀다는 것을 알 수 있다. 따라서 정답은 A이다.

79

广东人爱喝的"凉茶"，其实并不是茶，而是一种用中药做成的饮料，对身体很好。另外，凉茶热着喝效果也很不错。

광둥(广东) 사람이 마시기 좋아하는 '냉차'는 사실 차가 아니라 일종의 한방약을 사용해 만든 음료로 몸에 좋다. 이외에 냉차는 뜨겁게 마셔도 효과가 좋다.

★ 凉茶：

A 比较热
B 是一种饮料
C 夏季喝更好
D 是用西红柿做的

★ 냉차는：

A 비교적 뜨겁다
B 일종의 음료다
C 여름에 마시면 더욱 좋다
D 토마토로 만든 것이다

단어 凉茶 liángchá 명 냉차 | 其实 qíshí 부 사실 | 中药 zhōngyào 명 한방약 | 饮料 yǐnliào 명 음료 ‖ 夏季 xiàjì 명 여름 | 西红柿 xīhóngshì 명 토마토

해설 질문의 핵심어 '凉茶(냉차)'가 있는 부분을 지문에서 봤을 때 '사실 차가 아니라 한방약을 사용해 만든 음료다'라고 했으므로 냉차는 음료임을 알 수 있다. 그러므로 정답은 B가 된다.

80-81

80朋友的批评往往能帮助我们认清自己的缺点和错误，所以当我们听到批评时，先不要发脾气，尤其不要乱生气，81而是应该冷静地想想他们提出的意见或者建议是否正确，对我们有没有帮助。

80친구의 비평은 종종 우리가 자신의 단점과 잘못을 확실히 아는 데 도움을 줄 수 있다. 그래서 우리는 비평을 들을 때 먼저 성질을 부리지 않아야 하는데 특히나 함부로 화를 내지 말아야 한다. 81오히려 침착하게 그들이 제시한 의견이나 건의가 정확한지 아닌지, 우리에게 도움이 되는지 안 되는지를 생각해 봐야 한다.

단어 批评 pīpíng 통 비평하다 | 认清 rènqīng 통 확실히 알다 | 缺点 quēdiǎn 명 단점 | 错误 cuòwù 명 잘못, 실수 | 发脾气 fā píqi 성질부리다 | 生气 shēngqì 명 화 | 冷静 lěngjìng 형 침착하다 | 提出 tíchū 통 제안하다 | 意见 yìjiàn 명 견해, 의견 | 建议 jiànyì 통 (자기의 주장·의견을) 건의하다 | 正确 zhèngquè 형 정확하다 | 帮助 bāngzhù 명 도움

80　★ 根据这段话，朋友的批评能让我们：

A 适应社会
B 增加自信
C 缺少安全感
D 看到自己的错误

★ 이 글에 근거하면, 친구의 비평은 우리로 하여금 :

A 사회에 적응하게 한다
B 자신감을 증가시켜 준다
C 안전감을 결여시킨다
D 자신의 단점을 보게 한다

단어 适应 shìyìng 통 적응하다 | 社会 shèhuì 명 사회 | 增加 zēngjiā 통 증가하다

해설 친구들의 비평이 우리로 하여금 어떠한 작용을 하는지 묻는 문제이다. 첫 문장에서 '친구의 비평은 종종 우리가 자신의 단점과 잘못을 확실히 아는 데 도움을 줄 수 있다'고 했으므로 정답은 D이다.

81　★ 受到批评时，我们首先应该：

A 表示抱歉
B 冷静下来
C 原谅自己
D 同情别人

★ 비평을 받았을 때, 우리는 마땅히 먼저 :

A 미안함을 표시한다
B 침착해지다
C 자신을 용서한다
D 다른 사람을 동정한다

단어 抱歉 bàoqiàn 통 미안해하다 | 冷静 lěngjìng 형 침착하다 | 原谅 yuánliàng 통 용서하다, 이해하다 | 同情 tóngqíng 통 동정하다

해설 글에서 먼저 화내지 말고, 특히 함부로 화를 내지 말아야 하고, 침착하게 그들이 제시한 의견을 생각해보라고 하였으므로 정답은 B이다.

选择越多越好吗? 有个科学家做了一个研究: 让 [82]前30名学生在5种巧克力中选择一种, [82]后30名学生在50种巧克力中选择。结果发现, 后30名学生中有更多的人觉得所选的巧克力不好吃, 后悔当时的选择。[83]太多的东西容易让人无法选择, 同样, 对管理者来说, 太多的意见也会让他们很难做出决定。

선택은 많을수록 좋은 것인가? 어떤 과학자가 연구를 했다. [82]앞쪽의 학생 30명으로 하여금 5종류의 초콜릿 중에서 한 종류를 선택하게 하고, [82]뒤쪽의 학생 30명에게는 50종류의 초콜릿 중에서 선택하도록 했다. 결과는 뒤의 30명 학생 가운데 더 많은 사람이 자신이 선택한 초콜릿이 맛이 없다고 느꼈고 당시의 선택을 후회했다. [83]너무 많은 물건은 쉽게 사람으로 하여금 선택할 수 없게 만든다. 마찬가지로 관리자에게 있어서 너무 많은 의견은 그들을 결정하기 어렵게 만들 것이다.

단어 选择 xuǎnzé 몡 선택 | 巧克力 qiǎokèlì 몡 초콜릿 | 结果 jiéguǒ 몡 결과 | 发现 fāxiàn 통 발견하다 | 无法 wúfǎ 통 방법이 없다, 할 수 없다 | 管理者 guǎnlǐzhě 몡 관리자

82

★ 关于那些学生, 可以知道:

A 很粗心
B 更爱吃糖
C 共60名
D 有人说假话

★ 그 학생들에 관해서 알 수 있는 것은 :

A 부주의하다
B 사탕 먹는 것을 더 좋아한다
C 모두 60명이다
D 어떤 사람이 거짓말을 했다

단어 粗心 cūxīn 혱 소홀하다, 부주의하다 | 糖 táng 몡 사탕 | 假话 jiǎhuà 몡 거짓말

해설 보기에서 숫자가 나오면 숫자의 내용이 지문의 내용과 맞는지부터 확인해보는 것이 좋다. 지문에서 '앞쪽의 학생 30명에게 5종류의 초콜릿 중에서 한 종류를 선택하게 하고, 뒤쪽의 학생 30명에게는 50종류의 초콜릿 중에서 선택을 하도록 했다'라고 하였으므로 학생 수는 총 60명임을 알 수 있다. 그러므로 정답은 C이다

83

★ 这段话主要想告诉我们什么?

A 不要浪费
B 结果很重要
C 要重视管理
D 选择多不一定好

★ 이 글이 우리에게 주로 말하고자 하는 것은 무엇인가?

A 낭비하지 말아라
B 결과는 중요하다
C 관리를 중시해야 한다
D 선택이 많은 것이 반드시 좋은 것은 아니다

단어 浪费 làngfèi 통 낭비하다 | 重要 zhòngyào 혱 중요하다 | 重视 zhòngshì 통 중요시하다

해설 주제를 묻는 문제로, 주제는 첫 문장 혹은 마지막 문장에서 나오는 경우가 많다. 마지막 문장에서 '너무 많은 물건은 쉽게 사람이 선택할 수 없게 만든다'라고 했으므로 많은 선택은 오히려 결정하기 어렵다는 것을 알 수 있다. 그러므로 D가 정답이다.

84-85

⁸⁴这家体育馆的服务不错，给我的印象很特别。比如说，他们会免费提供饼干和矿泉水，打球打累的时候，我们就可以吃点儿东西休息一下。他们还经常举办一些活动，邀请的都是网球高手。⁸⁵我参加过几次，每次都玩儿得挺愉快。

⁸⁴이 체육관의 서비스가 좋아서 나에게 주는 인상이 특별했다. 이를테면, 그들은 무료로 과자와 생수를 제공해서 공을 치다가 피곤해질 때면 우리는 그것을 먹으면서 쉴 수 있다. 그들은 또 자주 행사를 개최하는데 초대하는 사람은 모두 테니스 고수이다. ⁸⁵나는 몇 번 참가한 적이 있는데 매번 정말 유쾌하게 놀았다.

단어 体育馆 tǐyùguǎn 몡 체육관 | 服务 fúwù 됭 서비스하다 | 印象 yìnxiàng 몡 인상 | 特别 tèbié 톙 특별하다 | 免费 miǎnfèi 됭 무료로 하다 | 提供 tígōng 됭 제공하다 | 饼干 bǐnggān 몡 비스킷, 과자 | 矿泉水 kuàngquánshuǐ 몡 생수, 광천수 | 举办 jǔbàn 됭 개최하다 | 邀请 yāoqǐng 됭 초대하다 | 愉快 yúkuài 톙 기쁘다, 유쾌하다

84 ★ 我觉得那家体育馆怎么样?

A 太旧了
B 服务很好
C 饭很好吃
D 喝水不方便

★ 나는 체육관이 어떻다고 생각하는가?

A 너무 오래되었다
B 서비스가 좋다
C 밥이 맛있다
D 물을 마시기에 불편하다

단어 旧 jiù 톙 오래되다 | 方便 fāngbiàn 톙 편리하다

해설 체육관이 어떠하냐고 묻는 문제이다. 첫 문장에서 '이 체육관의 서비스가 좋아서 나에게 주는 인상이 매우 특별하다'라고 하였으므로 정답은 B이다.

85 ★ 在聚会上，我:

A 很安静　　　　B 特别激动
C 打扮得很帅　　D 玩儿得很愉快

★ 모임에서 나는 :

A 조용했다　　　　B 매우 감동했다
C 멋있게 꾸몄다　　D 유쾌하게 놀았다

단어 聚会 jùhuì 몡 모임 | 安静 ānjìng 톙 조용하다 | 激动 jīdòng 됭 감동하다 | 打扮 dǎban 됭 꾸미다 | 帅 shuài 톙 멋있다

해설 마지막 문장에서 '나는 몇 번 참여한 적이 있으며 매번 유쾌하게 놀았다'라고 했으므로 정답은 D이다

第 一 部 分

86-95

---

86 | 真的　　很精彩　　刚才的　　　比赛

정답　刚才的比赛真的很精彩。 | 방금 경기는 정말로 훌륭했다.

단어　刚才 gāngcái 몡 방금 | 比赛 bǐsài 몡 시합, 경기 | 真的 zhēnde 정말로 | 精彩 jīngcǎi 혱 훌륭하다

해설　쓰기 1부분을 풀 때는 제시어 중에 술어가 무엇인가를 먼저 찾아야 한다. 술어는 보통 동사나 형용사가 될 수 있는데, 제시어에서는 동사가 없으므로 '精彩(훌륭하다)'가 술어가 된다. 형용사가 술어가 될 때는 목적어를 갖지 않기 때문에 '比赛(경기)'는 주어 자리로 와야 한다.

刚才的	比赛	真的很	精彩。
관형어	주어	부사어	술어

---

87 | 行李箱的　　　弄丢了　　钥匙　　女儿把

정답　女儿把行李箱的钥匙弄丢了。 | 딸은 여행 가방의 열쇠를 잃어버렸다.

단어　女儿 nǚ'ér 몡 딸 | 行李箱 xínglixiāng 몡 여행 가방 | 钥匙 yàoshi 몡 열쇠 | 弄丢 nòngdiū 동 잃어버리다

해설　'把'는 '~를'이라는 의미의 개사이다. 개사는 술어 앞에서 술어를 꾸며주는 부사어로 쓰이며 '부사 + 조동사 + 개사 + 명사'의 순서대로 쓴다. 그러므로 '把(~를)'는 개사 자리, 즉 술어 앞으로 와야 한다.

女儿	把 行李箱的钥匙	弄丢了。
주어	부사어(개+명)	술어

> **Tip**　'把' 자문 예시
>
> | 我 | 喝了 | 果汁。 | → | 我 | 把 果汁 | 喝了。 |
> |---|---|---|---|---|---|---|
> | 주어 | 술어 | 목적어 | | 주어 | 부사어 | 술어 |
> | 내가 | 마셨다 | 주스를 | | 내가 | 주스를 | 마셨다 |

---

88 | 儿童　　1.3米　　免费　　乘车　　以下的

정답　1.3米以下的儿童免费乘车。 | 130cm 이하의 어린이는 무료로 승차한다.

단어　米 mǐ 몡 미터(meter) | 儿童 értóng 몡 어린이 | 免费 miǎnfèi 동 무료로 하다 | 乘车 chéngchē 동 차를 타다, 승차하다

해설　'免费'는 '무료로 하다'라는 의미의 동사이다. '免费(무료로 하다)'는 자체가 동사임에도 불구하고 바로 뒤에 동사를 붙여 큰 술어 덩어리를 만든다. 제시어 중에서 동사는 '免费(무료로 하다)'와 '乘车(승차하다)'가 있는데 이 두 표현을 붙여 '免费乘车(무료로 승차하다)'라고 써야 술어 덩어리를 만들 수 있다. '免费乘车(무료로 승차하다)'가 술어가 될 때 주어로 쓸 수 있는 것은 명사인 '儿童(어린이)'이고 앞에 어린이를 수색해주는 '1.3米以下的(130cm 이하의)'를 붙여 문장을 완성할 수 있다.

1.3米以下的	儿童	免费乘车。
관형어	주어	술어

> **Tip**　'免费'의 용법 : 免费 + 동사
>
> 예 免费提供　무료로 제공하다
>
> 　　免费进入　무료로 입장하다

89 传真机　正常　使用了　已经　可以

정답 传真机已经可以正常使用了。 | 팩스기는 이미 정상적으로 사용할 수 있다.

단어 传真机 chuánzhēnjī 몡 팩스기 | 已经 yǐjing 뵘 이미, 벌써 | 可以 kěyǐ 조동 ~할 수 있다 | 正常 zhèngcháng 혱 정상적인 | 使用 shǐyòng 동 사용하다

해설 제시어에 술어가 될 수 있는 형용사와 동사가 모두 있지만 이때의 술어는 '了'가 붙어있는 '使用了(사용했다)'만 될 수 있다. 형용사는 동사를 꾸며주는 용법이 있는데 동사를 꾸며줄 땐 '地'를 사용한다. 본래는 '正常地使用了(정상적으로 사용했다)'의 구조로 쓰여야 하지만 때에 따라 '地'는 생략이 가능하므로 '正常使用了(정상적으로 사용했다)'라고 써도 무방하다. 앞에 '부사 + 조동사 + 술어'의 형태 그대로 쓰면 '정상적으로 사용할 수 있다'라는 의미가 된다.

传真机　已经可以正常　使用了。
주어　　부사어　　　술어

90 乘坐　我们的　航班　欢迎您　再次

정답 欢迎您再次乘坐我们的航班。 | 저희 항공편에 다시 탑승해주신 것을 환영합니다.

단어 欢迎 huānyíng 동 환영하다 | 再次 zàicì 뵘 재차, 거듭 | 乘坐 chéngzuò 동 타다 | 航班 hángbān 몡 항공편

해설 제시어에서 동사를 두 개 찾을 수 있다. '乘坐(탑승하다)'라는 동작동사와 '欢迎(환영하다)'이라는 감정동사가 있는데, 이런 경우 감정동사가 술어가 된다는 사실에 주의해야 한다. 감정동사는 문장 혹은 동사구를 목적어로 가질 수 있기 때문이다. 다시 말해서 '欢迎您(당신을 환영한다)'이라는 제시어에서 술어는 '欢迎(환영하다)'이 되고 뒤에는 '您(당신)'으로 시작하는 문장을 써 주면 된다.

欢迎　您　再次　乘坐　我们的　航班。
　　　주어　부사어　술어　관형어　목적어
술어　　　　　　목적어

91 你们　解决问题的　方法了吗　商量出

정답 你们商量出解决问题的方法了吗? | 너희들은 문제를 해결할 방법을 상의했니?

단어 商量 shāngliang 동 상의하다 | 解决 jiějué 동 해결하다 | 问题 wèntí 몡 문제 | 方法 fāngfǎ 몡 방법

해설 제시어에서 술어가 될 수 있는 것은 '出'라는 보어가 붙은 '商量(상의하다)'이라는 동사이다. 상의를 하는 것에 대한 주체는 사람이기 때문에 주어는 '你们(너희들)'이, 목적어는 '吗'가 함께 수반된 '方法(방법)'라고 볼 수 있다. 또한 '解决问题的(문제를 해결하는)'은 '方法(방법)' 앞에서 꾸며주는 역할을 할 수 있다.

你们　商量出　解决问题的　方法了吗?
주어　　술어　　관형어　　목적어

92 改变　第一印象　往往　很难

정답 第一印象往往很难改变。 | 첫인상은 때때로 바꾸기 어렵다.

단어 第一印象 dìyī yìnxiàng 몡 첫인상 | 往往 wǎngwǎng 뵘 왕왕, 때때로 | 改变 gǎibiàn 동 바꾸다

해설 '往往'은 '왕왕', '때때로'라는 의미의 빈도부사이다. 빈도부사는 동작의 빈도를 나타내는 부사이기 때문에 '往往(때때로)'이 있을 때는 형용사가 아닌 동사가 술어가 된다. 그러므로 이 제시어 중 술어가 되는 것은 '很难(어렵다)'이 아니라 '改变(바꾸다)'이 된다. '好'나 '难' 같은 경우 동사 앞에서 꾸며주는 부사어의 역할을 할 수 있다. '好吃(맛있다)'나 '难吃(맛없다)'처럼 쓰일 수 있기 때문에 여기서는 '很难改变(바꾸기 어렵다)'라고 붙여주는 것이 옳다.

第一印象　往往很难　改变。
　주어　　부사어　　술어

93

真是　　消息　　这个　　激动了　　太让人

정답 这个消息真是太让人激动了。　　｜　　이 소식은 정말 사람을 너무 흥분하게 한다.

단어 消息 xiāoxi 몡 소식, 정보 ｜ 真是 zhēnshi 믬 정말 ｜ 激动 jīdòng 동 감격하다, 흥분하다

해설 '让'은 '~하게 시키다'라는 의미의 동사이다. '让(~하게 시키다)'이 들어가는 문장에서 '让'은 언제나 첫 번째 술어로 쓰인다. 또한, 무엇을 시키는지를 언급해주어야 하므로 뒤에는 반드시 두 번째 술어가 필요하다. 마지막으로 부사나 조동사 등은 '让(~하게 시키다)' 앞에 위치할 수 있는 특징을 알고 있다면 '真是(정말)'와 '太(너무)'를 그 앞에 넣을 수 있을 것이다.

这个　　消息　　真是太　　让　　人　　激动了。
관형어　주어　부사어　술어1　목적어　　激动了。
　　　　　　　　　　　　　　주어　술어2

94

共同语言　　他们俩　　许多　　有

정답 他们俩有许多共同语言。　　｜　　그들 둘은 매우 많은 공통 관심사를 갖고 있다.

단어 俩 liǎ 囵 둘, 두 사람 ｜ 许多 xǔduō 혱 매우 많다 ｜ 共同语言 gòngtóng yǔyán 몡 공통어, 공통된 생각, 공통된 관심사

해설 제시어 중 술어가 될 만한 것은 '有(있다)' 뿐이다. '许多'는 '많은'이라는 의미의 형용사이지만 보통 술어로는 쓰지 않고 관형어로 많이 쓰이는 표현이기 때문이다. 술어가 '有(있다)'가 되었을 땐 주어가 '他们俩(그들 둘)'가 되고 목적어는 '共同语言(공통 관심사)'이 된다.

他们俩　　有　　许多　　共同语言。
주어　　술어　관형어　목적어

95

这场　　赢得　　比赛　　非常漂亮

정답 这场比赛赢得非常漂亮。　　｜　　이번 경기는 매우 멋지게 이겼다.

단어 场 chǎng 얭 번, 회 ｜ 比赛 bǐsài 몡 시합, 경기 ｜ 赢 yíng 동 이기다 ｜ 漂亮 piàoliang 혱 예쁘다, 멋지다

해설 정도보어를 만드는 구조조사 '得'는 술어 뒤에서 술어의 정도를 나타낼 때 쓰이며 '술어 + 得 + 형용사구'의 형태를 가진다. 제시어에서는 '赢(이기다)'이라는 동사와 '得'가 붙어 있으므로 뒤에 형용사구인 '非常漂亮(매우 멋지다)'을 붙이면 된다. '漂亮'은 '예쁘다'라는 뜻도 가지고 있지만 '멋지다'라고도 해석이 가능하기 때문에 '赢得非常漂亮'은 '매우 멋지게 이겼다'라는 의미가 된다.

这场　　比赛　　赢　　得　　非常漂亮。
관형어　주어　술어　　　정도보어

第 二 部 分

96

倒

모범답안   来，我给你倒茶。

자, 내가 너에게 차를 따라줄게.

단어   倒 dào 图 따르다, 보다

해설   '倒'는 '따르다', '붓다'라는 의미의 동사이다. 그림에서 잔에 차를 따라주고 있는데 '차를 따르다'는 '倒茶'라고 쓴다.

97

推

모범답안   他在推着东西走。

그가 물건을 밀며 가고 있다.

단어   推 tuī 图 밀다 ｜ 东西 dōngxi 몡 물건

해설   '着'는 술어 뒤에 쓰여 동작의 진행을 나타낸다. '推着东西'는 '물건을 밀고 있다'이며, '推着东西走'는 '물건을 밀며 가고 있다'는 의미이다.

98

窗户

모범답안   我妈把窗户打开了。

우리 엄마가 창문을 열었다.

단어   把 bǎ 囲 ～를 ｜ 窗户 chuānghu 몡 창문 ｜ 打开 dǎkāi 图 열다

해설   '부사 + 조동사 + 개사 + 명사' 순서의 구가 술어 앞에서 술어를 꾸며주는 부사어가 된다. '把'는 '～를'이라는 뜻이지만 품사는 개사이므로 '窗户(창문)'라는 명사와 함께 술어 앞에 쓰인다.

99

降落

모범답안   飞机快要降落了。

비행기가 곧 착륙하려고 한다.

단어   飞机 fēijī 몡 비행기 ｜ 降落 jiàngluò 图 착륙하다

해설   '快要…了'는 '곧 ～하려고 한다'라는 뜻으로 '快要降落了'는 '곧 착륙하려고 한다'는 의미이다.

100

包子

모범답안   这家店的包子特别好吃。

이 집 찐빵은 유달리 맛있다.

단어   店 diàn 몡 상점 ｜ 包子 bāozi 몡 (소가 든) 찐빵, 바오쯔 ｜ 特别 tèbié 囝 특별히, 유달리 ｜ 好吃 hǎochī 휑 맛있다

해설   '包子(찐빵)'는 중국 만두의 한 종류이다. 또한, '家'는 '집'이라는 명사의 뜻도 있지만, 양사로 쓰일 때는 건물을 셀 때 쓰기도 한다.

新汉语水平考试

실전 모의고사 해설

제2회

第 一 部 分

1-10

1

方向感是人对东西南北、前后左右等方向的感觉。方向感不好的人往往容易迷路。

★ 方向感差的人易迷路。

방향감각이란 사람의 동서남북, 전후좌우 등 방향에 대한 감각이다. 방향감각이 안 좋은 사람은 종종 길을 잃기 쉽다.

★ 방향감각이 좋지 않은 사람은 길을 잃기 쉽다. (✓)

단어 **方向感** fāngxiànggǎn 몡 방향감각 | **感觉** gǎnjué 몡 감각 | **往往** wǎngwǎng 뷰 종종, 때때로 | **迷路** mílù 동 길을 잃다

해설 듣기 1부분은 질문을 먼저 읽고 질문의 키워드를 지문 속에서 찾아야 한다. 본 질문 속의 키워드인 '迷路(길을 잃다)'라는 표현이 지문의 마지막 부분에서 나왔기 때문에 정답은 ✓이다. 또한, '差'는 '차이', '차이 나다'라는 뜻 외에 '좋지 않다'라는 뜻도 함께 가지고 있으므로 '不好(좋지 않다)'와 같은 의미라는 것도 알아두자.

2

哥哥是个很有主意的人。平时我遇到困难不知道怎么解决时都会去问他，而他也确实能给我提供一些很好的建议。

★ 哥哥的意见帮助不大。

형은 아이디어가 많은 사람이다. 평소 내가 어려움에 부딪혀 어떻게 해결해야 할지 모를 때 늘 그에게 물어보러 가는데 그는 확실히 나에게 좋은 제안들을 제공해 준다.

★ 형의 의견은 도움이 크지 않다. (✗)

단어 **主意** zhǔyi 몡 아이디어 | **遇到** yùdào 동 만나다, 부딪히다 | **困难** kùnnan 몡 곤란, 어려움 | **解决** jiějué 동 해결하다 | **确实** quèshí 혱 확실하다 | **提供** tígōng 동 제공하다 | **建议** jiànyì 몡 제안 ‖ **意见** yìjiàn 몡 견해, 의견 | **帮助** bāngzhù 몡 도움

해설 문제에서는 형의 의견이 '도움이 크지 않다'라고 했지만, 지문에서는 '그는 확실히 나에게 좋은 제안들을 제공해준다'라고 했기 때문에 정답은 X이다.

3

李医生，谢谢你的邀请。可惜我这周末已经有其他安排了，不能参加这次聚会了，你们好好玩儿。

★ 他接受了邀请。

이 의사 선생님, 당신의 초대 감사합니다. 아쉽게도 제가 이번 주말에 이미 다른 계획이 있어서 이번 모임에는 참가하지 못하게 됐네요. 재미있게 노세요.

★ 그는 초대를 받아들였다. (✗)

단어 **医生** yīshēng 몡 의사 | **邀请** yāoqǐng 몡 초대 | **可惜** kěxī 혱 아쉽다 | **安排** ānpái 동 안배하다 | **参加** cānjiā 동 참가하다 | **这次** zhècì 몡 이번, 금번 | **聚会** jùhuì 몡 모임 ‖ **接受** jiēshòu 동 받아들이다

해설 질문의 '接受'는 '받아들이다'라는 표현이다. 지문의 첫 문장만 들으면 초청을 받아들였다고 착각하기 쉬우나 뒷부분에서 '可惜(아쉽다)'라는 표현이 나와 반전이 있음을 나타낸다. '이번 모임에는 참가하지 못하게 되었다'라고 명백히 말했으므로 정답은 X이다.

4

这个公园非常大，要是走路的话，估计一天都逛不完。对面正好有租自行车的，我们骑车逛吧。

★ 她想租自行车。

이 공원은 굉장히 커서 만약에 걸으면 아마 하루에도 다 못 돌아다닐 거예요. 맞은편에 마침 자전거 빌려주는 곳이 있으니 우리 자전거 타고 돌아다녀요.

★ 그녀는 자전거를 빌리고 싶어 한다. (✓)

단어 公园 gōngyuán 몡 공원 | 要是 yàoshi 젭 만약 | 估计 gūjì 동 추측하다 | 逛 guàng 동 거닐다, 돌아다니다 | 租 zū 동 빌리다, 빌려 주다 | 自行车 zìxíngchē 몡 자전거 | 骑车 qíchē 동 자전거를 타다

해설 '租'는 상황에 따라 '빌리다' 혹은 '빌려주다'라는 해석이 모두 가능하다. 하지만 지문에서의 '有租自行车的'는 '자전거 빌려주는 곳이 있다'라고 해석을 해야 적절하다. 자전거를 타고 돌아다니자고 했으므로 정답은 √이다.

5

昨天我们去了邮局对面的那个小区，对那儿所有的电梯都进行了检查，检查结果完全符合安全标准。

★ 电梯检查不合格。

어제 우리는 우체국 맞은편의 그 주택 단지로 가서 그곳의 모든 엘리베이터에 대해 검사를 실시했습니다. 검사 결과는 안전 기준에 완전히 부합합니다.

★ 엘리베이터 검사는 불합격이다. (✗)

단어 邮局 yóujú 몡 우체국 | 小区 xiǎoqū 몡 주택 단지 | 电梯 diàntī 몡 엘리베이터 | 检查 jiǎnchá 동 검사하다 | 结果 jiéguǒ 몡 결과 | 符合 fúhé 동 부합하다 | 标准 biāozhǔn 몡 표준, 기준 ‖ 合格 hégé 형 합격이다

해설 질문에서 '불합격이다'라고 했는데 지문에서는 '안전 기준에 완전히 부합한다'라고 했다. '合格(합격이다)'라는 단어가 나오지 않았어도 의미상 합격이 된 것이기 때문에 정답은 X이다.

6

她们俩姐妹虽然出生时间只差几分钟，但性格却完全相反。姐姐很害羞，不太喜欢说话，而妹妹很幽默，喜欢讲笑话。

★ 她俩性格差不多。

그 두 자매는 비록 출생 시간이 단지 몇 분밖에 차이가 나지 않지만, 성격은 완전 반대다. 언니는 부끄러움을 타고 말하는 걸 그다지 좋아하지 않지만, 여동생은 유머러스하고 농담하는 걸 즐긴다.

★ 그녀 둘은 성격이 비슷하다. (✗)

단어 虽然 suīrán 젭 비록 ～일지라도 | 性格 xìnggé 몡 성격 | 完全 wánquán 뷔 완전히 | 相反 xiāngfǎn 젭 반대로 | 害羞 hàixiū 동 부끄러워하다 | 幽默 yōumò 형 유머러스한

해설 질문에서는 '성격이 비슷하다'라고 했지만, 지문에서는 '성격이 완전 반대다'라고 했으므로 정답은 X이다. 또한, '虽然(비록 ～일지라도)' 구문이 앞에 나와 뒷부분에서 성격이 반대될 것이라는 말을 추측할 수 있다.

7

刘师傅不仅专业技术好，还爱帮助其他同事。大家都很尊重他，所以都愿意选他当店长。

★ 大家都很尊重刘师傅。

유 기사님은 전문기술이 좋을 뿐만 아니라 다른 동료들도 잘 도와주신다. 모두 그를 존중해서 그가 점장으로 뽑히길 바란다.

★ 그들 모두 유 기사님을 존중한다. (✓)

단어 师傅 shīfu 몡 기사님 | 专业 zhuānyè 몡 전문 | 技术 jìshù 몡 기술 | 同事 tóngshì 몡 동료 | 尊重 zūnzhòng 동 존중하다 | 愿意 yuànyì 동 (무엇을 하기를) 바라다, 희망하다

해설 '师傅'는 이전에는 '사부님', '스승님'이라는 뜻으로 많이 쓰였지만, 현재에는 '기사님'으로 더욱 많이 쓰이고 있다. '모두 그를 존중한다'고 했으므로 정답은 √이다.

8

好消息，从今天起到七月九号我店全场七折起，夏季鞋帽还参加满三百减五十的活动。

★ 活动8月底结束。

좋은 소식입니다. 오늘부터 시작하여 7월 9일까지 저희 가게의 전 매장에서 30% 할인을 합니다. 여름 신발과 모자는 300위안을 채우면 50위안을 할인하는 행사도 있습니다.

★ 행사는 8월 말에 끝난다. (×)

단어 消息 xiāoxi 몡 소식, 정보 ┃ 夏季 xiàjì 몡 여름철 ┃ 鞋帽 xiémào 몡 신발과 모자 ┃ 参加 cānjiā 툉 참가하다 ┃ 活动 huódòng 몡 활동, 행사 ┃┃ 月底 yuèdǐ 몡 월말 ┃ 结束 jiéshù 툉 끝나다

해설 질문의 '月底'는 '월말'이라는 뜻이다. 하지만 지문에서는 '오늘부터 시작하여 7월 9일까지'라고 했으므로 정답은 X이다.

Tip 从 A 起(开始) A에서부터 (시작하여)

9

希望通过这次交流会，大家能给我们的工作，提一些意见或者建议。不管是哪方面的，我们都会认真考虑。

★ 他希望大家能提些意见。

이번 교류회를 통해서 모두 우리 일에 의견을 내거나 건의를 해 줬으면 합니다. 어느 방면이든 상관없이 우리가 심사숙고하겠습니다.

★ 그는 모두가 의견을 내주길 바란다. (✓)

단어 希望 xīwàng 툉 희망하다 ┃ 交流会 jiāoliúhuì 몡 교류회 ┃ 提 tí 툉 제시하다, 제기하다 ┃ 意见 yìjiàn 몡 견해, 의견 ┃ 建议 jiànyì 몡 건의 ┃ 认真 rènzhēn 혱 진지하다 ┃ 考虑 kǎolǜ 툉 고려하다

해설 '提…意见'은 '의견을 내다'라는 표현이고 '提…建议'는 '건의를 하다'라는 뜻이다. 지문에서 '의견을 내거나 건의를 하길 희망한다'라고 했으므로 정답은 ✓이다.

10

购物满三百元的顾客，可免费获得一份小礼物，请您在付款后，拿着购物小票，到一楼出口处换取。

★ 在入口处换礼物。

구매로 300위안을 채운 고객은 공짜로 작은 선물 하나를 얻을 수 있습니다. 계산하신 후에 구매 영수증을 가지고 1층 출구에서 바꿔 가져가 주세요.

★ 입구에서 선물을 바꾼다. (×)

단어 购物 gòuwù 툉 물품을 구입하다 ┃ 顾客 gùkè 몡 고객 ┃ 免费 miǎnfèi 툉 무료로 하다 ┃ 获得 huòdé 툉 얻다 ┃ 礼物 lǐwù 몡 선물 ┃ 付款 fùkuǎn 툉 돈을 지불하다

해설 질문에서 '入口处(입구)'라고 나왔을 때는 지문에서 입구인지 출구인지 단어를 유념해서 들을 필요가 있다. 지문의 마지막 문장에서 '1층 출구에서 바꿔 가져가다'라고 했으므로 정답은 X이다.

🎯 11-25

11

女：家里只剩几个西红柿了，没别的菜了。
男：那晚上做西红柿鸡蛋面吧。好久没吃面条了。

问：男的晚上想吃什么?

A 米饭　　　　　B 蛋糕
C 面条　　　　　D 包子

여: 집에 토마토가 몇 개밖에 안 남았어요. 다른 채소가 없네요.
남: 그러면 저녁에 토마토 계란면을 만들어요. 오랫동안 면을 못 먹었어요.

문: 남자는 저녁에 무엇을 먹고 싶어 하는가?

A 쌀밥　　　　　B 케이크
C 면　　　　　　D 찐빵

> **단어** 剩 shèng 통 남다 | 西红柿 xīhóngshì 명 토마토 | 面条 miàntiáo 명 면, 국수 ‖ 蛋糕 dàngāo 명 케이크 | 包子 bāozi 명 (소가 든) 찐빵, 바오쯔

> **해설** '西红柿鸡蛋面(토마토 계란면)'은 음식의 이름이고, 이것을 듣지 못했다면 뒤에서 '오랫동안 면을 못 먹었다'라는 문장에서 '面条(면, 국수)'가 직접 언급이 되었음을 알아차려야 한다. 그러므로 정답은 C이다.

12

男：儿子咳嗽还没好，吃药没有?
女：吃了，但没什么作用。我打算明天带他去打针。

问：儿子怎么了?

A 被批评了
B 不敢打针
C 生气了
D 咳嗽没好

남: 아들의 기침이 아직 낫지 않았네요. 약을 먹었나요?
여: 먹었는데 별 효과는 없어요. 내가 내일 애를 데리고 주사를 맞히러 갈 생각이에요.

문: 아들은 어떠한가?

A 혼났다
B 주사를 맞을 수 없다
C 화가 났다
D 기침이 낫지 않았다

> **단어** 咳嗽 késou 통 기침하다 | 药 yào 명 약 | 作用 zuòyòng 명 작용, 효과 | 打算 dǎsuan 통 ~할 생각이다 | 打针 dǎzhēn 통 주사를 맞다 ‖ 被 bèi 개 ~에 의해 당하다 | 批评 pīpíng 통 비평하다 | 不敢 bùgǎn 감히 ~할 수 없다 | 生气 shēngqì 통 화나다

> **해설** 대화로 이루어진 문제에서는 첫 문장에서 정답이 나올 가능성이 많다. 또한, 첫 문장을 듣지 못한 경우 뒷부분에서는 정답의 근거를 들을 수 없으므로 주의해야 한다. 남자가 첫마디로 '아들의 기침이 아직 낫지 않았다'라고 했으므로 정답은 D이다.

13

女：前天同学聚会你怎么没去?
男：本来是要去的，但那天公司有急事，我加班到很晚，最后就没去。

问：男的为什么没参加同学聚会?

A 加班了　　　　B 身体不舒服
C 出差了　　　　D 有约会

여: 그제 동창 모임에 너 어째서 안 왔어?
남: 원래는 가려고 했는데 그 날 회사에 급한 일이 있어서 늦게까지 야근했더니 결국 못 갔어.

문: 남자는 왜 동창회에 참석하지 못했는가?

A 야근했다　　　　B 몸이 안 좋았다
C 출장 갔다　　　　D 약속이 있었다

> **단어** 同学聚会 tóngxué jùhuì 명 동창 모임 | 本来 běnlái 부 본래, 원래 | 急事 jíshì 명 급한 일 | 加班 jiābān 통 초과 근무를 하다 | 最后 zuìhòu 명 최후 ‖ 舒服 shūfu 형 편안하다 | 出差 chūchāi 통 출장 가다 | 约会 yuēhuì 명 약속

해설　남자가 '늦게까지 야근했다'라고 언급했고, 보기의 '加班(초과 근무를 하다)'과 같은 뜻이므로 정답은 A이다.

Tip　보어 '到'의 쓰임
동사 뒤에 '到'가 오면 '목적 달성'의 의미도 있고 '~까지'의 의미도 있다. 특히 '~까지'라고 해석이 될 때는 뒤에 시간 혹은 장소를 나타내는 말이 나와야 한다.
예　我加班到很晚。　나는 늦게까지 야근했다.
　　我玩儿到晚上十一点。　나는 밤 열 한시까지 놀았다.

14

女: 爸，还有多远能到高速公路服务区啊，我有点儿饿了。
男: 大约40公里，20多分钟就能到。车上有面包，你先吃点儿。

问: 他们距离服务区大概多少公里?

A　124　　　　　　　　B　65
C　25　　　　　　　　 D　40

여: 아빠, 고속도로 휴게소까지 가는데 아직 얼마나 더 남았어요? 저 배고파요.
남: 대략 40km야. 20여 분이면 도착해. 차에 빵이 있으니까 먼저 좀 먹어라.

문: 그들은 휴게소까지 대략 몇 킬로미터 남았나?

A　124　　　　　　　　B　65
C　25　　　　　　　　 D　40

단어　高速公路 gāosù gōnglù 몡 고속도로 | 服务区 fúwùqū 몡 휴게소 | 饿 è 혱 배고프다 | 大约 dàyuē 뮈 아마, 대략 | 公里 gōnglǐ 몡 킬로미터(km) | 面包 miànbāo 몡 빵

해설　대화에서 남자가 '대략 40km이다'라고 했으므로 정답은 D이다. '大约'는 '대략'이라는 의미의 부사로 수량사 앞에 나올 수 있다.

15

男: 这两个大纸盒要是没用的话，我就扔到垃圾桶里了。
女: 别扔，我想用它们放些旧书旧报纸什么的，你给我吧。

问: 女的是什么意思?

A　信封不够
B　书很厚
C　盒子有用
D　垃圾桶满了

남: 이 큰 종이 상자 두 개가 만약 쓸모없으면 내가 쓰레기통에 버릴게요.
여: 버리지 마요. 그것들로 낡은 책과 오래된 신문 등을 넣고 싶어요. 나한테 줘요.

문: 여자의 말은 무슨 의미인가?

A　편지봉투가 부족하다
B　책이 두껍다
C　상자가 유용하다
D　쓰레기통이 찼다

단어　盒 hé 몡 통, 상자, 함 | 要是 yàoshi 젭 만약 | 扔 rēng 동 버리다 | 垃圾桶 lājītǒng 몡 쓰레기통 | 旧 jiù 혱 낡다, 오래다 | 报纸 bàozhǐ 몡 신문 ‖ 信封 xìnfēng 몡 편지봉투 | 不够 búgòu 동 부족하다 | 厚 hòu 혱 두껍다

해설　대화에서는 보기의 '有用(유용하다)'라는 단어가 직접 언급은 되지 않았지만 '그것들로 낡은 책이랑 오래된 신문 등을 넣고 싶다'라고 하였으므로 그 상자가 쓸모 있다는 것을 알 수 있다. 따라서 정답은 C이다.

16

女：你咳嗽这么厉害，以后别抽烟了。
男：我也知道抽烟对身体不好，可是一忙起来就忘了，以后会注意的。

问：关于男的可以知道什么？

A 很优秀　　　　B 咳嗽严重
C 是大夫　　　　D 很懒

여：당신 기침이 이렇게 심한데 앞으로 담배 좀 그만 피워요.
남：나도 담배 피우는 게 건강에 안 좋은 건 알지만 바빠지기 시작하면 잊어버려요. 앞으로 주의할게요.

문：남자에 관해 알 수 있는 것은 무엇인가?

A 우수하다　　　　B 기침이 심각하다
C 의사다　　　　　D 게으르다

단어 咳嗽 késou 통 기침하다 | 厉害 lìhai 형 대단하다, 심각하다 | 抽烟 chōuyān 통 흡연하다 | 注意 zhùyì 통 주의하다 ‖ 优秀 yōuxiù 형 우수하다 | 严重 yánzhòng 형 위급하다, 심각하다 | 大夫 dàifu 명 의사 | 懒 lǎn 형 게으르다

해설 '厉害'는 '심각하다'라는 의미로 사람을 지칭할 때를 제외하고는 좋지 않은 상황이 심하게 벌어질 때 사용한다. 또한, 보기의 '严重'은 '심각하다'라는 뜻으로 의미상 대화의 '厉害'와 상통하는 부분이 있다. 여자가 첫마디에서 '당신 기침이 이렇게 심한데'라고 했기 때문에 정답은 B이다.

17

女：儿子下午要去一场演唱会，有点儿远，你开车送他吧。
男：我中午要送爸爸去火车站，来得及吗？

问：男的要送谁去火车站？

A 父亲　　　　B 奶奶
C 儿子　　　　D 妻子

여：아들이 오후에 콘서트에 가려고 한다는데 좀 멀다고 하니 당신이 차로 좀 데려다줘요.
남：나는 점심에 기차역으로 아버지를 모셔다드려야 하는데 시간이 될까요?

문：남자는 누구를 기차역으로 데려다주려고 하는가?

A 아버지　　　　B 할머니
C 아들　　　　　D 아내

단어 演唱会 yǎnchànghuì 명 콘서트 | 开车 kāichē 통 운전하다 | 火车站 huǒchēzhàn 명 기차역 | 来得及 láidejí 통 늦지 않다 ‖ 妻子 qīzi 명 아내

해설 '来得及'는 '늦지 않다' 혹은 '~할 겨를이 있다'라는 의미이다. 남자는 여자의 부탁에 '나는 점심에 아버지를 기차역으로 모셔다드려야 한다'라고 했다. 그러므로 정답은 A이다.

18

男：小李竟然还没到，他从来不迟到啊。
女：我也觉得奇怪，给他打了好几个电话都没人接。

问：小李怎么了？

A 肚子难受
B 迟到了
C 路上堵车了
D 出发太早

남：샤오리(小李)가 뜻밖에 아직도 안 오다니, 여태껏 늦은 적이 없는데요.
여：나도 이상하다고 생각해요. 그에게 몇 번씩이나 전화를 걸었는데 받는 사람이 없어요.

문：샤오리는 어떻게 됐는가?

A 배가 아프다
B 지각했다
C 길에 차가 막혔다
D 출발이 너무 일렀다

단어 竟然 jìngrán 부 뜻밖에 | 迟到 chídào 통 지각하다 | 奇怪 qíguài 형 이상하다 ‖ 肚子 dùzi 명 배 | 堵车 dǔchē 통 차가 막히다

해설 '竟然'은 '뜻밖에'라는 의미이다. 대화에서 '샤오리가 뜻밖에 아직도 안 오다니'라고 했기 때문에 평소에 샤오리는 지각을 하지 않는 사람이라는 것을 알 수 있다. 게다가 샤오리가 지각하고 있는 이 상황을 여자도 이상하다고 여기고 있으므로 정답은 B이다.

19

女：这周围有垃圾桶吗? 我去把废纸扔了。
男：前面往右转，楼梯旁边就有一个。

问：女的接下来最可能去做什么?

A 扔垃圾
B 去厨房
C 买好吃的
D 下楼

여: 이 주위에 쓰레기통이 있나요? 파지를 버리러 가려고요.
남: 앞에서 오른쪽으로 꺾으면 계단 옆에 하나 있어요.

문: 여자는 이어서 무엇을 하러 갈 가능성이 가장 큰가?

A 쓰레기를 버리다
B 주방에 가다
C 맛있는 것을 사다
D 아래층으로 내려가다

단어 周围 zhōuwéi 圈 주위 | 垃圾桶 lājītǒng 圈 쓰레기통 | 废纸 fèizhǐ 圈 파지 | 扔 rēng 圄 내버리다 | 楼梯 lóutī 圈 (다층 건물의) 계단 ‖ 厨房 chúfáng 圈 주방

해설 여자가 쓰레기통을 찾으며, '파지를 버리러 가려고 한다'고 했으므로 곧 쓰레기를 버릴 거라는 것을 알 수 있다. 그리고 대화에서 '废纸(파지)'가 보기의 '垃圾(쓰레기)'라는 단어 대신 쓰였다. 따라서 정답은 A이다.

20

女：礼拜天的网球比赛你看了吗? 结果怎么样?
男：我只看了前半场，后面的因为太困了就没看。

问：男的主要是什么意思?

A 很吃惊
B 没猜对结果
C 比赛很精彩
D 没看完比赛

여: 일요일에 있었던 테니스 경기 봤어요? 결과가 어때요?
남: 나는 앞에 반만 봤어요. 뒷부분은 너무 피곤해서 못 봤고요.

문: 남자의 말에 주된 의미는 무엇인가?

A 놀랐다
B 결과를 맞히지 못했다
C 경기가 아주 훌륭했다
D 경기를 다 보지 못했다

단어 网球 wǎngqiú 圈 테니스 | 比赛 bǐsài 圈 시합, 경기 | 结果 jiéguǒ 圈 결과 | 困 kùn 圈 피곤하다 ‖ 吃惊 chījīng 圄 놀라다 | 猜 cāi 圄 추측하다 | 精彩 jīngcǎi 圈 훌륭하다

해설 남자가 '我只看了前半场(나는 앞에 반만 봤다)'라고 했는데 이때 '只'은 '단지'라는 의미이다. 그러므로 단지 전반전만 보았을 뿐 후반전은 보지 못했을 것이라는 느낌을 주고 있다. 게다가 '뒷부분은 너무 피곤해서 못 봤다'라고 했으므로 정답은 D이다.

21

男：你太粗心了，货物数量这儿竟然少写了一个0。
女：抱歉，我马上改过来，保证下次不会再出现这样的错误了。

问：女的为什么道歉?

A 弄错顺序了
B 没耐心
C 迟到了
D 写错数量了

남: 당신 너무 세심하지 못해요. 여기 화물 수량에 0 하나를 적게 썼잖아요.
여: 죄송합니다. 제가 당장 고칠게요. 다음에는 이런 실수가 다시는 나오지 않을 거라고 보장하겠습니다.

문: 여자는 왜 사과를 하는가?

A 순서를 틀려서
B 인내심이 없어서
C 지각을 해서
D 수량을 잘못 적어서

단어 粗心 cūxīn 圈 세심하지 못하다 | 货物 huòwù 圈 물품, 화물 | 数量 shùliàng 圈 수량 | 竟然 jìngrán 圄 뜻밖에 | 抱歉 bàoqiàn 圄 미안해하다 | 马上 mǎshàng 圄 즉시, 금방 | 保证 bǎozhèng 圄 보증하다 | 错误 cuòwù 圈 잘못, 실수 ‖ 道歉 dàoqiàn 圄 사과하다 | 顺序 shùnxù 圈 순서 | 耐心 nàixīn 圈 인내심

> **해설** '粗心'은 '세심하지 못하다'라는 뜻으로, 남자가 '당신 너무 세심하지 못하다'라고 했으므로 여자의 실수가 있었다는 것을 알 수 있다. 뒤이어 '여기 화물 수량에 0 하나를 적게 썼다'라고 남자가 말했다. 그러므로 D가 정답이다.

22

女: 我们稍微休息一下吧，我没力气了。
男: 好的。包里有矿泉水，你先喝点儿吧。

问: 女的怎么了?

A 在咳嗽
B 没力气了
C 没吃饱
D 瘦了

여: 우리 조금 쉬어요. 나 힘이 없어요.
남: 좋아요. 가방 안에 생수가 있으니까 먼저 좀 마셔요.

문: 여자는 어떠한가?

A 기침을 하고 있다
B 힘이 없다
C 배부르게 먹지 못했다
D 말랐다

> **단어** 稍微 shāowēi 뿐 조금, 약간, 다소 | 力气 lìqi 몡 힘 | 矿泉水 kuàngquánshuǐ 몡 생수, 광천수 ‖ 咳嗽 késou 동 기침하다 | 瘦 shòu 혱 마르다

> **해설** 대화 유형의 문제에서는 보기와 대화의 내용이 그대로 겹치는 문제가 많다. 여자의 말에서 언급된 '我没力气了(나 힘이 없다)'라는 말이 그대로 보기에 나왔으므로 정답은 B이다.

23

女: 都五点一刻了，你怎么还不去接孙女?
男: 你忘了，孩子今天参加乒乓球比赛，六点才结束。

问: 男的是什么意思?

A 手表坏了
B 马上出发
C 堵车了
D 没到时间

여: 벌써 5시 15분인데 어째서 아직도 손녀를 데리러 가지 않는 거예요?
남: 당신 잊었군요. 아이가 오늘 탁구경기에 참가해서 6시에야 끝나잖아요.

문: 남자의 말은 무슨 의미인가?

A 손목시계가 고장 났다
B 바로 출발한다
C 차가 막힌다
D 시간이 안 됐다

> **단어** 孙女 sūnnǚ 몡 손녀 | 参加 cānjiā 동 참가하다 | 乒乓球 pīngpāngqiú 몡 탁구 | 比赛 bǐsài 몡 경기 | 结束 jiéshù 동 끝나다 ‖ 手表 shǒubiǎo 몡 손목시계 | 马上 mǎshàng 뿐 바로, 금방 | 堵车 dǔchē 동 차가 막히다

> **해설** '一刻'는 '15분'을 의미하는 것으로, 5시 15분이 되었는데 왜 손녀를 데리러 가지 않냐는 여자의 물음에 남자는 '아이가 오늘 탁구 경기에 참가해서 6시에야 끝난다'라고 했다. 이때의 '才'는 비교적 느린 시간의 흐름을 나타내며 '~가 되어서야'라고 해석할 수 있다. 아직 손녀의 끝나는 시간까지는 45분이 남았으니 시간이 안 됐다는 D가 정답이다.

24

男: 你对新来的那个小伙子印象怎么样?
女: 不错，人很聪明，学东西也快。只是缺少经验，还需要多锻炼锻炼。

问: 女的觉得那个小伙子怎么样?

A 不热情
B 太紧张
C 很聪明
D 很积极

남: 당신은 새로 온 그 청년에 대한 인상이 어때요?
여: 좋아요. 사람이 똑똑하고 배우는 것도 빠르더라고요. 단지 경험이 부족해서 단련을 좀 할 필요가 있겠어요.

문: 여자는 그 청년이 어떻다고 생각하는가?

A 친절하지 않다
B 너무 긴장한다
C 똑똑하다
D 적극적이다

단어 小伙子 xiǎohuǒzi 명 젊은이, 청년 | 印象 yìnxiàng 명 인상 | 聪明 cōngming 형 똑똑하다 | 缺少 quēshǎo 동 부족하다 | 经验 jīngyàn 명 경험 | 需要 xūyào 동 필요하다 | 锻炼 duànliàn 동 (몸을) 단련하다 ‖ 热情 rèqíng 형 친절하다 | 紧张 jǐnzhāng 형 긴장하다 | 积极 jījí 형 적극적이다

해설 남자가 새로 온 청년에 대해 묻자 여자가 '사람이 똑똑하다'라고 했기 때문에 정답은 C이다.

25

女：刚刚是谁敲门?
男：房东，他来提醒我们，月底交水电费。

问：敲门的人是谁?

A 妹妹　　　　　B 叔叔
C 房东　　　　　D 邻居

여: 방금 누가 문을 두드린 거예요?
남: 집주인이요. 우리 월말에 수도세와 전기세를 내라고 알려주러 왔어요.

문: 문을 두드린 사람은 누구인가?

A 여동생　　　　B 삼촌
C 집주인　　　　D 이웃

단어 敲门 qiāomén 동 문을 두드리다 | 提醒 tíxǐng 동 일깨우다 | 月底 yuèdǐ 명 월말 | 水电费 shuǐdiànfèi 명 전기 및 수도료 ‖ 房东 fángdōng 명 집주인

해설 '交'는 '사귀다'라는 뜻도 있지만 '내다', 제출하다'라는 의미도 함께 가지고 있다. 특히 新HSK 4급에서는 '내다', '제출하다'라는 의미로 훨씬 많이 쓰이고 있다. 그러므로 '交水电费'는 '수도세와 전기세를 내다'라는 해석이 된다. '집주인'이 전기세와 수도세를 내라고 알려주러 왔기 때문에 정답은 C이다.

第 三 部 分

 26-35

26

女：老刘，你女儿博士毕业了吧。
男：对，去年就毕业了。
女：我记得她是学医的。现在做什么呢？
男：在一家医院当医生。

问：关于老刘的女儿下列哪个正确？

A 牙疼
B 是大夫
C 想继续读博
D 经验多

여: 유 씨, 당신 딸이 박사 졸업을 했겠군요.
남: 맞아요. 작년에 졸업했어요.
여: 나는 그녀가 의학 공부를 했던 거로 기억해요. 지금은 뭐 해요?
남: 병원에서 의사를 해요.

문: 유 씨의 딸에 관해 아래의 어느 것이 정확한가?

A 이가 아프다
B 의사이다
C 박사 공부를 계속하고 싶어 한다
D 경험이 많다

[단어] 博士 bóshì 몡 박사 | 毕业 bìyè 동 졸업하다 | 医院 yīyuàn 몡 병원 | 医生 yīshēng 몡 의사 ‖ 牙 yá 몡 이, 치아 | 大夫 dàifu 몡 의사 | 继续 jìxù 튀 계속 | 经验 jīngyàn 몡 경험

[해설] '医生'은 '의사'라는 의미로 동의어로는 '大夫(의사)'가 있다. 또한, '(어떤 직업을) 하다'라고 할 때 그 동사로는 '成为', '做', '当' 등을 쓸 수 있으므로 '当医生'이라는 표현은 '의사를 하다'라는 표현이 된다. 따라서 정답은 B이다.

> **Tip** 이합동사 '毕业'의 쓰임
> '毕业'는 동사와 명사로 구성된 이합동사이기 때문에 목적어를 갖지 않는다. 그러므로 '학교를 졸업하다'라고 쓸 때 '학교'는 목적어 자리에 올 수 없다.
> 예 大学毕业 대학교를 졸업하다
>   硕士毕业 석사를 졸업하다
>   博士毕业 박사를 졸업하다

27

男：请问，钢琴班现在还能报名吗？
女：当然可以。你们俩都要报吗？
男：就我一个，可以试听吗？
女：可以。您先把这张表格填好，我给您安排。

问：关于男的下列哪个正确？

A 最近有演出
B 来不及报名了
C 会跳舞
D 想学钢琴

남: 실례합니다. 피아노반 지금도 신청할 수 있나요?
여: 당연히 가능하죠. 두 분 다 신청하시려고요?
남: 저만요. 청강할 수 있을까요?
여: 됩니다. 일단 이 작성지를 써 주시면 제가 배정해 드릴게요.

문: 남자에 관해 아래의 어느 것이 정확한가?

A 요즘 공연이 있다
B 등록하기에 늦었다
C 춤출 수 있다
D 피아노를 배우고 싶어 한다

[단어] 钢琴 gāngqín 몡 피아노 | 报名 bàomíng 동 등록하다, 신청하다 | 表格 biǎogé 몡 표, 양식 | 填 tián 동 기입하다 | 安排 ānpái 동 안배하다 ‖ 来不及 láibují 동 늦다, 겨를이 없다 | 跳舞 tiàowǔ 동 춤추다

[해설] 남자가 '피아노반 지금도 신청할 수 있나요?'라고 물어보았기 때문에 남자의 목적은 피아노를 배우려는 것이다. 그러므로 정답은 D이다. 대화에서 언급된 '表格'는 '표'라는 의미도 되고 넓은 범위에서는 '작성지'라고 해석할 수도 있다. '表格(표)'가 나올 땐 그 동사로 '填(기입하다, 작성하다)'이 나와야 한다.

28

女: 材料都检查了? 有没有问题?
男: 除了一份材料没写名字外，其他的都没问题。
女: 谁这么粗心，竟然连名字都没写?
男: 不知道，稍后我查一下。

问: 那份材料怎么了?

A 写错年龄了
B 破了
C 没写名字
D 丢了

여: 자료는 다 검사했어요? 문제가 있나요?
남: 자료 하나에 이름을 안 쓴 것을 제외하고는, 다른 건 다 문제없어요.
여: 누가 이렇게 조심성이 없나요. 이름조차도 안 쓰다니 말이에요?
남: 모르겠어요. 조금 후에 제가 살펴볼게요.

문: 그 자료는 어떻게 됐는가?

A 나이를 잘못 썼다
B 찢어졌다
C 이름을 안 썼다
D 잃어버렸다

 材料 cáiliào 명 자료, 재료 | 检查 jiǎnchá 동 검사하다 | 粗心 cūxīn 형 부주의하다 | 竟然 jìngrán 부 뜻밖에 | 稍 shāo 부 약간, 조금 ‖ 年龄 niánlíng 동 연령, 나이 | 破 pò 동 파손되다, 찢어지다 | 丢 diū 동 잃어버리다

 '除了'는 뒤의 절에 '都'가 왔을 때 '~를 제외하고'라고 해석이 되고, '也'가 왔을 때 '~외에도'라고 한다. 대화에서는 '都'가 왔기 때문에 밑줄 친 부분은 '자료 하나에 이름을 쓰지 않은 것을 제외하고는 다른 건 다 문제가 없다'라고 해석이 된다. 여기에서 '没写名字(이름을 안 썼다)'가 언급되었으므로 정답은 C이다.

29

男: 我们明天上午在体育馆东门见吧。
女: 招聘会不是在307教室举行吗?
男: 地点改在体育馆了，我不是发短信告诉你了吗?
女: 奇怪，我没收到。

问: 招聘会在哪儿举行?

A 大使馆　　　　B 教室
C 体育馆　　　　D 餐厅

남: 우리 내일 오전에 체육관 동문에서 만나자.
여: 채용박람회는 307호 교실에서 열리는 거 아니야?
남: 장소가 체육관으로 바뀌었어. 내가 문자로 너한테 알려주지 않았어?
여: 이상하네. 난 못 받았는데.

문: 채용박람회는 어디에서 열리는가?

A 대사관　　　　B 교실
C 체육관　　　　D 식당

 体育馆 tǐyùguǎn 명 체육관 | 招聘会 zhāopìnhuì 명 채용박람회 | 举行 jǔxíng 동 거행하다, 개최하다 | 地点 dìdiǎn 명 지점, 장소 | 短信 duǎnxìn 명 문자 메시지 ‖ 大使馆 dàshǐguǎn 명 대사관 | 餐厅 cāntīng 명 식당

 개사 '在'는 술어 뒤에서 보어적 역할을 할 수 있다. 대화에서 '改在'는 '~로 바뀌다'라는 의미이며, 남자가 여자에게 장소가 체육관으로 바뀌었다고 알려주고 있으므로 정답은 C이다. 듣기 3부분에서는 변경된 시간이나 장소를 묻는 경우도 많다.

30

女: 马经理，这个餐厅怎么样?
男: 好象有点儿小，这次会来二百位左右的客人。
女: 没问题，这个餐厅最多能坐300人。
男: 是吗? 那就这个吧。

问: 餐厅最多能坐多少人?

A 350　　　　B 250
C 550　　　　D 300

여: 마 사장님, 이 식당 어떠세요?
남: 좀 작은 것 같은데요. 이번에 200명 정도의 손님이 올 거예요.
여: 문제없어요. 이 식당은 최대 300명까지 앉을 수 있어요.
남: 그래요? 그럼 바로 여기로 하죠.

문: 식당은 최대 몇 명까지 앉을 수 있는가?

A 350　　　　B 250
C 550　　　　D 300

 经理 jīnglǐ 명 사장 | 餐厅 cāntīng 명 식당 | 好像 hǎoxiàng 부 마치 ~와 같다 | 客人 kèrén 명 손님

 여자의 '最多能坐300人(최대 300명까지 앉을 수 있다)'라는 말을 통해 최대 수용 가능 인원이 300명임을 알 수 있다. 그러므로 정답은 D이다.

31

男：王丽，好久没联系了，周末去打网球吧。
女：恐怕不行，我这两天头痛得厉害。
男：怎么了，是不是感冒啦？
女：不是，这几天晚上睡得不好，总做梦。

问：女的怎么了？

A 头不舒服　　　　B 感冒了
C 胳膊疼　　　　　D 一直咳嗽

남：왕리(王丽), 오랫동안 연락을 못했네. 주말에 테니스 치러 가자.
여：아마 안 될 것 같아. 나 요 며칠 머리 아픈 게 심했거든.
남：무슨 일이야, 감기 걸린 거 아니야?
여：아니. 요 며칠 밤 잠을 잘 못 잤어. 계속 꿈을 꿨거든.

문：여자는 어떠한가?

A 머리가 아프다　　　B 감기에 걸렸다
C 팔이 아프다　　　　D 계속 기침을 한다

> **단어**　联系 liánxì 통 연락하다 | 网球 wǎngqiú 명 테니스 | 恐怕 kǒngpà 부 아마 ~일 것이다 | 头痛 tóutòng 통 머리가 아프다 | 厉害 lìhai 형 대단하다, 심각하다 | 感冒 gǎnmào 통 감기에 걸리다 ‖ 舒服 shūfu 형 편안하다 | 胳膊 gēbo 명 팔 | 咳嗽 késou 통 기침하다

> **해설**　정도보어를 만드는 '得'는 '동사 + 得 + 형용사구'의 형태를 취한다. 대화에서 '头痛得厉害(머리 아픈 게 심하다)', '睡得不好(잠을 잘 못 자다)' 등의 형태로 나왔다. 지문에 명백히 머리가 아프다는 표현이 나왔으므로 정답은 A이다.

32

女：你怎么停下来了，高速公路上不让停车呀！
男：车好像坏了，我下去看看。
女：前天不是刚修理过嘛？
男：是啊，不知道怎么回事。

问：他们现在在哪儿？

A 火车站　　　　B 高速公路上
C 修车站　　　　D 长城

여：어째서 멈췄죠. 고속도로에서는 차를 세우지 못 하잖아요!
남：차가 고장 난 것 같아요. 내가 내려서 좀 볼게요.
여：그제 막 수리한 거 아니었어요?
남：네. 어떻게 된 건지 모르겠네요.

문：그들은 지금 어디에 있는가?

A 기차역　　　　　B 고속도로 위
C 자동차 수리점　　D 만리장성

> **단어**　高速公路 gāosù gōnglù 명 고속도로 | 停车 tíngchē 통 차량이 정차하다 | 好像 hǎoxiàng 부 마치 ~와 같다 | 修理 xiūlǐ 통 수리하다

> **해설**　대화 유형의 문제에서는 첫마디부터 정답이 나올 가능성이 많다. 또한, 첫마디에서 정답의 근거가 나왔다면 그 이후부터는 언급이 되지 않을 경우가 많다. 그래서 첫마디를 놓치면 정답을 찾을 수 없는 경우가 많은데, 위 대화에서는 첫 부분에 '고속도로에서 차를 세우지 못한다'라고 답이 나왔으므로 현재의 위치는 B이다.

33

男：对不起！刚才我在看表演，没听到手机响。
女：没事。我想问你，这周二的招聘会你去不去？
男：我已经找到工作了，不去了。
女：真的啊？那祝贺你了！

问：男的为什么不去招聘会？

A 找到工作了　　　B 要看演出
C 有约会　　　　　D 没准备好

남：미안해! 방금 내가 공연을 보고 있어서 휴대전화가 울리는 걸 못 들었어.
여：괜찮아. 너 이번 주 화요일 채용박람회에 갈 건지 안 갈 건지 물어보고 싶었어.
남：난 벌써 일자리 찾았어. 안 갈 거야.
여：진짜야? 축하해!

문：남자는 왜 채용박람회에 안 가는가?

A 일자리를 찾았다　　B 공연을 봐야 한다
C 약속이 있다　　　　D 준비를 못 했다

> **단어**　表演 biǎoyǎn 명 공연 | 招聘会 zhāopìnhuì 명 채용박람회 | 已经 yǐjing 부 이미, 벌써 | 祝贺 zhùhè 통 축하하다 ‖ 约会 yuēhuì 명 약속

> **해설**　'招聘'은 '채용하다'라는 의미로, '招聘会'는 '채용박람회'를 뜻한다. 여자의 질문에 남자는 '난 벌써 일자리를 찾았다'라고 답했기 때문에 정답은 A이다.

34

女：你暑假出去旅行了？
男：对，去了趟海南。
女：感觉怎么样？
男：非常好，景色美、空气也新鲜。有时间
　　你也去看看吧。

问：男的觉得海南怎么样？

A 森林多　　　　　　B 空气好
C 很热闹　　　　　　D 交通方便

여: 너 여름 방학에 여행 갔었어?
남: 응. 하이난에 갔었어.
여: 느낌이 어때?
남: 아주 좋아. 경치도 아름답고 공기도 신선해. 시
　　간 있으면 너도 가 봐.

문: 남자는 하이난이 어떻다고 생각하는가?

A 숲이 많다　　　　　　B 공기가 좋다
C 번화하다　　　　　　D 교통이 편리하다

 暑假 shǔjià 몡 여름 방학 | **旅行** lǚxíng 통 여행하다 | **感觉** gǎnjué 몡 감각, 느낌 | **景色** jǐngsè 몡 풍경, 경치 | **空气** kōngqì 몡 공기 | **新鲜** xīnxiān 톙 신선하다 ‖ **森林** sēnlín 몡 삼림, 숲 | **热闹** rènao 톙 번화하다

 남자가 하이난에 대해 '공기도 신선하다'라고 언급을 했는데, 이는 다시 말해 '공기가 좋다'는 의미로 정답은 B가 된다.

35

男：打扰一下，请问朴老师在吗？
女：他出差了，你找他有事吗？
男：我想问问学校广播站招记者的事。今天
　　还能报名吗？
女：可以，明天是最后一天。

问：男的为什么找朴老师？

A 送照片
B 交作业
C 请假
D 想报名

남: 실례 좀 할게요. 박 선생님 계시나요?
여: 그는 출장 가셨어요. 일이 있어서 그를 찾으시
　　나요?
남: 학교 방송국 기자를 모집하는 일에 대해 좀 여
　　쭤보고 싶어서요. 오늘도 신청할 수 있나요?
여: 가능해요. 내일이 마지막 날이에요.

문: 남자는 왜 박 선생님을 찾는가?

A 사진을 주려고
B 과제를 제출하려고
C 휴가를 신청하려고
D 신청을 하고 싶어서

 打扰 dǎrǎo 통 방해하다 | **出差** chūchāi 통 출장 가다 | **广播站** guǎngbōzhàn 몡 방송국 | **记者** jìzhě 몡 기자 | **报名** bàomíng 통 신청하다 ‖ **照片** zhàopiàn 몡 사진 | **交** jiāo 통 내다, 제출하다 | **请假** qǐngjià (휴가, 조퇴 등을) 신청하다

 '招'는 '招聘(채용하다, 모집하다)'의 준말이다. 남자가 '오늘도 신청할 수 있나요?'라고 물어봤기 때문에 남자가 박 선생님을 찾은 이유는 D이다.

36-37

　　我理想的职业是小学老师。首先是因为老师每
年都放寒暑假。³⁶这对爱好旅游的我来说，非常有
吸引力。其次，我喜欢跟小孩子交流。孩子的世界
很简单，³⁷跟他们在一起很放松，会感觉自己年轻
了很多。

　　내가 꿈꾸는 직업은 초등학교 선생님이다. 우선 선생
님은 매년 여름 방학과 겨울 방학이 있기 때문이다. ³⁶이
점은 여행을 좋아하는 나로서는 굉장히 매력이 있다. 다
음으로 나는 아이들과 교류하는 걸 좋아하기 때문이다.
아이의 세계는 단순해서 ³⁷그들과 함께 있으면 편안하고
나 자신도 훨씬 젊어지는 기분이 든다.

 理想 lǐxiǎng 몡 이상 | **职业** zhíyè 몡 직업 | **首先** shǒuxiān 閈 우선, 가장 먼저 | **寒假** hánjià 몡 겨울 방학 | **暑假** shǔjià 몡 여름 방학 | **吸引力** xīyǐnlì 몡 흡입력, 매력 | **交流** jiāoliú 통 교류하다 | **世界** shìjiè 몡 세계 | **简单** jiǎndān 톙 간단하다 | **放松** fàngsōng 통 편안하게 하다 | **年轻** niánqīng 톙 젊다

36

关于说话人可以知道什么?

A 爱旅游
B 刚毕业
C 是大学教授
D 专业是法律

말하는 사람에 관해 알 수 있는 것은 무엇인가?

A 여행하는 걸 좋아한다
B 막 졸업했다
C 대학교수이다
D 전공이 법률이다

단어 毕业 bìyè 통 졸업하다 | 专业 zhuānyè 명 전공 | 法律 fǎlǜ 명 법률

해설 '对 A 来说'는 'A의 관점에서 말하자면'이라는 의미이다. 이 구문을 사용하여 글에서 '여행을 좋아하는 나로서는'이라고 했기 때문에 정답이 A라는 것을 알 수 있다.

37

说话人觉得跟孩子在一起怎么样?

A 很得意
B 压力大
C 变年轻了
D 很有信心

말하는 사람은 아이와 같이 있으면 어떻다고 생각하는가?

A 대단히 만족한다
B 스트레스가 크다
C 젊게 변한다
D 자신감이 생긴다

단어 得意 déyì 형 대단히 만족하다 | 压力 yālì 명 스트레스 | 信心 xìnxīn 명 자신감

해설 형용사 술어 뒤에 붙이는 '很多'는 '매우' 또는 '훨씬' 정도의 의미가 된다. 글에서 '나 자신도 훨씬 젊어지는 기분이 든다'라고 했기 때문에 정답은 C이다.

38-39

儿子，你想去北京发展我不反对，³⁸北京虽然竞争大，但机会也多。年轻人是应该多去外面看看，但我希望你在做这个选择之前，³⁹考虑清楚，好好想想这个决定对你的将来是否有帮助。

아들아, 네가 베이징(北京)에 가서 발전하고 싶은 것에 난 반대하지 않는다. ³⁸베이징이 비록 경쟁은 세지만 기회도 많지. 젊은 사람은 마땅히 바깥세상에 많이 가봐야 해. 하지만 나는 네가 이 선택을 하기 전에 ³⁹분명히 잘 고려해 보길 바란다. 이 결정이 네 장래에 도움이 되는 건지 아닌지 잘 생각해 보렴.

단어 发展 fāzhǎn 통 발전하다 | 反对 fǎnduì 통 반대하다 | 虽然 suīrán 접 비록 ~일지라도 | 竞争 jìngzhēng 통 경쟁하다 | 机会 jīhuì 명 기회 | 希望 xīwàng 통 희망하다 | 选择 xuǎnzé 통 선택하다 | 考虑 kǎolǜ 통 고려하다 | 清楚 qīngchu 형 분명하다, 뚜렷하다 | 将来 jiānglái 명 미래, 장래 | 是否 shìfǒu 부 ~인지 아닌지 | 帮助 bāngzhù 명 도움

38

说话人认为去北京发展有什么优点?

A 收入高
B 更安全
C 压力小
D 机会多

말하는 사람은 베이징에 가서 발전하는 것에 무슨 장점이 있다고 여기는가?

A 수입이 높다
B 더 안전하다
C 스트레스가 적다
D 기회가 많다

단어 收入 shōurù 명 수입

해설 '虽然 A 但是 B'는 '비록 A 하지만 B하다'라는 의미이다. 이 구문을 사용하여 글에서 '베이징이 비록 경쟁은 세지만 기회도 많다'라고 말했기 때문에 정답은 D이다.

39 说话人希望儿子怎么样?

A 认真考虑
B 勇敢些
C 照顾好自己
D 别骄傲

말하는 사람은 아들이 어떠하기를 바라는가?

A 진지하게 고려한다
B 좀 더 용감해진다
C 자신을 잘 돌본다
D 자만하지 말아라

단어 认真 rènzhēn 혱 진지하다 | 勇敢 yǒnggǎn 혱 용감하다 | 照顾 zhàogù 동 돌보다, 보살피다 | 骄傲 jiāo'ào 혱 자만하다

해설 보기 A에 나온 '认真考虑'는 '진지하게 고려하다'라는 의미로 이는 글의 '考虑清楚(분명히 고려하다)'라는 의미와 같다. 그러므로 정답은 A이다.

40-41

41听众朋友们，今天的节目到这里就全部结束了，感谢您的收听，40您对节目有什么不满意的地方请发短信告诉我们，我们很高兴能收到大家的意见和建议，41下周五晚上同一时间欢迎您准时收听。再见!

40, 41청취자 여러분, 오늘 프로그램은 여기에서 전부 마치겠습니다. 청취해주셔서 감사드리며 40프로그램에 대해 어떤 불만족스러운 부분이 있으면 문자로 저희에게 알려주세요. 저희는 기쁘게 여러분의 의견과 제안을 받겠습니다. 41다음 주 금요일 저녁 같은 시간, 정시에 들어주시길 바랍니다. 또 봐요!

단어 听众 tīngzhòng 몡 청취자 | 节目 jiémù 몡 프로그램 | 全部 quánbù 몡 전부 | 结束 jiéshù 동 끝나다 | 感谢 gǎnxiè 동 감사하다 | 收听 shōutīng 동 청취하다 | 满意 mǎnyì 몡 만족하다 | 短信 duǎnxìn 몡 문자 메시지 | 高兴 gāoxìng 혱 기쁘다 | 意见 yìjiàn 몡 견해, 의견 | 建议 jiànyì 몡 제안 | 准时 zhǔnshí 묀 정시에

40 听众可以怎样向节目提意见?

A 网上留言
B 打电话
C 写信
D 发短信

청취자는 어떻게 프로그램에 의견을 낼 수 있는가?

A 인터넷에 글을 남긴다
B 전화를 건다
C 편지를 쓴다
D 문자를 보낸다

해설 '发短信'은 '문자 메시지를 보내다'라는 의미로 글에서 '프로그램에 대해 어떤 불만족스러운 부분이 있으면 문자로 우리에게 알려달라'고 했으므로 정답은 D이다.

41 这段话最可能来自哪儿?

A 报纸　　　B 说明书
C 广播　　　D 电视

이 글은 어디에서 나온 가능성이 가장 큰가?

A 신문　　　B 설명서
C 방송　　　D TV

단어 广播 guǎngbō 몡 방송

해설   가장 처음에 언급된 '听众朋友们'은 '청취자 여러분'이라는 의미로 일단 보기에서 '报纸(신문)'과 '说明书(설명서)'는 제외된다. 또한, 마지막에서 '다음 주 금요일 저녁 같은 시간, 정시에 들어달라'고 했는데, 이때의 '收听'은 '청취하다'라는 의미이기 때문에 정답은 C이다.

42-43

小张是个敢想敢做的人，他三十岁时，⁴²放弃了一份当时工资很高的工作。跟朋友从零开始做起了家具生意。⁴³短短五年，他就有了自己的家具公司，还把家具卖到了国外。

샤오장(小张)은 생각하는 대로 행동하는 사람이다. 그가 서른 살 때 ⁴²당시 월급이 높았던 일을 포기하고, 친구와 가구 사업을 바닥부터 시작했다. ⁴³짧은 5년 만에 그는 자신의 가구 회사를 갖게 됐으며 가구를 외국으로 팔기까지 했다.

단어   放弃 fàngqì 동 포기하다 | 工资 gōngzī 명 월급 | 工作 gōngzuò 명 일 | 家具 jiājù 명 가구 | 生意 shēngyi 명 장사, 사업

42   小张放弃了一份怎么样的工作?

A 常出差
B 无聊
C 无奖金
D 工资高

샤오장은 어떤 직업을 포기했는가?

A 자주 출장 가다
B 무료하다
C 보너스가 없다
D 월급이 높다

단어   出差 chūchāi 동 출장 가다 | 无聊 wúliáo 형 무료하다 | 奖金 jiǎngjīn 명 보너스

해설   '工资'는 '월급'이라는 뜻으로, 월급이 '많다'는 표현으로는 '多'보다 '大'를 쓴다는 것을 명심해두자. 글에서 '당시 월급이 높았던 일을 포기했다'라고 했으므로 정답은 D이다.

43   小张现在怎么样?

A 生意很成功
B 很失望
C 在卖表
D 很后悔

샤오장은 지금 어떠한가?

A 장사가 성공했다
B 낙담했다
C 시계를 팔고 있다
D 후회한다

단어   失望 shīwàng 형 낙담하다 | 后悔 hòuhuǐ 동 후회하다

해설   보기의 '成功(성공하다)'이라는 단어를 글에서 직접 언급하지는 않았지만 '짧은 5년 만에 그는 자신의 가구 회사를 갖게 됐으며 가구를 외국으로 팔기까지 했다'라고 했으므로, 이는 사업의 성공을 의미한다. 따라서 정답은 A이다.

我刚 [44]看了这个照相机的使用说明书，介绍得非常详细，尤其是常见问题那部分，总结了许多使用过程中容易出现的错误，[45]我觉得非常有用，你也看看吧。

내가 방금 [44]이 카메라의 사용 설명서를 봤는데 소개된 게 굉장히 자세해. 특히 자주 보이는 문제 부분은 사용 중 쉽게 나타나는 많은 오류를 정리해놨는데, [45]내 생각에 아주 유용한 것 같아. 너도 좀 봐봐.

단어 照相机 zhàoxiàngjī 몡 카메라 | 使用 shǐyòng 몡 설명 | 说明书 shuōmíngshū 몡 설명서 | 介绍 jièshào 동 소개하다 | 详细 xiángxì 동 상세하다, 자세하다 | 尤其 yóuqí 閂 더욱이, 특히 | 问题 wèntí 몡 문제 | 总结 zǒngjié 동 총괄하다, 총정리하다 | 许多 xǔduō 혱 매우 많다 | 错误 cuòwù 몡 실수, 오류

---

44 那份说明书是关于什么的?

그 설명서는 무엇에 관한 것인가?

A 照相机　　　　B 空调
C 冰箱　　　　　D 传真机

A 카메라　　　　B 에어컨
C 냉장고　　　　D 팩스기

단어 空调 kōngtiáo 몡 에어컨 | 冰箱 bīngxiāng 몡 냉장고 | 传真机 chuánzhēnjī 몡 팩스

해설 글의 첫마디에서 '이 카메라의 사용 설명서를 봤다'라고 했기 때문에 카메라에 대한 설명서임을 알 수 있다. 그러므로 정답은 A이다.

---

45 说话人觉得那份说明书怎么样?

말하는 사람은 그 설명서가 어떻다고 생각하는가?

A 语言简单
B 用处大
C 很复杂
D 不太准确

A 말이 간결하다
B 쓸모가 크다
C 복잡하다
D 그다지 정확하지 않다

단어 用处 yòngchu 몡 쓸모 | 准确 zhǔnquè 혱 확실하다

해설 보기의 '用处'는 '쓸모'라는 의미로, 쓸모가 크다는 것은 여러 방면에서 유용하게 쓰인다는 것을 의미한다. 글에서 '내 생각에 아주 유용한 것 같다'라고 했으므로 정답은 B이다.

二　阅　读

第 一 部 分

46-50

A 倍	B 感谢	A 배	B 감사하다
C 故意	D 坚持	C 일부러	D 유지하다
E 既然	F 永远	E 기왕 ~된 바에야	F 영원히

단어 倍 bèi 영 곱절, 배 | 感谢 gǎnxiè 통 감사하다 | 故意 gùyì 분 고의로, 일부러 | 坚持 jiānchí 통 유지하다, 견지하다 | 既然 jìrán 접
기왕 ~된 바에야 | 永远 yǒngyuǎn 분 영원히

46

你(E 既然)已经醒了，就别躺着了，起来洗脸刷牙吧。

너는 (기왕) 이미 잠이 깼으니 누워 있지 말고 일어나서 세수와 양치를 해라.

단어 醒 xǐng 통 잠에서 깨다 | 躺 tǎng 통 눕다 | 洗脸 xǐliǎn 통 세수하다 | 刷牙 shuāyá 통 양치질하다

해설 '既然 A 就 B'는 '기왕 A한 바에야 B하다'라는 의미이다. 두 번째 절에 '就(바로 ~하다)'가 나왔으므로 빈칸에 '既然'을 넣는 것이 가장 적절하다. 그러므로 정답은 E이다.

Tip **'就'와 상응하는 접속사**
既然 A 就 B　기왕 A한 바에야 B하다
只要 A 就 B　A하기만 하면 B하다
如果(要是) A 就 B　만약 A라면 B하다

47

观众朋友们，(B 感谢)您收听今天的节目，我们明天同一时间再见。

시청자 여러분, 오늘의 프로그램을 청취해 주셔서 (감사합니다). 우리 내일 같은 시간에 다시 만나요.

단어 观众 guānzhòng 명 관중, 시청자 | 收听 shōutīng 통 청취하다 | 节目 jiémù 명 프로그램

해설 '收听…节目'는 '~프로그램을 청취하다'라는 의미이다. 프로그램을 마무리 짓는 내용이 나오고 있으므로 '오늘의 프로그램을 청취해 주어서 감사하다'라고 하는 것이 적절하다. 따라서 정답은 B이다.

48

小王不是(C 故意)骗你的，你就原谅他吧。

샤오왕(小王)이 (일부러) 너를 속인 것이 아니니 너는 그를 용서해 주렴.

단어 骗 piàn 통 속이다 | 原谅 yuánliàng 통 용서하다, 이해하다

해설 '故意(일부러)'는 부사이기 때문에 술어 앞에 위치해야 한다. 지문에서는 '骗(속이다)'라는 동사 앞에 빈칸이 있으므로 부사 자리라는 것을 알 수 있다. 또한, '일부러 속인 것이 아니다'라는 의미도 잘 이어지기 때문에 정답은 C이다.

49

太阳的质量大约是地球的33万(A 倍)。

태양의 질량은 대략 지구의 33만 (배)이다.

단어 太阳 tàiyáng 명 태양 | 质量 zhìliàng 명 질량 | 大约 dàyuē 분 아마, 대략 | 地球 dìqiú 명 지구

해설 지문에서 '33万(33만)'이라는 숫자 뒤에 빈칸이 있으므로 '배', '곱절'이라는 의미의 '倍'가 적절하다. 특히 'A 是 B 的…倍'는 'A는 B의 ~배이다'라는 의미임을 기억해 두자. 따라서 정답은 A이다.

50

祝你们两位新婚快乐、(F 永远)幸福，干杯!

너희 둘의 신혼을 축하하고 (영원히) 행복해. 건배!

단어 祝 zhù 통 기원하다, 축하하다 | 新婚 xīnhūn 명 신혼 | 快乐 kuàilè 형 즐겁다 | 幸福 xìngfú 명 행복 | 干杯 gānbēi 통 건배하다

해설 '永远'은 '영원히'라는 의미의 부사이다. 지문에서 '幸福(행복하다)'라는 형용사 술어가 들어갔기 때문에 '永远幸福'는 '영원히 행복하다'라는 의미로 해석할 수 있다. 그러므로 정답은 F이다.

51-55

A 方向	B 标准		A 방향	B 표준적이다
C 温度	D 到底		C 온도	D 도대체
E 瓶	F 剩		E 병	F 남다

단어 方向 fāngxiàng 명 방향 | 标准 biāozhǔn 형 표준적이다 | 温度 wēndù 명 온도 | 到底 dàodǐ 부 도대체 | 瓶 píng 양 병 | 剩 shèng 통 남다

51

A 李明说的那个消息(D 到底)是真的还是假的?
B 我也不太清楚，很多人都说咱们公司要搬到郊区去。

A 리밍(李明)이 말한 그 소식은 (도대체) 진짜니 아니면 가짜니?
B 나도 그다지 정확하지 않아. 많은 사람이 우리 회사가 외곽으로 이사 간다고 말해.

단어 消息 xiāoxi 명 소식, 정보 | 假 jiǎ 형 거짓의 | 清楚 qīngchu 형 분명하다 | 郊区 jiāoqū 명 (도시의) 변두리, 외곽

해설 현재 빈칸이 술어인 '是(~이다)' 앞에 있으므로 부사 자리로 볼 수 있다. 특히 보기의 '到底'는 '도대체'라는 의미를 가지고 있는 부사이기 때문에 정답은 D이다.

52

A 你好，北京博物馆是往这个(A 方向)走吗?
B 对，在前面红绿灯那儿左转，然后再向前走几百米就到了。

A 안녕하세요. 베이징(北京) 박물관은 이 (방향)으로 가면 되나요?
B 맞습니다. 앞에 있는 신호등에서 왼쪽으로 돈 후에 다시 앞으로 몇백 미터 가면 바로 도착합니다.

단어 博物馆 bówùguǎn 명 박물관 | 红绿灯 hónglǜdēng 명 신호등 | 转 zhuǎn 통 돌다, 회전하다 | 然后 ránhòu 접 그리고 나서

해설 개사 '往'은 '~쪽으로'라는 의미로 뒤에 방향과 관련된 명사가 온다. 그러므로 정답은 A의 '方向(방향)'이다.

53

A 她的英文说得真(B 标准)。
B 是啊，只听声音的话，恐怕没人知道她是个外国人。

A 그녀의 영어는 말하는 것이 정말 (표준적이야).
B 맞아. 단지 목소리만 들으면 아마 그녀가 외국인이라고 아는 사람은 없을 거야.

단어 英文 Yīngwén 명 영어 | 声音 shēngyīn 명 소리 | 恐怕 kǒngpà 부 아마 ~일 것이다

해설 구조조사 '得'는 정도보어를 만들 때 사용한다. 동사 뒤에 오는 '得'는 그 동사의 정도에 관해서 서술하며 일반적으로 '동사 + 得 + 형용사구'로 쓰인다. 그러므로 현재 빈칸의 위치는 형용사의 자리라고 볼 수 있다. 보기 중 형용사는 '标准(표준적이다)'뿐이다. 특히 '说得真标准'은 '말하는 것이 정말 표준적이다' 혹은 '말을 매우 잘하는구나'로 해석을 할 수 있다. 따라서 정답은 B이다.

54

A 这个饮料的广告做得真不错，很吸引人。
B 对，看得我特别想喝，真想买一(E 瓶)尝尝。

A 이 음료의 광고는 정말 잘 만들어졌어. 사람을 매료시키는 거 있지.
B 맞아. 보니까 정말 마시고 싶은 걸. 진짜 한 (병) 사서 맛보고 싶어.

단어 饮料 yǐnliào 명 음료 | 广告 guǎnggào 명 광고 | 吸引 xīyǐn 통 흡인하다, 매료시키다 | 尝 cháng 통 맛보다

해설 빈칸이 '一' 뒤에 있기 때문에 빈칸에는 양사가 와야 함을 알 수 있다. 또한 A와 B의 대화에서 알 수 있듯이 주제가 '饮料(음료)'로 정답은 음료를 세는 양사인 E가 된다.

55

A 最后的座位没有了，只(F 剩)下第一排和中间两排的了。
B 那坐中间吧，离得太近对眼睛不好。

A 맨 뒤의 좌석은 없고 단지 첫 번째 줄과 중간에 두 줄만 (남았어).
B 그러면 중간에 앉자. 거리가 너무 가까우면 눈에 안 좋아.

단어 座位 zuòwèi 명 좌석 | 排 pái 명 줄, 열 | 中间 zhōngjiān 명 중간 | 离 lí 통 분리하다, 떨어지다 | 眼睛 yǎnjing 명 눈

해설 현재 빈칸의 앞에는 '只(단지)'라는 부사가 있기 때문에 빈칸에는 동사가 와야 한다. '남다'라는 의미의 2음절 동사로는 '剩下'가 있는데 이를 줄여 '剩'이라고 써도 무방하다. 그리고 현재 빈칸 뒤에 '下'가 있기 때문에 '剩'을 넣어야 가장 적절하다. 그러므로 F가 정답이다.

56-65

56

A 调查发现，<u>超过半数的女性都考虑过减肥</u>	A 조사 결과, 절반이 넘는 여성이 다이어트를 고려한 적이 있다고 한다
B 有一些甚至还很瘦	B <u>심지어</u> 어떤 사람들은 매우 마르기도 하다
C 尽管她们中的大多数都并不胖	C 비록 <u>그녀들</u> 중 대다수는 전혀 뚱뚱하지 않으며 (A C B)

단어 调查 diàochá 명 조사 | 超过 chāoguò 동 초과하다 | 半数 bànshù 명 절반 | 考虑 kǎolǜ 동 고려하다 | 减肥 jiǎnféi 동 다이어트하다 | 甚至 shènzhì 부 심지어 | 瘦 shòu 형 마르다 | 大多数 dàduōshù 명 대다수

해설 독해 2부분을 풀 때는 첫 문장을 잘 찾는 것이 관건이다. 문장을 보았을 때 B에는 '甚至(심지어)'라는 부사가 있기 때문에 의미상 첫 문장이 될 수 없다. 또한, C는 '그녀들'이 정확히 누구인지 밝혀지지 않아 첫 문장이 될 수 없다. 그러므로 A를 첫 문장으로 쓸 수 있다. A 의 '절반이 넘는 여성'이 C에서 말하는 '그녀들'이기에 A–C이며, 의미상 '비록 그녀들 중 대다수는 전혀 뚱뚱하지 않으며 심지어 어떤 사람들은 매우 마르기도 하다'라고 할 수 있다. 그러므로 정답은 A–C–B이다.

57

A 不过一定要及时还回去	A 하지만 반드시 즉시 반납해야 합니다
B 可以拿到三层复印店去复印	B 3층 복사실에 가져가서 복사를 할 수 있습니다
C 这里的杂志都不能外借，你要是有需要	C 여기의 잡지는 모두 <u>외부로 대출할 수 없습니다</u>. 만약 필요하다면 (C B A)

단어 及时 jíshí 부 즉시, 제때에 | 层 céng 양 층, 겹 | 复印 fùyìn 동 복사하다 | 杂志 zázhì 명 잡지 | 外借 wàijiè 동 외부 대출하다 | 需要 xūyào 명 필요

해설 A는 접속사 '不过(그러나)'로 시작하기 때문에 의미상 첫 문장이 될 수 없다. 또한, B는 조동사 '可以(~할 수 있다)'로 시작하기 때문에 첫 문장이 될 수 없으므로 C가 첫 문장이 될 수 있다. 의미상 '잡지가 외부 대출이 안되니 필요하다면 3층 복사실로 가서 복사해도 되지만 즉시 반납해야 한다'가 적절하다. 그러므로 정답은 C–B–A이다.

58

A 即使在同一个城市工作	A 설령 같은 도시에서 일을 하더라도
B 也只是偶尔出来聚一下	B 단지 이따금 나와서 만날 뿐이다
C 毕业后我和以前的<u>同学就很少见面了</u>	C 졸업한 후 나와 이전의 동창생은 아주 가끔 만났다 (C A B)

단어 城市 명 도시 | 偶尔 ǒu'ěr 부 간혹, 이따금 | 聚 jù 동 모이다 | 毕业 bìyè 동 졸업하다

해설 '即使 A 也 B'는 '설령 A일지라도 B하다'라는 의미이기 때문에 '접속사 + 부사'의 호응으로 A다음 B가 올 수 있다. 또한, 의미적으로 '나와 이전의 동창생'이라는 주어가 앞에 나와야 하기 때문에 정답은 C–A–B이다.

59

A 他突然想出了一个好主意	A 그는 <u>갑자기</u> 좋은 아이디어를 하나 떠올려
B 就在所有人都不知道该怎么办时	B 모든 사람이 어떻게 해야 할지 모르고 있었을 때
C 顺利地把这个问题解决了	C 순조롭게 이 일을 해결했다 (B A C)

단어 突然 tūrán 부 갑자기 | 主意 zhǔyi 명 방법, 아이디어 | 所有 suǒyǒu 형 모든 | 顺利 shùnlì 형 순조롭다 | 问题 wèntí 명 문제 | 解决 jiějué 동 해결하다

해설 '在⋯时'와 '当⋯时'는 '~할 때'라는 의미이다. 이 구문이 독해 2부분에서 나왔을 때는 일반적으로 첫 문장이 될 수 있음을 알아야 한다. 모든 사람이 어떻게 해야 할지 모를 때 그가 아이디어를 떠올려 문제를 해결했다는 흐름으로 흘러가고 있다. 그러므로 정답은 B–A–C이다.

60

A 要是去了广东而没有去那儿尝尝小吃
B 那条小吃街在广东很有名，很多人都说
C 就不能说自己到过广东

A 만약 광둥(广东)에 가서 그곳에 들려 간식을 맛보지 않았다면
B 광둥에 있는 그 먹거리 골목은 매우 유명하다. 많은 사람이 말하기를
C 자신이 광둥에 가보았다고 말할 수 없을 것이라고 한다　(B A C)

단어　尝 cháng 동 맛보다 ｜ 小吃街 xiǎochījiē 명 먹거리 골목 ｜ 有名 yǒumíng 형 유명하다

해설　'要是 A 就 B'는 '만약 A한다면 B하다'라는 의미이다. A의 '要是(만약)'와 C의 '就(바로 ~하다)'가 연달아 나올 수 있는데 A에서 언급 된 '그곳'이 정확히 어디인지 언급이 되지 않았기 때문에 A는 첫 문장이 될 수 없다. 그러므로 '小吃街(먹거리 골목)'라는 정확한 명칭이 나와 있는 B를 제일 앞에 놓아 '광둥에 있는 그 먹거리 골목은 매우 유명하다. 많은 사람이 말하길, 만약 광둥에 가서 그곳에 들려 간식을 맛보지 않았다면 자신이 광둥에 가보았다고 말 할 수 없을 것이라고 한다'라는 흐름으로 해석할 수 있다. 그러므로 정답은 B-A-C이다.

61

A 邀请了很多名人参加
B 听说明天公司的文艺活动
C 其中还有不少演员和作家呢

A 많은 유명인이 참석하도록 초대했다고 한다
B 듣자 하니 내일 회사 문예 행사에
C 그중에는 적지 않은 배우와 작가가 있다
　(B A C)

단어　邀请 yāoqǐng 동 초대하다 ｜ 参加 cānjiā 동 참석하다 ｜ 文艺 wényì 명 문예 ｜ 其中 qízhōng 대 그중에 ｜ 演员 yǎnyuán 명 배우 ｜ 作家 zuòjiā 명 작가

해설　B에 언급된 '听说'는 '듣자 하니'라는 의미로 보통 문장 앞에 위치한다. 또한, C의 '其中(그중)'이라는 것은 A의 '很多名人(많은 유명인)'이라는 전제 조건이 나와야 쓰일 수 있는 단어이다. 문맥상 '듣자 하니 내일 회사 문예 행사에 많은 유명인이 참석하도록 초대했다고 한다. 그중에는 적지 않은 배우와 작가가 있다'라고 해석이 하는 것이 옳다. 따라서 정답은 B-A-C이다.

62

A 他们不会因为太善良而让顾客讨厌
B 好的服务员懂得通过打招呼来吸引顾客
C 也不会因为不热情而让顾客觉得不友好

A 그들은 너무 친절하기 때문에 고객으로 하여금 싫어하게 하지 않을 것이고
B 좋은 종업원은 인사를 통해서 고객을 매료시킬 수 있다는 것을 안다
C 또 너무 불친절하기 때문에 고객으로 하여금 우호적이지 못하다고 느끼게 하지도 않을 것이다
　(B A C)

단어　善良 shànliáng 형 선량하다, 착하다 ｜ 顾客 gùkè 명 고객 ｜ 讨厌 tǎoyàn 동 싫어하다 ｜ 懂得 dǒngde 동 이해하다, 알다 ｜ 打招呼 dǎ zhāohu 인사하다 ｜ 友好 yǒuhǎo 형 우호적이다

해설　A에서 '不会因为(~때문에 하지 않을 것이다)'라는 표현이 나왔는데 C에서 '也不会因为(또한 ~때문에 하지 않을 것이다)'가 나왔기 때문에 A 뒤에 C가 나와야 한다. 하지만 A가 말하고 있는 '그들'은 B의 '좋은 종업원'을 지칭한 표현으로 정답은 B-A-C이다.

63

A 我几乎都是在那儿买菜的，因为经常去
B 现在连店里的师傅都认识我了
C 我家附近有家商店

A 나는 거의 대부분 그곳에서 야채를 산다. 자주 가기 때문에
B 지금은 체인점의 아저씨 또한 나를 알아 보신다
C 우리 집 근처에 상점이 하나 있는데　(C A B)

단어　几乎 jīhū 부 거의, 거의 모두 ｜ 认识 rènshi 동 인식하다, 알다 ｜ 附近 fùjìn 명 근처 ｜ 商店 shāngdiàn 명 상점

해설　A가 첫 문장이 될 수 없는 이유는 '그곳'이 어디인지 명확히 밝혀지지 않았기 때문이다. A에서 지칭하는 '그곳'은 C에서 언급이 된 '상점'으로 C 뒤에 A가 와야 한다. 그리고 자주 가기 때문에 상점의 아저씨도 나를 알아본다라는 흐름으로 흘러가고 있으므로 정답은 C-A-B이다.

64

A 其实，这件衣服我也不是百分之百满意
B 而且也没时间再出来买了，所以就它吧
C 但是我正好缺一条明晚晚会时穿的裤子

A 사실 이 옷 역시 나는 100% 만족하지 않는다
B 게다가 다시 나가서 살 시간도 없으니 그것으로 하겠다
C 그러나 나는 마침 내일 저녁 파티에서 입을 바지 한 벌이 부족하고 　(A C B)

단어 衣服 yīfu 몡 의복, 옷 | 满意 mǎnyì 혱 만족하다 | 缺 quē 동 부족하다 | 晚会 wǎnhuì 몡 저녁 파티 | 穿 chuān 동 (옷·신발·양말 등을) 입다 | 裤子 kùzi 몡 바지

해설 B는 '而且(게다가)', C는 '但是(그러나)'가 초반에 있어 B, C 모두 첫 문장이 될 수 없다. 그러므로 A가 첫 문장이 된다. 또한, '사실 이 옷 역시 (나는) 100% 만족하지 않는다. 그러나 나는 마침 내일 저녁 파티에 입을 바지 한 벌이 부족하고, 게다가 다시 나가서 살 시간도 없으니 그것으로 하겠다'라는 흐름이 적절하기 때문에 정답은 A-C-B이다. 특히, 어떤 물건을 살 때 B에서 언급된 '所以就它吧(그래서 그것으로 하겠다)'라는 표현은 보통 가장 마지막에 위치한다는 것을 알아두어야 한다.

65

A 这使得我们俩很快就成了好朋友
B 我们班最近转来了一位新同学
C 她跟我一样爱运动，尤其是爱打羽毛球

A 이것은 우리 둘이 빠르게 좋은 친구가 될 수 있게끔 해주었다
B 우리 반에 최근 한 명의 새로운 학생이 전학을 왔다
C 그녀는 나와 똑같이 운동을 좋아하는데 특히 배드민턴 치는 것을 좋아한다　(B C A)

단어 使得 shǐde 동 ~ 하게 하다 | 运动 yùndòng 몡 운동 | 尤其 yóuqí 뷔 특히 | 羽毛球 yǔmáoqiú 몡 배드민턴

해설 A에서 언급이 된 '우리'는 C에서 나온 '그녀와 나'를 지칭하는 것이기 때문에 C 다음 A가 나와야 한다. 또한, C의 '그녀'는 이번에 새로 전학 온 친구이기 때문에 B가 첫 문장이 될 수 있다. 그러므로 정답은 B-C-A이다.

第 三 部 分

66-79

66

我公司现招聘一名经济方面的职员，要求：年龄在40岁以下，至少会两门外语，有五年以上工作经验。欢迎符合条件者前来应聘。

★ 应聘这个工作的人必须：

A 有工作经验
B 工作三年以上
C 超过45岁
D 会说普通话

우리 회사는 현재 경제 방면의 직원을 한 명 모집하고 있습니다. 요구 조건은 연령은 40세 이하, 최소 두 개의 외국어를 할 줄 알아야 하며, 5년 이상의 직무 경험이 있어야 합니다. 조건에 부합하신 분의 지원을 환영합니다.

★ 이 일에 지원하는 사람은 반드시 :

A 직무 경험이 있어야 한다
B 직무 경험이 3년 이상이어야 한다
C 45세가 넘어야 한다
D 표준어를 구사할 수 있어야 한다

단어 招聘 zhāopìn 동 모집하다 | 经济 jīngjì 명 경제 | 职员 zhíyuán 명 직원 | 要求 yāoqiú 명 요구 | 年龄 niánlíng 명 연령 | 至少 zhìshǎo 부 적어도, 최소한 | 经验 jīngyàn 명 경험 | 欢迎 huānyíng 동 환영하다 | 符合 fúhé 동 부합하다 | 条件 tiáojiàn 명 조건 | 应聘 yìngpìn 동 지원하다 ‖ 超过 chāoguò 동 초과하다 | 普通话 pǔtōnghuà 명 현대 중국어의 표준어

해설 지문에서 '5년 이상의 직무 경험'이 요구 조건 중 하나로 언급이 되었는데, 보기 중에 이 내용과 일치하는 A가 정답이다.

67

酸辣汤是中国人常吃的小吃。它的味道就跟名字一样，既酸又辣。在寒冷的冬天喝上一碗，会让你感觉非常暖和。

★ 酸辣汤：

A 可治疗感冒
B 不适合冬天喝
C 味道酸且辣
D 很苦

쏸라탕(酸辣汤)은 중국인이 자주 먹는 간단한 음식이다. 그것의 맛은 이름과 같아서 시기도 하고 맵기도 하다. 추운 겨울에 한 그릇을 마시면 당신은 매우 따뜻해지는 것을 느낄 수 있다.

★ 쏸라탕은 :

A 감기를 치료할 수 있다
B 겨울에 마시기 부적합하다
C 맛이 시고 맵다
D 매우 쓰다

단어 酸辣汤 suānlàtāng 명 쏸라탕 | 味道 wèidao 명 맛, 냄새 | 酸 suān 형 시큼하다 | 辣 là 형 맵다 | 暖和 nuǎnhuo 형 따뜻하다 ‖ 治疗 zhìliáo 동 치료하다 | 感冒 gǎnmào 명 감기 | 适合 shìhé 동 적합하다

해설 '既 A 又 B'는 'A이기도 하고 B이기도 하다'는 의미이며 '又 A 又 B'와 쓰임이 같다. 지문에서 '쏸라탕'에 대해서 '시기도 하고 맵기도 하다'라고 했으므로 정답은 C이다.

68

张医生年轻时非常喜欢旅游，去过很多国家。不管走到哪里，他都会带着照相机。他说美丽的景色虽然带不走，但他可以带走照片，带走一份美好回忆。

의사 장 씨는 젊었을 때 여행하는 것을 매우 좋아했고 많은 국가를 가보았다. 어디를 가든지 상관없이 그는 모두 카메라를 가지고 다닌다. 그는 비록 아름다운 풍경을 가져오지는 못하지만, 사진은 가져올 수 있고 아름다운 추억을 가져올 수 있다고 말한다.

★ 张医生旅行时：

A 总带着相机
B 要买地图
C 喜欢回忆过去
D 不爱照相

★ 의사 장 씨는 여행할 때 :

A 항상 카메라를 가지고 다닌다
B 지도를 산다
C 과거를 회상하는 것을 좋아한다
D 사진 찍는 것을 싫어한다

단어 医生 yīshēng 몡 의사 | 年轻 niánqīng 혱 젊다 | 旅游 lǚyóu 툉 여행하다 | 照相机 zhàoxiàngjī 몡 카메라 | 美丽 měilì 혱 아름답다 | 景色 jǐngsè 몡 풍경 | 照片 zhàopiàn 몡 사진 | 美好 měihǎo 혱 아름답다 | 回忆 huíyì 몡 회상, 추억 ‖ 地图 dìtú 몡 지도 | 过去 guòqù 몡 과거 | 照相 zhàoxiàng 툉 사진을 찍다

해설 '不管 A 都 B'는 'A를 막론하고 모두 B한다'는 의미이다. 지문에서는 이 구문을 사용하여 '어디를 가든지를 상관없이 그는 모두 카메라를 가지고 다닌다'고 했기 때문에 그가 여행을 갈 때마다 카메라를 가지고 다녔다는 것을 알 수 있다. 그러므로 정답은 A이다.

69

很多卖书的网站都提供试读服务，顾客在购买前可先在网页上阅读一部分，对书的内容有一个大概的了解后，再决定是不是购买。

책을 파는 여러 인터넷 홈페이지는 모두 미리 보기 서비스를 제공한다. 고객은 구매하기 전에 우선 인터넷 홈페이지에서 일부분을 읽는다. 책 내용에 대한 대략적인 이해 후에 다시 구매할지 말지를 결정한다.

★ 那些卖书的网站允许顾客：

A 以旧换新
B 先试读后买
C 复印图书
D 货到付款

★ 책을 파는 그 인터넷 사이트들은 고객에게 무엇을 허락하는가 :

A 오래된 것을 새것으로 바꿔주기
B 먼저 미리 본 후에 구입하기
C 책을 복사하기
D 상품 도착 후 지불하기

단어 提供 tígōng 툉 제공하다 | 试读 shìdú 툉 시험 삼아 읽다 | 顾客 gùkè 몡 고객 | 内容 nèiróng 몡 내용 | 大概 dàgài 혱 대략적인 | 了解 liǎojiě 툉 이해하다 | 决定 juédìng 툉 결정하다 | 购买 gòumǎi 툉 구매하다 ‖ 允许 yǔnxǔ 툉 허락하다 | 复印 fùyìn 툉 복사하다 | 付款 fùkuǎn 툉 돈을 지불하다

해설 '试读'는 직역하면 '시험 삼아 읽어보기'로 '미리 보기'와 비슷한 맥락이라고 볼 수 있다. 지문의 첫 문장에서 '책을 파는 여러 인터넷 홈페이지는 모두 미리 보기 서비스를 제공한다'라고 했기 때문에 정답은 B이다. 또한, 밑줄 친 부분에서 '提供…服务'는 '~서비스를 제공하다'라는 중요 구문이라는 것을 알아두자.

70

爷爷和奶奶结婚60多年了，虽然生活中没有太多的浪漫，但这么多年来他们共同经历了很多风风雨雨，感情非常深。

할아버지와 할머니는 결혼한 지 60년이 넘었다. 비록 생활하면서 그다지 많은 낭만이 있지는 않았지만, 이렇게 많은 세월을 지내오면서 그들은 함께 수많은 풍파를 겪었고 감정은 매우 깊어졌다.

★ 爷爷和奶奶：

A 想去旅行
B 感情很好
C 很浪漫
D 从来没烦恼

★ 할아버지와 할머니는：

A 여행을 가고 싶어 한다
B 감정이 매우 좋다
C 매우 낭만적이다
D 지금까지 근심이 없었다

단어 结婚 jiéhūn 통 결혼하다 | 浪漫 làngmàn 통 낭만적이다 | 共同 gòngtóng 분 함께 | 经历 jīnglì 통 경험하다 | 感情 gǎnqíng 명 감정 ∥ 旅行 lǚxíng 명 여행 | 烦恼 fánnǎo 명 근심

해설 지문에서 언급한 '感情非常深(감정이 매우 깊다)'라는 표현이 좋은 의미라는 것을 먼저 파악해야 한다. 이 표현은 보기 B의 '感情很好(감정이 매우 좋다)'와 같으므로 정답은 B이다.

71

玩儿这个游戏关键是速度是否快，如果后面那只狗跑到了你前面，那你就输了，游戏也就结束了。

이 게임의 관건은 속도가 빠른지 안 빠른지에 있다. 만약 뒤쪽의 개가 뛰어서 당신의 앞에 도착했다면 당신은 진 것이며 놀이 또한 끝난다.

★ 要想在游戏中赢，就要：

A 动作很标准
B 多同情别人
C 跑在狗前面
D 抱着狗跑步

★ 게임 중에 이기고 싶으면：

A 동작이 매우 표준적이어야 한다
B 다른 사람을 많이 동정해야 한다
C 개의 앞으로 달려야 한다
D 개를 껴안고 달려야 한다

단어 游戏 yóuxì 명 게임 | 关键 guānjiàn 명 관건 | 速度 sùdù 명 속도 | 是否 shìfǒu 분 ~인지 아닌지 | 快 kuài 형 빠르다 | 输 shū 통 지다 | 结束 jiéshù 통 끝나다 ∥ 赢 yíng 통 이기다 | 动作 dòngzuò 명 동작 | 标准 biāozhǔn 형 표준적이다 | 同情 tóngqíng 통 동정하다 | 抱 bào 통 껴안다

해설 첫 문장에서 게임의 관건이 속도라고 언급하고, '만약 뒤쪽의 개가 뛰어서 당신의 앞에 도착했다면 당신은 진 것이다'라고 했으므로 정답은 C이다.

72

哥，过来帮我个忙吧，你和我抬一下电视，我把房间钥匙掉电视后面了。

형, 와서 나 좀 도와줘. 나와 같이 텔레비전을 좀 들어줘. 내가 방 열쇠를 텔레비전 뒤에 떨어뜨렸어.

★ 说话人希望哥哥帮他：

A 租房子   B 打扫卫生
C 给钥匙   D 抬电视

★ 말하는 사람은 형이 그를 도와 무엇을 하기를 바라는가：

A 집 임대하기   B 청소하기
C 열쇠 주기   D 텔레비전 들기

단어 抬 tái 통 들어 올리다 | 房间 fángjiān 명 방 | 钥匙 yàoshi 명 열쇠 | 电视 diànshì 명 텔레비전 ∥ 租 zū 통 임차하다, 임대하다 | 房子 fángzi 명 집 | 打扫 dǎsǎo 통 청소하다

해설 지문에서 형에게 도움을 청하며 '나와 같이 텔레비전 좀 들자'라고 했으므로 정답은 D이다. 첫 문장에 나온 '帮忙(돕다)'는 이합동사이기 때문에 목적어를 쓸 수 없다. 그러므로 '나를 도와 달라'고 말할 때는 지문처럼 '帮我个忙' 혹은 '帮我的忙'으로 바꾸어야 한다.

73

和付现金相比，刷信用卡有许多好处。首先，购物时无需带很多现金，非常方便；其次，刷卡也减少了找零钱的麻烦。

현금 지불과 비교해서 신용카드를 긁는 것은 많은 이점이 있다. 우선 구매 시 많은 현금을 가지고 다닐 필요가 없어 매우 편리하다. 둘째, 카드를 긁는 것은 거스름 돈을 주는 번거로움을 덜어준다.

★ 这段话告诉我们，使用信用卡：

A 很麻烦
B 能节约钱
C 更简单
D 更方便

★ 이 글이 우리에게 말하기를, 신용카드를 사용하면 :

A 매우 번거롭다
B 돈을 절약할 수 있다
C 훨씬 간단하다
D 훨씬 편리하다

단어　付 fù 图 돈을 지불하다 | 现金 xiànjīn 圆 현금 | 刷 shuā 图 (카드를) 긁다 | 信用卡 xìnyòngkǎ 圆 신용카드 | 方便 fāngbiàn 圈 편리하다 | 减少 jiǎnshǎo 图 감소하다 | 麻烦 máfan 圈 귀찮다, 번거롭다 ‖ 节约 jiéyuē 图 절약하다 | 简单 jiǎndān 圈 간단하다

해설　어떠한 주제나 주장에 대해서 근거를 나열할 때에는 '首先(우선)', '其次(그다음)', '最后(가장 마지막)'와 같은 표현을 순차적으로 쓸 수 있다. 지문에서는 '首先(우선)'과 '其次(그다음)'를 사용하여 신용카드 사용에 대한 장점을 두 가지의 근거를 들어 설명했다. 그중 지문의 '非常方便(매우 편리하다)'이라는 표현으로 보아 정답이 D임을 알 수 있다.

74

第一次听中国朋友说"肚子里有货"时，我以为它的意思是肚子难受。后来查了词典，才知道这句话是指人的知识很丰富。

처음 중국 친구가 '뱃속에 물건이 있다'라고 말한 것을 들었을 때 나는 그것을 배가 아프다는 의미로 여겼다. 나중에 사전을 찾아보고 나서야 비로소 이 말이 사람의 지식이 풍부한 것을 가리키는 것이라는 걸 깨달았다.

★ "肚子里有货"是说一个人：

A 很有知识
B 越来越胖
C 会开玩笑
D 肚子饿了

★ '뱃속에 물건이 있다'는 어떤 사람을 말하는가 :

A 지식이 많다
B 점점 뚱뚱해진다
C 농담을 할 줄 안다
D 배가 고프다

단어　肚子 dùzi 圆 복부, 배 | 以为 yǐwéi 图 ~라고 여기다 | 难受 nánshòu 圈 불편하다, 아프다 | 查 chá 图 조사하다, 찾아보다 | 词典 cídiǎn 圆 사전 | 知识 zhīshi 圆 지식 | 丰富 fēngfù 圈 풍부하다 ‖ 开玩笑 kāiwánxiào 图 농담하다 | 饿 è 圈 배고프다

해설　지문의 '我以为它的意思是肚子难受(나는 그것을 배가 아프다는 의미로 여겼다)'라는 부분에서 '以为(~라고 여기다)'는 '觉得(~라고 생각하다)'와 구별되어야 한다. '觉得'는 '~라고 생각하다'라는 뜻이고 '以为'는 '~라고 생각했지만 알고 보니 아니었다'라는 뉘앙스를 함께 가지고 있다. 그렇기 때문에 '肚子难受(배가 아프다)'는 정답의 의미가 될 수 없고 뒤에 언급이 되는 '知识很丰富(지식이 풍부하다)'가 적절하다. 따라서 정답은 A이다.

75

生气时不要马上发脾气，最好等24小时。因为24小时后，原来让你生气的事情往往就变得没那么严重了，甚至有时还会觉得别人是对的。很多时候，"等一等"会使你想得更清楚，做事更冷静。

★ "等24小时"是为了让自己：

A 不那么紧张
B 做事更准时
C 冷静下来
D 别太激动

화가 났을 때 바로 화를 내면 안 된다. 가장 좋기로는 24시간을 기다리는 것이다. 왜냐하면 24시간 후에는 원래 당신을 화나게 했던 일이 종종 그렇게까지 심각하지 않게 변하며, 심지어 때로는 다른 사람이 옳았다는 것을 느낄 수 있게 된다. 많은 경우에 '좀 기다리는 것'은 당신으로 하여금 더욱 분명하게 생각하도록 하고 일을 더 침착하게 하도록 한다.

★ '24시간을 기다리는 것'은 스스로 무엇을 하도록 하기 위해서 :

A 긴장하지 않게 한다
B 일을 더 제시간에 한다
C 침착해지다
D 너무 흥분하지 않는다

단어 生气 shēngqì 통 화내다 ┃ 马上 mǎshàng 부 즉시, 금방 ┃ 发脾气 fāpíqi 통 성질부리다, 화내다 ┃ 原来 yuánlái 부 원래 ┃ 事情 shìqing 명 사건, 일 ┃ 往往 wǎngwǎng 부 종종, 자주 ┃ 严重 yánzhòng 통 매우 심하다 ┃ 甚至 shènzhì 통 심지어 ┃ 清楚 qīngchu 형 분명하다 ┃ 冷静 lěngjìng 형 침착하다 ‖ 紧张 jǐnzhāng 형 긴장하다 ┃ 准时 zhǔnshí 부 정시에, 제때에 ┃ 激动 jīdòng 통 흥분하다

해설 보기 C의 '冷静'은 '냉정하다'라는 뜻도 있지만 '차분하다', '침착하다'라는 의미도 같이 가지고 있다. 지문에서는 화가 났을 때에 24시간을 기다려야 한다는 것을 강조하면서, 그렇게 하게 되었을 때 '당신으로 하여금 더욱 분명하게 생각하도록 하고, 일을 더 침착하게 하도록 한다'라고 했기 때문에 정답은 C이다.

76

他母亲是音乐老师，从小他就跟着母亲学习弹钢琴。在母亲的严格要求下，他十年如一日地坚持练习，最终成为了一名优秀的钢琴家，并多次获得国际大奖。

★ 关于他，可以知道：
A 受父亲影响大
B 钢琴弹得很棒
C 降低了自己要求
D 很勇敢

그의 어머니는 음악 선생님이셔서 어렸을 때부터 그는 어머니를 따라 피아노 치는 것을 배웠다. 어머니의 엄격한 요구로 그는 십 년을 하루와 같이 꾸준히 연습했다. 결국 뛰어난 피아니스트가 되었고 국제대상을 여러 차례 받았다.

★ 그에 대해서, 알 수 있는 것은 무엇인가 :
A 아버지에게 받은 영향이 크다
B 피아노를 매우 잘 친다
C 자신의 요구를 낮추었다
D 매우 용감하다

단어 母亲 mǔqīn 명 어머니 ┃ 音乐 yīnyuè 명 음악 ┃ 弹 tán 통 (악기를) 연주하다 ┃ 钢琴 gāngqín 명 피아노 ┃ 严格 yángé 형 엄격하다 ┃ 优秀 yōuxiù 통 우수하다, 아주 뛰어나다 ┃ 获得 huòdé 통 얻다 ‖ 影响 yǐngxiǎng 명 영향 ┃ 棒 bàng 형 좋다 ┃ 降低 jiàngdī 통 내리다 ┃ 勇敢 yǒnggǎn 형 용감하다

해설 동사 '成为'는 '~가 되다'라는 의미이다. 지문에서 '결국 뛰어난 피아니스트가 되었다'라고 했으므로 정답은 B이다. 특히 보기 B에서 '得'라는 표현은 술어 뒤에 쓰여 술어의 정도를 나타내는 표현임을 알아두어야 한다.

77

有一种植物非常奇怪，它可以发出声音，白天能"笑"、晚上会"哭"。植物学家经过研究发现，它之所以会这样，很可能是受到了阳光的影响。

어떤 식물은 매우 기이하다. 그것은 소리를 낼 수 있는데 대낮에는 '웃기'를 할 수 있고, 저녁에는 '울기'를 할 수 있다. 식물학자는 연구결과를 통해 그것이 이렇게 하는 이유는 아마도 햇빛의 영향을 받았다는 것을 발견했다.

★ "这样"指的是那种植物：

A 会唱歌
B 不喜欢阳光
C 能发出声音
D 会污染环境

★ '이렇게'가 가리키는 그 식물은 :

A 노래를 부를 수 있다
B 태양을 싫어한다
C 소리를 낼 수 있다
D 환경을 오염시킬 수 있다

> **단어** 植物 zhíwù 몡 식물 | 奇怪 qíguài 혱 이상하다, 기이하다 | 声音 shēngyīn 몡 소리 | 白天 báitiān 몡 대낮 | 笑 xiào 통 웃다 | 晚上 wǎnshang 몡 저녁 | 哭 kū 통 울다 | 研究 yánjiū 통 연구하다 | 发现 fāxiàn 통 발견하다 | 阳光 yángguāng 몡 햇빛 ‖ 污染 wūrǎn 통 오염시키다 | 环境 huánjìng 몡 환경

> **해설** 독해 3부분을 빨리 풀기 위해서는 먼저 질문과 보기를 보고 마지막에 지문을 보는 순서로 진행해야 한다. 지문에서 '这样(이렇게)'이라는 것은 후반부에 나왔지만 이미 지문의 초반에 '그것은 소리를 낼 수 있다'라고 했으므로 정답은 C이다.

78

为了翻译好这篇文章，小明看了很多材料，还和同事讨论了好几天，下了很大功夫。

이 글을 잘 번역하기 위해 샤오밍(小明)은 많은 자료를 보았고, 동료와 함께 며칠을 토론하며 많은 노력을 기울였다.

★ 小明下了很大功夫干什么？

A 收拾房间
B 解释误会
C 翻译文章
D 联系职员

★ 샤오밍은 무엇을 하기 위해 많은 노력을 기울였는가?

A 방을 정리한다
B 오해를 해명하다
C 글을 번역한다
D 직원과 연락한다

> **단어** 翻译 fānyì 통 번역하다 | 文章 wénzhāng 몡 문장, 글 | 材料 cáiliào 몡 자료, 재료 | 讨论 tǎolùn 통 토론하다 | 下功夫 xiàgōngfū 공을 들이다 ‖ 收拾 shōushi 통 정리하다 | 房间 fángjiān 몡 방 | 解释 jiěshì 통 해명하다 | 误会 wùhuì 몡 오해 | 联系 liánxì 통 연락하다 | 职员 zhíyuán 몡 직원

> **해설** 첫 문장에 '이 글을 잘 번역하기 위해'라는 표현이 나왔으므로 정답은 C임을 알 수 있다. '下功夫'는 '공을 들이다'라는 의미의 이합동사이다. 그러므로 '공을 많이 들이다'라고 쓰고 싶다면 지문 마지막에 언급된 것처럼 '下了很大功夫'라고 써야 한다.

79

给别人提意见时一定要注意方法。如果你的态度不好，说话也比较难听，那么即使你提的意见十分正确，别人也很难接受。

다른 사람에게 의견을 제시할 때는 반드시 방법에 주의해야 한다. 만약 당신의 태도가 좋지 못하고 말하는 것도 비교적 듣기 어렵다면 설령 제시한 의견이 매우 정확하다 할지라도 다른 사람이 받아들이기에 매우 어려울 것이다.

★ 给别人提意见时：

A 方法很重要
B 要直接
C 信息要详细
D 态度要积极

★ 다른 사람에게 의견을 제시할 때 :

A 방법이 매우 중요하다
B 직접적이어야 한다
C 정보가 자세해야 한다
D 태도가 적극적이어야 한다

단어　意见 yìjiàn 몡 견해, 의견 ｜ 注意 zhùyì 통 주의하다 ‖ 方法 fāngfǎ 몡 방법 ｜ 态度 tàidu 몡 태도 ｜ 正确 zhèngquè 톙 정확하다 ｜ 接受 jiēshòu 통 받아들이다 ｜ 重要 zhòngyào 통 중요하다 ｜ 直接 zhíjiē 통 직접적인 ｜ 信息 xìnxī 몡 정보 ｜ 详细 xiángxì 톙 상세하다, 자세하다 ｜ 积极 jījí 톙 적극적이다

해설　'提意见'은 '의견을 제시하다'라는 의미로 '提出意见'과 같은 표현이다. 첫 문장에 '다른 사람에게 의견을 제시할 때 반드시 방법에 주의해야 한다'라고 언급이 되었으므로 정답은 A이다.

80-81

　　在地铁上，总有不少人低着头玩儿手机，这些人就是人们口中的"低头族"。有研究指出，长时间低头用手机发短信或上网容易⁸⁰引起头疼或眼酸，比看书要累得多。另外，一直低头玩儿手机而不与身边的人交往，^{80, 81}也会使人与人之间的关系越来越远。因此有⁸¹网友开玩笑说："世界上最远的距离是我站在你面前，而你却在玩儿手机。"

　　지하철에서 자주 많은 사람이 고개를 숙여 휴대전화를 가지고 노는데 이러한 사람들을 흔히 사람들이 '고개 숙인 무리'라고 부른다. 어떤 연구에서는 오랜 시간 고개를 숙이고 휴대전화를 사용하면서 문자를 보내거나 인터넷을 하면 쉽게 ⁸⁰두통 혹은 눈의 시림을 유발하고, 책을 읽는 것과 비교해서 피로가 더 많이 쌓인다고 밝혔다. 이외에 줄곧 고개를 숙여 휴대전화를 가지고 놀며 주위의 사람과 왕래하지 않는 것은 ^{80, 81}인간관계를 점점 더 멀어지도록 할 수 있다. 이로 인해 몇몇 ⁸¹네티즌들은 농담삼아 '세상에서 가장 먼 거리는 내가 당신의 앞에 서 있음에도 당신이 휴대전화로 노는 것이다'라고 말한다.

단어　地铁 dìtiě 몡 지하철 ｜ 交往 jiāowǎng 통 왕래하다 ｜ 关系 guānxi 몡 관계 ｜ 世界 shìjiè 몡 세계, 세상 ｜ 距离 jùlí 몡 거리

80

★ 作者对"低头族"的态度最可能是：

A 诚实　　　　　　　B 不关心
C 鼓励　　　　　　　D 反对

★ 작가의 '고개 숙인 무리'에 대한 태도는 아마도：

A 진실하다　　　　　B 무관심하다
C 격려한다　　　　　D 반대한다

단어　态度 tàidu 몡 태도 ｜ 诚实 chéngshí 톙 진실하다 ｜ 关心 guānxīn 통 관심을 갖다 ｜ 鼓励 gǔlì 통 격려하다 ｜ 反对 fǎnduì 통 반대하다

해설　보기에 나온 단어들이 글에서 직접 언급되지는 않았지만 전체적인 뉘앙스를 통해 작가의 태도를 알 수 있다. '두통 혹은 눈 시림을 일으킨다' 혹은 '인간관계를 점점 더 멀어지도록 할 수 있다' 등의 표현들로 보아 '低头族(고개 숙인 무리)'에 대해 반대한다는 것을 알 수 있다. 그러므로 정답은 D이다.

81

★ 网友那句话说明总是低头玩儿手机会：

A 使人变懒
B 对身体不好
C 让人变愉快
D 影响人们的关系

★ 네티즌의 말로 설명하기를 언제나 아래를 보고 휴대전화를 가지고 노는 것은：

A 사람을 게으르게 만든다
B 건강에 좋지 않다
C 사람을 유쾌하게 만든다
D 인간관계에 영향을 미친다

단어　懒 lǎn 톙 게으르다 ｜ 身体 shēntǐ 몡 건강 ｜ 愉快 yúkuài 통 유쾌하다

해설　네티즌이 한 말에 따르면 '세상에서 가장 먼 거리는 내가 당신의 앞에 서 있음에도 당신이 휴대전화로 노는 것이다'라고 했기 때문에 이는 곧 인간관계가 소원해짐을 의미한다. 그러므로 정답은 D이다.

以前报纸不是送到每家门前的，而是要去一个专门的地方取，很麻烦。一个小男孩儿去取报纸时，想出了一个方法。他敲响了邻居的门，对邻居说："[82]每月只要付我一点钱，我会把报纸放在你家门前。"很快，他就有了几十个顾客。[83]两个月后，他拿到了自己的第一笔收入。

예전의 신문은 매 가정의 문 앞에 배달되는 것이 아니라 특정한 곳에 가서 가져와야 했기에 매우 번거로웠다. 한 남자아이는 신문을 찾으러 가다가 방법 한 가지를 생각해 내었다. 그는 이웃의 문을 두들기며 말했다. "[82]매월 제게 돈을 조금 내시면 제가 신문을 당신의 집 문 앞에 가져다 놓을게요." 빠르게 그는 몇 십 명의 고객이 생겼다. [83]두 달 후에 그는 첫 번째 큰 수입을 얻었다.

단어 报纸 bàozhǐ 몡 신문 | 敲响 qiāoxiǎng 동 두드려서 소리 나게 하다 | 邻居 línjū 몡 이웃집 | 顾客 gùkè 몡 고객 | 收入 shōurù 몡 수입

---

82 ★ 小男孩儿说他会把报纸送到哪儿?

A 学校门口　　　B 邻居家门前
C 朋友家　　　　D 房东家

★ 남자아이는 자신이 신문을 어디에 가져다 놓겠다고 했는가?

A 교문 앞　　　　B 이웃집 문 앞
C 친구 집　　　　D 집주인 집

단어 房东 fángdōng 몡 집주인

해설 글의 중반부에 '그는 이웃에게 매월 내게 돈을 조금 내면 내가 신문을 당신의 집 문 앞에 가져다 놓겠다'라고 말했으므로 남자아이가 신문을 가져다 놓는 장소는 이웃집 문 앞이라는 것을 알 수 있다. 따라서 정답은 B이다.

---

83 ★ 小男孩儿通过送报纸:

A 交到了朋友　　B 提高了成绩
C 得到了批评　　D 赚到了钱

★ 남자아이는 신문 배달을 통해:

A 친구를 사귀었다　　B 성적을 향상시켰다
C 질책을 받았다　　　D 돈을 벌었다

단어 提高 tígāo 동 향상시키다 | 成绩 chéngjì 몡 성적 | 批评 pīpíng 동 질책하다 | 赚钱 zhuànqián 동 돈을 벌다

해설 마지막 문장에 '두 달 후에 그는 첫 번째 큰 수입을 얻었다'라고 언급이 되었다. 이때 밑줄 친 부분에서 쓰인 '笔'는 돈과 관련해서 쓰이는 양사이며 '수입'을 얻었다는 대목에서 남자아이가 신문 배달로 돈을 벌었다는 것을 알 수 있으므로 정답은 D이다.

 **84-85**

[85]在中国，很多南方人喜欢去茶楼坐坐，早上起床后，约上一两个好友，要几杯茶，点几样小吃，边吃边聊。[84, 85]尤其是老年人，不用上班，早上锻炼完，去茶楼喝个早茶，坐到11点钟，然后到街上走走，买点儿菜、肉什么的再回家。

[85]중국의 많은 남방 사람들은 찻집에 가서 앉아있는 것을 좋아한다. 아침에 일어난 후 한두 명의 친구와 약속을 하여 몇 잔의 차를 마시고 몇몇 간식거리를 주문하여 먹으며 이야기를 나눈다. [84, 85]특히 노인은 출근할 필요가 없기 때문에 아침에 운동을 한 후 찻집에 가서 아침 차를 마신다. 11시까지 앉아 있다가 길을 걸으며 채소, 고기 등을 조금 산 후 집에 돌아간다.

단어 南方 nánfāng 명 남방 지역 | 茶楼 chálóu 명 찻집 | 约 yuē 동 약속하다 | 锻炼 duànliàn 동 (몸을) 단련하다

84

★ 喝完茶后，老人会去：

A 街上逛逛　　　　B 吃早饭
C 上班　　　　　　D 锻炼身体

★ 차를 다 마신 후 노인은 가서 :

A 길을 거닌다　　　B 아침밥을 먹는다
C 출근을 한다　　　D 운동을 한다

단어 逛 guàng 동 거닐다, 돌아다니다

해설 질문에서 묻고 있는 것은 '차를 마신 후의 상황'이다. 글에서 노인들이 운동 후 차를 마시고 11시가 되면 길거리를 걷고 음식을 산다는 것을 알 수 있다. 특히 글의 '街上走走(길을 걷는다)'는 표현은 보기의 '街上逛逛(길을 거닌다)'과 같으므로 정답은 A이다.

85

★ 这段话主要谈的是：

A 茶楼特点　　　　B 中国人的性格
C 早茶文化　　　　D 茶的作用

★ 이 글이 주로 이야기하는 것은 :

A 찻집의 특징　　　B 중국인의 성격
C 아침 차 문화　　　D 차의 효용

단어 特点 tèdiǎn 명 특징 | 性格 xìnggé 명 성격 | 作用 zuòyòng 명 작용, 효용

해설 글에서는 남방 사람들의 차 문화에 대해 소개를 하고 있으며, 특히 노인들이 즐기는 아침 차 문화를 이야기하고 있다. 그러므로 정답은 C이다.

第 一 部 分

---

86 ｜ 去客厅拿　你能　帮我　报纸　吗

정답 **你能帮我去客厅拿报纸吗?** ｜ 너는 나를 도와 거실에 가서 신문을 가져올 수 있겠니?

단어 能 néng 조통 할 수 있다 ｜ 帮 bāng 통 돕다 ｜ 客厅 kètīng 명 거실 ｜ 拿 ná 통 쥐다, 잡다, 가지다 ｜ 报纸 bàozhǐ 명 신문

해설 쓰기 1부분은 주술목 기본 구조를 먼저 찾는 것이 중요하다. 이 문장에서 술어가 될 수 있는 동사는 '帮(돕다)', '去(가다)', '拿(가지다)'이다. 이때 주의해야 할 점은 중국어에서 '帮(돕다)'은 늘 첫 번째 술어가 된다는 것이다. 그러므로 술어의 순서는 '帮-去-拿'의 순서대로 이어진다. 또한 '拿(가지다)'에 대한 목적어는 '报纸(신문)'가 오는 것이 적절하다.

你 　 能 　 帮 　 我 　 去 　 客厅 　 拿 　 报纸 　 吗?
주어 　 부사어 　 술어1 　 목적어1 　 술어2 　 목적어2 　 술어3 　 목적어3

---

87 ｜ 会议室是　负责安排　的　由我

정답 **会议室是由我负责安排的。** ｜ 회의실은 내가 책임을 지고 안배한다.

단어 会议室 huìyìshì 명 회의실 ｜ 由 yóu 개 ～이, ～가 ｜ 负责 fùzé 통 책임지다 ｜ 安排 ānpái 통 안배하다

해설 개사는 명사와 함께 개사구를 이루어 술어 앞에 쓰인다. 이때 '是'는 술어가 아님을 알아야 한다. '是…的' 강조구문은 이미 발생한 사실에 대해 시간, 장소, 방법 등을 강조할 때 쓰는 용법이다. 이때의 '是'는 강조적 용법이기 때문에 '～이다'라는 동사의 의미가 아니고, '的' 또한 '～의', '～인 것'이라는 의미가 아니다. 진짜 술어는 '负责安排(책임지고 안배하다)'이며 '由我(내가)'는 그 앞에 놓이게 된다.

会议室 　 是 　 由我 　 负责安排 　 的。
주어 　　　 부사어 　 술어
　　　　　 '是…的' 강조구문

---

88 ｜ 她可以　讲　流利地　语言　四种

정답 **她可以流利地讲四种语言。** ｜ 그녀는 네 개 언어를 유창하게 말할 수 있다.

단어 可以 kěyǐ 조통 할 수 있다 ｜ 流利 liúlì 형 유창하다 ｜ 讲 jiǎng 통 말하다 ｜ 种 zhǒng 양 종류 ｜ 语言 yǔyán 명 언어

해설 '的'가 명사 앞에서 명사를 꾸며줄 때 쓸 수 있듯이 '地'는 동사를 꾸며줄 때 쓸 수 있다. 보통 형용사나 일부 부사가 동사를 꾸밀 때 사용이 된다. 때문에 '流利地(유창하게)'는 동사인 '讲(말하다)' 앞에 써야 한다는 것을 알 수 있다.

她 　 可以流利地 　 讲 　 四种 　 语言。
주어 　 부사어 　　 술어 　 관형어 　 목적어

89

很多人　　他们的　　感动了　　爱情故事　　被

정답 很多人被他们的爱情故事感动了。　　많은 사람이 그들의 사랑 이야기에 감동했다.

단어 被 bèi 캐 ~에게 당하다 | 爱情 àiqíng 명 남녀 간의 사랑 | 故事 gùshi 명 이야기 | 感动 gǎndòng 동 감동하다

해설 '被'자문의 어순은 '주어(피동자) + 被 + 행위자 + (给)술어 + 기타성분'이다. 이때 '被'가 술어 앞에 쓰이는 이유는 '~에게 당하다'라는 의미의 개사이기 때문이다. 개사는 명사와 함께 개사구를 이루어 술어 앞에 쓰이므로 '被(~에게 당하다)'는 술어인 '感动了(감동했다)' 앞에 써야 한다. 해석상 '많은 사람이 그들의 사랑 이야기에 감동했다'라는 구조로 써야 하기 때문에 주어는 '人(사람)'이 되고 '被(~에게 당하다)' 뒤에는 '爱情故事(사랑 이야기)'가 나와야 한다.

很多　　人　　被他们的爱情故事　　感动了。
관형어　주어　　　부사어　　　　　술어+기타성분

90

用得　　准确　　不　　这个词语

정답 这个词语用得不准确。　　이 어휘는 사용이 정확하지 않다.

단어 词语 cíyǔ 명 어휘, 글자 | 准确 zhǔnquè 동 확실하다, 정확하다

해설 구조조사 '得'는 동사 뒤에서 동사의 정도를 나타내며, '得'가 쓰인 형태를 정도보어라고 부른다. 공식은 '술어 + 得 + 형용사구'이기 때문에 동사인 '用(사용하다)' 뒤에 '得', 그 뒤에는 형용사 구인 '不准确(정확하지 않다)'가 들어가야 한다.

这个　　词语　用　得　　不准确。
관형어　주어　술어　　　정도보어
　　　　정도보어를 만드는 구조조사

91

电视　　第一台　　出现在上世纪中期　　世界上

정답 世界上第一台电视出现在上世纪中期。　　세상에서 제일 첫 번째 텔레비전은 지난 세기 중반에 출현했다.

단어 台 tái 양 대[기계 세는 양사] | 电视 diànshì 명 텔레비전 | 出现 chūxiàn 동 나타나다, 출현하다 | 世纪 shìjì 명 세기

해설 '台'는 기계를 세는 양사이기 때문에 제시어 '第一台(첫 번째)'는 '电视(텔레비전)' 앞에 들어가야 한다. 이때 '第一'는 '첫 번째'라는 의미로, 해석상 '첫 번째 텔레비전' 보다 '세상에서 제일 첫 번째 텔레비전은'이 더욱 적절하기 때문에 '世界上第一台电视'라고 묶을 수 있다. 그리고 제시어 중 술어가 될 수 있는 동사는 '出现(나타나다)'뿐이다. 그러므로 '出现(나타나다)'뒤의 '在上世纪中期(지난 세기 중반에)'는 술어 뒤에 위치한 보어가 되는 것이다.

世界上第一台　　电视　出现　　在上世纪中期。
　　관형어　　　主어　술어　　　보어

92

把毛巾　　不要　　在这里　　挂

정답 不要把毛巾挂在这里。　　이곳에 수건을 걸지 마세요.

단어 把 bǎ 캐 ~를 | 毛巾 máojīn 명 수건 | 挂 guà 동 (고리 · 못 따위에) 걸다

해설 '把'자문은 공식은 '주어 + 把 + 명사 + (给)술어 + 기타성분'이다. 이때 '把(~를)'가 술어 앞에 쓰이는 이유는 '把(~를)'가 개사이기 때문이다. 개사의 위치는 술어 앞이며 '부사 + 조동사 + 개사 + 명사 + 동사'의 순서를 외워둔다면 다른 문제에 적용하기에도 쉬울 것이다. 이미 '把(~를)'라는 개사가 있으므로 '在(~에)'는 술어 앞이 아닌 술어 뒤에 들어가서 보어를 이루어야 한다. '挂在'를 '~에 걸다'라고 외워두는 것 또한 좋은 방법이다. 또한, '~하지 말아라'라는 의미의 '别', '不要' 등이 있을 때는 주어가 종종 생략되기도 한다는 것을 알아두자.

不要把毛巾　挂　　在这里。
　부사어　　술어　　보어

93

我对　　很有　　今天的　　表演　　信心

정답　我对今天的表演很有信心。　　나는 오늘 공연에 매우 자신감이 있다.

단어　对 duì 깨 ~에 대하여 ｜ 表演 biǎoyǎn 명 공연 ｜ 信心 xìnxīn 명 자신감

해설　'对(~에 대하여)'는 술어 앞에 위치해야 할 개사이므로 그 앞에 있는 '我(나)'는 주어가 된다. 제시어 중 술어가 될 수밖에 없는 동사는 '有(있다)' 뿐이며 이와 어울리는 목적어는 '信心(자신감)'이다. 나머지 명사인 '表演(공연)'은 개사 뒤에서 '对表演(공연에 대하여)'이라고 써야 한다.

我	对今天的表演	很	有	信心。
주어	부사어		술어	목적어

94

一家商店　　对面将来　　开　　要

정답　对面将来要开一家商店。　　맞은편에 장차 상점 하나를 열 것이다.

단어　对面 duìmiàn 명 맞은편 ｜ 将来 jiānglái 부 장차 ｜ 开 kāi 동 열다 ｜ 家 jiā 양 집·점포·공장 등을 세는 단위 ｜ 商店 shāngdiàn 명 상점

해설　술어 앞에 오는 부사어는 '부사 + 조동사 + 개사 + 명사'의 순서대로 올 수 있다. '将来'는 '장차'라는 의미의 부사이다. 부사는 술어 앞에 써야 하므로 자연히 그 앞의 '对面(맞은편)'은 주어가 된다. 또한, '要'는 조동사이기 때문에 부사인 '将来(장차)' 뒤에 써야 한다.

对面	将来要	开	一家	商店。
주어	부사어	술어	관형어	목적어

95

比原来的　　新　　好用　　复印机

정답　新复印机比原来的好用。　　새 복사기는 원래 것보다 성능이 좋다.

단어　复印机 fùyìnjī 명 복사기 ｜ 比 bǐ 깨 ~보다 ｜ 原来 yuánlái 형 원래의 ｜ 好用 hǎoyòng 형 성능이 좋다

해설　'比'는 '~보다'라는 의미로 비교문을 만드는 개사이다. 비교문의 어순은 'A 比 B 술어'이다. 이때 '比(~보다)' 뒤의 '原来的'는 이 자체로 '원래의 것'이라는 명사가 됨을 알아야 한다.

新	复印机	比原来的	好用。
관형어	주어	부사어	술어

第 二 部 分

96

眼镜

모범답안　你看，哪副眼镜更好看呢?

네가 보기에 어느 안경이 더 예뻐?

단어　副 fù ⟨양⟩ 안경을 세는 양사 ㅣ 眼镜 yǎnjìng ⟨명⟩ 안경

해설　'眼镜(안경)'의 양사는 '副'임을 알아두어야 하며, '哪(어느)'는 의문대사이기 때문에 '吗'가 들어가지 않는다.

97

收拾

모범답안　妈妈在收拾房间。

엄마가 방을 청소하고 있다.

단어　收拾 shōushi ⟨동⟩ 정리하다, 수습하다

해설　'在'는 '~에 있다'는 동사의 뜻과 '~에서'라는 개사의 뜻, '~하고 있다'라는 부사의 뜻이 있다. 모범답안의 '在(~하고 있다)'는 진행의 '在(~하고 있다)'이다. 또한 '收拾'는 '정리하다', '수습하다'의 의미이므로 '收拾房间'은 '방을 청소하다'라는 뜻이다.

98

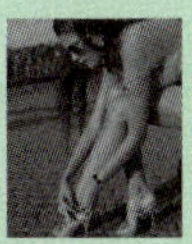

脱

모범답안　她要把左脚的鞋脱掉。

그녀는 왼쪽 발의 신발을 벗으려고 한다.

단어　脚 jiǎo ⟨명⟩ 발 ㅣ 鞋 xié ⟨명⟩ 신발 ㅣ 脱掉 tuōdiào ⟨동⟩ 벗어 버리다

해설　'脱'는 '벗다'라는 의미로 보어인 '掉(~해버리다)'를 뒤에 추가하여 분리의 의미를 강조할 수 있다.

99

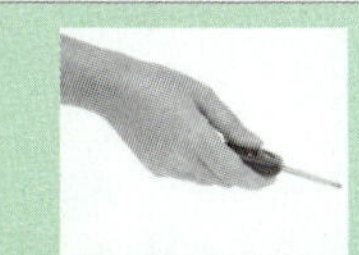

钥匙

모범답안　这是你房间的钥匙，请拿好。

이것이 당신 방의 열쇠예요. 잘 가지고 있어요.

단어　房间 fángjiān ⟨명⟩ 방 ㅣ 钥匙 yàoshi ⟨명⟩ 열쇠 ㅣ 拿 ná ⟨동⟩ 잡다, 가지다, 받다

해설　'你(당신)'와 '房间(방)' 사이는 '的(~의)'가 생략될 수 있으므로, '你房间的钥匙(당신 방의 열쇠)'에서 '的(의)'를 '钥匙(열쇠)' 앞에 써야 한다.

100

到底

모범답안　答案到底是什么呢?

답이 도대체 뭐지?

단어　答案 dá'àn ⟨명⟩ 답안, 답 ㅣ 到底 dàodǐ ⟨부⟩ 도대체

해설　'到底'는 '도대체'라는 뜻의 부사이기 때문에 '是(~이다)' 앞에 써야 한다.

新汉语水平考试

실전 모의고사 해설

제3회

听 力

第 一 部 分

1-10

1

最近水温太低，下水容易感冒。我们还是等天气暖和点儿再去海边游泳吧。

요즘 수온이 너무 낮아서 물에 들어가면 감기에 걸리기 쉬워요. 우리 날씨가 좀 더 따뜻해지기를 기다렸다가 다시 해변으로 수영하러 가는 게 좋겠어요.

★ 他正在游泳。

★ 그는 수영하는 중이다. (×)

단어 水温 shuǐwēn 몡 수온 | 暖和 nuǎnhuo 톙 따뜻하다

해설 '还是'는 '하는 편이 좋다'이고 '等'은 '~을 기다리다'라는 뜻이다. 날씨가 따뜻해지기를 기다렸다가 수영하러 가자고 했으므로 여자는 지금 수영하는 중이 아니다. 그러므로 정답은 X이다.

2

说到北京的秋天不得不提香山红叶。每年到了十月底满山都是红叶。景色十分漂亮。如果秋天来北京却不去香山看红叶，你一定会后悔的。

베이징(北京)의 가을을 얘기하자면 샹산(香山)의 단풍을 언급하지 않을 수가 없다. 매년 10월 말이 되면 온 산이 단풍이라 경치가 매우 아름답다. 만약에 가을에 베이징에 오면서 샹산의 단풍을 보러 가지 않는다면 당신은 분명히 후회할 것이다.

★ 秋天是看红叶最好的季节。

★ 가을은 단풍을 보기 가장 좋은 계절이다. (✓)

단어 秋天 qiūtiān 몡 가을 | 不得不 bùdébù ~하지 않으면 안 된다 | 月底 yuèdǐ 몡 월말 | 景色 jǐngsè 몡 풍경. 경치 | 后悔 hòuhuǐ 동 후회하다

해설 '如果'는 '만약에'라는 뜻으로 이어지는 문장의 '숲(~할 것이다)'와 함께 올 수 있다. '만약에 가을에 베이징에 오면서 샹산의 단풍을 보러 가지 않는다면 당신은 분명 후회할 것이다'라고 했으므로 가을에 단풍을 꼭 봐야 한다는 의미가 된다. 따라서 정답은 ✓이다.

3

刚才电视上说，今天午后会有一场大雨，你出门前一定要记得关好窗户，尤其是客厅的窗户。

방금 텔레비전에서 그러는데 오늘 오후에 큰 비가 한 바탕 있을 거래요. 당신 나가기 전에 창문 닫는 것을 꼭 기억해야 해요. 특히 거실 창문이요.

★ 最好别关窗。

★ 창문을 닫지 않는 게 가장 좋다. (×)

단어 电视 diànshì 몡 텔레비전 | 记得 jìde 동 기억하고 있다 | 关 guān 동 닫다 | 窗户 chuānghu 몡 창문 | 尤其 yóuqí 밈 특히

해설 '一定'은 '반드시'라는 뜻으로 '一定要记得'는 '반드시 기억해야만 한다'이고, '关好'는 '잘 닫다'라는 뜻이다. 그러나 질문에서는 '别(~하지 마라)'라는 단어와 함께 쓰여 '别关窗(창문을 닫지 말아라)'라고 했으므로 정답은 X이다.

4

我平时工作比较忙，很少有时间带儿子出去玩儿，这次他放寒假，正好我也有空，于是就带他去了好几个地方旅游。

★ 儿子寒假时他很忙。

나는 평소에 일이 바쁜 편이라 아들을 데리고 놀러 나갈 시간이 적다. 이번에 아들이 겨울 방학을 하고 마침 나도 시간이 있어서 아이를 데리고 여러 곳을 여행하러 갔다.

★ 아들은 겨울 방학 때 바쁘다. (×)

단어 寒假 hánjià 명 겨울 방학 ｜ 旅游 lǚyóu 통 여행하다

해설 '有空'은 '시간이 있다'라는 의미이고 '于是(그래서)'는 뒤쪽 단문에 쓰여 앞뒤를 이어 주는 관계를 나타낸다. 마침 나도 시간이 있어서 아이들과 여행을 갔다고 했으므로 아들이 겨울 방학 때 바쁘지 않은 것을 알 수 있다. 따라서 정답은 X이다.

5

你们俩主要是缺少交流，要是平时你们多聊聊天儿，互相多一些了解，就不会发生这样的误会了。

★ 他建议俩人多交流。

너희 둘은 특히 교류가 부족해. 만약 평소에 너희가 많이 이야기 하고 서로 이해가 좀 더 많아지면 이런 오해가 생기지 않을 거야.

★ 그는 두 사람이 많이 교류하도록 제안한다. (✓)

단어 缺少 quēshǎo 통 부족하다 ｜ 聊天 liáotiān 잡담하다. 이야기하다 ｜ 了解 liǎojiě 통 이해하다 ｜ 误会 wùhuì 통 오해하다

해설 만일 두 사람이 이야기를 많이 하고 서로 이해하면 오해가 발생하지 않을 것이라고 설명하고 있으므로 정답은 ✓이다. 지문의 '要是'는 '만약 ~라면'이라는 뜻으로 '就(바로 ~하다)'가 뒤에 함께 쓰이기도 한다.

6

弟弟这学期就大四了，他申请了出国留学，想毕业后去国外读国际法，父母都很尊重他的选择。

★ 父母反对弟弟出国。

남동생이 이번 학기에 대학교 4학년이 된다. 그는 유학을 신청했는데 졸업 후에 외국으로 국제법을 공부하러 가고 싶어하기 때문이다. 부모님 모두 그의 선택을 존중한다.

★ 부모님은 남동생이 출국하는 것을 반대한다. (×)

단어 申请 shēnqǐng 통 신청하다 ｜ 尊重 zūnzhòng 통 존중하다 ｜ 选择 xuǎnzé 통 선택하다

해설 '尊重'은 '존중하다'라는 뜻이며 그 앞에 '很'이 쓰여서 정도를 강조하고 있다. 지문에 '부모님 모두 그의 선택을 존중한다'라고 했다. 그러나 질문에 나와 있는 '反对'는 '반대하다'라는 뜻이므로 정답은 X이다.

7

乘客们请注意，现在广播找人，来自山东的赵萌小姐，请您听到广播后马上到地铁站西北口，您的家人在那儿等您。

★ 地铁站在广播找人。

승객 여러분 주의해 주시기 바랍니다. 지금 방송으로 사람을 찾습니다. 산둥(山东)에서 온 짜오멍(赵萌) 아가씨는 방송을 들으시면 바로 지하철역 서북쪽 입구로 와주시기 바랍니다. 당신의 가족들이 그곳에서 기다리고 있습니다.

★ 지하철역에서 방송으로 사람을 찾고 있다. (✓)

단어 广播 guǎngbō 통 방송하다

해설 처음에 나오는 '乘客'는 '승객'이라는 뜻으로 버스, 지하철, 기차, 비행기 등 교통수단을 이용하는 고객들을 지칭하는 말이다. 이어서 '请注意(주의해 주세요)'라는 말로 승객들의 주의를 환기시키고 있으며 바로 뒤 문장에 질문과 동일한 표현으로 '广播找人(방송으로 사람을 찾다)'이라고 언급하고 있다. 따라서 정답은 ✓이다.

8

会议室入口处的桌子上有一张表格，请各位先到那儿填一下自己的姓名和国籍，会议十分钟后正式开始。

★ 会议正在进行。

회의실 입구의 책상에 표가 한 장 있습니다. 여러분은 우선 그곳으로 가서 자신의 성명과 국적을 기입해주시기 바랍니다. 회의는 10분 후에 정식으로 시작하겠습니다.

★ 회의가 진행 중이다. (×)

단어 表格 biǎogé 몡 표 | 国籍 guójí 몡 국적 | 开始 kāishǐ 동 시작하다

해설 '正式'는 '본격적으로', '정식의'라는 뜻으로 어떠한 일을 본격적으로 시작하거나 착수할 때 많이 쓴다. 지문에서 '十分钟后正式开始(10분 후에 정식으로 시작하다)'라고 '开始(시작하다)'와 함께 쓰였다. 질문에서 쓰인 '正在(지금 ～하고 있다)'와 헷갈리지 않도록 주의해야 한다. 따라서 정답은 X이다.

9

我看，比赛的输赢并不是最重要的。在与他人的竞争中，使自己获得提高，才是参赛的最终目的。

★ 他认为输赢并不重要。

내가 봤을 때 경기의 승패는 가장 중요한 게 결코 아니에요. 다른 사람과의 경쟁 중에서 자신을 발전하게 하는 것이야말로 경기 참가의 최종 목적이죠.

★ 그는 승패가 결코 중요하지 않다고 생각한다. (✓)

단어 比赛 bǐsài 몡 경기 | 并不 bìngbù 뮈 결코 ～이 아니다 | 输赢 shūyíng 몡 승패 | 竞争 jìngzhēng 동 경쟁하다 | 目的 mùdì 몡 목적

해설 '并'은 '결코', '전혀'라는 뜻으로 부정사의 앞에서 부정의 어투를 강조하는 데 쓰인다. 지문에 '경기의 승패는 가장 중요한 게 결코 아니다'라고 직접 나와 있으므로 정답은 ✓이다.

10

同学们，今天我们要学习太阳的知识，"太阳离地球有多远，太阳的温度究竟有多高。"学完这节课，大家就会知道答案了。

★ 这节课讲气候变化。

여러분, 오늘 우리는 태양에 대한 지식을 배우려고 해요. '태양이 지구에서 얼마나 먼지, 태양의 온도가 도대체 얼마나 높은지' 이번 과를 다 배우고 나면 여러분은 답을 알게 될 거예요.

★ 이번 수업에서는 기후 변화를 강의한다. (×)

단어 太阳 tàiyáng 몡 태양 | 知识 zhīshi 몡 지식 | 究竟 jiūjìng 뮈 도대체 | 答案 dá'àn 몡 답안, 답

해설 '要'는 '반드시 ～해야만 한다', '～해야 한다'라는 뜻으로 지문의 앞부분을 통해 태양에 대한 지식을 배우려고 한다는 것을 알 수 있다. 게다가 태양이 지구로부터 떨어진 거리, 온도 등을 알 수 있을 것이라고 뒤 문장에서 설명하고 있으므로 태양에 관한 이야기를 하고 있음을 유추할 수 있다. 따라서 정답은 X이다. 지문에서 나온 '离'는 '～에서', '～로부터', '～까지'라는 개사이며 거리를 나타낼 때 많이 사용한다.

第 二 部 分

11-25

11

男：服务员，这个汤盐放太多了，没法喝。
女：对不起，我们马上给您重新做一份。

问：男的觉得那个汤怎么样?

A 很好喝　　　　　B 很苦
C 太咸了　　　　　D 不辣

남：종업원, 이 탕에 소금을 너무 많이 넣었네요. 마실 수가 없어요.
여：죄송합니다. 저희가 금방 다시 해서 드릴게요.

문：남자는 그 탕이 어떻다고 생각하는가?

A 맛있다　　　　　B 쓰다
C 너무 짜다　　　　D 맵지 않다

단어　盐 yán 명 소금 | 重新 chóngxīn 부 다시

해설　남자가 '이 탕에 소금을 너무 많이 넣었다'고 했으므로 남자는 탕이 짜다고 생각한다. 그러므로 정답은 C이다. 또한 '汤(탕)'은 국물이므로 '吃(먹다)'가 아니라 '喝(마시다)'라는 동사를 쓴다.

12

女：水果刀一定要放在孩子看不见的地方，不然会很危险。
男：刚才没注意到，我这就收起来。

问：女的是什么意思?

A 孩子病了
B 水果洗好了
C 先生倒垃圾
D 把刀放好

여：과일칼은 꼭 아이들이 볼 수 없는 곳에 놔야 해요. 그렇지 않으면 위험할 수 있어요.
남：방금 주의하지를 못했네요. 내가 지금 바로 정리해야겠어요.

문：여자의 말은 무슨 의미인가?

A 아이가 병이 났다
B 과일을 다 씻었다
C 남편이 쓰레기를 버리다
D 칼을 잘 놔두다

단어　危险 wēixiǎn 형 위험하다

해설　여자가 위험하니 과일칼은 아이들이 볼 수 없는 곳에 두라고 하자, 남자가 바로 정리해야겠다고 대답했다. 이는 칼을 잘 놔두라는 말과 같으므로 정답은 D이다.

13

男：母亲节快到了，今年咱们送妈妈什么呢?
女：昨天散步时，我看她很喜欢邻居家的猫。我们也送她一只。

问：他们要准备给谁礼物?

A 邻居　　　　　B 房东
C 父亲　　　　　D 母亲

남：어머니날이 곧 오네. 올해 우리 엄마에게 무엇을 드릴까?
여：어제 산책할 때 엄마가 이웃집의 고양이를 좋아하는 걸 봤어. 우리도 엄마한테 한 마리 선물하자.

문：그들은 누구에게 줄 선물을 준비하는가?

A 이웃　　　　　B 집주인
C 아버지　　　　D 어머니

단어　母亲节 Mǔqīn Jié 명 어머니날 | 散步 sànbù 동 산보하다, 산책하다 | 邻居 línjū 명 이웃집

해설　'快…了'는 '곧 ~한다'라는 의미로 '母亲节快到了'는 '어머니 날이 곧 온다'는 의미가 된다. 어머니에게 고양이를 한 마리 선물하려고 하므로 정답은 D이다. '只'는 짐승·동물 등을 세는 양사로 '一只猫(고양이 한 마리)'라고 쓴다.

14

男：就去买两瓶果汁，你怎么花了这么长时间？
女：超市排队付款的人太多了，等了很久。

问：女的为什么去了那么久？

A 迷路了
B 没打到车
C 超市很远
D 付款的人多

남：단지 과일 주스 두 병 사러 간 건데 너 왜 이렇게 오래 걸렸어?
여：슈퍼에 계산하려고 줄 선 사람이 너무 많아서 오래 기다렸어.

문：여자는 왜 그렇게 오래 가 있었나?

A 길을 잃었다
B 택시를 못 잡았다
C 슈퍼가 멀다
D 계산하는 사람이 많다

> **단어** 果汁 guǒzhī 몡 과일 주스 | 排队 páiduì 됭 줄을 서다 | 付款 fùkuǎn 됭 돈을 지불하다, 계산하다

> **해설** 여자가 '슈퍼에 계산하려고 줄 선 사람이 너무 많았다'고 했으므로 돈을 내려는 사람이 많아서 늦은 것을 알 수 있다. 따라서 정답은 D이다.

15

女：他们这儿最有名的是包子，饺子也特别好吃。
男：那我要一份饺子吧，好久没吃了。

问：男的最后决定吃什么？

A 烤鸭　　　　　B 饼干
C 包子　　　　　D 饺子

여：여기에 가장 유명한 건 찐빵이에요. 만두도 특히 맛있고요.
남：그러면 저는 만두 1인분을 시켜야겠어요. 오랫동안 못 먹었거든요.

문：남자는 결국 무엇을 먹기로 결정했는가?

A 오리구이　　　　B 과자
C 찐빵　　　　　　D 만두

> **단어** 包子 bāozi 몡 (소가 든) 찐빵, 바오쯔 | 饺子 jiǎozi 몡 교자, 만두

> **해설** 중국에는 만두의 종류가 다양한데, 그중 '饺子(만두)'는 얇은 만두 피 속에 소를 넣어 물에 넣고 데치거나 끓인 만두이다. 그리고 '包子(찐빵)'는 만두 피 속에 소를 넣어 수증기로 쪄서 만든 만두이다. 둘 다 만두의 일종이지만 엄연히 종류가 다른데, 대화에서는 남자는 '饺子(만두)' 1인분을 시키기로 했으므로 정답은 D이다.

16

男：外面风那么大，你出去做什么？
女：有些袜子被刮到楼下那棵小树上了，我去拿回来。

问：袜子现在在哪儿？

A 河里　　　　　B 地上
C 厕所　　　　　D 树上

남：밖에 바람이 저렇게 센데 당신은 나가서 뭐 하려고요?
여：양말들이 날려서 건물 아래 저 작은 나무 위에 떨어졌어요. 내가 가서 가지고 돌아올게요.

문：양말은 지금 어디에 있는가?

A 강 속　　　　　B 땅 위
C 화장실　　　　D 나무 위

> **단어** 袜子 wàzi 몡 양말

> **해설** 여자가 '양말들이 날려서 건물 아래 저 작은 나무 위에 떨어졌다'고 했으므로 양말은 나무 위에 있다. 그러므로 정답은 D이다.

17

男：把你公司的详细地址发给我吧，我晚上就把照片给你寄过去。
女：好的，麻烦你啦。

问：男的希望女的告诉他什么？

A 公司地址　　　　B 传真号码
C 聚会地点　　　　D 照片数量

남：당신 회사의 자세한 주소를 저한테 보내주세요. 제가 저녁에 당신께 사진을 부쳐 드릴게요.
여：네. 실례 좀 할게요.

문 : 남자는 여자가 그에게 무엇을 알려주길 바라는가?

A 회사 주소　　　　B 팩스번호
C 모임 장소　　　　D 사진 수량

단어　详细 xiángxì 형 상세하다, 자세하다 | 地址 dìzhǐ 명 주소 | 照片 zhàopiàn 명 사진

해설　'당신 회사의 자세한 주소를 나에게 보내라'라고 했으므로 남자는 회사 주소가 필요하다. 그러므로 정답은 A이다.

18

女；这个黄色的沙发怎么样？好看吧！
男：确实好看，不过太容易脏了，还是看看别的吧。

问：男的觉得这个沙发怎么样？

A 颜色深
B 值得买
C 容易脏
D 客厅放不下

여：이 노란색 소파 어때? 예쁘지!
남：확실히 예쁘네. 근데 너무 쉽게 더러워지겠어. 아무래도 다른 거 보는 게 낫겠다.

문 : 남자는 이 소파가 어떻다고 생각하는가?

A 색이 진하다
B 살 만하다
C 쉽게 더러워진다
D 거실에 놓을 수가 없다

단어　沙发 shāfā 명 소파 | 确实 quèshí 형 확실하다 | 脏 zāng 형 더럽다

해설　'还是'는 '〜하는게 낫겠다'라는 의미로 대화에서 남자는 노란색 소파는 쉽게 더러워질 테니 다른 거 보는 게 낫겠다고 이야기 하고 있다. 그러므로 정답은 C이다.

19

男：妈，我快渴死了，家里还有橙汁吗？
女：你喝矿泉水吧，果汁是甜的，越喝越渴。

问：女的让男的怎么做？

A 不要浪费
B 多吃水果
C 去买饮料
D 别喝果汁

남：엄마, 저 목말라 죽겠어요. 집에 오렌지 주스 아직 있어요?
여：생수를 마셔. 과일 주스는 단 거라 마실수록 목마르단다.

문 : 여자는 남자한테 어떻게 하도록 시켰는가?

A 낭비하지 마라
B 과일을 많이 먹어라
C 가서 음료수를 사라
D 과일 주스를 마시지 마라

단어　橙汁 chéngzhī 명 오렌지 주스 | 矿泉水 kuàngquánshuǐ 명 생수 | 果汁 guǒzhī 명 과일 주스

해설　'과일 주스는 단 거라 마실수록 목마르다'고 여자는 남자에게 물을 마시길 권유하고 있다. 그러므로 정답은 D이다. 대화의 표현 중에 '渴死了'는 '목말라 죽겠다'로 해석할 수 있는데 매우 목마름을 표현한 것이다.

20

男: 小马，你要去邮局，顺便帮我寄份材料吧。
女: 没问题，你把地址写给我。

问: 小马要去哪儿?

A 大使馆　　　　　B 邮局
C 会议室　　　　　D 教室

남: 샤오마(小马), 너 우체국에 갈 거면 그 김에 나 대신 이 자료 좀 부쳐줘.
여: 알았어. 주소를 나한테 적어줘.

문: 샤오마는 어디에 가려고 하는가?

A 대사관　　　　　B 우체국
C 회의실　　　　　D 교실

단어　邮局 yóujú 명 우체국 | 顺便 shùnbiàn 부 ~하는 김에 | 地址 dìzhǐ 명 주소

해설　남자는 여자에게 우체국을 갈 거면 자료를 부쳐달라는 부탁을 하고, 여자는 동의했으므로 샤오마는 우체국에 갈 것이라는 것을 알 수 있다. 그러므로 정답은 B이다. '顺便'은 '~하는 김에'라는 의미로 남자가 '그 김에 나 대신 이 자료 좀 부쳐달라'라고 사용했다.

21

女: 你们去看电视吧，我来收拾碗筷。
男: 我收拾就行了。您陪爸去楼下走走吧。

问: 男的主要是什么意思?

A 讨厌看电视
B 要去运动
C 他来收拾
D 不放心

여: 너희들은 가서 텔레비전 봐. 내가 그릇이랑 젓가락을 정리할게.
남: 제가 정리하면 돼요. 아버지를 모시고 내려가서 좀 걸으세요.

문: 남자의 말에 주된 의미는 무엇인가?

A 텔레비전 보는 것을 싫어한다
B 운동하러 가야 한다
C 그가 정리를 한다
D 안심이 안 된다

단어　收拾 shōushi 동 정리하다 | 碗筷 wǎnkuài 명 (밥공기와 젓가락)

해설　밑줄 친 부분에서 '就行了'는 '그러면 된다'의 의미이다. 또한, 남자의 '내가 정리하면 된다'는 말에서 그가 정리를 할 것이라는 것을 알 수 있다. 그러므로 정답은 C이다.

22

男: 这家海洋馆是亚洲最大的，你怎么知道的?
女: 刚才导游说的。那会儿你和爷爷正好去存包了。

问: 是谁说那家海洋馆是亚洲最大的?

A 校长　　　　　B 导游
C 丈夫　　　　　D 叔叔

남: 이 아쿠아리움이 아시아에서 제일 큰 거라는 걸 넌 어떻게 안 거야?
여: 방금 가이드가 말한 거야. 그때 너랑 할아버지는 마침 가방을 맡기러 갔어.

문: 누가 그 아쿠아리움이 아시아에서 가장 큰 것이라고 말했는가?

A 교장　　　　　B 가이드
C 남편　　　　　D 삼촌

단어　海洋馆 hǎiyángguǎn 명 아쿠아리움 | 亚洲 Yàzhōu 명 아시아주 | 导游 dǎoyóu 명 가이드

해설　'방금 가이드가 말한 것이다'라는 여자의 말을 통해 남자와 할아버지가 가방을 맡기러 간 사이에 가이드가 한 말이었다는 것을 알 수 있다. 그러므로 정답은 B이다.

23

男：这个星期就考国际法了，你复习得怎么样？

女：差不多了，这几天再把重点内容看一遍就行了。

问：女的是什么意思？

A 填空题难
B 没考好
C 没预习
D 复习得不错

남：이번 주에 바로 국제법 시험 보잖아요. 복습한 건 어때요?

여：거의 다 됐어요. 요 며칠 동안 중점 내용을 한 번 더 보면 돼요.

문 : 여자의 말은 무슨 의미인가?

A 빈칸 채우는 문제는 어렵다
B 시험을 잘 못 봤다
C 예습을 안 했다
D 복습을 잘했다

단어 国际 guójì 몡 국제 | 重点 zhòngdiǎn 몡 중점

해설 '差不多'는 '거의 다 됐다'의 의미로 남자가 복습한 정도를 묻자 여자가 거의 다 됐다고 이야기하는 상황이다. 따라서 정답은 D이다.

24

女：下雨了，凉快多了，前几天实在是太热了。

男：对啊，前两天晚上热得都睡不着，今天终于能睡个好觉了。

问：现在天气怎么样？

A 很凉快　　　　B 热极了
C 非常冷　　　　D 十分暖和

여：비가 내렸더니 훨씬 시원해졌네요. 요 며칠은 진짜 너무 더웠어요.

남：맞아요. 이틀 동안 밤에 잠 못 들 정도로 더웠어요. 오늘 드디어 잘 잘 수 있겠어요.

문 : 지금 날씨가 어떠한가?

A 시원하다　　　　B 엄청 덥다
C 굉장히 춥다　　　D 아주 따뜻하다

단어 凉快 liángkuai 혱 시원하다 | 实在 shízài 倝 확실히, 정말

해설 잠을 잘 수 없도록 더웠는데 '비가 내렸더니 훨씬 시원해졌다'는 여자의 말을 통해 날씨가 시원해졌다는 것을 알 수 있다. 그러므로 정답은 A이다. 대화의 표현 중에 '睡不着'는 가능보어의 부정형으로 '잠 잘 수 없다'라고 해석할 수 있다.

25

男：现在买沙发，能免费送货上门吗？

女：可以，您留下电话和地址，我们这星期内给您送到。

问：他们最可能在哪儿？

A 图书馆　　　　B 家具店
C 体育馆　　　　D 洗手间

남：지금 소파를 사면 무료로 집까지 배달해 줄 수 있나요?

여：되죠. 전화번호랑 주소를 남겨주시면 저희가 이번 주 안에 보내드릴게요.

문 : 그들은 어디에 있을 가능성이 가장 큰가?

A 도서관　　　　B 가구점
C 체육관　　　　D 화장실

단어 沙发 shāfā 몡 소파 | 免费 miǎnfèi 동 무료로 하다

해설 남자는 소파 구매와 배달 관련해서 여자와 이야기를 하고 있으므로 정답은 B이다.

26-35

26

女：喂，我已经到电影院了。
男：我也到了，但影院的停车位都满了。我在找停车的地方。
女：影院旁边有家超市，那里也有免费停车场。
男：好，我去找找！先挂了，一会儿见。

问：男的在找什么?

A 厕所　　　　　　B 车站
C 影院入口　　　　D 停车场

여: 여보세요, 나 벌써 영화관에 도착했어요.
남: 나도 도착했는데 영화관 주차장의 자리가 다 차서 주차할 곳을 찾고 있어요.
여: 영화관 옆에 슈퍼마켓이 하나 있는데 거기에도 무료 주차장이 있어요.
남: 좋아요, 가서 찾아볼게요! 먼저 끊을게요. 잠시 후에 만나요.

문: 남자는 무엇을 찾고 있는가?

A 화장실　　　　　B 역
C 영화관 입구　　　D 주차장

단어 电影院 diànyǐngyuàn 图 영화관 | 超市 chāoshì 图 超级市场(슈퍼마켓)의 약칭 | 停车场 tíngchēchǎng 图 주차장

해설 남자가 영화관에 도착하여 '주차할 곳을 찾고 있다'라고 말했으므로 정답은 D이다.

27

男：你怎么连信用卡的密码都忘了?
女：这张卡办了之后从来没用过。
男：会不会是你的生日或电话号码?
女：试了，都不对。

问：女的怎么了?

A 被误会了
B 没带现金
C 多付款了
D 忘记密码了

남: 당신은 어떻게 신용카드의 비밀번호까지 잊어버릴 수 있어요?
여: 이 카드를 만들고 난 후 여태껏 써본 적이 없거든요.
남: 당신 생일이나 전화번호 아니에요?
여: 해 봤는데, 다 아니었어요.

문: 여자는 무슨 일이 있는가?

A 오해 받았다
B 현금을 안 가지고 있다
C 많이 지불했다
D 비밀번호를 잊었다

단어 密码 mìmǎ 图 비밀번호 | 忘 wàng 图 잊다

해설 '连 A 都 B' 구문은 'A조차도 모두 B하다'라는 뜻이다. 남자가 여자에게 '당신은 어떻게 신용카드의 비밀번호까지 잊어버릴 수 있어요?'라고 했기 물어봤으므로 정답은 D이다.

28

女：都11点了，你怎么还不睡？
男：明天要交工作总结，我还没写完呢。
女：我看你太困了，先去睡吧。明天早起，
　　再继续写吧。
男：只好这样了，再写下去估计也写不好，
　　实在是困得受不了了。

问：女的建议男的怎么做？

A 明天再写
B 请一天假
C 按顺序排列
D 降低要求

여：11시가 다 됐어. 너 어째서 아직도 안 자니？
남：내일 업무 총결산서를 내야 하거든요. 아직 다
　　못 썼어요.
여：너무 피곤해 보이는데 일단 가서 자. 내일 일찍
　　일어나서 다시 계속 쓰렴.
남：그렇게 해야겠어요. 계속 써내려 가도 아마 제
　　대로 못 쓸 것 같아요. 진짜 견딜 수 없을 만큼
　　피곤해요.

문：여자는 남자가 어떻게 하기를 제안하는가？

A 내일 다시 쓴다
B 하루 휴가를 낸다
C 순서에 따라 배열한다
D 요구를 낮춘다

단어 　总结 zǒngjié 몡 총결산 | 困 kùn 혱 졸리다, 피곤하다 | 继续 jìxù 통 계속하다 | 只好 zhǐhǎo 뷘 어쩔 수 없이, ～할
수밖에 없다

해설 　여자는 남자에게 먼저 잔 후, 내일 일찍 일어나서 다시 쓰라고 권하고 있다. 그러므로 정답은 A이다. 대화의 마지막 부분
에 '受不了'는 '견딜 수 없다'라는 의미를 가진다.

29

男：需要我帮忙吗？
女：你把洗好的水果拿到客厅去吧。
男：好，要不要我帮你做饭？
女：不用，你陪爸妈聊聊天儿吧，鱼汤好了
　　就可以吃饭了。

问：对话最可能发生在哪儿？

A 商店　　　　　B 厨房
C 客厅　　　　　D 卫生间

남：내가 도와줄까요？
여：씻어놓은 과일을 거실로 가져다 놔 줘요.
남：그래요. 내가 밥 해야 되는 거 아니에요？
여：괜찮아요, 당신은 엄마 아빠 모시고 얘기 좀 해요.
　　위탕(鱼汤)이 다 되면 바로 식사할 수 있어요.

문：대화는 어디에서 이루어지고 있을 가능성이 가장
　　큰가？

A 상점　　　　　B 주방
C 거실　　　　　D 화장실

단어 　客厅 kètīng 몡 객실, 거실 | 陪 péi 통 모시다

해설 　대화를 통해 남자는 여자를 도와 주방에서 같이 음식을 준비하려고 하고 있는 것을 알 수 있다. 그러므로 정답은 B이다.

30

女：你们在讨论什么？这么热闹？
男：我们在商量毕业旅行的事，你来得正好，提点建议吧。
女：北戴河不错，景色美丽，现在去也凉快，还可以游泳。
男：这主意不错。

问：女的觉得现在去北戴河怎么样？

A 无法游泳
B 季节不合适
C 很凉快
D 很暖和

여：당신들 무엇을 토론하고 있어요? 이렇게 떠들썩 하게요?
남：졸업 여행에 대한 일을 상의하고 있었어요. 마침 잘 왔어요. 제안 좀 해 봐요.
여：베이다이허(北戴河)가 괜찮죠. 경치도 아름답고 지금 가도 시원해서 아직 수영할 만할 거예요.
남：이 아이디어 괜찮네요.

문：여자는 지금 베이다이허에 가는 것을 어떻게 생각하는가?

A 수영할 수가 없다
B 계절이 적합하지 않다
C 시원하다
D 따뜻하다

단어 讨论 tǎolùn 동 토론하다 | 热闹 rènao 형 시끌벅적하다 | 商量 shāngliang 동 상의하다 | 建议 jiànyì 명 제안 | 美丽 měilì 형 아름답다 | 主意 zhǔyi 명 아이디어, 생각

해설 '경치도 아름답고 지금 가도 시원해서 아직 수영할 만할 것이다'라는 여자의 말을 통해 정답이 C라는 것을 알 수 있다.

31

男：你知道小兰去哪儿吗？她的手机一直占线。
女：她出差了，你找她有事？
男：她的自行车钥匙在我这儿。
女：她就住我家附近我帮你给她吧。

问：关于小兰可以知道什么？

A 在睡觉
B 车坏了
C 出差了
D 迷路了

남：샤오란(小兰) 어디 갔는지 알아요? 그녀의 휴대전화가 계속 통화 중이에요.
여：출장 갔는데 당신은 일이 있어서 그녀를 찾는 건가요?
남：그녀의 자전거 열쇠가 나한테 있거든요.
여：그녀는 바로 우리 집 근처에 사니까 제가 당신을 대신해서 그녀에게 줄게요.

문：샤오란에 관해 알 수 있는 것은 무엇인가?

A 자고 있다
B 차에 고장이 났다
C 출장 갔다
D 길을 잃었다

단어 占线 zhànxiàn 동 통화 중이다 | 出差 chūchāi 동 출장 가다 | 钥匙 yàoshi 명 열쇠

해설 여자의 말에서 샤오란이 출장을 간 사실을 알 수 있으므로 정답은 C이다. '占线'은 직역하면 '선을 차지하다'이므로 '통화 중이다'라고 해석할 수 있다.

32

女：马上就放寒假了，你有什么打算？
男：我想去学京剧。
女：寒假就一个月，这么短的时间，你能学会吗？
男：先学些基础的，以后接着学。

问：关于男的可以知道什么？

A 想学京剧
B 放暑假了
C 羡慕别人
D 失败了

여：금방 겨울 방학 하는데 당신은 무슨 계획이 있어요？
남：나는 경극을 배우러 가고 싶어요.
여：겨울 방학은 고작 한 달인데 이렇게 짧은 시간 동안 배울 수 있어요？
남：일단 기초적인 것들부터 배우고 나중에 이어서 배우려고요.

문：남자에 관해 알 수 있는 것은 무엇인가？

A 경극을 배우고 싶다
B 여름 방학을 했다
C 다른 사람을 부러워한다
D 실패했다

단어 寒假 hánjià 몡 겨울 방학 | 打算 dǎsuan 몡 계획 | 京剧 jīngjù 몡 경극

해설 여자가 겨울 방학에 뭐 할거냐고 묻자 남자는 경극을 배우고자 한다고 하였으므로 정답은 A이다.

33

男：丽江这几天天气怎么样？
女：这一星期都是晴天，温度也比北京高。
男：那就不用带厚衣服了吧？
女：要带，那儿早晚温度低，得穿厚点儿。

问：女的建议怎么做？

A 晚上出发
B 凉快了再去
C 带厚衣服
D 带伞

남：리장(丽江)은 요 며칠 날씨가 어때요？
여：이번 주는 다 맑음이에요. 온도도 베이징보다 높고요.
남：그러면 두꺼운 옷을 가져갈 필요가 없겠네요？
여：가지고 가야 해요. 거기는 아침 저녁으로 온도가 낮아서 좀 두껍게 입어야 해요.

문：여자는 어떻게 하라고 제안하는가？

A 밤에 출발해라
B 시원해지면 다시 가라
C 두꺼운 옷을 챙겨라
D 우산을 챙겨라

단어 天气 tiānqì 몡 날씨 | 晴天 qíngtiān 몡 맑은 날씨 | 厚 hòu 혱 두껍다

해설 '두꺼운 옷을 가져갈 필요가 없겠네요?'라는 남자의 말에 여자가 '좀 두껍게 입어야 한다'라고 대답했으므로 정답은 C이다.

34

女：您最近有什么计划吗？
男：最近在为一部电影做准备工作。
女：什么电影，能谈谈电影的大概内容吗？
男：是关于警察的故事，我在里面演一位老警察。

问：男的最可能是做什么的？

A 护士　　　　　B 演员
C 警察　　　　　D 服务员

여：당신은 요즘 어떤 계획을 가지고 있나요？
남：최근 한 편의 영화를 위해 준비 작업을 하고 있는 중입니다.
여：어떤 영화인지, 영화의 대략적인 내용을 얘기해주실 수 있나요？
남：경찰에 관한 이야기예요. 저는 안에서 한 늙은 경찰을 연기하죠.

문：남자는 무슨 일을 할 가능성이 가장 큰가？

A 간호사　　　　　B 배우
C 경찰　　　　　D 종업원

단어 计划 jìhuà 몡 계획 | 准备 zhǔnbèi 몡 준비 | 大概 dàgài 혱 대략적인 | 关于 guānyú 꺠 ～에 관해서 | 警察 jǐngchá 몡 경찰

 남자는 첫마디에서 '한 편의 영화를 위해 준비 작업을 하고 있는 중이다'라고 했으며 이때 사용된 '为'는 '~을 위하여'라는 의미이다. 또한, '나는 안에서 한 늙은 경찰을 연기한다'라고 했기 때문에 남자가 하는 일은 연기, 즉 배우라는 것을 알 수 있다. 그러므로 정답은 B이다.

35

男: 听说小高在郊区开了一家饭馆儿。 女: 是嘛, 怎么开在郊区了? 男: 那边租金便宜, 而且附近有几个学校, 　　很多学生都去他那儿吃饭。 女: 那生意一定不错。 问: 那个饭馆儿在哪儿? A 火车站右边　　　B 医院后面 C 郊区　　　　　　D 高速公路旁	남: 들자 하니 샤오까오(小高)가 교외에 식당을 하나 열었다고 해요. 여: 그래요. 어째서 교외에 열었죠? 남: 그쪽 임대료가 싸고 게다가 부근에 학교가 몇 개 있어서 학생들이 밥 먹으러 거기로 많이 간다고 하네요. 여: 그럼 장사는 분명히 잘 되겠네요. 문: 그 식당은 어디에 있는가? A 기차역 오른쪽　　　B 병원 뒤 C 교외　　　　　　　D 고속도로 옆

 郊区 jiāoqū 몡 변두리, 교외 지역 | 租金 zūjīn 몡 임대료 | 附近 fùjìn 몡 부근, 근처 | 生意 shēngyi 몡 장사

 '租'는 '임차하다'와 '임대하다'라는 의미를 모두 가지고 있는 표현으로 대화에서 '租金'은 '임대료'라는 단어가 된다. '샤오까오가 교외에 식당을 하나 열었다'라는 남자의 말에서 식당의 위치는 교외라는 것을 알 수 있으므로 정답은 C이다.

36-37

36每年的9月22号是世界无车日, 需要指出的是无车并不是拒绝汽车, 而是让大家认识到汽车对城市环境的污染, 37鼓励人们少开车, 多骑自行车或乘公共汽车。	36매년 9월 22일은 세계 차 없는 날이다. 지적할 필요가 있는 것은 차가 없다는 것이 자동차를 거절한다는 게 아니라 모두로 하여금 자동차가 도시 환경에 미치는 오염을 의식하게 하고, 37사람들이 차를 적게 몰며 자전거나 버스를 많이 타라고 격려하는 것이다.

 指出 zhǐchū 동 지적하다 | 拒绝 jùjué 동 거절하다 | 环境 huánjìng 몡 환경 | 污染 wūrǎn 동 오염시키다 | 鼓励 gǔlì 동 격려하다

36

世界无车日是哪天? A 9月22日　　　B 6月底 C 每年13号　　　D 2月12日	세계 차 없는 날은 언제인가? A 9월 22일　　　B 6월 말 C 매년 13일　　　D 2월 12일

 첫 문장에서 '매년 9월 22일은 세계 차 없는 날이다'라고 하였으므로 정답은 A이다.

37

世界无车日鼓励人们怎么做?

A 少开车
B 重视交通安全
C 多运动
D 少抽烟

세계 차 없는 날은 사람들이 어떻게 하도록 격려하는가?

A 차를 적게 몰아라
B 교통안전을 중시하라
C 많이 운동해라
D 담배를 적게 피워라

단어 重视 zhòngshì 통 중시하다

해설 마지막 문장에서 알 수 있듯이 도시 환경에 미치는 오염을 인식하여 '차를 적게 몰며 자전거나 버스를 많이 타라고 격려한다'고 언급했다. 따라서 정답은 A이다.

38-39

在公共汽车上，常看到人们带着耳机听歌，³⁸由于周围声音较大，人们往往会把耳机声音开得更大，而且有些人一听就是一两个小时。这样长久下去，³⁹对耳朵很不好。因此，坐公共汽车时，最好别带耳机听音乐。

버스에서 사람들이 이어폰을 가지고 노래 듣는 걸 자주 보는데 ³⁸주위 소리가 커서 사람들은 종종 이어폰 소리를 더 크게 키운다. 게다가 어떤 사람들은 한 번 들으면 한 두 시간은 기본이다. 이런 식으로 오래 가면 ³⁹귀에 아주 안 좋다. 그러므로 버스를 탈 때는 이어폰을 가지고 음악을 듣지 않는 게 가장 좋다.

단어 耳机 ěrjī 명 이어폰 | 周围 zhōuwéi 명 주위 | 耳朵 ěrduo 명 귀

38

人们为什么会把耳机声音开得很大?

A 习惯了
B 想引人注意
C 周围声音大
D 心情差

사람들은 왜 이어폰 소리를 크게 키우는가?

A 익숙해져서
B 사람들의 주의를 끌고 싶어서
C 주위 소리가 커서
D 기분이 나빠서

단어 引人注意 yǐnrén zhùyì 사람의 주의를 끌다

해설 '주위 소리가 커서 사람들은 종종 이어폰 소리를 더 크게 키운다'고 했으므로 정답은 C이다. 글의 밑줄 친 부분에서 '由于'는 '~때문에'라는 의미로 '因为'와 같다.

39

在公共汽车上戴耳机听音乐有什么坏处?

A 使自己更累
B 影响别人
C 浪费时间
D 对耳朵不好

버스에서 이어폰을 끼고 음악을 들으면 어떤 나쁜 점이 있는가?

A 자신을 더 피곤하게 만든다
B 다른 사람에게 영향을 끼친다
C 시간을 낭비한다
D 귀에 안 좋다

단어 累 lèi 형 피곤하다, 지치다 | 影响 yǐngxiǎng 통 영향을 주다 | 浪费 làngfèi 통 낭비하다

해설 장시간 이어폰으로 음악을 들으면 '对耳朵很不好(귀에 아주 안 좋다)'라고 했는데, 보기 중에서 이것과 동일하게 표현한 D가 정답이다. 질문의 '坏处'는 '나쁜 점'이라는 뜻이며 '좋은 점'은 '好处'라고 한다.

汉语中很多带颜色的词语都有特别的意思，比如：[41]"红包"不是指普通红色的包，而是专门指包着钱的红纸包。在中国[40]"红色"常用来表示好的、开心的事，所以红包就有了希望别人幸福、快乐的意思。结婚时人们最常送的礼物就是"红包"。

중국어에서 색깔이 들어간 단어들은 모두 특별한 의미를 갖고 있다. 예를 들어 [41]'홍빠오'는 일반적인 빨간색의 가방을 가리키는 것이 아니라 돈이 들어 있는 빨간 종이가방을 특별히 가리키는 것이다. 중국에서 [40]'빨간색'은 좋은 것, 즐거운 일을 표시할 때 자주 사용해 다른 사람이 행복하고 즐겁기 바란다는 의미를 갖게 됐다. 결혼할 때 사람들이 가장 자주 보내는 선물이 바로 '홍빠오'다.

단어 颜色 yánsè 몡 색깔 | 专门 zhuānmén 뮌 특별히 | 开心 kāixīn 휑 기쁘다, 즐겁다 | 幸福 xìngfú 휑 행복하다 | 快乐 kuàilè 휑 즐겁다 | 结婚 jiéhūn 똉 결혼하다 | 礼物 lǐwù 몡 선물

---

40 红色常用来表示什么样的事情?

A 伤心
B 流行
C 高兴
D 正式

빨간색은 어떤 일을 나타내는 데 자주 사용하는가?

A 슬퍼하다
B 유행하다
C 즐겁다
D 정식적이다

단어 伤心 shāngxīn 똉 상심하다, 슬퍼하다 | 流行 liúxíng 똉 유행하다

해설 글에서 빨간색은 '좋은 것, 즐거운 일을 표시할 때 자주 사용했다'고 했으므로 정답은 C이다.

---

41 关于"红包"下列哪个正确?

A 里面会放钱
B 是奖金
C 塑料做的
D 只能过年送

'홍빠오'에 관해 아래의 어느 항목이 정확한가?

A 안에 돈을 넣는다
B 보너스이다
C 플라스틱으로 만든 것이다
D 설날에만 보낼 수 있다

단어 奖金 jiǎngjīn 몡 보너스 | 塑料 sùliào 몡 플라스틱

해설 '不是 A 而是 B'는 'A가 아니라 B이다'라는 의미로 전환을 나타낸다. 이와 비슷한 형태로 '不是 A 就是 B'는 'A가 아니라 B이다'로 선택을 나타낸다. 헷갈릴 수 있으니 잘 알아두는 것이 중요하다. "홍빠오'는 일반적인 빨간 색의 가방을 가리키는 것이 아니라 돈이 들어 있는 빨간 종이가방을 특별히 가리키는 것이다'라고 했으므로 정답은 A이다.

42-43

老李的孙子出生后，⁴²她每天忙着照顾孩子，也不来唱歌了。昨天，我在路上遇见她，她一脸幸福的样子。还得意地对我说："孙子特别可爱，⁴³长大了肯定是个帅小伙儿。"

라오리(老李)의 손자가 태어난 후, ⁴²그녀는 매일 아이를 돌보느라 바빠서 노래를 부르러 오지도 않는다. 어제 내가 길에서 그녀를 만났는데 그녀는 얼굴 가득 행복한 모습이었다. 게다가 ⁴³"손자가 너무 귀여워. 크면 분명히 멋진 청년이 될 거야."라고 만족스럽게 말했다.

단어 孙子 sūnzi 몡 손자 | 出生 chūshēng 동 태어나다 | 忙着 mángzhe 뭐 서둘러, 바쁘게 | 照顾 zhàogù 동 돌보다 | 遇见 yùjiàn 우연히 만나다 | 得意 déyì 혱 대단히 만족하다 | 可爱 kě'ài 혱 사랑스럽다, 귀엽다 | 帅 shuài 혱 잘생기다, 멋지다

42 老李为什么不去唱歌了?

A 感冒了
B 去亲戚家了
C 心情差
D 要照顾孙子

라오리는 왜 노래를 부르러 가지 않았는가?

A 감기에 걸렸다
B 친척 집에 갔다
C 마음이 안 좋다
D 손자를 돌봐야 한다

단어 亲戚 qīnqi 몡 친척

해설 손자가 태어난 후 매일 손자를 돌봐야 하기 때문에 노래를 부르러 갈 수 없었다고 했으므로 정답은 D이다.

43 老李觉得孙子长大后会怎么样?

A 很勇敢　　　B 很帅
C 很认真　　　D 很富

라오리는 손자가 자란 후 어떨 것이라고 생각하는가?

A 용감하다　　　B 잘생기다
C 착실하다　　　D 부유하다

단어 勇敢 yǒnggǎn 혱 용감하다 | 认真 rènzhēn 혱 착실하다

해설 글에서 '손자가 너무 귀여워서 크면 분명히 멋진 청년이 될 것이다'라고 라오리가 말하고 있으므로 정답은 B이다.

小晴是我最好的朋友，我俩从小一块儿长大，后来还在同一个大学读书，⁴⁴她今年申请了出国留学，下个月六号就要走了，我很为她感到高兴，⁴⁵可是一想到我们就要分开了，心里又有些难过。

샤오칭(小晴)은 나의 가장 좋은 친구다. 우리 둘은 어려서부터 같이 자랐는데 나중에는 게다가 같은 대학에서 공부를 했다. ⁴⁴그녀는 올해 유학을 신청했는데 다음 달 6일이면 떠나야 한다. 그녀를 위한 거라 기쁘기도 하지만 ⁴⁵우리가 곧 헤어져야 한다는 생각을 하면 마음이 또 좀 괴롭다.

단어 **读书** dúshū 동 공부하다 | **申请** shēnqǐng 동 신청하다 | **留学** liúxué 동 유학하다 | **分开** fēnkāi 동 헤어지다 | **难过** nánguò 형 괴롭다, 고통스럽다

44

关于小晴，下列哪个正确?

A 唱歌很好
B 要出国了
C 很粗心
D 爱写日记

샤오칭에 관해, 아래 어느 항목이 정확한가?

A 노래를 잘 부른다
B 곧 출국한다
C 세심하지 못하다
D 일기 쓰는 것을 좋아한다

단어 **粗心** cūxīn 형 세심하지 못하다

해설 '그녀는 올해 유학을 신청했는데 다음 달 6일이면 떠나야 한다'는 문장을 통해 샤오칭이 다음 달 출국을 준비하고 있다는 것을 알 수 있다. 그러므로 정답은 B이다.

45

说话人为什么感到难过?

A 签证没办好
B 没赚到钱
C 被骗了
D 朋友要离开

말하는 사람은 왜 괴롭다고 느끼는가?

A 비자가 처리되지 않았다
B 돈을 벌지 못했다
C 속았다
D 친구가 떠나야 한다

단어 **签证** qiānzhèng 명 비자 | **赚钱** zhuànqián 동 돈을 벌다 | **骗** piàn 동 속이다, 기만하다 | **离开** líkāi 동 떠나다

해설 마지막에 '우리가 곧 헤어져야 한다는 생각을 하면 마음이 또 좀 괴롭다'라고 하며, 친구가 떠나는 것에 대해 괴로워 하고 있다. 그러므로 정답은 D이다.

二 阅 读

第 一 部 分

46-50

A 因此	B 工具	A 그래서	B 도구
C 通过	D 坚持	C ～을 통해서	D 견지하다
E 躺	F 内	E 눕다	F 안

단어 因此 yīncǐ 젭 그래서 | 工具 gōngjù 몡 공구, 도구 | 通过 tōngguò 깨 ～을 통해서, ～에 의해 | 坚持 jiānchí 동 견지하다 | 躺 tǎng 동 눕다 | 内 nèi 몡 안, 안쪽

46
语言是人们交流的(**B 工具**)，其他任何方法都不能与它相比。

언어는 사람들이 교류하는 (도구)이고, 기타 어떠한 방법도 그것과 견줄 수 없다.

단어 语言 yǔyán 몡 언어 | 交流 jiāoliú 동 교류하다 | 任何 rènhé 때 어떠한

해설 빈칸 앞에 구조조사 '的'가 있는 것으로 보아 빈칸에 명사가 올 수 있으므로 정답이 될 수 있는 어휘는 명사 B 工具(도구), F 内(안)이다. '언어는 사람들이 교류하는 ( )'이라는 문맥에 어울리는 정답은 B이다.

47
我从小就想成为一名中文系教授，(**A 因此**)考大学时我报了中文专业。

나는 어려서부터 유명한 중문과 교수가 되고 싶었다. (그래서) 대입시험 때 중국어 전공으로 등록했다.

단어 教授 jiàoshòu 몡 교수 | 专业 zhuānyè 몡 전공

해설 빈칸이 문장 맨 앞 또는 둘째 문장의 맨 앞에 있으면 접속사 또는 부사가 올 가능성이 크다. 앞 문장에서 '나는 어려서부터 유명한 중문과 교수가 되고 싶었다'라고 원인을 나타냈으므로 뒤 문장은 결과를 이끌어 주는 접속사 A가 정답이다.

48
小王辛苦了一天，现在只想(**E 躺**)在床上休息。

샤오왕(小王)은 온종일 고생을 해서 지금은 단지 침대에 (누워서) 쉬고 싶다.

단어 辛苦 xīnkǔ 혱 고생스럽다 | 休息 xiūxi 동 휴식하다

해설 빈칸 뒤에 침대에서 쉬고 싶다는 내용이 언급되어 있으므로 문맥상 동사 '躺(눕다)'이 와야 한다. 그러므로 정답은 E이다.

49
迷路时，我们可以(**C 通过**)太阳来判断方向。

길을 잃었을 때 우리는 태양을 (통해서) 방향을 판단할 수 있다.

단어 迷路 mílù 동 길을 잃다 | 太阳 tàiyáng 몡 태양 | 判断 pànduàn 동 판단하다

해설 문맥상 정답은 '～을 통하다'라는 의미의 C가 가장 적절하다.

Tip '通过 A 来 B'라는 표현은 'A를 통해 B하다'라고 쓰인다는 것을 알아두자!

50

中国很多城市都不允许在地铁(**F 内**)吃东西。

중국의 많은 도시는 모두 지하철 (안)에서 음식 먹는 것을 허락하지 않는다.

단어 城市 chéngshì 명 도시 | 允许 yǔnxǔ 동 허락하다 | 地铁 dìtiě 명 지하철

해설 빈칸 앞에 '在地铁(지하철에서)'라는 장소가 나왔으므로 장소 뒤에 올 수 있는 어휘를 찾아야 한다. 따라서 '지하철 ( )에서 음식 먹는 것을 허락하지 않는다'는 문맥에 어울리는 F가 정답이다.

51-55

A 调查	B 材料	A 조사	B 자료
C 温度	D 继续	C 온도	D 계속하다
E 够	F 技术	E 충분하다	F 기술

단어 调查 diàochá 명 조사 | 材料 cáiliào 명 자료, 재료 | 温度 wēndù 명 온도 | 继续 jìxù 동 계속하다 | 够 gòu 형 충분하다 | 技术 jìshù 명 기술

51

A 你帮我看一下打印机里还剩多少纸，我要打印200多页表格。
B 估计不(**E 够**)了，我再给你放一些。

A 당신은 저를 도와서 프린터 안에 종이가 얼마나 남아있는지 봐주세요, 저는 200페이지의 표를 인쇄하려고 해요.
B 추측하건대 (충분하지) 않아요. 제가 다시 조금 넣어 드릴게요.

단어 打印机 dǎyìnjī 명 프린터 | 剩 shèng 동 남다 | 表格 biǎogé 명 표 | 估计 gūjì 동 추측하다

해설 빈칸 앞에 부정부사 '不'가 있으므로 빈칸은 술어(동사, 형용사)가 될 수 있는 단어가 올 수 있다. A에서 200페이지의 표를 인쇄한다고 하였고, 이어서 '추측하건대 ( ) 않다'라고 대답했다. 문맥상 가장 어울리는 E가 정답이다.

52

A 办护照都需要准备什么(**B 材料**)?
B 一般大使馆的网站上都会有介绍，你上网查查。

A 여권을 발급하려면 무슨 (자료)를 준비해야 되나요?
B 일반적으로 대사관의 홈페이지에 소개가 나와 있습니다. 인터넷에 접속해서 검색해 보세요.

단어 护照 hùzhào 명 여권 | 大使馆 dàshǐguǎn 명 대사관 | 介绍 jièshào 명 소개 | 上网 shàngwǎng 동 인터넷을 하다

해설 빈칸 앞에 대명사 '什么(무슨)'가 있으므로 빈칸에는 명사가 올 수 있다. A에서 동사 '准备(준비하다)'와 어울리는 B가 정답이다.

53

A 快过年了，我想理个发。你平时都去哪儿理?
B 我常去我家西边那家，里面有个理发师(**F 技术**)挺不错。

A 곧 새해라 이발을 하고 싶습니다. 당신은 평소에 어디에 가서 이발하나요?
B 저는 저희 집 서쪽에 있는 그 가게에 자주 갑니다. 거기에 있는 이발사는 (기술)이 매우 좋거든요.

단어 理发 lǐfà 동 이발하다

해설 빈칸 앞에 '理发师(이발사)'와 빈칸 뒤에 '挺不错(매우 좋다)'라고 하였으므로 문맥상 어울리는 F가 정답이다.

54

A 您下个月的工作计划是什么?
B 除了(D 继续)给一些杂志写文章外, 我会把重点放到写小说上。

A 당신은 다음 달의 작업 계획이 어떻게 되시나요?
B (계속해서) 잡지에 글을 쓰는 것 이외에 저는 소설을 쓰는 것에도 중점을 둘 것입니다.

단어 计划 jìhuà 몡 계획 | 杂志 zázhì 몡 잡지 | 文章 wénzhāng 몡 문장, 글 | 重点 zhòngdiǎn 몡 중점 | 小说 xiǎoshuō 몡 소설

해설 빈칸 뒤에 '잡지에 글을 쓰는 것 이외에 소설을 쓰는 것에도 중점을 둘 것이다'라고 한 것으로 보아 잡지에도 계속해서 글을 쓴다는 것임을 알 수 있다. 그러므로 문맥상 어울리는 정답은 D이다.

55

A 星期天你还来办公室加班?
B 对, 上次的(A 调查)结果我还没整理好, 星期一要交。

A 주말에 당신은 아직도 사무실에 나와서 추가 근무를 하십니까?
B 그렇습니다. 저번의 (조사) 결과를 제가 아직 정리하지 못했는데, 월요일에 제출해야 하거든요.

단어 办公室 bàngōngshì 몡 사무실 | 加班 jiābān 동 초과 근무를 하다 | 结果 jiéguǒ 몡 결과 | 整理 zhěnglǐ 동 정리하다 | 交 jiāo 동 건네다, 제출하다

해설 빈칸 뒤에 '结果(결과)'와 어울릴 수 있는 단어는 '调查(조사하다)'뿐이다. '调查结果(조사 결과)'는 자주 나오므로 알아두도록 하자. 그러므로 정답은 A이다.

 56-65

56

A 还能鼓励自己更愉快地生活
B 大多数人都愿意把将来的生活想得很美好
C 因为这样不仅可以提高自己的信心

A 또 스스로를 더욱 유쾌한 생활을 할 수 있도록 격려할 수 있기 때문이다
B 대다수 사람은 모두 미래의 생활이 아름답기를 희망한다
C 왜냐하면 이렇게 하면 자신의 신념을 높일 수 있을 뿐만 아니라　(B C A)

단어　鼓励 gǔlì 통 격려하다 | 愉快 yúkuài 형 기쁘다, 유쾌하다 | 生活 shēnghuó 통 생활하다 | 大多数 dàduōshù 명 대다수 | 愿意 yuànyì 통 희망한다 | 美好 měihǎo 형 좋다, 아름답다 | 提高 tígāo 통 향상시키다, 높이다 | 信心 xìnxīn 명 신념, 자신감

해설　C의 '不仅(~일 뿐만 아니라)'은 A의 '还(또)'와 함께 쓰인다. 그러므로 C-A로 이어지는 의미가 가장 자연스럽다. B의 '대다수 사람은 모두 다가올 미래의 생활이 아름답기를 희망한다'라는 내용에 대한 구체적인 이유는 C가 되므로 답은 B-C-A이다.

> **Tip**　점층관계를 나타내는 접속사
> 新HSK 4급 독해 2부분에서 자주 출제되는 접속사이므로 반드시 암기해 두자!
> 不仅/不但/不光/不只 A 而且/并且/也/还 B A일 뿐 아니라 게다가(또) B이다

57

A 这其实是很正常，习惯就好了
B 比如对那儿的天气、交通等不适应
C 人们到一个不太熟悉的地方后，易出现不适应的情况

A 이것은 사실 매우 정상적이며 습관이 되면 괜찮아질 것이다
B 예를 들어 그곳의 날씨, 교통 등에 적응하지 못하는데
C 사람들은 그다지 익숙하지 않은 곳에 도착한 후 적응하지 못하는 상황이 나타나기 쉽다　(C B A)

단어　其实 qíshí 부 사실 | 正常 zhèngcháng 형 정상적인 | 习惯 xíguàn 통 습관이 되다 | 天气 tiānqì 명 날씨 | 交通 jiāotōng 명 교통 | 适应 shìyìng 통 적응하다 | 熟悉 shúxī 형 익숙하다 | 情况 qíngkuàng 명 상황

해설　C의 '사람들은 익숙하지 않은 곳에 도착한 후 적응하지 못하는 상황이 나타나기 쉽다'라는 포괄적인 내용 뒤에 구체적인 내용인 B의 '이것'이 오는 것이 자연스러우므로 C 다음 B가 와야 한다. A에서 '이것'이 가리키는 것이 B의 '그곳의 날씨, 교통 등에 적응하지 못하다'이므로 B 다음 A가 오게 된다. 그러므로 정답은 C-B-A이다.

58

A 现在的社会是一个高速发展的信息社会
B 因此，快速且准确地获取信息
C 对每个人来说都很关键

A 현대 사회는 고속 발전의 정보화 사회이다
B 그래서 신속하고 정확하게 정보를 얻는 것은
C 모든 사람에게 모두 매우 중요하다　(A B C)

단어　社会 shèhuì 명 사회 | 高速 gāosù 명 고속 | 发展 fāzhǎn 명 발전 | 信息 xìnxī 명 정보 | 快速 kuàisù 형 신속하다 | 准确 zhǔnquè 통 정확하다 | 获取 huòqǔ 통 얻다 | 关键 guānjiàn 형 매우 중요한

해설　A는 원인이고 B는 결과이므로 A 다음 B가 와야 한다. 또한, C에서 '관건'이 지칭하고 있는 것이 B의 '신속하고 정확하게 정보를 얻는 것'이므로 정답은 A-B-C가 된다.

59

A 现在我给大家每人发一个信封
B 任务内容就在里面
C 大家必须按规定在下午7点前完成里面的任务

A 현재 제가 여러분 모두에게 봉투 하나를 나눠 드릴 겁니다
B 임무의 내용은 안에 들어 있습니다
C 여러분들은 반드시 규정에 따라 오후 7시 전에 안에 있는 임무를 완성해야 합니다
（A B C）

단어 信封 xìnfēng 명 편지봉투, 봉투 | 任务 rènwu 명 임무 | 内容 nèiróng 명 내용 | 规定 guīdìng 명 규정 | 完成 wánchéng 동 완성하다

해설 '현재 내가 여러분 모두에게 봉투 하나를 나눠 줄 것이다. 임무의 내용은 안에 들어있고 여러분들은 반드시 규정에 따라 오후 7시 전에 안에 있는 임무를 완성해야 한다'고 문장을 연결해야 자연스럽다. 특히 먼저 B에서 임무의 존재를 상기시키고 C에서 그 임무를 완성해야 한다고 해야 자연스러운 연결이 된다. 그러므로 정답은 A–B–C이다.

Tip 시간의 흐름에 따라 순서를 배열하자!

60

A 听邻居王阿姨说他是个作家
B 对面新搬来一个小伙子
C 写过好几本很受儿童欢迎的小说

A 이웃의 왕 씨 아주머니가 말씀하시기로 그는 작가라고 하는데
B 맞은편에 한 젊은이가 새로 이사를 왔다
C 어린이에게 인기있는 몇 권의 소설을 썼다고 한다
（B A C）

단어 邻居 línjū 명 이웃집 | 阿姨 āyí 명 아주머니 | 作家 zuòjiā 명 작가 | 搬 bān 옮기다, 이사하다 | 小伙子 xiǎohuǒzi 명 젊은이 | 儿童 értóng 명 어린이 | 受欢迎 shòu huānyíng 환영을 받다, 인기가 있다

해설 B의 '한 젊은이'는 A의 '그'가 가르키는 대상이므로 B 뒤에 A가 와야 하며, C에서 소설을 쓴 대상은 A의 '작가'임을 알 수 있다. 그러므로 문맥상 자연스러운 B–A–C가 정답이다.

61

A 他在书中提出了很多新鲜的教育看法
B 相信年轻父母肯定能从生活中学到不少东西
C 这本书的作者是一位著名的儿童教育家

A 그는 책에서 수많은 새로운 교육적 견해를 제시했다
B 젊은 부모는 확실히 생활 속에서 많은 것을 배울 수 있다고 믿는다
C 이 책의 작가는 유명한 아동 교육가이다
（C A B）

단어 提出 tíchū 동 제출하다, 제의하다 | 新鲜 xīnxiān 형 새롭다 | 教育 jiàoyù 명 교육 | 相信 xiāngxìn 동 신뢰하다, 믿다 | 肯定 kěndìng 부 확실히 | 著名 zhùmíng 형 저명하다, 유일하다

해설 C의 '아동 교육가'는 A의 인칭대명사 '그'가 가리키는 대상이다. 그러므로 C 다음 A가 와야 한다. B에서 '젊은 부모는 확실히 생활 속에서 많은 것을 배울 수 있다'가 가리키는 것이 A의 내용이므로 A 다음 B가 와야 한다. 그러므로 정답은 C–A–B이다.

62

A 我家前边新开了个羽毛球馆
B 一小时只要25元，比学校便宜了一半儿
C 办卡还能再打8折

A 우리집 앞에 배드민턴장이 하나 새로 열었다
B 1시간에 단지 25위안이고 학교와 비교해서 절반이나 저렴하다
C 카드를 만들면 20% 할인을 더 받을 수 있다　(A B C)

단어 羽毛球 yǔmáoqiú 몡 배드민턴 | 便宜 piányi 혱 (값이) 싸다 | 打折 dǎzhé 동 할인하다

해설 C에 '再(더)'가 있어서 C는 B보다 뒤에 오는 것이 의미가 자연스러우므로 B-C의 순서가 된다. A는 B와 C가 가리키고 있는 대상(장소)이므로 A가 가장 처음에 와야 한다. 그러므로 정답은 A-B-C이다.

63

A 我们就按照这个计划进行了
B 以上就是韩中文化节活动的详细安排
C 如果各位没什么意见的话

A 저희들은 이 계획에 따라서 진행하도록 하겠습니다
B 이상은 한중 문화 예술 행사의 상세한 일정입니다
C 만약 여러분께서 의견이 없으시다면　(B C A)

단어 按照 ànzhào 개 ~에 따라 | 计划 jìhuà 몡 계획, 방안 | 详细 xiángxì 혱 상세하다 | 安排 ānpái 동 안배하다, 준비하다 | 意见 yìjiàn 몡 견해, 의견

해설 C의 '如果(만약에)'는 A의 '就(바로 ~이다)'와 함께 짝을 이룬다. 그러므로 C 다음에 A가 오는 것이 적절하다. B의 '상세한 일정'은 A에서 '이것'이 가리키는 것으로 B는 가장 처음에 와야 한다. 그러므로 B-C-A가 정답이 된다.

64

A 头发就被刮乱了
B 今天风实在太大了，我刚一出门
C 没办法，只好又跑回家去戴了个帽子

A 머리카락이 바람이 불어 헝클어졌어요
B 오늘 바람이 특히 너무 세서 제가 문을 나서자마자
C 방법이 없네요, 어쩔 수 없이 다시 집에 돌아가서 모자를 가져와야겠어요　(B A C)

단어 头发 tóufa 몡 머리카락 | 乱 luàn 혱 어지럽다 | 实在 shízai 뷔 정말, 참으로 | 只好 zhǐhǎo 뷔 어쩔 수 없이 | 戴 dài 동 (머리·얼굴·가슴·팔·손 등에) 착용하다 | 帽子 màozi 몡 모자

해설 B에서 '一(~하자마자)'는 A의 '就(바로 ~이다)'와 함께 쓰이므로 B 다음 A가 오고, C는 B와 A에 따른 결과를 나타낸다. 그러므로 문맥상 자연스러운 B-A-C가 정답이 된다.

65

A 这些家具看起来很普通
B 即使用上三四十年也不会坏
C 但实际上都是由经验丰富的老师傅做的，质量非常好

A 이 가구들은 보기에 매우 평범하다
B 설령 삼사십 년을 사용해도 망가지지 않는다
C 그렇지만 실제로는 경험이 풍부한 숙련자가 만든 것이므로 품질이 매우 좋다　(A C B)

단어 家具 jiājù 몡 가구 | 普通 pǔtōng 혱 평범하다 | 由 yóu 개 ~(으)로부터, ~에 의해 | 经验 jīngyàn 몡 경험 | 丰富 fēngfù 동 풍부하다 | 质量 zhìliàng 몡 품질

해설 독해 2부분을 풀 때 전환을 나타내는 접속사가 나오면 그 문장부터 읽어보는 것이 좋다. C의 내용에서 숙련자가 만든 것을 가리키는 것이 무엇인지 찾아보면 A의 '이 가구들'임을 알 수 있다. 그러므로 A 다음 C가 오는 것이 적절하다. B의 이유가 될 수 있는 것은 C의 내용이므로 A-C-B가 정답이 된다.

> **Tip** 전환을 나타내는 접속사나 부사가 나오면 그 문장부터 읽어보자!
> 전환을 나타내는 접속사 : 但是/可是/不过/然而　그러나
> 전환을 나타내는 부사 : 却/反而/反倒　오히려

第 三 部 分

66-79

66

我们的一生中既有幸福快乐，也有困难难过。但不管怎样，我们都要感谢生命和生活，因为所有的酸甜苦辣，最后都会成为美好的回忆。

우리의 일생에는 행복하고 즐거운 일도 있을 뿐만 아니라 견디기 힘든 어려움도 있다. 하지만 어쨌든 우리는 모두 생명과 생활에 감사해야 한다. 모든 희노애락은 마지막에는 모두 아름다운 추억이 되기 때문이다.

★ 这段话主要想告诉我们：

A 要勇敢
B 要关注结果
C 要有责任感
D 要感谢生活

★ 이 글이 우리에게 주로 말하고자 하는 것은 :

A 용감해야 한다
B 결과를 중요시해야 한다
C 책임감이 있어야 한다
D 생활에 감사해야 한다

단어 幸福 xìngfú 톙 행복하다 | 快乐 kuàilè 톙 즐겁다 | 困难 kùnnan 몡 곤란, 어려움 | 感谢 gǎnxiè 통 감사하다 | 生命 shēngmìng 몡 생명 | 生活 shēnghuó 몡 생활 | 回忆 huíyì 몡 추억 ‖ 勇敢 yǒnggǎn 톙 용감하다 | 责任感 zérèngǎn 몡 책임감

해설 주제를 묻는 문제이다. '우리는 모두 생명과 생활에 감사해야 한다'고 언급하였으므로 정답은 D가 가장 적절하다.

67

要真正学会一门语言，光学习语法是不够的，关键是要多听和多说。只有这样，才会慢慢找到语言感觉，也就是我们常说的语感。

언어를 정말 잘 배우고 싶다면 단지 어법만 공부해서는 충분하지 못하다. 관건은 많이 듣고 많이 말하는 것이다. 이렇게 해야만 차츰 언어에 대한 느낌을 찾을 수 있다. 이것이 우리가 자주 말하는 어감이다.

★ 这段话主要谈的是：

A 多学习语言
B 要多查词典
C 怎样学语法
D 怎样找语感

★ 이 글이 주로 이야기하는 것은 :

A 언어 공부를 많이 한다
B 사전을 많이 찾아야 한다
C 어떻게 어법을 공부 하는가
D 어떻게 어감을 찾는가

단어 真正 zhēnzhèng 뿐 정말로 | 语法 yǔfǎ 몡 어법 | 关键 guānjiàn 몡 관건 | 只有 zhǐyǒu 젭 ～해야만 | 语感 yǔgǎn 몡 어감 ‖ 查词典 chá cídiǎn 사전을 찾다

해설 보통 주제를 묻는 문제는 지문의 첫 문장이나 마지막 문장에 답이 나올 가능성이 크다. 마지막에서 '이렇게 해야만 차츰 언어에 대한 느낌을 찾을 수 있다. 이것이 우리가 자주 말하는 어감이다'라고 하였으므로 이 지문에서 주요하게 이야기 하는 것은 D이다.

68

中午我在同事家玩儿，她10岁的儿子突然开门进来了。同事问："你今天不是参加运动会吗？跑了第几？"她儿子说："别提了，最后一秒时，跑最后的那个人差点儿赶上我。"

★ 同事的儿子：

A 不是最后一名
B 跑步成绩优秀
C 不敢参赛
D 要运动

낮에 동료의 집에서 놀고 있는데 10살 된 그녀의 아들이 불쑥 문을 열고 들어왔다. 그녀가 "오늘 운동회였지? 달리기는 몇 등 했니?"라고 묻자 그녀의 아들이 대답하기를 "말도 마세요. 마지막 1 초에서 꼴찌로 달리던 애가 나를 앞지를 뻔 했어요."

★ 동료의 아들은 :

A 꼴찌는 아니다
B 달리기 성적이 우수하다
C 경기에 참가할 용기가 없다
D 운동을 해야 한다

단어 儿子 érzi 몡 아들 | 突然 tūrán 囝 갑자기 | 运动会 yùndònghuì 몡 운동회 | 差点儿 chàdiǎnr 囝 하마터면 | 赶上 gǎnshàng 동 따라잡다 ‖ 跑步 pǎobù 동 달리다 | 优秀 yōuxiù 동 우수하다 | 不敢 bùgǎn ～할 용기가 없다

해설 이야기 유형의 지문은 문장의 전반 내용을 직독 직해하며 세부적으로 파악하는 것이 중요하다. 지문에서 동료의 아들이 대답하기를 '마지막 1 초에서 꼴찌로 달리던 애가 나를 앞지를 뻔 했다'라고 한 것으로 보아 정답은 A이다.

69

每到春天，这条公路两边的树上就会开满花，又香又漂亮。每次经过这里，空气中的香味总能让我放松下来，心情也会变好。

★ 春天走在那条路上，会让我觉得：

A 路难走
B 心情愉快
C 很失望
D 很有自信

매년 봄이 오면 이 양측 길가의 나무에는 꽃이 만개해서 향기롭고 예쁘기도 하다. 매번 이곳을 지날 때마다 공기 중의 향기가 나를 편안하게 해주고 기분도 좋아지게 한다.

★ 봄에 그 길을 걷고 있으면, 나는 느끼기에 :

A 기리 걷기가 어렵다
B 기분이 즐겁다
C 아주 실망스럽다
D 자신감이 생긴다

단어 春天 chūntiān 몡 봄 | 香 xiāng 혱 향기롭다 | 漂亮 piàoliang 혱 예쁘다 | 空气 kōngqì 몡 공기 | 香味 xiāngwèi 몡 향기 | 放松 fàngsōng 동 편안하게 하다 ‖ 愉快 yúkuài 혱 기쁘다 | 失望 shīwàng 동 실망하다 | 自信 zìxìn 몡 자신감

해설 봄에 그 길을 걸으면 나로 하여금 느끼게 하는 것이 무엇인지 묻는 문제이고, 질문의 핵심어 '让我'가 표현된 부분을 지문에서 찾아 앞뒤 문맥을 살펴봐야 한다. 지문 마지막에서 '나를 편안하게 해주고 기분도 좋아지게 한다'고 하였으므로 정답은 B가 된다.

70

告诉大家一个好消息，今年公司的收入是去年的三倍，这与大家的努力工作是分不开的。公司决定，年底给大家多发奖金。

여러분에게 좋은 소식을 하나 알려주겠습니다. 올해 회사의 수입이 작년의 3배가 되었습니다. 이것은 여러분들이 열심히 일을 해준 것과 떼어놓고 볼 수 없습니다. 그래서 회사는 연말에 여러분께 보너스를 지급하기로 결정했습니다.

★ 公司今年：

A 招了新人
B 收入增加了
C 遇到很大竞争
D 降低了工资

★ 회사는 올해 :

A 신입사원을 모집했다
B 수입이 증가했다
C 큰 경쟁에 직면했다
D 임금을 내렸다

단어 告诉 gàosu 동 말하다, 알려주다 | 消息 xiāoxi 명 소식, 정보 | 收入 shōurù 명 수입 | 努力 nǔlì 동 노력하다 | 奖金 jiǎngjīn 명 보너스 ‖ 增加 zēngjiā 동 증가하다 | 竞争 jìngzhēng 동 경쟁하다 | 降低 jiàngdī 동 내리다 | 工资 gōngzī 명 임금

해설 회사가 올해 어떠한지를 묻고 있다. 지문 초반에 '올해 회사의 수입이 작년의 3배가 되었다'고 했으므로, 회사의 올해 수입이 증가했음을 알 수 있다. 따라서 정답은 B이다.

71

事有大小之分，我们一般重视大事，然而把小事做好的人往往更易成功。一个人如果连一件小事都不去做或者做不好，又怎能做成大事呢？

일은 크고 작음의 구분이 있고 우리는 보통 큰일을 중요하게 생각한다. 하지만 작은 일도 잘해내는 사람이 흔히 더 쉽게 성공한다. 만약 작은 일조차도 하지 않거나 제대로 해내지 못한다면 어떻게 큰일을 해낼 수 있겠는가?

★ 这段话主要告诉我们：

A 要成功
B 小事也得重视
C 做大事易出错
D 别害怕失败

★ 이 글이 우리에게 주로 말하고자 하는 것 :

A 성공해야 한다
B 작은 일도 중요시 해야 한다
C 큰일을 할 때는 실수하기 쉽다
D 실패를 두려워해서는 안 된다

단어 重视 zhòngshì 동 중시하다 | 然而 rán'ér 접 그러나 | 往往 wǎngwǎng 부 자주, 흔히 | 成功 chénggōng 동 성공하다 ‖ 害怕 hàipà 동 무서워하다 | 失败 shībài 명 실패

해설 주제를 묻는 문제이다. 일반적으로 큰일을 중시하지만 작은 일도 잘해내는 사람이 흔히 더 성공한다는 내용으로 정답은 B이다.

72

有些广告做得非常精彩，很容易吸引人们去购买那些东西。但在买之前，我们应该先弄清楚自己到底需不需要，千万不能受广告影响而去买一些自己不需要的东西。

아주 근사하게 만들어진 몇몇 광고는 아주 쉽게 사람들의 구매욕을 불러일으킨다. 하지만 물건을 사기 전에 우리는 나에게 꼭 필요한 물건인지 아닌지를 분명하게 해야 하고, 광고에 영향을 받아 필요 없는 물건을 사지 말아야 한다.

★ 这段话提醒我们，买东西前应考虑：

A 自己是否需要
B 质量好坏
C 广告精不精彩
D 价格高低

★ 이 글이 우리에게 말하는 물건을 사기 전에 마땅히 고려해야 할 것은 :

A 나에게 필요한지 아닌지
B 품질의 좋고 나쁨
C 광고가 근사한지 아닌지
D 가격의 높고 낮음

단어 广告 guǎnggào 圐 광고 | 精彩 jīngcǎi 圀 근사하다 | 吸引 xīyǐn 圐 끌어당기다 | 购买 gòumǎi 圐 구매하다 | 清楚 qīngchu 圀 분명하다 | 到底 dàodǐ 圐 도대체[의문문에 쓰임] | 需要 xūyào 圐 필요하다 ‖ 提醒 tíxǐng 圐 일깨우다 | 质量 zhìliàng 圐 품질 | 价格 jiàgé 圐 가격

해설 질문의 핵심 어구 '买东西前应考虑(물건을 사기 전에 마땅히 고려하다)'를 주의 깊게 본다. 지문 중간 부분에 '在买之前, 我们应该先弄清楚自己到底需不需要(물건을 사기 전에 우리는 나에게 꼭 필요한 물건인지 아닌지를 분명히 해야 한다)'라고 하였으므로 정답은 A이다.

73

先生，您乘坐的航班还有10分钟就要起飞了，现在已经停止换登机牌了。10:30的航班还有票，要帮您换那一班吗?

선생님, 선생님께서 타셔야 하는 항공편은 10분 후에 이륙하기 때문에 지금은 탑승권 교환이 중지되었습니다. 10시30분 비행기는 아직 표가 있는데 그것으로 교환해 드릴까요?

★ 那位先生：
A 错过了飞机
B 被禁止抽烟
C 行李超重了
D 丢了飞机票

★ 그 남자는 :
A 비행기를 놓쳤다
B 흡연을 금지 당했다
C 짐이 중량을 초과했다
D 비행기 표를 잃어버렸다

단어 航班 hángbān 圐 항공편 | 起飞 qǐfēi 圐 이륙하다 | 停止 tíngzhǐ 圐 멈추다 | 登机牌 dēngjīpái 圐 탑승권 ‖ 禁止 jìnzhǐ 圐 금지하다 | 超重 chāozhòng 圐 초과하다

해설 지문 첫 문장에서 '당신이 타야 하는 항공편은 10분 후에 이륙하기 때문에 지금은 탑승권 교환이 중지되었다'라고 언급했다. 그러므로 정답은 A이다.

74

在很多国外朋友眼中，吃烤鸭和听京剧、爬长城一样，是来北京必须要做的事情。

많은 외국인 친구들의 눈에는 오리구이를 먹고 경극을 보고, 만리장성을 오르는 일 같은 것들이 베이징(北京)에 오면 반드시 해봐야 하는 일이다.

★ 很多外国人认为，来北京：

A 要学太极拳
B 必须尝尝烤鸭
C 中文要流利
D 要学功夫

★ 많은 외국인들이 여기기를, 베이징에 오면 :

A 태극권을 배워야 한다
B 오리구이를 맛보아야 한다
C 중국어를 유창하게 해야 한다
D 쿵후를 배워야 한다

단어 烤鸭 kǎoyā 圐 오리구이 | 京剧 jīngjù 圐 경극 | 必须 bìxū 圐 반드시 ~해야 한다 ‖ 太极拳 tàijíquán 圐 태극권 | 流利 liúlì 圀 유창하다

해설 많은 외국인들이 베이징에 오면 무엇을 해야 하는지 묻는 문제이다. 지문에서 '오리구이를 먹고 경극을 보고, 만리장성에 오르는 것'이 베이징에 오면 꼭 해야 될 일이라고 나와 있으므로 정답은 B이다.

75

这张画儿挺有名的，是上个世纪齐白石老先生画的。他的国画水平到现在没有人能超过。

★ 齐白石：

A 国画没特点
B 爱画猴子
C 出名早
D 国画水平极高

이 그림은 아주 유명한 작품으로 지난 세기 제백석(齐白石) 선생이 그린 것이다. 그의 중국화 실력은 현재까지도 넘어선 사람이 없다.

★ 제백석은 :

A 중국화에 특징이 없다
B 원숭이 그림 그리는 것을 좋아한다
C 일찍이 유명해졌다
D 중국화 실력이 매우 뛰어나다

> **단어** 有名 yǒumíng 혱 유명하다 | 国画 guóhuà 몡 중국화 | 水平 shuǐpíng 몡 실력 | 超过 chāoguò 동 초과하다 ‖ 特点 tèdiǎn 몡 특징 | 猴子 hóuzi 몡 원숭이 | 出名 chūmíng 동 유명해지다

> **해설** 제백석에 관해 '그의 중국화 실력은 현재까지도 넘어선 사람이 없다'고 했으므로 정답은 D이다.

76

在中国，父母会为出生满一个月的孩子举办"满月酒"。这天，父母会邀请亲戚朋友来家里做客。大家聚在一起，共同祝贺孩子满月了，并希望他能健康地长大。

★ "满月酒"：

A 为孩子办的
B 由亲戚朋友负责
C 生日那天办
D 要办一个月

중국에서는 부모가 태어난 지 한 달이 된 아기를 위해서 '만월주' 행사를 연다. 이날 부모는 친척과 친구를 집으로 초대해 함께 모여 아기가 태어난 지 한 달이 된 것을 축하하고 건강하게 자랄 수 있기를 기원한다.

★ '만월주'는 :

A 아기를 위해 열린다
B 친척들과 친구들이 책임진다
C 생일 당일에 열린다
D 한 달 동안 열린다

> **단어** 举办 jǔbàn 동 개최하다, 열다 | 满月酒 mǎnyuèjiǔ 몡 만월주[아기가 출생한 지 만 한 달이 된 것을 축하하기 위해 마시는 술] | 邀请 yāoqǐng 동 초대하다 | 亲戚 qīnqi 몡 친척 | 祝贺 zhùhè 동 축하하다 | 希望 xīwàng 동 희망하다 ‖ 负责 fùzé 동 책임지다

> **해설** 지문의 처음에 '부모가 태어난 지 한 달이 된 아기를 위해서 '만월주' 행사를 연다'고 했으므로 정답은 A이다.

77

字写错了，可以用橡皮擦掉重新写，那生活中走错了路该怎么办呢？其实发现自己错了，及时回头，重新找条正确的方向，别让错误继续下去就行了。

★ 生活中走错了路该怎么办？

A 给朋友打电话
B 先找原因
C 及时找对的路
D 总结经验

글씨를 쓰다가 틀리면 지우개로 지우고 다시 쓰면 된다. 그럼 살아가다 길을 잘못 가게 되면 어떻게 해야 할까? 사실 자신이 잘못되었다는 것을 발견했다면 곧바로 고개를 돌려 새롭게 정확한 방향을 찾으면 되고 잘못을 계속하지 않게끔 하면 된다.

★ 살다가 잘못된 길을 가게 되었다면 어떻게 해야 하는가?

A 친구에게 전화한다
B 먼저 원인을 찾아본다
C 곧바로 옳은 길을 찾는다
D 경험을 총괄한다

> **단어** 重新 chóngxīn 閉 다시 | 正确 zhèngquè 혱 정확하다 | 方向 fāngxiàng 몡 방향 | 错误 cuòwù 몡 잘못, 실수 | 继续 jìxù 동 계속하다 ‖ 原因 yuányīn 몡 원인 | 总结 zǒngjié 동 총괄하다 | 经验 jīngyàn 몡 경험

> **해설** 질문의 핵심어구 '走错了路(길을 잘못 가다)'의 내용이 표현된 부분을 지문에서 찾아 주의해서 본다. 밑줄 친 부분에서 '사실 자신이 잘못 되었다는 것을 발견한다면 곧바로 고개를 돌려 새롭게 정확한 방향을 찾으면 된다'고 했으므로 정답은 C이다.

78

　　同学们，我们先跟着音乐来练习一下上节课学的五个动作。大家记得跳舞的同时要看着镜子，检查自己的动作是否标准。

★ 说话人希望学生：

A　要标准
B　边跳边看镜子
C　严格要求自己
D　把腿抬高

　　여러분, 우선 지난 시간에 배운 다섯 가지 동작을 음악에 따라 연습해 보겠습니다. 여러분은 춤을 출 때 거울을 보는 것을 기억하고 자신의 동작이 정확한지 확인해 보세요.

★ 말하는 사람이 학생에게 바라기를 :

A　표준적이어야 한다
B　춤을 추면서 거울을 본다
C　스스로에게 요구가 엄격하다
D　다리를 높이 들어올린다

단어 音乐 yīnyuè 몡 음악 | 练习 liànxí 툉 연습하다 | 跳舞 tiàowǔ 툉 춤을 추다 | 镜子 jìngzi 몡 거울 | 检查 jiǎnchá 툉 검사하다 | 标准 biāozhǔn 몡 표준 ‖ 严格 yángé 톙 엄격하다 | 抬 tái 툉 들어 올리다

해설 지문의 마지막 문장에서 '춤을 출 때 거울을 보는 것을 기억하고 자신의 동작이 정확한지 확인해라'라고 하며 학생들에게 거울을 볼 것을 당부하고 있다. 따라서 정답은 B이다.

79

　　玩笑要在合适的时间、地点，根据不同人的性格，选择不同的方法来开。这样才能引人发笑，并让人觉得你有幽默感，而不是让人讨厌你。

★ 玩笑：

A　表示幽默
B　总能让人高兴
C　不能随便开
D　大多很无聊

　　농담은 알맞은 시간과 장소에서 해야 하고 사람의 성격에 따라 다른 방법을 선택해서 해야 한다. 이렇게 해야 비로소 사람들에게 웃음을 이끌어낼 수 있고, 사람들이 당신이 유머 감각이 있다고 느끼게 하면서 당신을 싫어하지 않게 할 수 있다.

★ 농담은 :

A　유머러스함을 표현한다
B　언제나 사람을 기쁘게 할 수 있다
C　마음대로 할 수 없다
D　대부분 아주 무료하다

단어 玩笑 wánxiào 몡 농담 | 合适 héshì 톙 적합하다, 알맞다 | 地点 dìdiǎn 몡 장소 | 根据 gēnjù 께 ~에 근거하여 | 性格 xìnggé 몡 성격 | 幽默感 yōumògǎn 몡 유머 감각 | 讨厌 tǎoyàn 툉 싫어하다 ‖ 随便 suíbiàn 뷔 마음대로 | 无聊 wúliáo 톙 무료하다

해설 지문의 첫 문장에 '농담은 알맞은 시간과 장소에서 해야 되고 사람의 성격에 따라 다른 방법을 선택해야 한다'라고 하였으므로 정답은 C이다.

很多时候，朋友之间出现误会时，⁸⁰两个人都会想，如果他先道歉，我就原谅他。但⁸¹谁都不愿意做那个先说"对不起"的人，于是他们的距离就会越来越远。其实一句简单的"抱歉"，也许就能换回一段友谊，减少一些后悔。

많은 경우 친구 간에 오해가 생겼을 때, 80두 사람 모두 상대방이 먼저 사과하면 자신도 그를 용서하겠다고 생각한다. 하지만 81누구도 먼저 '미안해'라고 말하는 사람이 되고 싶어 하지 않는다. 그래서 그들의 거리는 점점 더 멀어진다. 사실 '미안해'라는 간단한 말 한마디가 어쩌면 우정을 되돌려주고 후회를 좀 줄여줄 수도 있다.

단어 误会 wùhuì 몡 오해 | 道歉 dàoqiàn 동 사과하다 | 原谅 yuánliàng 동 용서하다, 이해하다 | 于是 yúshì 접 그래서 | 距离 jùlí 몡 거리 | 抱歉 bàoqiàn 동 미안해하다 | 友谊 yǒuyì 몡 우정 | 减少 jiǎnshǎo 동 감소하다 | 后悔 hòuhuǐ 동 후회하다

80 ★ 和朋友出现问题时，许多人都希望：

A 朋友先道歉
B 很想说"抱歉"
C 得到同情
D 问题不严重

★ 친구와 문제가 생겼을 때, 대부분의 사람이 바라는 것은 :

A 친구가 먼저 사과한다
B '미안해'라고 말하고 싶어 한다
C 동정을 받다
D 문제가 심각하지 않다

단어 同情 tóngqíng 몡 동정 | 严重 yánzhòng 동 심각하다

해설 질문의 핵심어구 '和朋友出现问题(친구와 문제가 생겼을 때)'의 내용이 표현된 부분을 글에서 찾아 앞뒤 문맥을 살펴 본다. 글의 앞부분에서 '두 사람 모두 상대방이 먼저 사과하면 자신도 그를 용서하겠다고 생각한다'라고 한 것으로 보아 많은 사람들은 오해가 생겼을 때 친구가 먼저 사과하기를 바란다는 것을 알 수 있다. 따라서 정답은 A이다

81 ★ "距离"指的是朋友间的：

A 感情　　　B 理想
C 区别　　　D 印象

★ '거리'가 가리키는 것은 친구 사이의 :

A 감정　　　B 이상
C 구별　　　D 인상

단어 感情 gǎnqíng 몡 감정 | 区别 qūbié 몡 구별 | 印象 yìnxiàng 몡 인상

해설 지문에서 '距离(거리)'가 표현된 앞뒤 문장을 주의해서 본다. 밑줄 친 부분에서 '누구도 먼저 '미안해'라고 말하는 사람이 되고 싶어 하지 않는다. 그래서 그들의 거리는 점점 더 멀어진다'라고 하였으므로, 즉 친구 간에 먼저 사과하지 않는다면 결국 그들의 감정이 멀어질 수 밖에 없다는 것임을 알 수 있다. 따라서 정답은 A이다.

⁸²网上购物原来只能在电脑上进行，但随着手机互联网的发展，用手机上网购物正变得越来越方便。与电脑相比，⁸³手机更小更轻，想上网购物时，只要从口袋里拿出手机，就能轻松完成，比用电脑方便多了。

⁸²온라인 구매는 원래 컴퓨터로만 진행했었지만 모바일 인터넷이 발전함에 따라 휴대전화를 이용한 온라인 구매가 점점 더 편리하게 변하고 있다. 컴퓨터와 비교했을 때 ⁸³휴대전화는 더 작고 가벼워 온라인 구매를 하고 싶을 때 주머니에서 휴대전화를 꺼내기만 하면 바로 수월하게 이용할 수 있다. 그래서 컴퓨터를 사용하는 것보다 훨씬 편리하다.

단어 购物 gòuwù 통 물품을 구입하다 | 随着 suízhe 개 ~에 따라 | 轻松 qīngsōng 형 수월하다, 홀가분하다 | 便宜 piányi 형 (값이) 싸다

82

★ 用手机购物比用电脑更：

A 便宜　　　　B 方便
C 简单　　　　D 复杂

★ 휴대전화를 이용한 온라인 구매가 컴퓨터를 이용하는 것보다 더 :

A 저렴하다　　　　B 편리하다
C 간단하다　　　　D 복잡하다

단어 复杂 fùzá 형 복잡하다

해설 지문의 첫 문장에서 '온라인 구매는 원래 컴퓨터로만 진행했었지만 모바일 인터넷이 발전함에 따라 휴대전화를 이용한 온라인 구매가 점점 더 편리하게 변하고 있다'라고 했으므로 정답은 B이다

83

★ 这段话主要谈的是：

A 手机游戏
B 手机网上购物
C 电脑的发展
D 网上购物的好处

★ 이 글이 주로 이야기하는 것은 :

A 휴대전화 게임
B 휴대전화 온라인 구매
C 컴퓨터의 발전
D 온라인 구매의 장점

단어 游戏 yóuxì 명 게임 | 发展 fāzhǎn 명 발전 | 好处 hǎochu 명 장점

해설 주제를 묻는 문제이다. 주제는 처음 또는 마지막 부분에서 나오는 경우가 많으므로 주의해서 보자. 지문 첫 문장에서 '온라인 구매는 원래 컴퓨터로만 진행했었지만 모바일 인터넷이 발전함에 따라 휴대전화를 이용한 온라인 구매가 점점 더 편리하게 변하고 있다'는 데에 이어, 마지막 문장에서는 휴대전화로 하는 온라인 구매가 컴퓨터로 구매 하는 것 보다 좋은 점에 대해 설명하고 있다. 따라서 정답은 B이다.

84-85

儿童一般在四五岁时开始认识世界，而[84]他们的知识经验又无法解释遇到的问题，所以喜欢向大人们问这问那，尤其爱问"为什么"。这时，[85]父母首先要表扬孩子，鼓励他们问问题；其次要有耐心。如果自己也不知道答案，可以直接对他们说"这个问题我现在不会回答，我看过书后再告诉你"，这样做还能鼓励孩子多看书，使他们从小养成爱读书的好习惯。

아이들은 보통 4~5세가 되었을 때 세상을 인식하기 시작하는데 [84]자기들의 지식과 경험으로 해결할 수 없는 문제를 마주치게 된다. 그래서 어른들에게 이것저것 물어보는 걸 좋아하고 특히 '왜'라고 묻는 것을 좋아한다. 이때 [85]부모는 우선 아이를 칭찬하고, 질문하는 것을 격려해줘야 한다. 그다음 인내심을 가져야 한다. 만약 자신도 답을 모른다면 "이 문제는 지금 대답해주기 어려우니 책에서 찾아보고 얘기해줄게"라고 직접 말해도 된다. 이렇게 하면 아이에게 책을 많이 볼 수 있도록 격려할 수 있고, 아이들에게 어릴 때부터 책을 읽는 좋은 습관을 기르게 할 수 있다.

단어 认识 rènshi 图 알다, 인식하다 | 经验 jīngyàn 图 경험 | 无法 wúfǎ 图 방법이 없다 | 解释 jiěshì 图 해석하다 | 遇到 yùdào 图 만나다, 마주치다 | 尤其 yóuqí 图 더욱이, 특히 | 表扬 biǎoyáng 图 칭찬하다 | 鼓励 gǔlì 图 격려하다 | 耐心 nàixīn 图 인내심 | 答案 dá'àn 图 답안, 답 | 直接 zhíjiē 图 직접적인 | 养成 yǎngchéng 图 양성하다, 기르다 | 习惯 xíguàn 图 습관

84

★ 四五岁的孩子爱问问题，是因为他们：

A 认真看书
B 觉得很有趣
C 缺少知识
D 希望得到表扬

★ 4-5세의 아이들이 질문하는 것을 좋아하는 이유는 그들이 :

A 책을 열심히 읽어서
B 흥미가 있어서
C 지식이 부족해서
D 칭찬받고 싶어서

단어 缺少 quēshǎo 图 부족하다

해설 4~5세 아이들이 자주 질문하는 이유에 대해 묻는 문제이고, 글의 밑줄 친 부분에서 4~5세의 아이가 질문하기를 좋아하는 것은 그들의 지식으로는 마주치는 문제를 해결할 수 없기 때문임을 알 수 있다. 따라서 정답은 C이다.

85

★ 孩子问问题时，父母应该：

A 先猜答案
B 让他们问老师
C 耐心回答
D 让孩子找出答案

★ 아이가 질문을 할 때, 부모는 :

A 먼저 답을 추측한다
B 선생님께 여쭤보라고 한다
C 인내심을 갖고 대답한다
D 아이에게 답을 찾게끔 한다

단어 猜 cāi 图 추측하다

해설 글에서 '부모는 우선 아이를 칭찬하고, 질문하는 것을 격려해줘야 한다. 그다음, 인내심을 가져야 한다'고 언급하고 있으므로 정답은 C이다.

书 写

第 一 部 分

86-95

86　会议　　上午的　　顺利　　吗

정답	上午的会议顺利吗?	오전의 회의는 순조로웠나요?

단어　会议 huìyì 몡 회의 ｜ 顺利 shùnlì 톙 순조롭다

해설　형용사는 술어가 될 때 목적어를 가지지 않는다. 그러므로 명사인 '会议(회의)'가 주어가 되어야 한다. 또한, '的'는 주어나 목적어 앞에서 수식해주는 역할을 하기 때문에 '上午的会议(오전의 회의)'라고 써야 한다.

上午的　　会议　　顺利　　吗?
관형어　　주어　　술어

87　这种想法　　理解和接受　　现在还很难　　被

정답	这种想法现在还很难被理解和接受。	이 견해는 현재 아직 이해되고 받아들여지기 어렵다.

단어　想法 xiǎngfǎ 몡 생각, 견해 ｜ 被 bèi 꼐 ~에 의해 당하다 ｜ 理解 lǐjiě 톰 이해하다 ｜ 接受 jiēshòu 톰 받아들이다

해설　'被'는 '~에 의해 당하다'라는 의미의 개사이다. 개사는 '개사 + 명사 + 술어'의 순으로 와야 하는 것이 일반적이나, '被' 뒤의 주체자(명사)를 굳이 언급할 필요가 없을 때는 생략이 가능하다. 그렇기 때문에 '被' 뒤에는 바로 동사가 올 수 있으므로 '被理解和接受(이해되고 받아들여지다)'라고 해야 한다. 또한, '很难'이라는 것은 '很难吃(맛이 없다)'처럼 술어 앞에서 꾸며주는 부사어의 역할로 쓰일 수 있기 때문에 '很难被理解和接受'로 쓰이면 '이해되고 받아들여지기 어렵다'라는 의미가 된다.

这种　　想法　　现在还很难被　　理解和接受。
관형어　　주어　　부사어　　술어

88　警察的　　怀疑　　引起了　　他们的话

정답	他们的话引起了警察的怀疑。	그들의 말은 경찰의 의심을 불러일으켰다.

단어　引起 yǐnqǐ 톰 불러 일으키다, 야기하다 ｜ 警察 jǐngchá 몡 경찰 ｜ 怀疑 huáiyí 몡 의심

해설　'怀疑'는 '의심하다'라는 동사의 의미와 '의심'이라는 명사의 의미가 모두 가능하다. 하지만 '引起(일으키다)' 뒤에 '了'가 붙었기 때문에 이 문장의 술어는 '引起(일으키다)'임을 알 수 있다. 따라서 '怀疑(의심)'는 동사가 아닌 명사의 의미로 쓰여야 한다. 또한, '의심을 불러일으켰다'라고 써야 의미상으로 적절하기 때문에 '怀疑(의심)'는 목적어 자리에 오는 것이 가장 적절하다.

他的　　话　　引起了　　警察的　　怀疑。
관형어　　주어　　술어　　관형어　　목적어

89　要注意　　春季外出时　　保护　　皮肤

정답	春季外出时要注意保护皮肤。	봄에 외출을 할 때 피부를 보호하는 것에 주의해야 한다.

단어　春季 chūnjì 몡 봄, 봄철 ｜ 注意 zhùyì 톰 주의하다 ｜ 保护 bǎohù 톰 보호하다 ｜ 皮肤 pífū 몡 피부

해설 '…时(~할 때)' 혹은 '…的时候(~할 때)'는 시간을 나타내는 시간명사 혹은 명사구로 간주가 된다. 시간명사는 보통 주어 앞뒤에 올 수 있다. 주어가 생략될 때는 문장 맨 앞에 위치할 수 있다. 그리고 제시어 중 '注意(주의하다)'와 '保护(보호하다)'라는 두 개의 동사가 있는데 이때 술어가 될 수 있는 동사는 심리, 지각동사인 '注意(주의하다)'이다. 동작동사를 제외한 심리동사와 지각동사는 문장 혹은 술목구조의 목적어를 가지고 올 수 있다. 다시 말해 '注意(주의하다)' 뒤에 술목구조인 '保护皮肤(피부를 보호하다)'를 넣어주면 '피부를 보호하는 것에 주의하다'라는 의미가 된다.

春季外出时　要　注意　保护皮肤。
부사어　　　술어　목적어　(주어의 생략)

90　首都图书馆　　阅读环境　　为大家　　很好的　　提供了

정답 首都图书馆为大家提供了很好的阅读环境。　｜　서우두(首都) 도서관은 모두를 위해 좋은 독서 환경을 제공했다.

단어 图书馆 túshūguǎn 몡 도서관 ｜ 为 wèi 꽤 ~를 위하여, ~에게 ｜ 提供 tígōng 동 제공하다 ｜ 阅读 yuèdú 동 (책이나 신물을) 보다 ｜ 环境 huánjìng 몡 환경

해설 제시어 중에서 술어가 될 수 있는 것은 '了'가 붙어있는 '提供(제공하다)'이다. '도서관이 독서 환경을 제공했다'라는 표현이 가장 자연스러우므로 '首都图书馆(서우두 도서관)'이 주어, '阅读环境(독서 환경)'이 목적어가 된다. 또한, '为(~를 위하여)'는 개사이기 때문에 '부사 + 조동사 + 개사 + 명사 + 술어'의 순서에 맞게 술어 앞에 써야 한다.

首都图书馆　　为大家　　提供了　　很好的　　阅读环境。
주어　　　　부사어　　술어　　관형어　　목적어

91　杯子　　我不小心　　把　　掉地上了

정답 我不小心把杯子掉地上了。　｜　나는 조심하지 못하여 컵을 바닥에 떨어뜨렸다.

단어 小心 xiǎoxīn 혱 조심스럽다 ｜ 把 bǎ 꽤 ~를 ｜ 杯子 bēizi 몡 잔, 컵 ｜ 掉 diào 동 떨어뜨리다

해설 '把'는 '~를'이라는 의미의 개사이다. 개사이기 때문에 '부사 + 조동사 + 개사 + 명사 + 술어'의 순서로 쓴다. '把(~를)' 앞에는 '不', '没' 등의 부사가 올 수 있으며 '掉'가 동사로 해석이 될 때 '떨어뜨리다'라는 의미이다.

我　　不小心把杯子　　掉　　地上了。
주어　　부사어　　　술어　　보어

92　王律师　　很吃惊　　这个消息　　让

정답 这个消息让王律师很吃惊。　｜　이 소식은 왕 변호사를 놀라게 하였다.

단어 消息 xiāoxi 몡 소식 ｜ 律师 lǜshī 몡 변호사 ｜ 吃惊 chījīng 동 놀라다

해설 '让'은 '~하게 시키다'라는 의미의 동사이다. '让(~하게 시키다)'은 언제나 첫 번째 술어로 쓰이며 뒤에 두 번째 술어를 동반한다. 소식이 왕 변호사를 놀라게 만든 것이므로 주어는 '这个消息(이 소식)'가 된다.

这个　　消息　　让　　王律师　　很　　吃惊。
관형어　주어　　술어　목적어　부사어　술어
　　　　　　　　　　　주어

93

人　　我丈夫　　十分　　幽默的　　是一个

정답　我丈夫是一个十分幽默的人。 | 내 남편은 매우 유머러스한 사람이다.

단어　丈夫 zhàngfu 몡 남편 | **十分** shífēn 뵘 매우 | **幽默** yōumò 혱 유머러스한

해설　제시어에서 술어가 될 수 있는 동사는 '是(~이다)'뿐이다.' 是(~이다)'가 술어가 될 때에는 'A 是 B(A는 B이다)' 구조를 만들어야 한다. 是(~이다)'가 술어가 될 때 주어나 목적어가 될 수 있는 명사는 제시어 중에 '人(사람)'과 '我丈夫(내 남편)' 뿐인데 해석상 '내 남편은 ~한 사람이다'라고 써야 하므로 '我丈夫(내 남편)'가 주어가 된다.

我丈夫　　是　　一个十分幽默的　　人。
주어　　술어　　관형어　　목적어

94

你带他们　　一下　　参观　　到处

정답　你带他们到处参观一下。 | 당신이 그들을 데리고 곳곳을 참관해 주세요.

단어　带 dài 동 데리다, 지니다 | **到处** dàochù 몡 곳곳, 도처 | **参观** cānguān 동 참관하다, 견학하다

해설　'一下(좀 ~하다)'는 동사의 중첩형이다. 동사의 중첩형으로는 'AA, A一A, A了A, A了一A, A一下'의 형태가 있다. 또한, 술어가 두 개 들어 있는 연동문에서는 첫 번째 동사 뒤에 중첩형을 쓸 수 없으므로 제시어 중에서 두 번째 동사로 쓰인 '参观(참관하다)' 뒤에 '一下(좀 ~하다)'를 붙여야 한다.

你　　带　　他们　　到处　　参观　　一下。
주어　　술어1　　목적어　　부사어　　술어2　　보어

95

城市交通　　重要影响　　有　　对经济发展

정답　城市交通对经济发展有重要影响。 | 도시 교통은 경제 발전에 중요한 영향이 있다.

단어　城市 chéngshì 몡 도시 | **交通** jiāotōng 몡 교통 | **经济** jīngjì 몡 경제 | **影响** yǐngxiǎng 몡 영향

해설　제시어에서 주어는 '城市交通(도시 교통)'이고, 술어가 될 수 있는 동사는 '有(있다)'로 '对(~에게)'는 술어 '有' 앞에 와야 한다.

城市交通　　对经济发展　　有　　重要　　影响。
주어　　부사어　　술어　　관형어　　목적어

第 二 部 分

96-100

96

酸

모범답안 　我不喜欢吃酸的。

나는 신 거 먹는 것을 싫어한다.

단어 　酸 suān 〔형〕 시다

해설 　'酸'은 '시다'라는 형용사지만 '酸的'는 '신 것'이라는 명사형이다.

97

笑话

모범답안 　她在手机上看到了一个笑话。

그녀는 휴대전화에서 웃긴 이야기를 하나 보았다.

단어 　手机 shǒujī 〔명〕 휴대전화 | 笑话 xiàohua 〔명〕 우스운 이야기

해설 　'在…上'이 '～상으로' 혹은 '～에서'로 해석이 될 때는 술어 앞에 온다.

98

激动

모범답안 　我姐今天毕业，她心里太激动了。

우리 언니(누나)가 오늘 졸업한다. 그녀는 엄청 감격해있다.

단어 　毕业 bìyè 〔동〕 졸업하다 | 激动 jīdòng 〔형〕 감격하다

해설 　정도부사 '太'는 뒤에 어기조사 '了'를 동반한다.

99

味道

모범답안 　我尝尝这汤的味道怎么样。

이 탕의 맛이 어떤지 내가 맛 좀 볼게.

단어 　尝 cháng 〔동〕 맛보다 | 味道 wèidao 〔명〕 맛 | 怎么样 zěnmeyàng 어떠하다

해설 　'尝'은 '맛보다'라는 동사이다. '탕의 맛이 어떤지'를 맛보는 것이므로 문장 맨 끝에 '怎么样'이 나와도 의문문이 아니기 때문에 물음표가 들어가지 않는다.

100

毕业

모범답안 　祝贺你顺利毕业。

네가 순조롭게 졸업한 것을 축하해.

단어 　祝贺 zhùhè 〔동〕 축하하다 | 顺利 shùnlì 〔동〕 순조롭다 | 毕业 bìyè 〔동〕 졸업하다

해설 　'顺利'는 '순조롭다'라는 의미의 동사로 술어 앞에 쓰여 '순조롭게'라는 부사어로 쓰였다.

新汉语水平考试

실전 모의고사 해설

제4회

第 一 部 分

🎯 1-10

1

张先生，不好意思。我们这里暂时没有符合您要求的房子，不过这两天会有一些新的房子要出租。到时我帮您注意一下。

★ 现在没有合适的房子。

장 선생님, 죄송합니다. 이곳에 일시적으로 당신의 요구에 부합하는 집이 없네요. 하지만 요 며칠 동안 세 놓으려고 하는 집들이 또 있을 겁니다. 그때 제가 신경 써 드리겠습니다.

★ 지금 적합한 집이 없다. (✓)

단어 暂时 zànshí 뿐 잠깐, 잠시, 일시 | 符合 fúhé 동 부합하다 | 要求 yāoqiú 명 요구, 요구 사항 | 出租 chūzū 동 임대하다 | 注意 zhùyì 동 주의하다 ‖ 合适 héshì 형 적합하다

해설 지문의 '符合'는 '부합하다'라는 의미이다. '당신의 요구에 부합하는 집이 없다'는 것은 적합한 집이 없다와 같으므로 정답은 ✓이다.

2

很多人刚开始戴眼镜时会觉得不太习惯。这其实是很正常的，戴一段时间就会慢慢适应了。

★ 戴眼镜需要时间适应。

많은 사람들은 막 안경을 쓰기 시작할 때 그다지 익숙하지 않게 느낄 수 있다. 이것은 사실 정상적인 것으로 한동안 쓰고 있으면 천천히 적응하게 될 것이다.

★ 안경을 쓰는 데 적응하는 시간이 필요하다. (✓)

단어 戴 dài 동 착용하다 | 眼镜 yǎnjìng 명 안경 | 习惯 xíguàn 동 습관이 되다 | 正常 zhèngcháng 형 정상적인 | 适应 shìyìng 동 적응하다 ‖ 需要 xūyào 동 필요하다

해설 듣기 1부분은 질문을 먼저 본 다음 지문을 들어야 제대로 풀 수 있다. 지문에서 '适应(적응하다)'이라는 단어가 질문에서도 나왔고, 안경을 쓰는 것이 익숙하지 않게 느껴질 수 있지만 천천히 적응 될 것이라고 했으므로 정답은 ✓이다.

3

这家小吃店，开了快5年了，生意一直特别好。开店的那对夫妻很热情，做的东西也好吃，很多人都愿意去他们店里吃小吃。

★ 小吃店生意越来越差。

이 간이식당은 개업한 지 5년이 다 되어 가는데 장사가 줄곧 잘된다. 가게를 연 부부가 친절하고 만드는 음식도 맛있어서 많은 사람이 그들의 식당으로 가서 먹고 싶어 한다.

★ 간이식당 장사가 점점 나빠진다. (✕)

단어 生意 shēngyi 명 장사 | 夫妻 fūqī 명 부부 | 热情 rèqíng 형 열정적이다, 친절하다 | 愿意 yuànyì 동 희망하다, 바라다 ‖ 越来越 yuèláiyuè 뿐 점점, 갈수록

해설 질문에서 언급된 '差'는 '부족하다'라는 뜻도 있지만 '나쁘다'라는 의미로 쓰여 '不好(좋지 않다)'로 대체할 수 있다. 밑줄 친 부분의 '生意一直特别好'는 '장사가 줄곧 잘된다'는 의미이기 때문에 질문의 '越来越差(점점 나빠진다)'라는 표현과는 상반된다. 그러므로 정답은 X이다.

4

弟弟确实长大了，我记得以前他常常把家里弄得又脏又乱，现在不但会收拾自己的房间，有时还会帮着打扫厨房和洗手间。

남동생이 확실히 컸네요. 제가 기억하기론 예전에는 자주 집안을 더럽히고 어지럽혔는데 지금은 자기 방을 정리할 줄 알 뿐만 아니라, 때로는 주방이랑 화장실 청소하는 걸 돕기도 하고 말이에요.

★ 弟弟跟以前不一样了。

★ 남동생이 예전과 달라졌다. (✓)

단어 　确实 quèshí 閈 확실히 | 记得 jìde 图 기억하고 있다 | 脏 zāng 휑 더럽다 | 乱 luàn 휑 어지럽다 | 收拾 shōushi 图 정리하다 | 厨房 chúfáng 圀 주방 | 洗手间 xǐshǒujiān 圀 화장실

해설 　'A 和/跟/与 B 一样'은 'A와 B는 같다'라는 의미이다. 질문에서는 '弟弟跟以前不一样了'로 나왔기 때문에 '남동생이 예전과 달라졌다'라고 해석할 수 있다. 지문에서 남동생이 예전엔 집안을 더럽혔지만 지금은 주방과 화장실 청소를 돕는다고 했으므로 정답은 ✓이다.

5

研究发现不吃早餐容易使孩子变笨，影响他们的学习成绩，所以家长一定要让孩子吃早餐，而且要让他们吃好。

한 연구는 아침을 먹지 않으면 아이들이 쉽게 멍청해질 수 있으며 그들의 학습 성적에 영향을 준다는 것을 발견했다. 그러므로 학부모들은 반드시 아이가 아침을 먹게 하고 게다가 잘 먹도록 만들어야 한다.

★ 儿童不吃早餐会影响学习。

★ 어린이가 아침을 안 먹으면 학습에 영향을 끼칠 수 있다. (✓)

단어 　容易 róngyì 휑 쉽다 | 笨 bèn 휑 멍청하다 | 成绩 chéngjì 圀 성적 ‖ 儿童 értóng 圀 아동, 어린이 | 影响 yǐngxiǎng 图 영향을 주다

해설 　'变笨'은 '멍청하게 변하다', '멍청하게 되다'라는 의미이다. 아침을 먹지 않으면 멍청하게 변하고 학습 성적에도 영향을 줄 수 있다. 그러므로 정답은 ✓이다.

6

当时我并没有考虑那么多，因为当人们遇到危险的时候，我们做警察的有责任去帮助他们。

당시에 나는 그렇게 많은 것을 고려하지 않았다. 왜냐하면 사람들이 위험에 닥쳤을 때 우리가 경찰로서 그들을 도와주러 갈 책임이 있기 때문이다.

★ 她是警察。

★ 그녀는 경찰이다. (✓)

단어 　遇到 yùdào 图 만나다, 마주치다 | 危险 wēixiǎn 휑 위험하다 | 警察 jǐngchá 圀 경찰 | 责任 zérèn 圀 책임

해설 　'做', '当', '成为' 다음에 직업이 나오면 그 직업을 '하다'라는 의미이다. 지문에는 '做警察(경찰을 하다)'라고 하여 경찰이라는 직업이 나왔으므로 정답은 ✓이다.

7

云的样子会随着风而发生变化，有时看着像一只老虎，过一会儿可能就变成了一只鸟，接着又可能会变成一棵大树。<u>真是有趣极了</u>！

★ 云的变化很有意思。

구름의 모양은 바람을 따라 변화가 나타나는데, 때로는 보기에 한 마리의 호랑이 같다가 조금 있으면 한 마리의 새로 변할 수도 있고, 이어서 또 큰 나무 한 그루로 변할 수도 있다. <u>정말 매우 재미있다</u>!

★ 구름의 변화는 재미있다. (✓)

단어 云 yún 몡 구름 | 随着 suízhe 깨 ~에 따르다 | 老虎 lǎohǔ 몡 호랑이 | 变成 biànchéng 통 ~로 변하다 | 鸟 niǎo 몡 새 | 有趣 yǒuqù 혱 재미있다, 흥미가 있다

해설 지문 마지막의 '有趣极了'는 '매우 재미있다'는 의미로, '有趣(재미있다)'는 '有意思(재미있다)'로 대체 가능하다. 그러므로 정답은 ✓이다. 또한, '极了'는 '매우'라는 뜻으로, 의미상 '非常(매우)'과 비슷하지만 '非常(매우)'과 달리 술어 뒤에 나온다는 것도 알아두어야 한다.

8

我在一本杂志上看过关于这家饭店的介绍。我记得上面说他们家的<u>饺子</u>和烤鸭非常好吃。我们去尝尝吧。

★ 她想吃包子。

내가 잡지에서 이 식당에 관한 소개를 본 적이 있어. 거기에서 그 집 <u>만두</u>랑 오리구이가 굉장히 맛있다고 말했던 게 기억이 나. 우리 맛보러 가자.

★ 그녀는 찐빵을 먹고 싶어한다. (✕)

단어 杂志 zázhì 몡 잡지 | 介绍 jièshào 몡 소개 | 饺子 jiǎozi 몡 만두, 교자 | 烤鸭 kǎoyā 몡 오리구이 | 尝 cháng 통 맛보다 ‖ 包子 bāozi 몡 (소가 든) 찐빵, 바오쯔

해설 지문에서는 '饺子(만두)'를 먹으러 가자고 했지만 질문에서는 '包子(찐빵)'를 먹고 싶어한다고 했으므로 정답은 ✕이다.

9

王律师，<u>下周六晚上我们公司要举办</u>一场舞会，我们经理，想邀请您和您妻子参加，您那时候有时间吗?

★ 舞会将在这个礼拜天举行。

왕 변호사님, <u>다음 주 토요일 저녁에 저희 회사에서 무도회를 개최합니다</u>. 저희 사장님께서 선생님과 사모님을 참석하도록 초대하고 싶어하시는데, 그때 시간이 있으세요?

★ 무도회는 이번 주 일요일에 열린다. (✕)

단어 律师 lǜshī 몡 변호사 | 举办 jǔbàn 통 개최하다, 열다 | 舞会 wǔhuì 몡 무도회 | 经理 jīnglǐ 몡 사장 | 邀请 yāoqǐng 통 초청하다 | 参加 cānjiā 통 참석하다 ‖ 礼拜 lǐbài 몡 주, 요일

해설 '주', '요일'이라는 의미로 보통 '星期'를 많이 쓰지만 '星期' 대신에 '周(요일)' 혹은 '礼拜(요일)'로 쓸 수 있다. 지문에서는 '下周六晚上(다음 주 토요일 저녁)'이라고 했지만 질문에서는 '礼拜天(일요일)'이라고 했기 때문에 정답은 ✕이다.

10

这种小镜子非常适合你们年轻女孩子用，样子好看又<u>不重</u>，放在包里十分方便。

★ 那种镜子比较轻。

이런 종류의 작은 거울은 너희 어린 여자애들이 쓰기에 굉장히 적합하지. 모양이 예쁘면서 <u>무겁지도 않고</u> 가방 안에 넣으면 엄청 편해.

★ 그 거울은 가벼운 편이다. (✓)

단어 镜子 jìngzi 몡 거울 | 适合 shìhé 통 적합하다 | 方便 fāngbiàn 혱 편리하다 ‖ 轻 qīng 혱 가볍다

해설 질문에서 언급된 '轻'은 '가볍다'라는 뜻으로 지문의 '不重(무겁지 않다)'과 같은 의미이다. 그러므로 정답은 ✓이다.

第 二 部 分

11-25

11

女：你坐地铁吗？一起走吧！
男：你先走吧。我得去对面的邮局一趟，给我妹寄东西。

问：男的现在要去哪儿？

A 商店　　　　　B 亲戚家
C 邮局　　　　　D 地铁站

여：너도 전철 타니? 같이 가자!
남：너 먼저 가. 나는 맞은편의 우체국에 가서 내 여동생에게 물건을 부쳐야 해.

문 : 남자는 지금 어디에 가려고 하는가?

A 상점　　　　　B 친척집
C 우체국　　　　D 지하철역

단어 地铁 dìtiě 圀 지하철 | 对面 duìmiàn 圀 맞은편 | 邮局 yóujú 圀 우체국 | 趟 tàng 圀 차례, 번 | 寄 jì 图 부치다 ‖
商店 shāngdiàn 圀 상점 | 亲戚 qīnqi 圀 친척

해설 듣기 2부분에서는 보기의 단어와 지문에서 정답의 근거가 비슷하게 나오므로 듣기 전에 보기를 먼저 읽어두어야 한다. 대화의 밑줄 친 부분에서 '나는 맞은편의 우체국에 가야한다'라고 했기 때문에 정답은 C가 될 수 있다. 또한, 이때 언급된 '趟'은 '~번'이라는 의미로 보통 왕복의 한 번을 나타낸다는 것을 알아야 한다.

12

男：学了这么久的汉语，我觉得听和说很容易。
女：对，不过语法就难多了。

问：女的觉得汉语哪方面比较难？

A 说　　　　　B 听
C 汉字　　　　D 语法

남：이렇게 오래 중국어를 배워보니 내 생각엔 듣기랑 말하기가 쉬운 것 같아.
여：맞아. 그런데 어법은 훨씬 어렵지.

문 : 여자는 중국어의 어느 방면이 어려운 편이라고 생각하는가?

A 말하기　　　　B 듣기
C 한자　　　　　D 어법

단어 容易 róngyì 圀 쉽다 | 语法 yǔfǎ 圀 어법

해설 '难多了(훨씬 어렵다)'에서 '多了'는 술어 뒤에서 행위나 변화가 매우 클 때 사용하며, '훨씬'이라고 해석할 수 있다. 대화에서 '어법이 훨씬 어렵다'라고 여자가 말했으므로 정답은 D이다.

13

女：这儿离宾馆至少一公里，我们打个车吧。
男：不用，我们的行李箱都很轻，拉着走很快就到了。

问：男的是什么意思？

A 大使馆很近
B 走过去
C 要赶时间
D 打车贵

여：여기가 호텔에서 최소한 1km는 되니까 우리 택시 타자.
남：필요 없어. 우리 트렁크는 가벼워서 끌면서 걸어가면 금방 도착할 거야.

문 : 남자의 말은 무슨 의미인가?

A 대사관이 가깝다
B 걸어서 간다
C 시간에 맞출 수 있다
D 택시를 타는 게 비싸다

단어 宾馆 bīnguǎn 圀 호텔 | 至少 zhìshǎo 圀 최소한 | 打车 dǎchē 图 택시를 타다 | 行李箱 xínglixiāng 圀 트렁크 |
拉 lā 图 끌다 ‖ 赶 gǎn 图 뒤쫓다 | 大使馆 dàshǐguǎn 圀 대사관

해설 대화에서 '打车(택시를 타다)'가 들려 D로 오답체크를 하기 쉬우나 질문에서는 여자가 아닌 남자의 말에 대해 묻고 있다. 특히 남자가 언급한 '拉着走'에서 '동사1 + 着 + 동사2'는 동시 동작을 의미하기 때문에 '끌면서 걸어간다'라고 해석 할 수 있다. 그러므로 정답은 B이다.

14

女：我们向前走，还是往右转？
男：都可以，不过往前走，会稍微远一些，还是右转吧。

问：男的建议怎么走？

A 随便走
B 右转
C 一直向前
D 向左走

여：저희 앞으로 갈까요, 아니면 오른쪽으로 꺾나요?
남：다 괜찮아요. 하지만 앞으로 가면 약간 멀 수도 있으니 오른쪽으로 꺾는 편이 좋겠어요.

문：남자는 어떻게 갈 것을 제안하는가?

A 마음대로 간다
B 오른쪽으로 꺾는다
C 계속 앞으로 간다
D 왼쪽으로 간다

단어 向 xiàng 〔개〕 ~을(를) 향하여 | 往 wǎng 〔개〕 ~쪽으로 | 转 zhuǎn 〔동〕 돌다, 전환하다 | 稍微 shāowēi 〔부〕 조금, 약간 ‖ 随便 suíbiàn 〔부〕 마음대로

해설 '还是'은 '~하는 편이 좋다'라는 뜻으로 문장 끝에 '吧'가 자주온다. 보기의 '右转'은 '오른쪽으로 꺾다'라는 뜻이며 대화에서 '还是右转吧(오른쪽으로 꺾는 편이 좋겠다)'라고 직접 남자가 말하였으므로 정답은 B이다.

15

男：王阿姨，您最近怎么没来唱京剧啊？
女：我小孙子出生了，这两天光忙着去医院看他了。

问：女的为什么没去唱京剧？

A 感冒了
B 去亲戚家了
C 太冷了
D 去看孙子了

남：왕 아주머니, 요즘 왜 경극 하러 오지 않으셨어요?
여：우리 손자가 태어나서 요 며칠 병원으로 손자를 보러 가느라 바빴어요.

문：여자는 왜 경극을 하러 가지 않았는가?

A 감기에 걸렸다
B 친척 집에 갔다
C 너무 추웠다
D 손자를 보러 갔다

단어 阿姨 āyí 〔명〕 아주머니 | 京剧 jīngjù 〔명〕 경극 | 孙子 sūnzi 〔명〕 손자 | 感冒 gǎnmào 〔동〕 감기에 걸리다 | 亲戚 qīnqi 〔명〕 친척

해설 '京剧'는 '경극'이라는 의미로, '경극을 하다'라고 쓰일 때는 동사 '唱'을 쓸 수 있다. 왜 경극을 하러 오지 않았냐는 물음에 대해 갓 태어난 손자를 보러 병원에 가느라 바빠서 경극을 하러 가지 않았다고 했으므로 정답은 D이다.

16

女：你在这儿还适应吗？
男：挺好的，这儿的人很友好，环境也好，就是菜特别辣，还不太习惯。

问：男的对什么不太适应？

A 天气
B 菜的味道
C 住房条件
D 管理方法

여：너 여기에 그럭저럭 적응돼?
남：아주 좋아. 여기 사람들도 우호적이고 환경도 좋아. 단지 요리가 유달리 매워서 아직 그다지 적응하지 못 했어.

문：남자는 무엇에 대해 그다지 적응하지 못했는가?

A 날씨
B 요리의 맛
C 주택 조건
D 관리 방법

단어 适应 shìyìng 〔동〕 적응하다 | 友好 yǒuhǎo 〔형〕 우호적이다 | 环境 huánjìng 〔명〕 환경 | 辣 là 〔형〕 맵다 ‖ 味道 wèidao 〔명〕 맛 | 住房 zhùfáng 〔명〕 주택 | 条件 tiáojiàn 〔명〕 조건 | 管理 guǎnlǐ 〔명〕 관리

해설 '就是'은 '바로 ~이다'라는 뜻 외에도 '只是'와 같이 '단지'라는 의미를 가지고 있다. 그러므로 '就是菜特别辣'는 '단지 요리가 유달리 맵다'라는 뜻으로 해석이 된다. 다른 것은 모두 좋지만 단지 요리에 적응하지 못했기 때문에 정답은 B이다.

17

女：马上就放暑假了，你有什么计划?
男：我打算去我叔叔的公司，帮忙做些翻译工作。

问：男的暑假打算干什么工作?

A 导游　　　　　B 记者
C 售货员　　　　D 翻译

여：곧 여름 방학이다. 너 무슨 계획이 있어?
남：나는 삼촌 회사에 가서 번역하는 일 좀 도울 생각이야.

문：남자는 여름 방학에 무슨 일을 할 계획인가?

A 가이드　　　　B 기자
C 판매원　　　　D 번역

단어 暑假 shǔjià 몡 여름 방학 | 计划 jìhuà 몡 계획 | 打算 dǎsuan 동 ~할 생각이다 | 叔叔 shūshu 몡 숙부, 삼촌 | 翻译 fānyì 동 번역하다 ‖ 导游 dǎoyóu 몡 가이드 | 记者 jìzhě 몡 기자 | 售货员 shòuhuòyuán 몡 판매원

해설 '翻译'는 '번역하다'라는 의미로, 남자는 삼촌의 회사에 가서 번역하는 일을 돕는다고 했으므로 정답은 D이다.

18

男：你好! 我刚才在座位上发现了一个帽子。
女：谢谢! 应该是观众丢的，经常有人看完电影后，把东西忘在这儿。

问：对话最可能发生在哪儿?

A 宾馆　　　　　B 商店
C 电影院　　　　D 动物园

남：안녕하세요! 제가 방금 자리에서 모자 하나를 발견했는데요.
여：감사합니다! 분명히 관중이 잃어버린 걸 거예요. 종종 어떤 사람은 영화를 다 보고 난 뒤에 물건을 여기에서 잃어버리거든요.

문：대화는 어디에서 이루어지고 있을 가능성이 가장 큰가?

A 호텔　　　　　B 가게
C 영화관　　　　D 동물원

단어 座位 zuòwèi 몡 좌석 | 帽子 màozi 몡 모자 | 观众 guānzhòng 몡 관중 ‖ 宾馆 bīnguǎn 몡 호텔

해설 '观众'은 '관중'이라는 의미로 보기 중 관중과 연관되는 장소를 찾아야 한다. 결정적으로 밑줄 친 부분에서 '종종 어떤 사람은 영화를 다 보고 난 뒤에'라고 나왔으므로 현재의 장소는 C라는 것을 알 수 있다.

19

女：你尝一下鱼汤，看会不会咸了?
男：我刚才喝了一口，没什么味道，再加一小勺盐吧。

问：男的建议怎么做?

A 先洗碗
B 把火关小
C 加点儿盐
D 放些糖

여：네가 위탕(鱼汤) 맛 좀 보고, 짤지 안 짤지 봐 줄래?
남：내가 방금 한 입 먹었는데 별맛이 안 나던데 소금 한 스푼 더 넣어.

문：남자는 어떻게 하기를 제안하는가?

A 먼저 설거지해라
B 불을 약하게 줄여라
C 소금을 조금 더 넣어라
D 설탕을 조금 넣어라

단어 咸 xián 톙 짜다 | 味道 wèidao 몡 맛 | 盐 yán 몡 소금 | 糖 táng 몡 설탕 ‖ 洗碗 xǐwǎn 동 설거지하다 | 勺 sháo 몡 국자, 수저

해설 설탕 또는 소금을 넣을 때에는 '加(더하다)' 혹은 '放(넣다)' 등의 동사를 사용할 수 있다. 밑줄 친 부분에서 남자가 '소금 한 스푼 더 넣어'라고 했으므로 정답은 C이다.

20

女：你弟弟上学后，改变了不少。我记得他
　　以前很害羞。
男：对，他现在活泼多了。

问：弟弟现在怎么样?

A 变活泼了
B 懂礼貌了
C 爱干净了
D 更仔细了

여：네 남동생이 학교에 들어간 후에 많이 바뀌었
　　네. 그가 예전엔 많이 부끄러워하던 걸로 기억
　　하는데.
남：맞아. 걔 지금은 훨씬 활발해졌어.

문：남동생은 지금 어떠한가?

A 활발하게 변했다
B 예의를 알게 됐다
C 깨끗한 것을 좋아하게 됐다
D 더 세심해졌다

단어 改变 gǎibiàn 동 고치다, 변하다 | 记得 jìde 동 기억하다 | 害羞 hàixiū 형 부끄러워하다 | 活泼 huópo 형 활발하다 ‖
懂 dǒng 동 알다 | 礼貌 lǐmào 명 예의 | 干净 gānjìng 형 깨끗하다 | 仔细 zǐxì 형 세심하다

해설 '活泼多了(훨씬 활발해졌다)'에서 '活泼'는 '활발하다'라는 의미이며 '多了'는 '더욱 ～하다, 훨씬'이라는 정도를 나타내므
로 '훨씬 활발해졌다'라고 해석할 수 있다. 그러므로 정답은 A이다.

21

男：这辆车是你新买的吧? 我看才跑了两千
　　公里。
女：去年秋天买的，快半年了，不过没怎么
　　开。

问：那辆车跑了多少公里?

A 500
B 2000
C 3000
D 1000

남：이 차 네가 새로 산 거지? 보니까 2,000km밖
　　에 안 달렸네.
여：작년 가을에 산 거야. 벌써 반년이 되가는데 별
　　로 운전을 못 했어.

문：그 차는 몇 km를 달렸는가?

A 500
B 2,000
C 3,000
D 1,000

단어 辆 liàng 양 대[차량을 세는 단위] | 公里 gōnglǐ 명 킬로미터(km)

해설 '公里'는 '킬로미터(km)'라는 의미로 남자가 '2,000km밖에 안 달렸다'라고 했다. 그러므로 정답은 B이다.

22

女：丽丽呢？去洗手间了？
男：是，她刚才倒果汁，不小心把果汁弄到
　　裤子上了。

问：丽丽的裤子怎么了？

A 不正式
B 脏了
C 破了
D 肥了

여：리리(丽丽)는요? 화장실에 갔어요?
남：네. 그녀가 방금 과일 주스를 따르다가 조심하
　　지 않아 과일 주스를 바지 위에 흘렸거든요.

문 : 리리의 바지는 어떠한가?

A 정식적이지 않다
B 더러워졌다
C 찢어졌다
D 커졌다

단어　果汁 guǒzhī 몡 과일 주스 ｜ 裤子 kùzi 몡 바지 ‖ 正式 zhèngshì 혱 정식의 ｜ 脏 zāng 혱 더럽다 ｜ 破 pò 동 파손되다,
찢어지다 ｜ 肥 féi 혱 (옷 등이) 크다, 헐렁헐렁하다

해설　보기 B의 '脏了'는 '더러워지다'라는 의미이다. 대화에 '脏(더럽다)'이 직접 언급되지는 않았지만 남자의 말을 통해 정답을
알 수 있는데, '조심하지 않아 과일주스를 바지 위에 흘렸다'라고 했으므로 정답은 B이다.

23

女：我昨天打了会儿网球，结果，今天胳膊
　　疼得都抬不起来了。
男：你平时运动太少，突然一运动，当然受
　　不了。

问：女的怎么了？

A 没休息好
B 胳膊疼
C 饿了
D 咳嗽得厉害

여：제가 어제 테니스를 잠깐 쳤는데 결국 오늘 팔
　　을 들 수 없을 정도로 아파요.
남：평소에 운동을 적게 하다가 갑자기 운동하면
　　당연히 견디기 힘들죠.

문 : 여자가 어떻게 됐는가?

A 잘 쉬지 못했다
B 팔이 아프다
C 배고프다
D 기침이 심하다

단어　网球 wǎngqiú 몡 테니스 ｜ 胳膊 gēbo 몡 팔 ｜ 受不了 shòubuliǎo 동 견딜 수 없다 ‖ 饿 è 혱 배고프다 ｜ 咳嗽
késou 동 기침하다 ｜ 厉害 lìhai 혱 대단하다, 심각하다

해설　대화의 '疼得都抬不起来了'는 '들 수 없을 정도로 아프다'라는 의미이다. 또한, 보기 B 안에 '胳膊(팔)', '疼(아프다)'이 모
두 포함되어 있으므로 정답은 B이다.

24

男: 喂，你到机场了吗? 几点的航班?
女: 到了，九点的，但是外面还在下雪，飞机恐怕不能按时起飞了。

问: 关于女的，下列哪个正确?

A 讨厌阴天
B 很得意
C 在机场
D 丢了登机牌

남:여보세요, 공항에 도착했어요? 몇 시 비행기예요?
여:도착했어요. 9시예요. 그런데 밖에 아직 눈이 내리고 있어서 비행기가 아마 제시간에 이륙하지 못할 것 같아요.

문 : 여자에 관해, 아래 어느 것이 정확한가?

A 흐린 날을 싫어한다
B 매우 만족한다
C 공항에 있다
D 탑승권을 잃어버렸다

단어 航班 hángbān 명 항공편 | 恐怕 kǒngpà 부 아마 ~일 것이다 | 按时 ànshí 제때에 | 起飞 qǐfēi 동 이륙하다 ‖ 讨厌 tǎoyàn 동 싫어하다 | 阴天 yīntiān 명 흐린 날씨 | 得意 déyì 형 대단히 만족하다 | 机场 jīchǎng 명 공항 | 登机牌 dēngjīpái 명 탑승권

해설 남자가 '공항에 도착했어요?'라고 묻자 여자가 '도착했다'고 대답했으므로 정답은 C이다.

25

女: 我想去公园散散步，一起去吧?
男: 我不去了，我得继续写工作总结，明天就要交了。

问: 男的接下来要做什么?

A 写总结
B 跑步
C 洗澡
D 打印材料

여:나 공원에 산책 좀 하러 가고 싶은데 같이 갈래?
남:난 안 갈래. 나 업무 총결산서를 계속 써야 하거든. 내일 내야 해.

문 : 남자는 이어서 무엇을 해야 하는가?

A 총결산서를 쓴다
B 달린다
C 목욕한다
D 자료를 인쇄한다

단어 散步 sànbù 동 산보하다, 산책하다 | 继续 jìxù 동 계속하다 | 总结 zǒngjié 명 총결산 | 交 jiāo 동 내다, 제출하다 ‖ 跑步 pǎobù 동 달리다 | 洗澡 xǐzǎo 동 목욕하다 | 打印 dǎyìn 동 인쇄하다

해설 '总结'는 '총괄하다'라는 동사의 뜻도 있지만 '총결산', '최종 평가'라는 명사의 뜻도 있다. '写工作总结(업무 총결산서를 쓰다)'에서 '总结(총결산)'는 명사형으로 쓰였으며 밑줄 친 부분의 내용과 동일한 A가 정답이다.

26-35

26

女: 我们买台打印机，怎么样？
男: 好啊! 这样以后打印东西就方便多了。
女: 你看这个原价一千五，<u>打完折才950</u>。
男: 行! 你决定吧。

问: 打印机现在多少钱？

A 1500元　　　　B 2050元
C 950元　　　　 D 600元

여:우리 프린터 한 대 사는 거 어때요?
남:좋아요! 이렇게 되면 앞으로 뭐든 인쇄하는 게 훨씬 편해지겠어요.
여:보세요. 이거 원가가 1,500위안인데 <u>할인을 다 하고 나면 950위안밖에 안 하네요.</u>
남:좋아요! 당신이 결정해요.

문 : 프린터는 현재 얼마인가?

A 1,500위안　　　　B 2,050위안
C 950위안　　　　　D 600위안

단어　打印机 dǎyìnjī 몡 프린터 | 原价 yuánjià 몡 원가 | 打折 dǎzhé 통 할인하다 | 决定 juédìng 통 결정하다

해설　'打折'는 '할인하다'라는 의미의 이합동사로 '할인을 다 하다'라고 쓸 때는 '打完折'라고 써야 한다. 여자가 '할인을 다 하고 나면 950위안밖에 안 한다'라고 했으므로 프린터의 현재 가격은 C이다.

27

男: 出差回来了，怎么样？
女: <u>一切都很顺利</u>。我们提出的要求那家公司都同意了。
男: 太好了!
女: 稍后我把出差情况总结一下，然后发您邮箱。

问: 女的觉得这次出差怎么样？

A 不轻松
B 让人难忘
C 很顺利
D 效果差

남:출장 갔다 돌아왔군요. 어때요?
여:모든 것이 다 순조로웠어요. 우리가 제의한 요구를 그 회사에서 모두 동의했어요.
남:정말 잘됐네요!
여:조금 이따가 제가 출장 상황을 총정리한 다음에 당신 메일로 보낼게요.

문 : 여자는 이번 출장이 어떻다고 생각하는가?

A 수월하지 않았다
B 잊을 수 없었다
C 순조로웠다
D 효과가 나빴다

단어　出差 chūchāi 통 출장 가다 | 一切 yíqiè 몡 일체, 모든 것 | 提出 tíchū 통 제의하다, 제출하다 | 稍 shāo 뷔 잠시, 잠깐 | 邮箱 yóuxiāng 몡 우편함, 메일함 ‖ 轻松 qīngsōng 톙 수월하다 | 难忘 nánwàng 통 잊기 어렵다 | 顺利 shùnlì 톙 순조롭다 | 效果 xiàoguǒ 몡 효과

해설　'一切'는 '일체', '모든 것'이라는 의미로 '一切都很顺利'는 '모든 것이 순조롭다'라는 뜻이다. 출장에 다녀오고 나서 어땠냐는 물음에 여자가 순조로웠다고 대답했으므로 정답은 C이다.

<table>
<tr><td>28</td><td>

女：我小时候特别羡慕导游。
男：为什么?
女：因为导游可以到处去玩儿。
男：看来你很喜欢旅游啊。

问：导游这份职业哪方面吸引了女的?

A 不能买门票
B 烦恼少
C 休息时间多
D 能到处旅行

</td><td>

여：저는 어렸을 때 가이드를 유달리 부러워했어요.
남：왜요?
여：가이드는 어디든 가서 놀 수 있기 때문이죠.
남：보아하니 당신은 여행하는 것을 좋아하는군요.

문：가이드라는 직업은 어느 방면에서 여자를 매료시켰는가?

A 입장권을 살 수 없다
B 걱정이 적다
C 휴식 시간이 많다
D 어디든 여행할 수 있다

</td></tr>
</table>

단어 羡慕 xiànmù 동 부러워하다 ∣ 导游 dǎoyóu 명 가이드 ∣ 到处 dàochù 명 도처, 곳곳 ‖ 烦恼 fánnǎo 형 걱정하다

해설 '到处'는 '도처', '곳곳'이라는 명사의 의미도 있지만 술어 바로 앞에서 부사어로도 쓰일 수가 있다. '가이드는 어디든 가서 놀 수 있다'고 했으므로, 여자가 가이드를 부러워 하는 이유는 D이다.

<table>
<tr><td>29</td><td>

男：您好，能麻烦您帮我们填份调查表吗?
女：是关于什么的?
男：有关儿童阅读情况的。
女：好的，没问题。

问：男的想请女的做什么?
A 介绍好书
B 填调查表
C 买杂志
D 复印表格

</td><td>

남：안녕하세요. 번거로우시겠지만 저희 설문조사 작성하는 것을 좀 도와주실 수 있을까요?
여：무엇에 관한 건대요?
남：아동의 독서 상황에 관한 거예요.
여：좋아요. 괜찮아요.

문：남자는 여자가 무엇을 해주기를 부탁하고 싶은가?
A 좋은 책을 소개한다
B 설문조사를 작성한다
C 잡지를 산다
D 표를 복사한다

</td></tr>
</table>

단어 麻烦 máfan 형 귀찮다, 번거롭다 ∣ 填 tián 동 기입하다, 작성하다 ∣ 阅读 yuèdú 동 (책이나 신문을) 보다 ‖ 介绍 jièshào 동 소개하다 ∣ 杂志 zázhì 명 잡지 ∣ 表格 biǎogé 명 표, 양식

해설 '填'은 '기입하다', '작성하다'라는 의미이다. 또한, 이 표현이 술어로 쓰일 때에는 '表' 혹은 '表格'라는 목적어가 많이 쓰임을 알아야 한다. 남자가 '번거로우시겠지만 설문조사 작성하는 것 좀 도와주실 수 있을까요?'라고 했으므로 남자가 청한 것은 B라는 것을 알 수 있다.

<table>
<tr><td>30</td><td>

女：你常来这家小吃店吗?
男：对，我几乎每个礼拜都来。
女：既然你这么熟，那你点吧。
男：没问题，保证你喜欢。

问：女的让男的做什么?
A 决定去哪儿吃
B 点菜
C 介绍新菜
D 买饺子

</td><td>

여：당신은 이 식당에 자주 오세요?
남：네. 저는 거의 매주 와요.
여：기왕에 당신이 이렇게 익숙하신 만큼 그럼 당신이 주문하세요.
남：좋아요. 당신이 좋아할 거라 보장해요.

문：여자는 남자에게 무엇을 하도록 시키는가?
A 어디에 가서 먹을지 결정한다
B 요리를 주문한다
C 새 요리를 소개한다
D 만두를 산다

</td></tr>
</table>

| 단어 | 几乎 jīhū 튄 거의 ㅣ 礼拜 lǐbài 몡 주, 요일 ㅣ 既然 jìrán 젭 이왕 ~한 바에야 ㅣ 保证 bǎozhèng 동 보증하다 ‖ 决定 juédìng 동 결정하다 ㅣ 饺子 jiǎozi 몡 만두, 교자 |

| 해설 | '既然'은 '이왕 ~한 바에야', '~인 만큼'이라는 의미이다. '기왕에 당신이 이렇게 익숙하신 만큼 그럼 당신이 주문하세요'라는 표현을 보아 여자가 남자에게 시킨 것은 B라는 것을 알 수 있다. |

31

男：喂，你好！我在网上看到你出租房子的广
　　告了。
女：不好意思。房子已经租出去了。
男：那打扰啦。
女：没关系，再见！

问：关于那个房子，下列哪个正确？

A 在郊区　　　　　B 比较旧
C 租出去了　　　　D 刚卖了

남：여보세요. 안녕하세요! 제가 인터넷에서 당신
　　이 세낸 집의 광고를 봤어요.
여：죄송합니다. 집을 이미 세주었어요.
남：실례했습니다.
여：괜찮습니다. 안녕히 계세요!

문：그 집에 관해, 아래의 어느 것이 정확한가?

A 교외에 있다　　　　B 비교적 낡았다
C 이미 세를 줬다　　　D 방금 팔렸다

| 단어 | 租 zū 동 세내다, 세를 주다 ㅣ 广告 guǎnggào 몡 광고 ㅣ 打扰 dǎrǎo 동 방해하다 ‖ 郊区 jiāoqū 몡 변두리, 교외 지역 ㅣ 比较 bǐjiào 튄 비교적 ㅣ 旧 jiù 혱 낡다, 오래되다 |

| 해설 | '租'는 '세내다'와 '세를 주다'라는 의미를 모두 가지고 있는 표현인데, '租' 다음에 방향성을 나타내는 '出去(나가다)'가 붙었으므로 '세를 주었다'라고 해석할 수 있다. 여자가 남자에게 '집을 이미 세주었다'고 말했으므로 정답은 C이다. |

32

女：你好，我刚才在你们店用过餐。
男：我记得您。您有什么事？
女：我好像把钱包忘在桌子上了，应该是十
　　号桌。
男：原来是您丢的呀！

问：关于女的，下列哪个正确？

A 丢钱包了
B 在擦桌子
C 是警察
D 在银行

여：안녕하세요. 제가 방금 당신 가게에서 밥을 먹
　　었는데요.
남：기억합니다. 무슨 일 있으세요?
여：제가 지갑을 테이블 위에 놓고 깜빡 한 것 같아
　　요, 아마 10번 테이블일 거예요.
남：알고 보니 당신이 잃어버리신 거였군요!

문：여자에 관해, 아래의 어느 것이 정확한가?

A 지갑을 잃어버렸다
B 테이블을 닦는 중이다
C 경찰이다
D 은행에 있다

| 단어 | 用餐 yòngcān 동 밥을 먹다 ㅣ 好像 hǎoxiàng 튄 마치 ~와 같다 ㅣ 钱包 qiánbāo 몡 지갑 ㅣ 丢 diū 동 잃어버리다 ‖ 擦 cā 동 닦다 ㅣ 警察 jǐngchá 몡 경찰 ㅣ 银行 yínháng 몡 은행 |

| 해설 | '原来'는 '원래', '알고 보니'라는 의미이다. 10번 테이블에 있던 지갑이 알고 보니 여자가 잃어버린 것이었으므로 정답은 A이다. |

33

男：最近有李博士的消息吗？
女：我上午刚收到他的邮件。
男：他说什么了？
女：他说那个关于儿童教育的调查快结束了，九月回国。

问：他们在谈谁？

A 记者　　　　　　　B 李博士
C 儿童　　　　　　　D 博士的妻子

남：요즘 이 박사의 소식이 있나요?
여：제가 오전에 방금 그의 우편물을 받았어요.
남：그가 뭐라고 하던가요?
여：그 아동 교육에 관한 조사가 곧 끝날 거라고 9월에 귀국한다고 하셨어요.

문：그들은 누구를 얘기하는 중인가?

A 기자　　　　　　　B 이 박사
C 아동　　　　　　　D 박사의 아내

> **단어**　博士 bóshì 몡 박사 | 消息 xiāoxi 몡 소식 | 邮件 yóujiàn 몡 우편물 | 儿童 értóng 몡 아동, 어린이 | 调查 diàochá 몡 조사 | 结束 jiéshù 동 끝나다 ‖ 记者 jìzhě 몡 기자 | 妻子 qīzi 몡 아내

> **해설**　듣기 3부분에서 대화의 첫 마디에 정답이 나오는 경우에는 다음 문장부터 정답의 근거가 잘 나오지 않으므로 첫 마디부터 집중해 듣는 연습을 해야 한다. '博士'는 '박사'라는 의미이며, 남자가 '요즘 이 박사의 소식이 있나요?'라고 묻는 것을 보아 이 박사에 관한 소식을 이야기하고 있으므로 정답은 B이다.

34

女：你学功夫多长时间了？
男：从六岁开始，到现在已经二十多年了。
女：一定很苦、很累吧。
男：确实是，不过回头想想，虽然辛苦，但都是值得的。

问：男的怎么看自己学功夫的经历？

A 让人难受　　　　　B 十分精彩
C 很值得　　　　　　D 比较无聊

여：당신은 쿵후를 배운 지 얼마나 됐나요?
남：6살부터 시작해서 지금까지 벌써 20여 년이네요.
여：분명히 고되고 힘들죠?
남：확실히 그렇죠. 하지만 뒤돌아 생각해보면 비록 고생스럽긴 했어도 다 그럴 만한 가치가 있는 것이었어요.

문：남자는 자신이 쿵후를 배운 경험을 어떻게 보는가?

A 괴롭게 한다　　　　B 굉장히 훌륭하다
C 가치가 있다　　　　D 비교적 시시하다

> **단어**　功夫 gōngfu 몡 쿵후, 무술 | 确实 quèshí 뷔 확실히 | 虽然 suīrán 젭 비록 ~하지만 | 辛苦 xīnkǔ 휑 고생스럽다 | 值得 zhídé 동 ~할 가치가 있다 ‖ 难受 nánshòu 휑 괴롭다 | 精彩 jīngcǎi 휑 훌륭하다 | 无聊 wúliáo 휑 무료하다, 시시하다

> **해설**　'值得'는 '~할 가치가 있다'라는 의미이며 '值得的'는 '~할 가치가 있는 것'이라는 명사형이 된다. 남자가 마지막에 쿵후가 고생스럽지만 가치가 있다고 했으므로 정답은 C이다.

35

男：小王的孩子出生了，男孩儿还是女孩儿？
女：男孩儿，两周前出生的。
男：我还没来得及去祝贺他。
女：我也没去，哪天我们一起去吧。

问：关于小王的孩子，下列哪个正确？

A 刚出生不久
B 比较胖
C 很爱笑
D 今天过生日

남：샤오왕(小王)의 아이가 태어났다는데 남자아이예요, 여자아이예요?
여：남자아이요. 2주 전에 태어났어요.
남：저는 그를 축하하러 가볼 겨를도 없었네요.
여：저도 못 갔어요. 언제 우리 같이 가요.

문：샤오왕의 아이에 관해, 아래 어느 것이 정확한가?

A 태어난 지 얼마 안 됐다
B 비교적 뚱뚱하다
C 잘 웃는다
D 오늘 생일을 보낸다

> **단어**　来得及 láidejí 동 늦지 않다, ~할 겨를이 있다 | 祝贺 zhùhè 동 축하하다 ‖ 久 jiǔ 휑 오래다

해설 2주 전에 남자아이가 태어났다고 했으므로 태어난 지 얼마 되지 않았다는 A가 정답이다. 대화에 언급된 '来得及'는 '늦지 않다', '~할 겨를이 있다'라는 의미이며 반의어로는 '来不及(미치지 못하다, 손쓸 틈이 없다)'가 있다. 대화에서는 '还没来 得及'라고 되어 있으므로 '来不及'의 의미로 '늦었다', '~할 겨를이 없다'라고 해석을 해야 한다.

36-37

现在生活中最影响注意力的东西就是互联网。网上好玩儿的东西太多了。不管是用电脑还是用手机上网，³⁶点来点去一两个小时很快就过去了。因此，³⁷要想多看点儿书最好远离互联网。每天留出一小时，关掉电脑，开始阅读。	현재 생활하면서 주의력에 가장 영향을 주는 것은 바로 인터넷이다. 인터넷에는 재미있는 것이 너무 많은데 컴퓨터를 사용하든 아니면 휴대전화로 인터넷을 하는 간에 ³⁶이리저리 클릭하다 보면 한두 시간은 금방 지나간다. 따라서 ³⁷책을 더 보고 싶다면 인터넷을 멀리하는 게 가장 좋다. 매일 1시간씩은 남겨놓고 컴퓨터를 끈 뒤 책을 읽기 시작하세요.

단어 影响 yǐngxiǎng 통 영향을 주다 | 注意力 zhùyìlì 명 주의력 | 互联网 hùliánwǎng 명 인터넷 | 不管 bùguǎn 접 ~을 막론하고 | 远离 yuǎnlí 통 멀리 떨어지다, 멀리하다 | 留出 liúchū 통 남겨두다 | 关掉 guāndiào 꺼버리다 | 阅读 yuèdú 통 (책이나 신문을) 보다

36

上网会让人觉得怎么样?	인터넷을 하는 것은 사람이 어떻게 생각하도록 만드는가?
A 兴奋	A 흥분된다
B 眼睛难受	B 눈이 아프다
C 时间过得快	C 시간이 빠르게 지나간다
D 注意力提高了	D 주의력을 향상시킨다

단어 兴奋 xīngfèn 형 흥분하다 | 眼睛 yǎnjing 명 눈 | 难受 nánshòu 형 괴롭다, 아프다 | 提高 tígāo 통 향상시키다

해설 글의 '点来点去一两个小时很快就过去了'에서 '点'은 '클릭하다'라는 의미이다. '이리저리 클릭하다 보면 한두 시간은 금방 지나간다'고 했으므로 정답은 C이다.

37

怎样才能让自己多看点儿书?	어떻게 스스로 책을 많이 보게 할 수 있는가?
A 写文章	A 글을 쓴다
B 远离互联网	B 인터넷을 멀리한다
C 多复习	C 많이 복습한다
D 去图书馆	D 도서관에 간다

단어 文章 wénzhāng 명 글, 문장 | 复习 fùxí 통 복습하다

해설 글의 '要想多看点儿书最好远离互联网'에서 '远离'는 '멀리 떨어지다'라는 의미이다. '책을 더 보고 싶다면 인터넷을 멀리하는 게 가장 좋다'고 했으므로 정답은 B이다.

[38]昨天晚上是我第一次在那么多人面前表演，我很紧张。姐姐给我出了个主意，让我把下面的座位想成是空的，没有观众，这样就不会紧张了。[39]我按照她说的去做，确实放松了很多，这真是一个好方法。

[38]어젯밤에 나는 처음으로 그렇게 많은 사람 앞에서 공연한 거라 긴장했다. 언니가 나에게 아이디어를 하나 내줬는데 아래의 좌석들이 비어있고 관중이 없다고 생각하면 긴장하지 않을 것이라는 거다. [39]나는 그녀의 말대로 했고 확실히 훨씬 더 편해졌다. 이건 정말 좋은 방법인 것 같다.

단어 **表演** biǎoyǎn 동 공연하다 | **紧张** jǐnzhāng 형 긴장해 있다 | **座位** zuòwèi 명 좌석 | **观众** guānzhòng 명 관중 | **按照** ànzhào 개 ~에 따라 | **确实** quèshí 부 확실히 | **放松** fàngsōng 형 느슨하게 하다, 정신적 긴장을 풀다

38

说话人一开始心情怎么样?

A 伤心　　　　B 冷静
C 紧张　　　　D 高兴

말하는 사람은 처음에 기분이 어떠했는가?

A 상심하다　　　B 침착하다
C 긴장하다　　　D 즐겁다

단어 **伤心** shāngxīn 동 상심하다 | **冷静** lěngjìng 형 냉정하다, 침착하다

해설 한 글에 두 개의 문제가 있는 경우, 첫 번째 문제는 보통 첫 문장에서 많이 출제가 된다. '어젯밤에 나는 처음으로 그렇게 많은 사람 앞에서 공연한 거라 긴장했다'라고 하였으므로 정답은 C이다.

39

关于姐姐的方法, 下列哪个正确?

A 没人试过
B 效果好
C 被观众肯定了
D 上新闻了

언니의 방법에 관해, 아래 어느 것이 정확한가?

A 시도해 본 사람이 없다
B 효과가 좋다
C 관중들이 인정해줬다
D 뉴스에 나왔다

단어 **肯定** kěndìng 동 인정하다 | **新闻** xīnwén 명 뉴스

해설 '按照'는 '~에 따라'라는 의미의 개사이므로 '我按照她说的去做'는 '나는 그녀의 말대로 했다'라고 해석할 수 있다. 마지막 문장에 그랬더니 더 편해졌고 이것은 좋은 방법인 것 같다고 했으므로 정답은 B이다.

 **40-41**

⁴⁰有一个人想学医，可又觉得自己年龄太大，于是就去问一个朋友，学医需要5年，等学完我就45岁了。朋友对他说："即使你不学，再过5年你也是45岁啊! 不管你学什么，⁴¹只要现在去学就永远不晚。"

⁴⁰어떤 사람이 의학을 공부하고 싶었는데, 자신의 나이가 너무 많다고 생각했다. 그래서 한 친구에게 의학을 공부하는 데 5년이 필요하고 공부를 다 마치길 기다리면 자신이 45살이 된다고 물어보러 갔다. 친구가 그에게 "설령 네가 배우지 않고 5년이 지나더라도 45살이야! 네가 무엇을 배우느냐에 상관없이 ⁴¹지금 공부하기만 하면 영원히 늦지 않아."라고 말했다.

단어 年龄 niánlíng 명 연령, 나이 | 需要 xūyào 동 필요하다 | 即使 jíshǐ 접 설령 ~하더라도 | 永远 yǒngyuǎn 부 영원히

---

40 那个人一开始担心什么问题?

그 사람은 처음에 무슨 문제를 걱정했는가?

A 医生工作太累
B 太花钱
C 年龄大
D 身体受不了

A 의사 일이 너무 힘들다
B 돈을 너무 쓴다
C 나이가 많다
D 몸이 견딜 수 없다

단어 受不了 shòubuliǎo 동 견딜 수 없다

해설 첫 문장에 '어떤 사람이 의학을 공부하고 싶었는데, 자신의 나이가 너무 많다고 생각했다'라고 했으므로 그 사람의 걱정거리는 나이와 관련된 것임을 알 수 있다. 그러므로 정답은 C이다.

---

41 这个故事主要想告诉我们什么?

이 이야기가 우리에게 주로 말하고자 하는 것은 무엇인가?

A 学习永远不晚
B 要学会坚持
C 要有自信
D 要勇敢

A 배움은 영원히 늦지 않다
B 끝까지 견지하는 것을 배워야 한다
C 자신감이 있어야 한다
D 용감해야 한다

단어 坚持 jiānchí 동 견지하다, 유지하다 | 勇敢 yǒnggǎn 형 용감하다

해설 글의 마지막 부분에 '只要 A 就 B'는 'A하기만 하면 B하다'라는 의미로 '지금 공부하기만 하면 영원히 늦지 않는다'라고 했다. 그러므로 정답은 A이다.

⁴²动物园常提醒游客，不要随便给动物扔吃的。因为⁴³人在吃东西前，会进行选择，知道哪些不该吃，可大部分动物没有这个能力。如果吃了不该吃的东西，例如：塑料袋，它们不但会生病，甚至还会有生命危险。

⁴²동물원에서는 동물들에게 함부로 먹을 것을 주지 말라고 관람객에게 자주 주의를 준다. 왜냐하면 ⁴³사람은 무언가를 먹기 전에 선택을 해서 어느 것들을 먹으면 안 되는지 알지만 대부분의 동물은 이 능력이 없기 때문이다. 만약에 예를 들어 비닐봉지처럼 먹어서는 안 되는 것을 먹었다면 그들은 병이 날 뿐만 아니라 심지어는 생명의 위험도 있을 것이다.

단어 提醒 tíxǐng 동 일깨우다, 조심시키다 | 游客 yóukè 명 여행객, 관광객 | 随便 suíbiàn 부 마음대로 | 选择 xuǎnzé 동 고르다 | 塑料袋 sùliàodài 명 비닐봉지 | 甚至 shènzhì 부 심지어 | 危险 wēixiǎn 명 위험

42

动物园提醒游客不要做什么?

동물원에서는 관람객에게 무엇을 하지 말라고 주의를 주는가?

A 乱扔垃圾
B 拿刀
C 打扰动物
D 给动物吃的

A 쓰레기를 함부로 버리는 것
B 칼을 드는 것
C 동물을 귀찮게 하는 것
D 동물에게 먹을 것을 주는 것

단어 乱扔 luànrēng 내버리다 | 垃圾 lājī 명 쓰레기 | 打扰 dǎrǎo 동 방해하다

해설 '不要'는 '~하지 마라'라는 의미의 '别'와 같다. 첫 문장에 '동물원에서는 동물에게 함부로 먹을 것을 주지 말라고 관람객에게 자주 주의를 준다'라는 표현을 통해 정답은 D라는 것을 알 수 있다.

43

大部分动物没有什么能力?

대부분의 동물은 어떤 능력이 없는가?

A 判断什么能吃
B 适应气候
C 让自己放松
D 使用火

A 무엇이 먹을 수 있는 것인지 판단하는 것
B 기후에 적응하는 것
C 스스로 긴장을 푸는 것
D 불을 사용하는 것

단어 判断 pànduàn 동 판단하다 | 气候 qìhòu 명 기후 | 放松 fàngsōng 동 느슨하게 하다, 정신적 긴장을 풀다

해설 '글에서 사람은 먹을 수 있는 것과 없는 것을 구별할 수 있지만 동물은 이런 능력이 없기에 생명의 위협을 받는다'고 했으므로 정답은 A이다.

○ 44-45

⁴⁴爷爷非常喜欢京剧，每晚都会和朋友去公园唱上几段。尽管他们并不专业，但唱得很认真。每次都会吸引很多人在一旁观看，甚至还有的人想跟着他们学，⁴⁵最近他们正商量教课的事情呢。

⁴⁴할아버지는 경극을 굉장히 좋아해서, 매일 저녁에 친구와 공원으로 가서 몇 구절을 부르신다. 비록 그들이 전혀 전문적이지는 않아도 열심히 부르신다. 매번 많은 사람이 옆에서 구경하게끔 매료시키고 심지어는 그들을 따라 배우고 싶어하는 사람도 있다. ⁴⁵최근 그들은 강의하는 것에 대해 상의 중이다.

단어　京剧 jīngjù 몡 경극 ｜ 尽管 jǐnguǎn 젭 비록 ～라 하더라도 ｜ 专业 zhuānyè 몡 전문 ｜ 认真 rènzhēn 혱 진지하다 ｜ 吸引 xīyǐn 동 매료시키다 ｜ 商量 shāngliang 동 상의하다

44　爷爷晚上常去公园做什么?

　　A　打羽毛球
　　B　唱京剧
　　C　吃烤鸭
　　D　修理自行车

할아버지는 저녁에 자주 공원에 가서 무엇을 하는가?

　　A　배드민턴을 친다
　　B　경극을 부른다
　　C　오리구이를 먹는다
　　D　자전거를 수리한다

단어　羽毛球 yǔmáoqiú 몡 배드민턴 ｜ 烤鸭 kǎoyā 몡 오리구이 ｜ 修理 xiūlǐ 동 수리하다

해설　'京剧'란 중국 주요 전통극중 하나인 '경극'을 의미한다. 첫 문장에서 '할아버지는 경극을 매우 좋아한다'라는 표현이 나왔고 뒤이어 '매일 저녁에 친구와 공원으로 가서 몇 구절을 부른다'라고 했으므로 정답은 B이다.

45　爷爷和朋友最近在商量什么事情?

　　A　办演出
　　B　爬长城
　　C　教课
　　D　收拾房间

할아버지와 친구는 최근 어떤 일을 상의하고 있는가?

　　A　공연을 연출하는 것
　　B　만리장성을 오르는 것
　　C　가르치는 것
　　D　방을 정리하는 것

단어　长城 Chángchéng 몡 만리장성 ｜ 收拾 shōushi 동 정리하다

해설　마지막 문장에 '教课'는 '강의하다'라는 의미이며 할아버지가 친구들과 경극을 강의하는 것에 대해 상의 중이라고 했으므로 정답은 C이다.

第 一 部 分

46-50

A　方向	B　来自	A　방향	B　~로부터 오다
C　调查	D　坚持	C　조사하다	D　견지하다
E　翻译	F　吃惊	E　번역하다	F　놀라다

단어 方向 fāngxiàng 몡 방향 | 来自 láizì 동 ~로부터 오다 | 调查 diàochá 동 조사하다 | 坚持 jiānchí 동 견지하다, 유지하다 | 翻译 fānyì 동 번역하다 | 吃惊 chījīng 동 놀라다

46 商店起火的原因警察还在(C 调查)，一有结果我就通知您。

상점의 화재 원인을 경찰이 아직 (조사하고) 있습니다. 결과가 나오자마자 제가 당신께 바로 알려드리겠습니다.

단어 商店 shāngdiàn 몡 상점 | 结果 jiéguǒ 몡 결과 | 通知 tōngzhī 동 알리다

해설 빈칸 앞의 '还在'는 '아직 ~하고 있다'라는 의미로 부사어에 해당한다. 따라서 빈칸 자리는 술어 자리이며, '警察(경찰)'라는 표현도 들어갔기 때문에 정답은 C이다. 또한, 뒤의 '一有结果我就通知您'은 '一 A 就 B' 용법으로 'A 하자마자 B하다'라는 의미로 '결과가 나오자마자 내가 당신에게 알려주겠다'고 해석할 수 있다.

47 接下来，我们请一位(B 来自)上海的朋友谈谈他是怎样教育女儿的。

이어서 우리는 상하이에서 (온) 친구를 초대해 어떻게 딸을 교육했는지 이야기를 나누어 보겠습니다.

단어 教育 jiàoyù 몡 교육

해설 빈칸 뒤에는 '上海(상하이)'라는 지명이 들어가 있다. 보기 중에 뒤에 지명이 올 수 있는 표현은 B뿐이다. 특히 동사 뒤에 '自'를 붙이면 '~로부터'라는 의미가 될 수 있음을 알아야 한다.

48 世界上的森林正在以让人(F 吃惊)的速度减少。

세계의 삼림은 지금 사람들이 (놀랄) 만한 속도로 줄어들고 있다.

단어 森林 sēnlín 몡 삼림 | 速度 sùdù 몡 속도 | 减少 jiǎnshǎo 동 감소하다

해설 지문에서 쓰인 '以'는 '~로', '~로써'라는 의미로 '사람들이 (　) 만한 속도'라고 했다. 그러므로 문맥상 가장 적절한 것은 F이다.

49 为顾客们提供更好的服务，一直是我们努力的(A 方向)。

고객들을 위해 보다 나은 서비스를 제공하는 것은 우리가 줄곧 노력해 온 (방향)이다.

단어 提供 tígōng 동 (자료·물자·의견·조건 등을) 제공하다 | 努力 nǔlì 동 노력하다

해설 '提供…服务'는 '~서비스를 제공하다'라는 의미이다. 빈칸 바로 앞에 '的'가 있으므로 빈칸은 명사 자리이며, 보기에 명사는 A뿐이다. 또한, 의미적으로 보았을 때 '고객들을 위해 보다 나은 서비스를 제공하는 것은 우리가 줄곧 노력해 온 방향이다'라고 하는 것이 적절하므로 정답은 A이다.

50　严格来讲，这个词语(E 翻译)成"幸福"是 不准确的。

엄격하게 말해서 이 어휘를 '행복'으로 (번역하는) 것은 정확하지 않다.

단어　严格 yángé 閔 엄격하다 | 幸福 xìngfú 몡 행복 | 准确 zhǔnquè 图 정확하다

해설　'翻译成'은 '~으로 번역하다'라는 의미이다. 빈칸 앞에 주어는 '词语(어휘)'가 있고 뒤에 '成(~로)'이 있으므로 정답은 E가 가장 적절하다.

51-55

A 知识	B 举办	A 지식	B 개최하다
C 温度	D 粗心	C 온도	D 부주의하다
E 正好	F 交	E 마침	F 제출하다

단어　知识 zhīshi 몡 지식 | 举办 jǔbàn 图 개최하다 | 温度 wēndù 몡 온도 | 粗心 cūxīn 톙 부주의하다 | 正好 zhènghǎo 뷔 마침 | 交 jiāo 图 제출하다

51　A 今天语言节活动(B 举办)得非常成功，祝 贺你们！
B 谢谢您，王校长。您能来是对我们最大的 鼓励。

A 오늘 언어의 날 행사를 매우 성공적으로 (개최 했습니다). 여러분 축하합니다!
B 감사합니다. 왕 교장 선생님. 당신께서 와주실 수 있었던 것이 저희들에게 가장 큰 격려가 되 었습니다.

단어　活动 huódòng 몡 활동, 행사 | 成功 chénggōng 图 성공하다 | 祝贺 zhùhè 图 축하하다 | 鼓励 gǔlì 图 격려하다

해설　빈칸 뒤에 있는 '得'는 동사 뒤에 쓰여 정도를 나타낼 때 쓰이므로 빈칸은 동사 자리임을 알 수 있다. 또한, 주어가 '活动 (행사)'이므로 가장 적절한 동사는 B이다.

52　A 你周末经常去参加文化活动吧?
B 对，我觉得光学习书本(A 知识)是不够 的，还要多积累生活经验。

A 당신은 주말에 문화 행사에 자주 참가하러 가 시죠?
B 그렇습니다. 저는 단지 교과서로만 (지식)을 공부하는 것은 충분하지 않다고 생각하며, 생 활 경험을 많이 쌓아야 한다고 생각합니다.

단어　周末 zhōumò 몡 주말 | 积累 jīlěi 图 쌓이다, 누적되다 | 生活 shēnghuó 몡 생활 | 经验 jīngyàn 몡 경험

해설　동사 앞에 부사로 쓰이는 '光'은 '단지'라는 의미를 가지고 있다. 따라서 빈칸은 '学习(공부하다)'의 목적어에 해당하는 표 현을 찾아야 한다. 가장 적절한 의미는 '지식을 공부하다'이므로 정답은 A이다.

53

| A 小明，你的衣服是不是穿反了？
B 啊？对，我太(D 粗心)了，谢谢。 | A 샤오밍(小明), 너 옷을 거꾸로 입은 것 아니니?
B 아? 그러네요. 제가 너무 (부주의했어요). 감사해요. |

단어 衣服 yīfu 명 옷

해설 빈칸 앞에는 '太(너무)' 라는 정도부사가 들어가 있다. 정도부사는 보통 형용사 술어 앞에 쓰이며 정도를 나타내는 부사로는 '很(매우)', '非常(매우)', '不太(별로)', '有点儿(조금)' 등이 있다. 빈칸 앞에 정도부사 '太(너무)'가 들어갔다는 것은 빈칸이 형용사 자리임을 의미하며 보기에 형용사는 D의 '粗心(부주의하다)'뿐이다.

54

| A 怎么了？这些材料有问题吗？
B 是的，您还需要再(F 交)一份签证的复印件。 | A 무슨 일이시죠? 이 자료들에 문제가 있습니까？
B 네. 당신은 비자의 복사본 한 장을 더 (제출하셔야) 합니다. |

단어 材料 cáiliào 명 자료, 재료 | 需要 xūyào 동 필요하다, 요구되다 | 签证 qiānzhèng 명 비자 | 复印件 fùyìnjiàn 명 복사본

해설 빈칸 앞에는 '再(더)'라는 부사가 있기 때문에 빈칸에는 동사가 와야 한다. 또한, 빈칸 뒤에 목적어로 '复印件(복사본)'이 왔으므로 가장 적절한 동사는 '내다', '제출하다'라는 뜻의 F이다.

55

| A 我昨天刚搬完家，很多东西都还没来得及整理，房间太乱了。
B 需要我帮忙收拾吗？我今天(E 正好)有时间。 | A 저는 어제 막 이사를 끝냈는데 아직도 많은 물건들이 다 정리되지 않았어요. 방이 매우 어지러워요.
B 필요하시면 제가 정리를 도와드릴까요？ 저는 오늘 (마침) 시간이 있어요. |

단어 整理 zhěnglǐ 동 정리하다 | 房间 fángjiān 명 방 | 需要 xūyào 동 필요하다 | 收拾 shōushi 동 정리하다

해설 빈칸 앞에는 '我(나)'라는 주어가 있고 뒤에는 '有(있다)'라는 술어가 있으므로 빈칸 자리는 부사가 와야 한다. 현재 보기에 부사인 어휘는 E뿐이며, '我今天正好有时间'은 '나는 오늘 마침 시간이 있다'로 해석할 수 있다.

第 二 部 分

56-65

56

A 以上这些方法都是有科学依据的
B 比如坚持锻炼、增加睡觉时间、多和朋友在一起等
C 有许多种方法可以使我们心情愉快

A 이상 이러한 방법들은 모두 과학에 근거한 것이다
B 예를 들어 계속해서 운동하기, 수면 시간 늘리기, 친구들과 자주 함께 있기 등이다
C 많은 종류의 방법이 우리의 감정을 유쾌하게 할 수 있다　(C B A)

단어 依据 yījù 통 근거하다 | 坚持 jiānchí 통 견지하다, 유지하다 | 锻炼 duànliàn 통 (몸을) 단련하다 | 增加 zēngjiā 통 증가하다 | 心情 xīnqíng 명 감정 | 愉快 yúkuài 형 기쁘다, 유래하다

해설 독해 2부분에서는 첫 문장을 잘 찾는 것이 중요하다. A에서 '这些方法(이러한 방법들)'라는 표현이 나왔는데, '这(이것)'나 '那(그것)'과 같은 대명사는 특정 명사를 지칭하는 것이기에 첫 문장이 될 수 없다. B에서 언급된 '계속해서 운동하기, 수면 시간 늘리기, 친구들과 자주 함께 있기' 등이 '이러한 방법들'이기 때문에 B 다음에 A가 나와야 한다. 또한, '많은 종류의 방법이 우리의 감정을 유쾌하게 할 수 있다'라는 전제 조건이 나와야 하므로 정답은 C-B-A이다.

57

A 免费进入公园游玩儿
B 中国很多城市都有规定
C 年满65岁的老年人可免费乘坐公共汽车

A 무료로 공원에 입장하여 즐길 수 있다
B 중국의 많은 도시에는 모두 규정이 있다
C 만 65세가 되는 노인은 무료로 버스에 승차 할 수 있고　(B C A)

단어 免费 miǎnfèi 통 무료로 하다 | 城市 chéngshì 명 도시 | 年满 niánmǎn 통 (기한·나이 따위가) 차다 | 乘坐 chéngzuò 통 승차하다 | 公共汽车 gōnggòngqìchē 명 버스

해설 B에서 말하는 '规定'에 노인들이 무료로 버스를 탈 수 있다는 것이 포함되어 있으므로 B 다음 C가 와야 한다. 또한, A의 '무료로 공원에 입장하여 즐길 수 있다'에서의 주어는 C에 언급된 '만 65세가 되는 노인'이기 때문에 A는 C 뒤에 나와야 한다. 그러므로 정답은 B-C-A이다.

58

A 4年的留学生活很快就要结束了
B 相信这些都会成为我日后的美好回忆
C 我在这里经历了很多，也学到了很多

A 4년의 유학 생활이 곧 끝난다
B 이러한 것들이 훗날 나에게 모두 아름다운 추억이 될 것이라고 믿는다
C 나는 이곳에서 많은 것을 경험하고 배웠다　(A C B)

단어 留学 liúxué 명 유학 | 结束 jiéshù 통 끝나다 | 成为 chéngwéi 통 ~이 되다 | 美好 měihǎo 형 아름답다, 훌륭하다 | 回忆 huíyì 명 추억 | 经历 jīnglì 통 경험하다

해설 C의 '이곳'은 A에서 내가 유학한 장소이므로 A 다음 C가 와야 한다. 또한, B의 '이러한 것들'은 C에서 나온 '많은 것을 경험하고 배웠다'에 해당 하는 것이므로 정답은 A-C-B이다.

59

A 姐，逛完街我们去吃饭吧 B 商场3层新开了家火锅店 C 听说味道挺不错，咱们去尝尝	A 언니, 구경 다 하고 나서 밥 먹으러 가자 B 상가 3층에 새로 샤브샤브 식당이 개업했는데 C 듣기로는 매우 맛있대. 우리 맛보러 가자 （A B C）

단어 逛街 guàngjiē 통 거리를 거닐다 ｜ 商场 shāngchǎng 명 백화점, 상가 ｜ 火锅 huǒguō 명 훠궈[중국식 샤브샤브] ｜ 味道 wèidao 명 맛, 냄새

해설 A에서 '밥 먹으러 가자'라고 한 다음에 '상가 3층에 새로 샤브샤브 식당이 개업했다'라는 내용이 들어가야 하므로 A 다음 B가 온다. 또한, B에서 언급한 샤브샤브가 어떠한지 C에서 말하고 있으므로 B 다음 C가 올 수 있다. 따라서 답은 A-B-C 이다.

60

A 千万不能再打网球了 B 在你胳膊好之前 C 最好也别提重东西	A 제발 다시는 테니스를 치지 마세요 B 팔이 낫기 전에는 C 가장 좋은 것은 무거운 물건을 들지 않는 것입니다 （B A C）

단어 千万 qiānwàn 부 부디, 제발 ｜ 胳膊 gēbo 명 팔 ｜ 最好 zuìhǎo 형 가장 좋다

해설 B의 '在…之前'은 '~하기 이전에'라는 의미로 독해 2부분에서 첫 문장으로 쓰일 확률이 높다. 또한, '팔이 낫기 전에 제발 다시는 테니스를 치지 말아라'라는 흐름으로 흘러가기 때문에 B 다음 A가 적절하다. 또한, 테니스를 치지 않는 것보다 더 좋은 것은 무거운 물건을 들지 않는 것이므로 A 다음 C가 와야 한다. 그러므로 정답은 B-A-C이다.

61

A 另外，还需要注意一点，馆内禁止吃东西 B 同学们可以按照艺术馆提供的地图参观 C 今天我们将参观山东省著名的艺术馆	A 이 외에 여전히 주의를 좀 해야 하는데 관내에서는 취식을 금지합니다 B 학생들은 예술관에서 제공하는 지도에 따라 참관하면 됩니다 C 오늘 우리는 산둥성에서 유명한 예술관을 관람할 것입니다 （C B A）

단어 另外 lìngwài 접 이 외에 ｜ 禁止 jìnzhǐ 통 금지하다 ｜ 按照 ànzhào 개 ~에 따라 ｜ 艺术馆 yìshùguǎn 명 예술관 ｜ 提供 tígōng 통 제공하다 ｜ 著名 zhùmíng 형 저명하다, 유명하다

해설 C에서 예술관을 관람할 것이라는 언급이 있어야 B의 '예술관에서 제공하는 지도'가 나올 수 있다. 또한, 예술관에서 제공하는 지도에 따라 참관하는 것 말고도 다른 주의 사항을 A에서 언급하고 있기 때문에 흐름상 정답은 C-B-A이다.

62

A 由一位当过多年广播员的老师给我们上 B 是每周三上午的第四节课 C 这个学期的语法课时间已经安排好了	A 수년간 아나운서를 해오신 선생님이 우리에게 수업을 해주십니다 B 매주 수요일 오전 4교시 수업입니다 C 이번 학기 어법 수업은 이미 일정이 잡혔습니다 （C B A）

단어 由 yóu 개 ~이, ~가 ｜ 广播员 guǎngbōyuán 명 아나운서 ｜ 语法 yǔfǎ 명 어법 ｜ 安排 ānpái 통 안배하다

해설 이번 학기 어법 수업의 일정이 잡혔다고 말한 이후에 어떤 일정인지를 설명해야 하므로 C가 첫 문장이 될 수 있다. 그 다음 언제 그 수업을 진행하는지 나와야 하므로 '매주 수요일 오전 4교시 수업이다'가 나오고, 구체적으로 '수년간 아나운서를 해오신 선생님이 우리에게 수업을 해주신다'의 순서가 된다. 그러므로 정답은 C-B-A이다.

63

A 她是在爷爷奶奶身边长大的
B 作者在书中回忆说
C 小时候，因为父母工作很忙

A 그녀는 할아버지와 할머니 품에서 컸다고 했다
B 저자는 책 속에서 회상하며 말하길
C 어렸을 적 부모님의 일이 많이 바빠서
（B C A）

단어 身边 shēnbiān 圀 곁 ｜ 回忆 huíyì 圄 회상하다 ｜ 工作 gōngzuò 圀 직업, 일

해설 B에서 '회상하며 말한다'라는 표현이 있으므로 C의 '어렸을 적'이라는 표현은 B 다음 나와야 한다. 또한, 어릴 적 부모님이 바쁘셨기 때문에 할아버지 할머니 곁에서 자랐다는 결론이 나온다. 따라서 정답은 B-C-A이다.

64

A 完全不像一个刚毕业的大学生
B 让我们都没想到的是
C 新来的那个人遇到问题时那么冷静

A 전혀 막 졸업한 대학생 같지 않았다
B 우리 모두로 하여금 생각지도 못하게 했던 것은
C 새로 온 그 사람이 문제에 직면했을 때 침착했다는 것이다 （B C A）

단어 完全 wánquán 囘 전혀 ｜ 毕业 bìyè 圄 졸업하다 ｜ 遇到 yùdào 圄 만나다, 맞닥뜨리다 ｜ 问题 wèntí 圀 문제 ｜ 冷静 lěngjìng 圈 냉정하다, 침착하다

해설 B에서 언급한 '우리 모두로 하여금 생각지도 못하게 했던 것'이 바로 C에서 새로 온 사람이 매우 침착했다는 것이므로 B 다음 C가 나와야 한다. 또한, 그 침착했던 면이 막 졸업한 대학생 같아 보이지 않는다고 해야 하므로 정답은 B-C-A이다.

65

A 大家一块儿在客厅包饺子
B 周末她经常邀请朋友们来自己家玩儿
C 一边包一边聊天，十分热闹

A 다들 거실에 모여 함께 만두를 빚는다
B 주말에 그녀는 자주 친구들을 자기 집에 초대해서 노는데
C 한편으로는 만들고 한편으로는 이야기를 하니 매우 시끌벅적하다 （B A C）

단어 一块儿 yíkuàir 囘 함께 ｜ 客厅 kètīng 圀 객실, 거실 ｜ 饺子 jiǎozi 圀 만두, 교자 ｜ 周末 zhōumò 圀 주말 ｜ 邀请 yāoqǐng 圄 초대하다 ｜ 聊天 liáotiān 圄 이야기하다 ｜ 热闹 rènao 圈 번화하다, 시끌벅적하다

해설 A의 '다들'은 B에서 언급한 그녀와 친구들이므로 B 다음 A가 나와야 한다. 또한, 모두가 만두를 빚는데 만들면서 이야기도 나누니 매우 시끌벅적하다고 흐름이 전개되기 때문에 정답은 B-A-C이다.

66-79

66

迟到是很不礼貌的。也许有人会认为晚到10分钟影响不大，但实际上，时间对每个人都特别重要，说严重点儿，迟到其实是在浪费他人的生命。

★ 根据这段话，我们要：

A 准时
B 勇敢
C 节约
D 认真做好计划

지각은 아주 예의 없는 행동이다. 아마 누군가는 10분 정도 늦는 것은 영향이 크지 않다고 생각할 수도 있지만, 실제로 시간은 모두에게 아주 중요하다. 조금 심각하게 말하면 지각은 사실 다른 사람의 생명을 낭비하는 것이다.

★ 이 글에 근거하면, 우리는 어떻게 해야 하는가：

A 시간을 잘 지켜야 한다
B 용감해야 한다
C 절약해야 한다
D 계획을 잘 세워야 한다

단어 迟到 chídào 图 지각하다 | 礼貌 lǐmào 몡 예의 | 也许 yěxǔ 囝 아마 | 影响 yǐngxiǎng 몡 영향 | 重要 zhòngyào 톙 중요하다 | 严重 yánzhòng 톙 심하다 | 浪费 làngfèi 图 낭비하다 | 生命 shēngmìng 몡 생명 ‖ 勇敢 yǒnggǎn 톙 용감하다 | 节约 jiéyuē 图 절약하다 | 计划 jìhuà 몡 계획

해설 독해 3부분은 단문 독해로, 보기를 먼저 읽고 지문을 읽으면 더욱 빨리 정답을 찾을 수 있다. 지문의 주제는 '迟到(지각하다)'로 지각이 예의 없는 행동이라는 것을 강조하며 지각을 하지 말아야 한다고 했으므로 이와 같은 표현은 A의 '准时(시간을 지키다)'이다. 따라서 정답은 A이다.

67

即使只有千分之一的机会，我们也要试试，不能放弃。如果不去试，就一点儿机会都没有了。

★ "千分之一" 说明：

A 速度很快
B 性格多变
C 希望极小
D 任务简单

설령 겨우 천분의 일의 기회일지라도 우리는 포기하지 말고 시도해 봐야 한다. 만약 시도해보지 않는다면 한 번의 기회조차도 없을 것이다.

★ '천분의 일'이 말하는 것은：

A 속도가 빠르다
B 성격이 변덕스럽다
C 희망이 매우 적다
D 임무가 간단하다

단어 千分之一 qiān fēn zhī yī 천분의 일 | 机会 jīhuì 몡 기회 | 放弃 fàngqì 图 포기하다 ‖ 速度 sùdù 몡 속도 | 性格 xìnggé 몡 성격 | 希望 xīwàng 몡 희망 | 极 jí 囝 매우, 극히 | 任务 rènwu 몡 임무 | 简单 jiǎndān 톙 간단하다

해설 지문의 첫 문장에 '千分之一'는 '천분의 일'이라는 의미로 '千分之一的机会(천분의 일의 기회)'라는 것은 아주 적은 기회를 의미한다. 그렇기 때문에 정답은 C이다.

68

小王！告诉你一个好消息，我上次面试的那家广告公司给我打电话了，通知我下周一正式上班。

★ 我：

A 没通知考试
B 发工资了
C 应聘成功了
D 没有诚实

샤오왕(小王)! 좋은 소식 하나 알려줄게. 내가 지난번에 면접 본 광고회사에서 전화가 왔는데 다음 주 월요일에 정식으로 출근하래.

★ 나는 :

A 시험을 알리지 않았다
B 월급을 지급했다
C 취업에 성공했다
D 성실하지 않다

단어 告诉 gàosu 통 말하다, 알려주다 | 消息 xiāoxi 명 소식 | 通知 tōngzhī 통 알리다 | 正式 zhèngshì 형 정식의 ‖ 考试 kǎoshì 명 시험 | 工资 gōngzī 명 월급 | 应聘 yìngpìn 통 지원하다 | 诚实 chéngshí 형 성실하다

해설 C의 '应聘'은 '지원하다'로 '应聘成功了(취업에 성공했다)'는 결국 취업에 성공했음을 의미한다. 지문의 마지막 문장에서 '다음 주 월요일에 정식으로 출근하라고 나한테 통지했다'라고 했으므로 정답은 C이다.

69

这次科学考试的最后一题可以有不同的答案，只要大家说出自己的想法并且给出合理的解释，就能得分。

★ 最后那个题：

A 特别难
B 超出学生水平
C 没人答对
D 没标准答案

이번 과학 시험 마지막 문제는 다른 답이 있을 수 있습니다. 모두 자기의 생각을 이야기하고 그에 대한 합당한 설명을 한다면 점수를 받을 수 있습니다.

★ 마지막 그 문제는 :

A 특히 더 어렵다
B 학생 수준을 넘어서는 문제다
C 아무도 맞추지 못했다
D 정해진 답이 없다

단어 科学 kēxué 명 과학 | 答案 dá'àn 명 답안, 답 | 合理 hélǐ 형 합리적이다 | 解释 jiěshì 통 설명하다 ‖ 超出 chāochū 통 초과하다 | 水平 shuǐpíng 명 수준, 실력 | 标准 biāozhǔn 형 표준적이다

해설 지문에서 '다른 답이 있을 수 있다'라고 했으며, 자신의 답에 대하여 합당한 설명을 하면 점수를 얻을 수 있다고 했으므로 정해진 답이 없다는 것을 알 수 있다. 따라서 정답은 D이다.

70

人们运动后，出汗比较多，皮肤温度也比较高，不适合马上洗澡，最好休息15到30分钟后再洗，否则容易出现全身无力的情况。

★ 运动后：

A 要把汗擦干净
B 不能坐着
C 容易累
D 不能马上洗澡

사람들은 운동 후에 땀이 많이 나는 편이고, 피부의 온도도 비교적 높아서 바로 씻는 것은 적합하지 않다. 15분에서 30분의 휴식을 취한 후 씻는 것이 가장 좋은데, 그렇지 않으면 온몸에 무력감이 쉽게 올 수 있다.

★ 운동 후에는 :

A 땀을 깨끗하게 닦아야 한다
B 앉으면 안 된다
C 피곤해지기 쉽다
D 바로 씻으면 안 된다

단어 出汗 chūhàn 통 땀이 나다 | 皮肤 pífū 명 피부 | 温度 wēndù 명 온도 | 马上 mǎshàng 부 바로, 곧 | 洗澡 xǐzǎo 통 목욕하다 | 否则 fǒuzé 접 만약 그렇지 않으면 | 容易 róngyì 형 쉽다 | 情况 qíngkuàng 명 상황 ‖ 擦 cā 통 닦다 | 干净 gānjìng 형 깨끗하다

해설 '适合'는 '적합하다'라는 의미로 지문에서 '바로 씻는 것은 적합하지 않다'라고 했으므로 정답은 D이다. 이때 '不能'이 '~할 수 없다'라는 뜻이 아니라 '~하면 안 된다'의 의미로 쓰였다는 것을 알아야 한다.

71

爷爷总能看到生活中积极的一面，对他来说，世上好像就没有烦恼。我很奇怪他是怎么做到的，他对我说："开心是一天，烦恼也是一天，为什么不笑着过呢？"

할아버지는 항상 생활에서 긍정적인 모습을 볼 수 있다. 그에게 있어 세상은 마치 걱정이 없는 것과 같다. 내가 할아버지께서 어떻게 그러시는지 의아해하자 그는 나에게 "기쁨이 하루면 걱정도 하루니 어찌 웃지 않고 하루를 보내겠니?"라고 말씀하신다.

★ 爷爷：

A 生活态度积极
B 爱开玩笑
C 很愉快
D 很有责任感

★ 할아버지는 :

A 생활 태도가 긍정적이다
B 농담을 좋아한다
C 매우 유쾌하다
D 책임감이 강하다

단어 积极 jījí 혱 긍정적이다, 적극적이다 | 烦恼 fánnǎo 몡 걱정 | 奇怪 qíguài 혱 이상하다, 의아하다 | 开心 kāixīn 혱 기쁘다 ∥ 态度 tàidu 몡 태도 | 开玩笑 kāi wánxiào 동 농담하다 | 愉快 yúkuài 혱 기쁘다 | 责任感 zérèngǎn 몡 책임감

해설 '积极'는 '적극적이다'라는 뜻과 생활 태도 방면에서 '긍정적이다'라는 의미도 함께 가지고 있다. 첫 문장에 '积极(긍정적이다)'가 나왔으므로 정답은 A이다.

72

人们常说："自信的人最美丽。"这提醒我们，无论什么时候都要相信自己。要是连自己都不相信自己，又怎么能让别人相信你呢？

사람들은 '자신감 있는 사람이 가장 아름답다'라고 말한다. 이것은 우리에게 어떤 상황에서든지 자신을 믿으라고 일깨워준다. 만약 나조차도 나를 믿지 못한다면 다른 사람으로 하여금 어떻게 나를 믿게 하겠는가?

★ 这段话主要想告诉我们要：

A 对自己负责
B 自信
C 多批评自己
D 原谅别人

★ 이 글이 우리에게 주로 말하고자 하는 것은 :

A 자신에 대한 책임을 져라
B 자신감을 가져라
C 스스로를 많이 비판해라
D 다른 사람을 용서해라

단어 自信 zìxìn 혱 자신감 있다 | 美丽 měilì 혱 아름답다 | 提醒 tíxǐng 동 일깨우다 | 无论 wúlùn 접 ~를 막론하고 | 连 lián 개 ~조차도 ∥ 负责 fùzé 동 책임지다 | 批评 pīpíng 동 비판하다 | 原谅 yuánliàng 동 용서하다

해설 '自信'은 '자신감'이라는 뜻과 '자신감 있다'라는 의미를 모두 가지고 있다. '자신감 있는 사람이 제일 아름답다'라고 했으므로 정답은 B이다. 이 지문에서 숨어있는 '无论 A 都 B'(A를 막론하고 모두 B한다)와 '连 A 都 B'(심지어 A 조차도 모두 B한다)라는 구문도 잊지 말아야 한다.

73

外面风怎么这么大，橡皮和纸都被刮到桌子下面了，我都没法写作业了，咱们还是把窗户稍微关一点儿吧。

바깥에 바람이 어째서 이렇게 세게 부는 거지. 지우개와 종이가 바람이 불어 모두 책상 아래로 떨어져서 숙제를 할 수가 없네. 우리 창문을 좀 닫는 게 좋겠다.

★ 说话人是什么意思？

A 外面太响了
B 天气很凉快
C 他感冒了
D 想关窗户

★ 말하는 사람의 말은 무엇을 의미하는가?

A 밖이 너무 시끄럽다
B 날씨가 시원하다
C 그는 감기에 걸렸다
D 창문을 닫고 싶다

단어 橡皮 xiàngpí 몡 지우개 | 纸 zhǐ 몡 종이 | 桌子 zhuōzi 몡 탁자, 책상 | 窗户 chuānghu 몡 창문 | 稍微 shāowēi 뷔 조금, 약간 ‖ 响 xiǎng 동 소리가 나다, 울리다 | 凉快 liángkuai 혱 시원하다 | 感冒 gǎnmào 동 감기에 걸리다

해설 '还是…吧'는 '~하는 편이 낫다'라는 뜻이다. 마지막 문장에 '우리 창문을 좀 닫는 게 좋겠다'라고 했으므로 그는 창문을 닫고 싶어 한다는 것을 알 수 있다. 따라서 정답은 D이다. 해석 시 주의해야 할 점은 '刮(불다)' 뒤에 쓰인 '到'는 '~로', '~까지'라는 의미로 해석한다는 것이다.

74

随着社会的发展，出现了许多专门的招聘网站。我们通过它来找工作，<u>可以及时了解最新的招聘信息，节约很多时间。</u>

사회가 발전함에 따라 전문적인 채용 홈페이지들이 많이 생겨났다. 우리는 그 홈페이지를 통해 일자리를 찾고, <u>제때에 최신 채용정보를 이해해서 많은 시간을 절약할 수 있다.</u>

★ 这段话主要谈的是招聘网站的：

A 发展过程　　　B 社会责任
C 管理方法　　　D 优点

★ 이 글은 채용 홈페이지의 어떤 점에 대해 주로 이야기하고 있나 :

A 발전 과정　　　B 사회 책임
C 관리 방법　　　D 장점

단어 随着 suízhe 개 ~에 따라 | 出现 chūxiàn 동 출현하다 | 许多 xǔduō 혱 매우 많다 | 招聘 zhāopìn 동 모집하다, 채용하다 | 通过 tōngguò 동 ~을 통하다, ~에 의하다 | 及时 jíshí 뷔 제때에 | 了解 liǎojiě 동 이해하다 | 节约 jiéyuē 동 절약하다 ‖ 发展 fāzhǎn 몡 발전 | 过程 guòchéng 몡 과정 | 责任 zérèn 몡 책임 | 管理 guǎnlǐ 동 관리하다 | 优点 yōudiǎn 몡 장점

해설 지문에서는 보기의 '优点(장점)'이라는 단어가 직접 나오지는 않았지만 마지막 문장에서 '제때에 최신 채용정보를 이해해서 많은 시간을 절약할 수 있다'라고 하며 채용 홈페이지에 대한 장점을 언급했으므로 정답은 D이다.

75

刚才新闻说前面那条街道堵车严重，我们在这个路口左转，换条路走吧。<u>尽管距离远些，但应该会更快到那里。</u>

방금 뉴스에서 앞쪽 도로는 정체가 심하다고 하니 우리 이 길목에서 좌회전해서 다른 길로 갑시다. <u>비록 거리는 좀 멀어도 더 빨리 그곳에 도착할 겁니다.</u>

★ 换条路走，可以：

A 换乘地铁
B 更快到目的地
C 找对方向
D 使距离变短

★ 다른 길로 가면 :

A 지하철로 갈아탈 수 있다
B 목적지에 더 빨리 도착할 수 있다
C 맞는 길을 찾을 수 있다
D 거리가 짧아진다

단어 新闻 xīnwén 몡 뉴스 | 街道 jiēdào 몡 도로, 거리 | 堵车 dǔchē 동 차가 막히다 | 严重 yánzhòng 혱 심각하다 | 尽管 jǐnguǎn 접 비록 ~하더라도 | 距离 jùlí 몡 거리 ‖ 换乘 huànchéng 동 갈아타다 | 目的地 mùdìdì 몡 목적지

해설 도로 정체 때문에 길을 돌아서 가고 있는 상황임을 알 수 있다. 마지막 문장에 '거리는 좀 멀어도 더 빨리 그곳에 도착할 것이다'라고 하였으므로 더 빨리 목적지에 도착할 수 있음을 알 수 있다. 따라서 정답은 B이다. 또한, 이 문장에서 '尽管'은 '虽然'과 마찬가지로 '비록 ~일지라도'라고 해석하며 뒤에 '但是(그러나)'를 수반할 수 있음을 알아야 한다.

76

幸福是什么？幸福不是你的爱人有多美丽，而是爱人的笑有多美；幸福不是你成功时有多少人为你祝贺，而是失败时有个声音在你耳边："没事，有我在！"

★ 这段话主要谈的是：

A 幸福是什么
B 生活的态度
C 真正的友谊
D 怎样获得成功

행복이란 무엇인가? 행복은 당신의 애인이 얼마나 아름다운지가 아니라 애인의 미소가 얼마나 아름다운가에 있다. 행복은 당신이 성공했을 때 얼마나 많은 사람이 축하를 해주느냐가 아니라 실패했을 때 당신의 귓가에 "괜찮아. 내가 있잖아!"라고 말해주는 것에 있다.

★ 이 글이 주로 이야기하는 것은 :

A 행복이란 무엇인가
B 삶의 태도
C 진정한 우정
D 어떻게 성공을 얻는가

단어 幸福 xìngfú 몡 행복 | 美丽 měilì 톙 아름답다 | 成功 chénggōng 통 성공하다 | 祝贺 zhùhè 통 축하하다 | 失败 shībài 통 (일이나 사업을) 실패하다 ‖ 友谊 yǒuyì 몡 우정 | 获得 huòdé 통 얻다

해설 주제를 묻는 문제이다. 첫 문장에서부터 '행복이란 무엇인가'라고 했으므로 정답은 A이다. 이 지문을 해석할 때 '不是 A 而是 B'의 'A가 아니라 B다'라는 구문을 이해해야만 제대로 해석할 수 있다.

77

写日记是个很好的习惯。我们对世界的认识、对事情的想法随着经历的丰富而发生变化，而这些改变都可以从日记中看到。

★ 从日记中，我们可以发现：

A 社会的发展
B 将来的路
C 自己的变化
D 人与人的区别

일기를 쓰는 것은 아주 좋은 습관이다. 우리의 세상에 대한 인식과 일에 관한 생각은 경험의 풍부함에 따라 변화가 생긴다. 그리고 이러한 변화들은 일기 속에서 찾아볼 수 있다.

★ 일기 속에서 우리가 발견할 수 있는 것은 :

A 사회의 발전
B 앞으로의 길
C 자신의 변화
D 사람과 사람 사이의 차이

단어 日记 rìjì 몡 일기 | 习惯 xíguàn 몡 습관 | 随着 suízhe 게 ~에 따라 | 经历 jīnglì 몡 경험 | 丰富 fēngfù 통 풍부하다 | 变化 biànhuà 몡 변화 | 改变 gǎibiàn 몡 변화 ‖ 将来 jiānglái 몡 장래 | 与 yǔ 게 ~와 | 区别 qūbié 몡 차이

해설 지문에서는 일기의 장점에 대해 이야기하고 있다. '일에 대한 생각은 경험의 풍부함에 따라 변화가 생긴다. 그리고 이러한 변화들은 일기 속에서 찾아볼 수 있다'라고 했으므로 일기에서 볼 수 있는 것은 자신의 변화라는 것을 알 수 있다. 그러므로 정답은 C이다.

78

别看大熊猫动作慢，看起来又笨又懒，其实它们也有活泼的一面，喜欢爬上爬下，非常可爱。

★ 大熊猫：

A 总是很兴奋
B 有时很活泼
C 很懒
D 对人友好

판다의 움직임이 느리다고 하지 마라. 미련하고 게을러 보이지만 사실 그들도 활발한 부분이 있다. 오르락 내리락 거리는 것을 좋아하고 아주 귀엽다.

★ 판다는 :

A 늘 흥분해있다
B 활발할 때도 있다
C 아주 게으르다
D 사람에게 우호적이다

단어 熊猫 xióngmāo 몡 판다 | 笨 bèn 톙 멍청하다, 미련하다 | 懒 lǎn 톙 게으르다 | 总是 zǒngshì 뷰 늘 | 活泼 huópo 톙 활발하다 | 可爱 kě'ài 톙 귀엽다 ‖ 兴奋 xīngfèn 톙 흥분하다

해설 지문의 밑줄 친 부분에서 '又 A 又 B'는 'A하기도 하고 B하기도 하다'라는 뜻이다. 판다에 대해서 '미련하고 게을러 보이지만 사실 그들도 활발한 부분이 있다'라고 했기 때문에 판다가 활발할 때도 있음을 알 수 있다. 그러므로 정답은 B이다.

79

　　小明生活中把很多看起来没用的东西变成了有用的东西。比如，把不穿的衣服变成了包，把大矿泉水桶做成了垃圾桶，甚至还用旧报纸做了把椅子等。这不但有趣，还引起了人们对保护环境的关注。

★ 他能把很多没用的东西：

A　存到银行去
B　扔掉
C　安排好时间
D　重新变为有用的

　　샤오밍(小明)은 생활 중에 쓸모없어 보이는 물건을 유용한 물건으로 만들었다. 예를 들면 입지 않는 옷은 가방으로, 큰 생수통은 쓰레기통으로, 심지어 오래된 신문으로는 의자도 만들었다. 이것은 재미있을 뿐만 아니라 환경보호에 대한 사람들의 관심을 불러 일으켰다.

★ 그는 필요 없는 많은 물건을 :

A　은행에 가서 저축했다
B　버렸다
C　시간을 잘 안배했다
D　다시 유용한 것으로 바꾸었다

단어　矿泉水 kuàngquánshuǐ 몡 생수 | 垃圾桶 lājītǒng 몡 쓰레기통 | 甚至 shènzhì 뮈 심지어 | 旧 jiù 혱 낡은, 오래된 | 椅子 yǐzi 몡 의자 | 不但 búdàn 젭 ~일 뿐만 아니라 | 引起 yǐnqǐ 동 끌다, 일으키다 | 保护 bǎohù 몡 보호 | 关注 guānzhù 몡 관심 ‖ 存 cún 동 저축하다, 보존하다 | 扔 rēng 동 버리다 | 安排 ānpái 동 안배하다 | 重新 chóngxīn 뮈 다시

해설　'为'가 동사 뒤에 쓰일 때 '~하게 되다'라고 해석할 수 있다. D의 '重新变为有用的(다시 유용한 것으로 바꾸었다)'에서 '变为'는 '~로 변하게 되다'로 해석할 수 있다. 지문의 첫 문장에 '샤오밍은 생활 중에 쓸모없어 보이는 물건을 유용한 물건으로 만들었다'라고 했으므로 정답은 D라는 것을 알 수 있다.

80-81

　　别以为只有人才会说话，其实大自然也有语言，而且到处都是。[81]懂一点儿大自然的语言，对于我们出门旅行有很大的好处，[81]因为很多动植物都会提前"通知"我们接下来的天气会怎么样。例如，[80]白云高高的，说明第二天十有八九是个晴天。

　　사람만이 말을 할 수 있다고 생각하지 마라. 사실 대자연에도 언어가 있으며 곳곳에 언어가 있다. [81]대자연이 하는 말을 조금 알면, 우리가 문밖을 나서 여행을 할 때 아주 큰 이점이 있다. [81]왜냐하면 많은 동식물이 앞으로의 날씨가 어떻게 될 것이라고 '통지'해주기 때문이다. 예를 들어, [80]흰구름이 높게 떠 있으면 십중팔구 다음 날 아주 맑을 거라는 뜻이다.

단어　大自然 dàzìrán 몡 대자연 | 到处 dàochù 몡 도처, 곳곳 | 植物 zhíwù 몡 식물 | 例如 lìrú 동 예를 들다 | 晴天 qíngtiān 몡 맑은 날씨

80

★ 通过白云很高这一现象，我们可以判断：

A　快要下雨了
B　第二天是晴天
C　空气质量好
D　天快黑了

★ 흰구름이 높이 떠 있는 현상을 통해, 우리가 판단할 수 있는 것은 :

A　곧 비가 내릴 것이다
B　다음 날 하늘이 맑을 것이다
C　공기가 좋을 것이다
D　하늘이 곧 어두워질 것이다

단어　质量 zhìliàng 몡 품질, 질

해설　질문의 키워드가 '白云很高这一现象(흰구름이 높이 떠 있는 현상)'이며 이와 관련된 내용은 문장 마지막에 언급이 되어 있다. '흰구름이 높게 떠 있으면 십중팔구는 다음 날 아주 맑을 거라는 뜻이다'라고 했으므로 정답은 B이다.

81

★ 读懂大自然的语言，可以：

A 熟悉生活环境
B 快速发展经济
C 了解天气的情况
D 保护环境

★ 대자연이 하는 말을 이해할 수 있다면 :

A 생활 환경에 익숙해질 수 있다
B 빠르게 경제를 발전시킬 수 있다
C 날씨 상황을 알 수 있다
D 환경을 보호할 수 있다

 熟悉 shúxī 휑 익숙하다 | 快速 kuàisù 휑 빠르다 | 经济 jīngjì 똉 경제 | 情况 qíngkuàng 똉 상황

 질문의 '读懂'은 '읽고 이해하다'라는 의미로 글에서 '懂(이해하다)'은 '懂一点儿大自然的语言'에서 사용되어 '자연이 하는 말을 조금 알면'이라고 언급되었다. 그리고 그 아래 문장에서 설명하기를 '왜냐하면 많은 동식물들이 앞으로의 날씨가 어떻게 될 것이라고 '통지'해주기 때문이다'라고 했기 때문에 대자연의 말은 날씨와 관련이 있다. 따라서 정답은 C이다.

 **82-83**

看书时遇到不懂的词句怎么办才好呢？别急，[82]先跳过不懂的地方，直接往下读。[83]通过后面的阅读，之前不懂的部分可能就会明白了。相反，要是你的眼睛一直停留在不懂的词或者句子那儿，恐怕看再久也不会懂。

책을 읽다 모르는 글자와 문장이 나오면 어떻게 해야 할까? 조급해하지 말고 [82]우선 모르는 부분은 뛰어넘고 계속 읽어 내려간다. [83]뒤의 부분을 읽고 나면 앞의 몰랐던 부분을 이해할 수 있을 것이다. 반대로 만약 당신의 눈이 모르는 단어나 혹은 문장에 계속 머물러 있다면 아마 다시 오래 봐도 이해할 수 없을 것이다.

단어　遇到 yùdào 똥 만나다, 마주치다 | 跳过 tiàoguò 똥 뛰어넘다 | 通过 tōngguò 꺤 ～을 통해서, ～에 의해 | 阅读 yuèdú 똥 (책이나 신문을) 보다 | 明白 míngbai 똥 알다, 이해하다 | 眼睛 yǎnjing 똉 눈 | 停留 tíngliú 똥 머물다 | 恐怕 kǒngpà 묀 아마 ～일 것이다

82

★ 这段话中，"跳过"是什么意思?

A 暂时不看
B 猜猜
C 用铅笔画出来
D 仔细研究

★ 이 글에서 '뛰어넘다'는 무슨 뜻인가?

A 잠시 보지 마라
B 짐작해봐라
C 연필로 그려 보아라
D 세심히 연구해라

단어　暂时 zànshí 똉 잠시 | 铅笔 qiānbǐ 똉 연필 | 仔细 zǐxì 휑 세심하다

해설　'跳过' 자체의 의미가 '뛰어넘다'이다. 글에서 모르는 단어가 나올 때 '우선 모르는 부분은 뛰어넘고 계속 읽어 내려간다'라고 되어 있다. 이때의 '跳过(뛰어넘다)'는 모르는 부분을 잠시 보지 말라는 것을 의미한다. 그러므로 정답은 A이다.

83

★ 根据这段话，遇到不懂的词时可以：

A 多看几遍
B 多与他人讨论
C 多研究
D 通过后文理解

★ 이 글에 근거하여 모르는 단어가 나오면 :

A 많이 본다
B 다른 사람과 토론을 많이 한다
C 많이 연구한다
D 뒤의 부분을 통해 이해한다

단어　讨论 tǎolùn 똥 토론하다 | 研究 yánjiū 똥 연구하다 | 理解 lǐjiě 똥 이해하다

해설　글에서 모르는 단어가 나오면 뛰어넘으라고 말하며 '뒷부분을 읽고 나면 앞의 몰랐던 부분을 이해할 수 있을 것이다'라고 했으므로 정답은 D이다.

84-85

両家店卖同一种小吃，这种小吃加鸡蛋会更好吃。[84]两家店价格和顾客数量都差不多，但每天右边的店比左边的赚钱多，这是为什么？原来[85]左边的服务员这样问客人："加不加鸡蛋？"有说加的，也有说不加的，各一半左右。右边的却问："加一个鸡蛋还是两个？"爱吃的说加两个，不爱吃的说加一个，也有不加的，但很少。一天下来，右边的店就比左边的多卖出不少鸡蛋。

두 가게는 같은 간식을 파는데 이 간식은 계란을 넣으면 더욱 맛있다. [84]두 가게의 가격과 손님 수는 비슷하지만, 항상 오른쪽 가게가 왼쪽 가게보다 이윤이 많은데, 이유가 무엇일까? 원래 [85]왼쪽 가게의 종업원은 손님에게 "계란을 넣을까요?"라고 물어보면, 넣으라는 손님도 있고 넣지 말라는 손님도 있고 반반 정도이다. 오른쪽 가게는 "계란을 한 개 넣을까요, 아니면 두 개 넣을까요?"라고 물어보면 좋아하는 손님은 두 개를 넣어 달라 말하고, 싫어하는 손님은 한 개를 넣어달라고 말한다. 넣지 말라고 하는 사람도 있지만 아주 드물다. 이에 하루가 흐르면 오른쪽 가게가 왼쪽 가게보다 적지 않은 수의 계란을 많이 파는 것이다.

단어 鸡蛋 jīdàn 몡 계란 | 价格 jiàgé 몡 가격 | 顾客 gùkè 몡 고객 | 赚钱 zhuànqián 동 이윤을 남기다 | 服务员 fúwùyuán 몡 종업원

84

★ 关于那两家店，可以知道：

A 客人几乎一样多
B 需排队
C 右边的价格便宜
D 房租差不多

★ 두 가게에 대해, 알 수 있는 것은 :

A 손님이 거의 비슷하게 많다
B 줄을 서야 한다
C 오른쪽 가게가 가격이 저렴하다
D 집세가 비슷하다

단어 几乎 jīhū 뷔 거의, 거의 모두 | 排队 páiduì 동 줄을 서다 | 便宜 piányi 혱 (값이) 싸다 | 房租 fángzū 몡 집세

해설 '几乎'는 '거의'라는 의미로 A의 '客人几乎一样多'는 '손님이 거의 비슷하게 많다'라는 뜻이다. 글의 초반에 '두 가게의 가격과 손님 수는 비슷하다'라고 했으므로 정답은 A라는 것을 알 수 있다.

85

★ 右边那家店之所以更赚钱，是因为它：

A 每天打折
B 问话方法好
C 服务态度好
D 更受欢迎

★ 오른쪽 가게가 이윤이 더 많은 이유는?

A 매일 할인을 한다
B 물어보는 방법이 좋다
C 서비스 태도가 좋다
D 더 인기가 있다

단어 打折 dǎzhé 동 할인하다 | 受欢迎 shòu huānyíng 동 환영을 받다, 인기가 있다

해설 가격과 손님이 비슷한 두 가게의 차이점은 물어보는 방식이 달랐다는 것이다. '계란을 넣을까요?'라는 말보다는 '계란을 한 개 넣을까요, 아니면 두 개 넣을까요?'라고 물어보는 화법이 오른쪽 가게에 이윤을 가져다 준 것이다. 그러므로 정답은 B이다.

第 一 部 分

86-95

86

能把　　我手机上　　详细内容　　发到　　吗

정답 能把详细内容发到我手机上吗? ｜ 내 휴대전화로 상세한 내용을 보내줄 수 있겠니?

단어 把 bǎ 〈개〉 ～를 ｜ 详细 xiángxì 〈형〉 상세하다 ｜ 内容 nèiróng 〈명〉 내용 ｜ 发 fā 〈동〉 보내다

해설 술어 앞에서 쓰이는 부사어의 어순은 '부사 + 조동사 + 개사 + 명사'이다. '把'는 '～를'이라는 뜻으로 목적어처럼 해석이 되지만 품사가 개사이므로 술어 앞에 나와야 한다. 따라서 '能把详细内容(상세한 내용을)'은 술어인 '发(보내다)' 앞에 나와야 한다. 또한, 동사 뒤에 나온 '到'는 '～로', '～까지'라고 해석이 된다. 현재 제시어를 보면 '吗'가 들어가있기 때문에 의문문이 되고 주어가 생략되었음을 알아야 한다.

能把详细内容　　发　　到我手机上 吗?
부사어　　　　 술어　　보어

87

这盒饼干　　爸爸送给我　　是过年时　　的

정답 这盒饼干是过年时爸爸送给我的。 ｜ 이 과자 상자는 아빠가 새해를 맞이하여 나에게 선물하신 것이다.

단어 盒 hé 〈양〉 함이나 곽 등을 세는 양사 ｜ 饼干 bǐnggān 〈명〉 과자, 비스킷 ｜ 过年 guònian 〈동〉 새해를 맞다

해설 술어가 '是'일 때는 'A 是 B(A는 B이다)'의 형태로 문장을 만들어야 한다. 주어가 '这盒饼干(이 과자 상자)'이고 목적어는 '的'를 이용하여 '～인 것'이라는 의미의 명사성으로 만들어야 한다.

这盒　　饼干　　是　　过年时爸爸送给我的。
관형어　주어　술어　　　목적어

88

爬长城的　　我们　　明天　　事情　　正在商量

정답 我们正在商量明天爬长城的事情。 ｜ 우리는 내일 만리장성에 오르는 일을 상의하는 중이다.

단어 正在 zhèngzài 〈부〉 ～하고 있다 ｜ 商量 shāngliang 〈동〉 상의하다 ｜ 爬 pá 〈동〉 오르다 ｜ 长城 Chángchéng 〈명〉 만리장성

해설 제시어 중 동사는 '爬(오르다)'와 '商量(상의하다)' 이렇게 두 개가 있지만 이 문장 안에서 술어가 될 수 있는 것은 부사인 '正在(～하고 있다)'가 붙어있는 '商量(상의하다)'뿐이다. 또한, '爬长城(만리장성에 오르다)'은 '的'가 붙어 있으므로 명사 앞에 와야 한다. 이때 주의해야 할 점은 '明天(내일)'을 문장 맨 앞에 넣으면 안 된다는 것이다. '～하고 있다'라는 현재 진행성의 부사인 '正在(～하고 있다)'가 있으므로 '明天(내일)'은 '爬长城的事情(만리장성에 오르는 일)' 앞에 와야 한다.

我们　　正在　　商量　　明天爬长城的　　事情。
주어　　부사어　술어　　　관형어　　　　목적어

89 所有　都　人　反对这个　活动

정답　所有人都反对这个活动。　　모든 사람이 모두 이 행사를 반대한다.

단어　所有 suǒyǒu 혤 모든 | 都 dōu 뷘 모두 | 反对 fǎnduì 동 반대하다 | 活动 huódòng 뎽 행사, 활동

해설　'所有(모든)'나 '都(모두)'는 의미는 비슷하지만 꾸며주는 대상이 다르다. '所有(모든)'는 형용사이므로 명사 앞에 쓰여 명사를 꾸며주고, '都(모두)'는 부사이므로 동사 앞에 쓰인다. 제시어 중 술어가 될 수 있는 동사는 '反对(반대하다)'밖에 없으며 목적어는 '反对(반대하다)'와 어울리는 '活动(행사)'이다.

所有　　人　　都　　反对　　这个　　活动。
관형어　주어　부사어　술어　관형어　목적어

90 生意　好　商店的　比过去　多了

정답　商店的生意比过去好多了。　　상점의 장사가 과거보다 훨씬 좋아졌다.

단어　商店 shāngdiàn 뎽 상점 | 生意 shēngyi 뎽 장사 | 比 bǐ 꺠 ~보다 | 过去 guòqù 뎽 과거

해설　'比'는 '~보다'라는 의미로 비교문의 형태를 만든다. 공식은 'A 比 B 술어'이다. 이때 술어 뒤에 '得多'나 '多了'를 붙이면 '훨씬 ~하다'라는 의미가 된다. 그러므로 '多了(훨씬 ~하다)'가 '好(좋다)' 뒤에 와서 '好多了'가 되면 '훨씬 좋아졌다'라고 해석할 수 있다.

商店的　　生意　　比过去　　好　　多了。
관형어　　주어　　부사어　술어　보어

91 那棵树　30米　高　大约有

정답　那棵树大约有30米高。　　그 나무는 대략 30m 정도 된다.

단어　棵 kē 혱 그루, 포기 | 树 shù 뎽 나무 | 大约 dàyuē 뷘 대략 | 有 yǒu 동 ~만큼 되다, ~만하다

해설　'有'는 '있다'라는 의미도 있지만 '~만큼 되다', '~만하다'라는 의미도 있어 계량이나 비교를 나타낸다. 이때에는 비교문처럼 'A 有 B 술어'의 형식으로 써서 나타낼 수 있다. '그 나무는 대략 30m 정도 된다'라고 해석이 되므로 정답은 '那棵树大약有30米高'이다.

那棵　　树　　大约有30米　　高。
관형어　주어　　부사어　　　술어

92 她　感动了　深深地　观众们被

정답　观众们被她深深地感动了。　　관중들은 그녀에게 깊이 감동했다.

단어　观众 guānzhòng 뎽 관중 | 被 bèi 꺠 ~에게 당하다 | 感动 gǎndòng 동 감동하다 | 深深 shēnshēn 혱 매우 깊다, 깊숙하다

해설　'被'는 '~에게 당하다'라는 의미의 개사이므로 술어 앞에 온다. 또한, '地'는 술어 앞에서 술어를 꾸며주는 데, '深深地'가 '感动了' 앞에 왔으므로 '깊이 감동했다'라고 해석할 수 있다.

观众们　　被她 深深地　　感动了。
주어　　　부사어　　　술어+기타성분

93　让人　　草莓　　受不了　　酸得

정답　草莓让人酸得受不了。　　　　　딸기는 사람이 견딜 수 없을 정도로 시다.

단어　草莓 cǎoméi 뗑 딸기 ｜ 让 ràng 통 ~하게 하다 ｜ 酸 suān 뼹 시다 ｜ 受不了 shòubuliǎo 통 견딜 수 없다

해설　'让'은 '~하게 시키다'라는 의미의 동사로 늘 첫 번째 술어가 된다. 또한, 일반적인 '得'는 술어 뒤에 쓰여서 정도를 나타내는데 '酸得受不了'라고 쓰면 '견딜 수 없을 정도로 시다'라는 의미가 된다. '草莓让人酸得受不了。'를 직역하면 '딸기는 사람으로 하여금 견딜 수 없이 시게 만든다'라고 할 수 있지만 자연스럽게 의역하면 '딸기는 사람이 견딜 수 없을 정도로 시다'라고 할 수 있다.

　　草莓　　让　　人　　酸　　得受不了。
　　주어　　술어1　목적어
　　　　　　　　　주어　술어2　　보어

94　习惯　　要　　养成课后复习　　的

정답　要养成课后复习的习惯。　　　　　수업 후 복습하는 습관을 길러야 한다.

단어　养成 yǎngchéng 통 양성하다, 기르다 ｜ 复习 fùxí 통 복습하다 ｜ 习惯 xíguàn 뗑 습관

해설　제시어에서 술어가 될 수 있는 동사는 '养成(기르다)'이 있다. 그리고 이 술어와 가장 어울리는 목적어는 '习惯(습관)'이다. 그러므로 '养成⋯习惯'은 '~습관을 기르다'라고 외워두는 것도 좋은 방법이다. 조동사인 '要(~해야 한다)'는 동사인 '养成(기르다)'앞에 나와야 한다.

　　要　　养成　　课后复习的　　习惯。
　　부사어　술어　　관형어　　　　술어

95　严格　　非常　　母亲　　对妹妹

정답　母亲对妹妹非常严格。　　　　　어머니는 여동생에게 매우 엄격하다.

단어　母亲 mǔqīn 뗑 어머니 ｜ 对 duì 깨 ~에 대해서 ｜ 严格 yángé 뼹 엄격하다

해설　형용사가 술어가 될 때에는 '很(매우)', '非常(매우)', '不太(별로)', '有点儿(조금)', '最(가장)' 등의 정도부사가 앞에 나온다. 그러므로 '非常(매우)'은 '严格(엄격하다)' 앞에 와야 한다. 또한, 개사 '对(~에 대해서)'는 술어 앞에 위치한다.

　　母亲　　对妹妹非常　　严格。
　　주어　　부사어　　　　술어

第 二 部 分

 **96-100**

96

道歉

모범답안 他拿着花儿向女朋友道歉。

그는 꽃을 들고 여자친구에게 사과하고 있다.

단어 拿 ná 图 쥐다, 잡다 | 向 xiàng 깨 ~에게 | 道歉 dàoqiàn 图 사과하다

해설 '道歉'은 '~에게 사과하다'라고 쓸 때 '向 A 道歉'의 형태로 쓰인다.

97

公里

모범답안 还有40公里，20分钟就到了。

아직 40km 남았어. 20분이면 도착해.

단어 公里 gōnglǐ 阅 킬로미터(km) | 分钟 fēnzhōng 阅 분

해설 '就⋯了'는 '곧 ~할 것이다'라는 의미이다.

98

规定

모범답안 要尊重规定，这里不能抽烟。

규정을 준수해야 해요. 여기에서는 담배를 피울 수 없어요.

단어 尊重 zūnzhòng 图 존중하다 | 规定 guīdìng 阅 규정 | 抽烟 chōuyān 图 흡연하다

해설 '尊重规定'은 '규정을 준수하다'라는 의미이다.

99

伤心

모범답안 别伤心了，以后还有机会。

슬퍼하지 마. 나중에 또 기회가 있잖아.

단어 伤心 shāngxīn 图 상심하다, 슬퍼하다 | 机会 jīhuì 阅 기회

해설 '别⋯了'는 '~하지 말아라'라는 의미이다.

100

抱

모범답안 你怎么抱这么多书？我来帮你吧！

너 어째서 이렇게 많은 책을 안고 있어? 내가 널 도와줄게!

단어 抱 bào 图 안다, 껴안다

해설 의문대사 '怎么'가 있으므로 의문문임에도 의문조사 '吗'를 쓰지 않는다.

新汉语水平考试

실전 모의고사 해설

제5회

第 一 部 分

1-10

1

你好，我这个月四号在你们店买了个沙发。当时说一个星期内保证送到，可现在都快两个礼拜了，仍然没收到货。我想问一下是怎么回事？

★ 沙发按时送到。

안녕하세요. 제가 이번 달 4일에 이 가게에서 소파를 하나 샀어요. 그때 말씀하시길 일주일 안에 보내준다고 보장하셨는데 지금 벌써 2주가 되어가도록 아직도 물품을 못 받았어요. 어떻게 된 일인지 여쭤보려고요.

★ 소파가 제시간에 배달됐다. (×)

단어 沙发 shāfā 뗑 소파 | 礼拜 lǐbài 뗑 주, 요일 | 仍然 réngrán 児 변함없이, 아직도 | 货 huò 뗑 물품

해설 지문의 마지막에 '怎么回事?'는 '어떻게 된 것인가?'라는 의미이다. '지금 벌써 2주가 되어가도록 아직도 물건을 못 받았다'라고 했으므로 아직 소파가 배달되지 않았다. 그러므로 정답은 X이다.

2

生活中不要随便对别人发脾气，更不要随便拿别人的缺点开玩笑。这不仅是对他人的尊重，同时也能为自己赢得尊重。

★ 尊重他人能为自己赢得尊重。

생활하면서 다른 사람에게 함부로 화를 내지 말아야 한다. 다른 사람의 단점을 가지고 함부로 농담하는 것은 더욱 해서는 안 된다. 이것은 다른 사람에 대한 존중일 뿐만 아니라 동시에 자신도 존중받을 수 있다.

★ 다른 사람을 존중하는 것은 자신이 존중을 받게 할 수 있다. (✓)

단어 随便 suíbiàn 児 마음대로 | 脾气 píqi 뗑 성격, 성질 | 缺点 quēdiǎn 뗑 결점, 단점 | 开玩笑 kāiwánxiào 통 농담하다 | 不仅 bùjǐn 젭 ~뿐만 아니라 | 尊重 zūnzhòng 통 존중하다 | 赢得 yíngdé 통 얻다

해설 '发脾气'는 '화를 내다'라는 뜻이고 밑줄 친 부분에 '不仅 A 也 B'는 'A일 뿐만 아니라 B도'라는 의미이다. '다른 사람에 대한 존중일 뿐만 아니라 동시에 자신도 존중받을 수 있다'고 했으므로 정답은 ✓이다.

3

小马生病了，暂时不能来上班，为保证我们的计划能按时完成，他的工作就由大家一起来做。如果有困难，希望大家能互相帮助，共同解决。

★ 小马的工作还没完成。

샤오마(小马)가 병이 나서 일시적으로 출근하러 올 수 없습니다. 우리의 계획을 제시간에 완성할 수 있게 그의 일을 모두가 같이 하도록 하겠습니다. 만약에 어려움이 있으면 모두들 서로 도와주고 함께 해결할 수 있기를 바랍니다.

★ 샤오마의 일이 아직 완성되지 않았다. (✓)

단어 暂时 zànshí 児 잠시, 일시적으로 | 计划 jìhuà 뗑 계획 | 按时 ànshí 児 제때에 | 困难 kùnnan 뗑 곤란, 어려움 | 希望 xīwàng 통 희망하다 | 互相 hùxiāng 児 서로 | 解决 jiějué 통 해결하다

해설 '由'는 뒤에 주체가 올 때 '~이(가)'로 쓰여서 '由+A+술어'는 'A가 ~하다'라는 의미이다. '그의 일을 모두가 같이 하도록 하겠다'고 했기 때문에 아직 일이 완성되지 않았다는 것을 알 수 있다. 그러므로 정답은 ✓이다.

4

这里是北京交通广播，提醒听众朋友们，北京西站附近现在堵车严重，请去往西站乘坐火车的朋友们，提前出发，或者选择地铁出行。

★ 北京西站附近堵车了。

여기는 베이징(北京) 교통방송입니다. 청취자 여러분께 알려드립니다. 베이징(北京) 서쪽 역 근처에서 지금 차가 심하게 막힙니다. 서쪽 역으로 기차를 타러 가는 분들은 미리 출발하시거나 지하철을 선택해서 가시기 바랍니다.

★ 베이징 서쪽 역 근처에 차가 막혔다. (✓)

단어 广播 guǎngbō 몡 방송 | 提醒 tíxǐng 동 일깨우다 | 听众 tīngzhòng 몡 청취자 | 堵车 dǔchē 동 교통이 막히다 | 严重 yánzhòng 혱 심각하다 | 乘坐 chéngzuò 동 타다 | 提前 tíqián 동 앞당기다 | 选择 xuǎnzé 동 고르다, 선택하다

해설 '堵车严重'은 '교통체증이 심하다'라는 의미로 '베이징 서쪽 역 근처에서 지금 차가 심하게 막힌다'라고 하였으므로 정답은 ✓이다.

5

那家店我常陪女朋友去逛，她说里边的衣服虽然样子看着比较简单，但穿上后效果却不错，而且价格也便宜，每次去逛她都能买到满意的衣服。

★ 那家店的衣服不贵。

그 가게는 내가 자주 여자친구를 데리고 가는데 그녀가 말하길, 비록 안에 있는 옷들이 보기에는 심플하지만 입으면 괜찮고 게다가 가격도 싸서 매번 갈 때마다 그녀는 만족스러운 옷을 살 수 있다고 했다.

★ 그 가게의 옷은 비싸지 않다. (✓)

단어 陪 péi 동 모시다, 동반하다 | 简单 jiǎndān 혱 간단하다 | 效果 xiàoguǒ 몡 효과 | 便宜 piányi 혱 (값이) 싸다 | 满意 mǎnyì 혱 만족하다

해설 '虽然 A, 但 B'는 '비록 A 일지라도, 그러나 B하다'라는 의미이다. '但(그러나)' 외에 같은 의미로 역접을 나타내는 접속사인 '但是', '可是', '不过', '然而', '却' 등이 있으며, 대체해서 쓸 수 있다. 지문에 '게다가 가격도 싸다'라는 내용이 질문의 '不贵(비싸지 않다)'와 같은 의미이므로 정답은 ✓이다.

6

由于天气原因，今年我们这儿的游客数量比去年减少了3/4，去年这个时候旅馆每天都住得满满的，可今年大部分房间都空着。

★ 今年旅馆生意比去年好。

날씨 때문에 올해 우리가 있는 이곳의 여행객 수가 작년보다 4분의 3이 줄어들었다. 작년 이때는 여관이 매일 숙박이 꽉 찼는데, 올해는 대부분의 방이 비어 있다.

★ 올해 여관 장사가 작년보다 좋다. (×)

단어 游客 yóukè 몡 여행객 | 减少 jiǎnshǎo 동 감소하다 ‖ 生意 shēngyi 몡 장사

해설 여행객 수가 '작년보다 4분의 3이 줄어들었다'고 했으므로 작년보다 좋지 않은 상황이다. 그러므로 정답은 X이다.

7

各位同学，马教授让我通知大家，由于他下周要到外地出差，下星期一硕士二年级的语法课暂停一次。

★ 下周一的语法课继续上。

학우 여러분, 마 교수님께서 저를 통해 여러분께 알리도록 하셨습니다. 다음 주에 외지로 출장을 가셔야 해서 다음 주 월요일에 있는 석사 2학년 어법 수업을 한 번 멈추시겠다고 합니다.

★ 다음 주 월요일의 어법 수업은 계속 한다. (×)

단어 教授 jiàoshòu 몡 교수 | 通知 tōngzhī 동 통지하다 | 出差 chūchāi 동 출장 가다 | 硕士 shuòshì 몡 석사 | 暂停 zàntíng 동 잠시 중지하다 ‖ 继续 jìxù 동 계속하다

해설 '由于'는 '~때문에'라는 의미로 '因为(~때문에)'와 같다. 교수님의 출장 때문에 '어법 수업을 한 번 멈춘다'라고 했으므로 정답은 X이다.

8

举行这次大会的目的是，让更多的人加入进来和我们一起保护动物。尽管在举行过程中遇到了一些困难，但还是得到了大多数人的理解和支持。

★ 多数人支持这次大会。

이번 대회를 개최하는 목적은 더 많은 사람이 가입해서 우리와 함께 동물을 보호하도록 하기 위해서입니다. 비록 주최 과정 중에 어려움들에 마주했지만 그래도 대다수 사람의 이해와 지지를 얻었습니다.

★ 대다수 사람이 이 대회를 지지한다. (✓)

단어 举行 jǔxíng 통 개최하다 | 目的 mùdì 명 목적 | 保护 bǎohù 통 보호하다 | 尽管 jǐnguǎn 집 비록 ～라 하더라도 | 过程 guòchéng 명 과정 | 遇到 yùdào 통 만나다 | 困难 kùnnan 명 곤란, 어려움 | 理解 lǐjiě 통 알다, 이해하다 | 支持 zhīchí 통 지지하다

해설 '尽管 A, 但 B'는 '비록 A일지라도, 그러나 B하다'라는 의미이다. '대다수 사람의 이해와 지지를 얻었다'라고 했으므로 정답은 ✓이다.

9

九江市在长江的南边，是江西省第二大城市，它有两千二百多年的历史。既是一座文化名城，也是著名的旅游城市。

★ 九江市历史很短。

지우장(九江)시는 창장(长江)의 남쪽에 있으며, 장시(江西)성에서 두 번째로 큰 도시로 2,200여 년의 역사를 가지고 있다. 문화로 유명한 도시이자 유명한 여행 도시이기도 하다.

★ 지우장시는 역사가 매우 짧다. (✗)

단어 城市 chéngshì 명 도시 | 历史 lìshǐ 명 역사 | 著名 zhùmíng 형 유명하다

해설 '既 A 也 B'는 'A이기도 하고, B이기도 하다'라는 의미이다. '2,200여 년의 역사를 가진다'고 하였으므로 역사가 길다는 것을 알 수 있다. 그러므로 정답은 X이다.

10

两个人之间要是有了误会，一定要及时解释清楚，否则，时间一长，误会就会更深，到那时，再去解决恐怕就不容易了。

★ 有误会要及时解释清楚。

두 사람 간에 오해가 있게 되면 반드시 곧바로 분명하게 풀어야 한다. 그렇지 않고 시간이 길어지면 오해는 더 깊어지게 되고, 그때가 되면 다시 해결하려고 해도 아마 쉽지 않을 것이다.

★ 오해가 생기면 곧바로 분명히 풀어야 한다. (✓)

단어 误会 wùhuì 명 오해 | 及时 jíshí 부 곧바로 | 解释 jiěshì 통 해명하다, 밝히다 | 清楚 qīngchu 형 분명하다 | 否则 fǒuzé 집 만약 그렇지 않으면 | 深 shēn 형 깊다 | 恐怕 kǒngpà 부 아마 ～일 것이다

해설 '要是'은 '만약 ～라면'으로 '如果(만약)'와 같은 뜻이다. '오해가 있다면 곧바로 분명하게 풀어야 한다'고 언급되어 있다. 그러므로 정답은 ✓이다.

第 二 部 分

11-25

11

男：阿姨！小云呢？我们约好了上午去打羽毛球。

女：她去理发了。你在客厅坐会儿，她很快就回来。

问：关于小云，下列哪个正确？

A 爱打扮
B 去打网球了
C 很热情
D 不在家

남：아주머니! 샤오윈(小云)은요? 저희 오전에 배드민턴 치러 가기로 약속했거든요.

여：샤오윈은 이발하러 하러 갔어. 거실에 잠시 앉아있으면 금방 돌아올 거야.

문：샤오윈에 관해, 아래의 어느 것이 정확한가?

A 치장하는 걸 좋아한다
B 테니스 치러 갔다
C 친절하다
D 집에 없다

단어 阿姨 āyí 몡 아주머니 | 约 yuē 동 약속하다 | 羽毛球 yǔmáoqiú 몡 배드민턴 | 理发 lǐfà 동 이발하다 | 客厅 kètīng 몡 거실, 객실 ‖ 网球 wǎngqiú 몡 테니스

해설 듣기 2부분에서는 거의 보기의 단어와 정답의 근거가 유사하게 나오므로 듣기 전에 보기를 먼저 읽어두어야 한다. 샤오윈은 이발하러 가서 현재는 집에 없는 상태이기 때문에 정답은 D이다.

12

女：杂志上说有个小孩儿，你随便说个字，他都知道在词典的哪一页。

男：我也看到那篇文章了。他才七岁，太厉害了。

问：男的觉得那个小孩儿怎么样？

A 非常棒
B 很可怜
C 特别勇敢
D 不够年龄

여：잡지에서 말하길 어떤 아이가 있는데, 네가 마음대로 글자 하나를 얘기하면 걔가 사전의 어느 페이지에 있는지 다 안대.

남：나도 그 기사 봤어. 걔 겨우 7살인데 정말 대단하더라.

문：남자는 그 아이가 어떻다고 생각하는가?

A 굉장히 뛰어나다
B 가엾다
C 유달리 용감하다
D 나이가 부족하다

단어 杂志 zázhì 몡 잡지 | 随便 suíbiàn 뮈 마음대로 | 词典 cídiǎn 몡 사전 | 厉害 lìhai 혱 대단하다 ‖ 棒 bàng 혱 뛰어나다 | 可怜 kělián 혱 가련하다, 불쌍하다 | 勇敢 yǒnggǎn 혱 용감하다 | 年龄 niánlíng 몡 나이

해설 '厉害'는 '무섭다', '사납다'의 의미도 있지만 지문에서 남자의 말처럼 사람에게 쓸 때는 '대단하다', '굉장하다'로 해석할 수 있다. 그러므로 정답은 A이다.

13

男：你给小张发短信了吗？

女：这件事短信说不清楚，我约了他中午见面说。

问：女的决定怎样跟小张说那件事？

A 发传真　　　B 发电子邮件
C 发短信　　　D 见面谈

남：샤오장(小张)에게 문자 보냈어요?

여：이 일은 문자로 분명하게 얘기할 수가 없어서 저는 그와 점심에 만나서 얘기하기로 약속했어요.

문：여자는 어떻게 샤오장과 그 일을 얘기하기로 결정했는가?

A 팩스를 보낸다　　　B 메일을 보낸다
C 문자를 보낸다　　　D 만나서 얘기한다

단어 短信 duǎnxìn 몡 문자 메시지 | 清楚 qīngchu 혱 분명하다 ‖ 传真 chuánzhēn 몡 팩스 | 电子邮件 diànzǐ yóujiàn 몡 이메일 | 谈 tán 동 말하다

해설 '여자의 나는 그와 점심에 만나서 얘기하기로 약속했다'는 말을 통해 만나서 얘기한다는 것을 알 수 있으므로 정답은 D이다. '见面(만나다)'은 이합동사이므로 '见面他(그를 만나다)'와 같이 뒤에 목적어를 쓸 수 없음을 알아두자.

14

男: 这么晚了还在外面散步?
女: 我家空调坏了，还没来得及找人修理，所以就出来凉快一下。

问: 女的最可能是什么意思?

A 家里比较热
B 要去购物
C 想换空调
D 很渴

남:이렇게 늦었는데 아직도 밖에서 산책해요?
여:저희 집 에어컨이 고장 났거든요. 수리할 사람을 부르기엔 시간도 늦었고 해서, 나와서 시원하게 있으려고요.

문 : 여자의 말은 무슨 뜻일 가능성이 가장 큰가?

A 집안이 더운 편이다
B 물건을 사러 가야 한다
C 에어컨을 바꾸고 싶다
D 목이 마르다

단어 散步 sànbù 통 산보하다, 산책하다 | 空调 kōngtiáo 명 에어컨 | 来得及 láidejí 통 늦지 않다 | 修理 xiūlǐ 통 수리하다 | 凉快 liángkuai 형 시원하다 ‖ 购物 gòuwù 통 물품을 구입하다 | 渴 kě 형 목마르다

해설 '空调坏了'는 '에어컨이 고장났다'라는 의미이다. 에어컨이 고장 났는데 수리할 사람을 부르기엔 늦었으므로 집안이 덥다는 A가 정답이다. '来得及'는 '늦지 않다'이고 지문에서는 '没来得及'이므로 '늦었다'는 의미가 된다.

15

女: 你一个暑假减了五公斤，怎么做到的呀?
男: 主要是增加运动量，我每天都去打一小时的羽毛球，然后游一小时的泳。

问: 男的怎么了?

A 力气变大了　　　B 心里难受
C 被骗了　　　　　D 瘦了

여:당신 여름 방학 동안 5kg이나 빼다니, 어떻게 한 거예요?
남:주로 운동량을 늘렸어요. 매일 배드민턴을 한 시간씩 치러 가고 그다음엔 수영을 한 시간 했어요.

문 : 남자는 어떠한가?

A 힘이 세졌다　　　B 마음이 괴롭다
C 속았다　　　　　D 말랐다

단어 暑假 shǔjià 명 여름 방학 | 增加 zēngjiā 통 증가하다 | 羽毛球 yǔmáoqiú 명 배드민턴 | 然后 ránhòu 접 그런 후에 | 游泳 yóuyǒng 통 수영하다 ‖ 力气 lìqi 명 힘 | 难受 nánshòu 형 불편하다, 괴롭다 | 骗 piàn 통 속이다 | 瘦 shòu 형 마르다

해설 '公斤'은 '킬로그램(kg)'의 뜻으로, '减了五公斤(5kg 감량하다)'을 '瘦(마르다)'와 연관지어 답을 찾을 수 있다. 그러므로 정답은 D이다.

16

男: 你通知王教授了吗?
女: 还没有，他的电话一直占线，联系不上。

问: 为什么没联系上王教授?

A 他换号了
B 他手机关机
C 他电话占线
D 他出差了

남:왕 교수님께 알려드렸어요?
여:아직 못 했어요. 그분 전화가 계속 통화 중이라 연락이 안 돼요.

문 : 왜 왕 교수님과 연락이 안 되는가?

A 그가 번호를 바꿨다
B 그의 휴대전화가 꺼져있다
C 그의 전화가 통화 중이다
D 그가 출장 갔다

단어 通知 tōngzhī 통 통지하다 | 教授 jiàoshòu 명 교수 | 占线 zhànxiàn 통 통화 중이다 | 联系 liánxì 통 연락하다 ‖ 出差 chūchāi 통 출장 가다

해설 '一直占线'은 '계속 통화 중이다'라는 의미로 '联系不上(연락이 안 된다)'이 나왔으므로 정답은 C가 된다.

17

男：这棵树左边的叶子怎么比右边的多那么多？
女：因为左边向着太阳，照到的阳光更多。

问：为什么左边的叶子更多？

A 右边缺水
B 左边向阳
C 树生病了
D 右边有污染

남：이 나무의 왼쪽 잎이 어떻게 오른쪽 잎보다 그렇게나 훨씬 많을 수가 있죠？
여：왼쪽은 태양을 향해 있어서 비추는 햇빛이 더 많으니까 그렇죠.

문：왜 왼쪽에 잎이 더 많은가？

A 오른쪽에 물이 부족하다
B 왼쪽이 해를 향한다
C 나무가 병이 났다
D 오른쪽에 오염이 있다

단어 叶子 yèzi 명 잎 | 向着 xiàngzhe 통 ~로 향하다 | 阳光 yángguāng 명 햇빛 ‖ 缺水 quēshuǐ 통 물이 부족하다 | 污染 wūrǎn 명 오염

해설 '왼쪽은 태양을 향해 있어서 비추는 햇빛이 더 많다'는 것으로 보아 태양이 왼쪽의 잎에 영향을 끼친 것을 알 수 있으므로 정답은 B이다.

18

女：女儿一直想去骑马，正好这周日是她生日，我们带她去吧。
男：行，咱俩最近太忙了都没好好陪她。

问：男的主要是什么意思？

A 想爬山
B 去海洋馆
C 没空儿
D 想陪女儿

여：딸이 계속 말을 타러 가고 싶어하는데 마침 이번 주 일요일이 딸의 생일이니까 우리 딸을 데리고 가요.
남：좋아요. 우리 둘이 요즘 너무 바빠서 딸이랑 함께 지내지 못했네요.

문：남자의 말은 주로 무슨 의미인가？

A 산을 오르고 싶다
B 아쿠아리움에 간다
C 시간이 없다
D 딸과 함께 지내고 싶다

단어 骑马 qí mǎ 말을 타다 | 正好 zhènghǎo 부 마침 | 陪 péi 통 동반하다. 모시다 ‖ 海洋馆 hǎiyángguǎn 명 아쿠아리움

해설 남자는 요즘 너무 바빠 딸이랑 잘 있어 주지 못했으니 딸의 생일에 함께 지내자는 여자의 말에 동의했으므로 정답은 D이다.

19

男：以你的能力完全可以找一份更好的工作。
女：这份工作虽然工资不高，但比较轻松，而且离家近，方便我照顾孩子。

问：女的为什么选择那份工作？

A 能锻炼能力
B 想换个环境
C 赚钱多
D 比较轻松

남：당신의 능력으로 분명히 더 좋은 직업을 찾을 수 있어요.
여：이 일이 비록 월급은 높지 않지만, 비교적 편한 데다가 집에서 가까워서 제가 아이 돌보기 편해요.

문：여자는 왜 그 직업을 선택했는가？

A 능력을 단련시킬 수 있다
B 환경을 바꾸고 싶다
C 돈을 많이 번다
D 비교적 편하다

단어 虽然 suīrán 접 비록 ~일지라도 | 工资 gōngzī 명 월급 | 轻松 qīngsōng 형 편하다, 수월하다 | 而且 érqiě 접 게다가 | 照顾 zhàogù 통 보살피다 ‖ 锻炼 duànliàn 통 단련하다 | 赚钱 zhuànqián 통 이윤을 남기다, 돈을 벌다

해설 '虽然 A, 但 B'는 '비록 A하지만, B하다'라는 의미로 여자가 '비록 월급은 높지 않지만, 비교적 편하다'고 직접 언급을 해주었으므로 답은 D이다.

20

男：昨天，你打扫客厅时，有没有看见一个
深蓝色的纸盒子？
女：看见了，我看里面什么都没有就扔了，
怎么了？

问：关于那个盒子，下列哪个正确？

A 是空的
B 黑色的
C 塑料的
D 很重

남：어제 당신 거실 청소할 때 짙은 남색 종이 상자
하나 못 봤어요?
여：봤어요. 제가 보기에 안에 아무것도 없길래 그
냥 버렸는데, 왜요?

문：그 상자에 관해서, 아래의 어느 것이 정확한가?

A 비어 있는 것이다
B 검은 것이다
C 플라스틱으로 된 것이다
D 무겁다

단어 打扫 dǎsǎo 图 청소하다 | 客厅 kètīng 圐 거실, 객실 | 深蓝色 shēnlánsè 圐 짙은 남색 | 纸盒 zhǐhé 圐 종이 상자 | 扔 rēng 图 내버리다 ‖ 塑料 sùliào 플라스틱

해설 여자가 '안에 아무것도 없길래 그냥 버렸다'고 했으므로 보기에 비어 있는 것이라는 A가 정답이다.

21

女：你在写什么？日记吗？
男：不是，是学期计划。每个学期开始前，
我都会写那么一个计划。已经养成习惯
了。

问：男的在写什么？

A 日记　　　　B 工作总结
C 学期计划　　D 小说

여：너 뭐 쓰고 있어? 일기야?
남：아니. 학기 계획이야. 매번 학기가 시작되기 전
에 난 언제나 계획을 하나 쓰거든. 이미 습관으
로 길러놨어.

문：남자는 무엇을 쓰는 중인가?

A 일기　　　　B 업무 총결산
C 학기 계획　　D 소설

단어 日记 rìjì 圐 일기 | 学期 xuéqī 圐 학기 | 计划 jìhuà 圐 계획 | 养成 yǎngchéng 图 양성하다, 기르다 | 习惯 xíguàn 圐 습관 ‖ 总结 zǒngjié 圐 총결산

해설 대화와 보기에서 동일하게 언급된 '学期计划'는 '학기 계획'이라는 의미로 정답은 C이다. '养成习惯'은 '습관을 기르다'라는 뜻으로 자주 나오는 표현이다.

22

男：都这么久了，你怎么还没报完名？
女：别提了，刚才电脑突然死机了，填的内
容都没了，我只好再填一遍信息。

问：关于女的，可以知道什么？

A 填错了
B 错过时间了
C 被拒绝了
D 要重新报名

남：벌써 이렇게 오래 지났는데 당신은 어째서 아
직도 신청을 마치지 않았어요?
여：말도 마세요. 방금 컴퓨터가 갑자기 다운되어
서 적었던 내용이 모두 없어졌어요. 정보를 다
시 적는 수밖에 없겠네요.

문：여자에 관해, 알 수 있는 것은 무엇인가?

A 잘못 적었다
B 시간을 놓쳤다
C 거절당했다
D 다시 신청해야 한다

단어 报名 bàomíng 图 신청하다, 등록하다 | 突然 tūrán 图 갑자기 | 死机 sǐjī 图 컴퓨터가 다운되다 | 只好 zhǐhǎo 图 어쩔 수 없이, ~할 수밖에 없다 | 填 tián 图 기입하다 | 信息 xìnxī 圐 정보 ‖ 拒绝 jùjué 图 거절하다 | 重新 chóngxīn 图 다시

해설 여자가 '컴퓨터가 갑자기 다운되어서 적었던 내용이 없어졌다. 다시 적어야 한다'고 했으므로 정답은 D이다. '再'와 '重新'은 모두 '다시'라는 의미가 있다. 또한, '只好'는 '어쩔 수 없이'라는 의미로 '不得不(어쩔 수 없이)', '不能(~할 수가 없다)'과 같다.

23

男：怎么刚才家里电话一直占线?
女：我那会儿在厨房做饭呢，出来才发现，电话没放好。

问：女的刚才在哪儿?

A 办公室　　　　B 教室
C 厨房　　　　　D 卫生间

남：왜 아까 집 전화가 계속 통화 중이었어요?
여：제가 그때 주방에서 밥을 하고 있다가 나왔는데 그제서야 전화가 제대로 놓여져 있지 않은 걸 발견했어요.

문：여자는 방금 어디에 있었는가?

A 사무실　　　　B 교실
C 주방　　　　　D 화장실

> **단어**　占线 zhànxiàn ⑧ 통화 중이다 | 厨房 chúfáng ⑲ 주방 ‖ 卫生间 wèishēngjiān ⑲ 화장실

> **해설**　'그때 주방에서 밥을 하고 있었다'라는 말로 여자는 주방에 있었다는 것을 알 수 있다. 그러므로 정답은 C이다.

24

女：你带儿子去海洋馆了，好玩儿吗?
男：挺好玩儿的，就是我们去晚了，错过了动物表演，有点儿可惜。

问：男的为什么觉得可惜?

A 没看到表演
B 啤酒不打折
C 没带地图
D 没尝到小吃

여：당신 아들 데리고 아쿠아리움에 갔던 건 재미있었어요?
남：굉장히 재미있었어요. 단지 우리가 늦게 가서 동물 공연을 놓친 게 좀 아쉽지만요.

문：남자는 왜 아쉽다고 생각하는가?

A 공연을 보지 못했다
B 맥주를 할인하지 않았다
C 지도를 가지고 있지 않았다
D 간식거리를 맛보지 못했다

> **단어**　海洋馆 hǎiyángguǎn ⑲ 아쿠아리움 | 就是 jiùshì ⑨ 단지 | 错过 cuòguò ⑧ 놓치다 | 表演 biǎoyǎn ⑧ 공연하다 | 可惜 kěxī ⑲ 아쉽다 ‖ 打折 dǎzhé ⑧ 할인하다 | 地图 dìtú ⑲ 지도 | 尝 cháng ⑧ 맛보다

> **해설**　남자의 '우리가 늦게 가서 동물 공연을 놓친 게 좀 아쉽다'는 말은 '공연을 보지 못해서 아쉽다'와 같은 의미이므로 정답은 A이다.

25

男：我这儿现在不能上网，明天再把表格发给你，行吗?
女：只能这样了，明天你直接发我邮箱里吧。

问：关于男的，可以知道什么?

A 无法上网
B 换号码了
C 最近很忙
D 忘记密码了

남：내가 있는 여기는 지금 인터넷을 할 수가 없어요. 표를 내일 다시 당신께 보내드려도 될까요?
여：그렇게 하는 수밖에요. 내일 당신이 직접 제 메일로 보내주세요.

문：남자에 관해, 알 수 있는 것은 무엇인가?

A 인터넷을 할 방법이 없다
B 번호를 바꿨다
C 요즘 바쁘다
D 비밀번호를 잊었다

> **단어**　表格 biǎogé ⑲ 표 | 直接 zhíjiē ⑲ 직접 | 邮箱 yóuxiāng ⑲ 우편함, 메일함 ‖ 号码 hàomǎ ⑲ 번호, 숫자

> **해설**　밑줄 친 부분의 '不能上网'은 '인터넷을 할 수 없다'로 정답은 A이다. '只能'은 '어쩔 수 없이'라는 의미로 '不得不(어쩔 수 없이)'와 같은 뜻이다.

第 三 部 分

26

女：喂！您好。我的车突然坏了，你们现在能过来修理吗？
男：没问题。请说一下您现在的地点。
女：三元桥附近，离机场高速公路路口很近。
男：好的，您知道是哪儿的问题吗？

问：女的为什么打电话？

A 问地址
B 想请假
C 找人修车
D 关心男的

여：여보세요! 안녕하세요. 제 차가 갑자기 고장 났는데 지금 수리하러 와주실 수 있나요?
남：당연하죠. 당신의 현재 장소를 얘기해 주세요.
여：싼위엔(三元)다리 근처예요. 공항 고속도로 교차로에서 가까워요.
남：좋습니다. 어디에 문제가 있는지는 아시나요?

문 : 여자는 왜 전화를 걸었는가?

A 주소를 물어본다
B 휴가를 신청하고 싶다
C 차를 수리할 사람을 찾는다
D 남자에게 관심이 있다

단어 突然 tūrán 📙 갑자기 | 修理 xiūlǐ 📗 수리하다 | 地点 dìdiǎn 📘 지점, 장소 | 高速公路 gāosù gōnglù 📘 고속도로 | 路口 lùkǒu 📘 갈림길, 교차로 ‖ 地址 dìzhǐ 📘 주소 | 请假 qǐngjià 📗 (휴가, 조퇴 등을) 신청하다

해설 여자가 '내 차가 갑자기 고장 났는데 지금 수리하러 와줄 수 있나요?'라고 전화했으므로 여자는 수리할 사람을 찾고 있는 걸 알 수 있다. 그러므로 정답은 C이다.

27

男：您写这本小说花了多长时间？
女：从前年夏天到今年春天前后差不多两年。
男：书中的故事吸引了很多读者，尤其是那些做父母的人。
女：对，因为这本书关注的重点，就是父母与子女之间相互理解的问题。

问：女的最可能是做什么的？

A 导游 　　　　B 作家
C 记者 　　　　D 演员

남：당신은 이 소설을 쓰는 데 얼마나 긴 시간이 걸렸나요?
여：재작년 여름부터 올해 봄까지 거의 2년이네요.
남：책 속의 스토리가 많은 독자를 매료시켰어요. 특히 부모로 나오는 그 사람들이요.
여：맞아요. 이 책에서 관심을 가져야 할 점이 바로 부모와 자식 간의 서로 이해하는 문제이기 때문이죠.

문 : 여자는 무엇을 하는 사람일 가능성이 가장 큰가?

A 가이드 　　　　B 작가
C 기자 　　　　D 배우

단어 故事 gùshi 📘 이야기 | 吸引 xīyǐn 📗 매료시키다 | 尤其 yóuqí 📙 특히 | 关注 guānzhù 📗 주시하다 | 重点 zhòngdiǎn 📘 중점 | 相互 xiānghù 📘 서로 | 理解 lǐjiě 📗 이해하다 ‖ 导游 dǎoyóu 📘 가이드

해설 '花时间'은 '시간을 쓰다'라는 의미로 '花'는 '(돈이나 시간 등을) 쓰다'의 의미를 갖는다. '당신은 이 소설을 쓰는데 얼마나 긴 시간이 걸렸나요?'라는 남자의 질문으로 보아 여자는 소설을 쓰는 것과 관련된 직업인 작가라는 것을 알 수 있다. 그러므로 정답은 B이다.

28

女: 哥，你看这个照相机好不好看?
男: 挺漂亮的，但有点儿重，不太适合女孩子拿。
女: 确实不轻，不过专业相机都挺重的吧。
男: 是，你要是喜欢就买了吧，价钱也合适。

问: 男的觉得那个相机怎么样?

A 不好看　　　　B 很贵
C 很流行　　　　D 有些重

여: 오빠, 오빠가 보기에 이 카메라 예뻐 안 예뻐?
남: 정말 예쁘네. 그런데 좀 무거워. 여자애들이 들기에는 그다지 적합하지 않은데.
여: 확실히 가볍지는 않지. 그런데 전문 카메라는 다 엄청 무겁잖아.
남: 맞아. 네가 좋으면 사도록 해. 가격도 적당하네.

문 : 남자는 그 카메라가 어떻다고 생각하는가?

A 예쁘지 않다　　　　B 비싸다
C 유행한다　　　　D 좀 무겁다

단어 照相机 zhàoxiàngjī 몡 카메라 | 适合 shìhé 통 적합하다 | 确实 quèshí 图 확실히 | 专业 zhuānyè 몡 전문의 | 价钱 jiàqian 몡 가격 ‖ 流行 liúxíng 통 유행하다

해설 남자가 카메라가 예쁘지만 '좀 무겁다'라고 했으므로 정답은 D이다. '挺'은 '매우'라는 의미로 '非常(매우)'과 같은 뜻으로 생각하면 된다. '适合'와 '合适' 모두 '적합하다'라는 뜻을 가지지만 '适合'는 동사, '合适'는 형용사임을 유의해야 한다.

29

男: 喂，你到哪儿了? 你把钥匙忘在沙发上了。
女: 啊，我已经到办公室了。那今天下班你来接我?
男: 好，我们俩顺便在外面看个电影吧。
女: 行，我中午上网查查，有什么好看的电影。

问: 根据对话下列哪个正确?

A 男的迟到了
B 女的没带钥匙
C 电影很精彩
D 他们在公园

남: 여보세요. 당신 어디까지 갔어요? 당신 열쇠를 소파 위에다 둔 걸 잊었나 봐요.
여: 이런, 나 이미 사무실에 도착했어요. 그러면 오늘 퇴근하고 당신이 나를 데리러 올래요?
남: 좋아요. 우리 둘이 그 김에 밖에서 영화나 한 편 보죠.
여: 좋아요. 내가 점심에 인터넷으로 어떤 볼 만한 영화가 있는지 좀 알아볼게요.

문 : 대화에 근거하면 아래의 어느 것이 정확한가?

A 남자가 지각했다
B 여자가 열쇠를 가지고 있지 않다
C 영화가 훌륭하다
D 그들은 공원에 있다

단어 钥匙 yàoshi 몡 열쇠 | 沙发 shāfā 몡 소파 | 顺便 shùnbiàn 图 ~하는 김에 | 查 chá 통 조사하다, 찾아보다 ‖ 迟到 chídào 통 지각하다 | 精彩 jīngcǎi 몡 훌륭하다

해설 남자의 '당신은 열쇠를 소파 위에다 둔 걸 잊었다'라는 말로 여자가 열쇠를 소파에 두고 온 것을 알 수 있으므로 정답은 B이다.

30

女: 你想买哪方面的书?
男: 科学方面的，7，8岁孩子看的。
女: 《地球的日记》挺好的，简单又有趣。
男: 能拿给我看看吗?

问: 对话最可能发生在哪儿?

A 教室　　　　B 植物园
C 书店　　　　D 银行

여: 어느 방면의 책을 사고 싶으신가요?
남: 과학 방면의 책이요. 7, 8세 아이가 볼 거로요.
여: 〈지구의 일기〉가 괜찮아요. 간단하고 재미있기도 하거든요.
남: 저한테 좀 가져다 보여 주실 수 있나요?

문 : 대화는 어디에서 이루어지고 있을 가능성이 가장 큰가?

A 교실　　　　B 식물원
C 서점　　　　D 은행

해설　'어느 방면의 책을 사고 싶으신가요?'라는 여자의 물음에 남자는 과학 방면의 책을 찾으며 여자에게 '나한테 좀 가져다 보여 줄 수 있나요?'라며 보여달라고 했다. 그러므로 이곳이 서점임을 알 수 있다. 따라서 정답은 C이다.

31

男：请问举办这次比赛的目的是什么?
女：我们想发现一些爱好音乐的人，给他们一个机会，让他们的音乐之路走得更远。
男：对参赛者有什么要求吗?
女：<u>只要喜欢唱歌就可以来报名</u>。

问：什么样的人可以报名?

A 对体育感兴趣
B 会弹钢琴
C 爱好唱歌
D 有演出经历

남：이번 시합을 개최하는 목적이 무엇인가요?
여：저희는 음악을 사랑하는 사람들을 발굴해서 그들에게 음악의 길을 좀 더 멀리 걷도록 기회를 주고 싶어요.
남：참가자에 어떤 요구가 있나요?
여：<u>노래 부르는 것을 좋아하기만 하면 와서 신청할 수 있습니다</u>.

문 : 어떤 사람이 신청할 수 있는가?

A 체육에 관심 있다
B 피아노를 칠 수 있다
C 노래 부르는 것을 좋아한다
D 공연 경력이 있다

해설　'只要 A 就 B'는 'A하기만 하면 B하다'라는 의미이며, '只要'는 '就'나 '便'과 함께 쓴다. '노래 부르는 것을 좋아하기만 하면 와서 신청할 수 있다'라고 했기 때문에 정답은 C이다.

32

女：这葡萄酒的味道真不错，在哪儿买的?
男：不是买的，是我妈自己做的。
女：阿姨真厉害! <u>你能帮我问问是怎么做的吗?</u>
男：当然可以，我让她把做法写给你。

问：女的想知道什么?

A 酒的做法
B 葡萄甜不甜
C 餐厅地点
D 阿姨的职业

여：이 포도주 맛이 정말 좋네요. 어디에서 산 거예요?
남：산 게 아니고, 저희 어머니께서 직접 만드신 거예요.
여：아주머니께서 진짜 대단하시네요! <u>저 대신에 어떻게 만드는 건지 좀 물어봐 줄 수 있어요?</u>
남：당연히 되죠. 제가 방법을 적어서 당신에게 주도록 할게요.

문 : 여자는 무엇을 알고 싶어하는가?

A 술 만드는 방법
B 포도가 단지 안 단지
C 식당의 위치
D 아주머니의 직업

해설　여자가 '나 대신에 어떻게 만드는 건지 좀 물어봐 줄 수 있어요?'라고 술 만드는 방법을 물어봤으므로 정답은 A이다.

33

男：这两个眼镜有什么区别吗？
女：虽然看起来差不多，但是左边这个轻一些。
男：是吗？那麻烦你都拿给我试试吧。
女：好的。我建议你买这个轻的，戴着舒服。

问：左边那个眼镜怎么样？

A 更漂亮　　　　　B 很流行
C 在打折　　　　　D 更轻

남：이 두 안경은 어떤 차이가 있나요？
여：비록 보기에는 비슷하지만 왼쪽의 이것이 좀 더 가벼워요.
남：그래요? 그러면 실례지만 모두 제가 써볼 수 있도록 꺼내주세요.
여：좋습니다. 저는 당신이 이 가벼운 것을 사길 제안해요. 쓰기에도 편하거든요.

문：왼쪽의 그 안경은 어떠한가?

A 더 예쁘다　　　　　B 유행한다
C 할인 중이다　　　　D 더 가볍다

[단어] 眼镜 yǎnjìng 몝 안경 | 区别 qūbié 몝 구별, 차이 | 轻 qīng 톙 가볍다 | 试 shì 통 시험 삼아 해보다 | 建议 jiànyì 통 제안하다 | 戴 dài 통 착용하다 | 舒服 shūfu 톙 편안하다 ‖ 打折 dǎzhé 통 할인하다

[해설] '虽然 A, 但 B'는 '비록 A 하지만 B하다'라는 의미이다. '但(그러나)'외에 같은 의미로 역접을 나타내는 접속사인 '但是', '可是', '不过', '然而', '却' 등이 있다. '麻烦'은 '귀찮다'라는 의미가 있지만 '麻烦你…'일 때는 '실례지만~'으로 해석하면 된다. 대화의 밑줄 친 부분에서 '나는 당신이 이 가벼운 것을 사길 제안한다'라고 했으므로 정답은 D이다.

34

女：我们去趟超市吧，明天出去玩儿，得买点儿饼干和面包。
男：还有矿泉水、果汁什么的。
女：对，你记得拿几个塑料袋放车里，到时候吧。
男：好的。

问：女的提醒男的带什么？

A 眼镜盒　　　　　B 帽子
C 毛巾　　　　　　D 塑料袋

여：우리 슈퍼에 가요. 내일 놀러 나가는데 과자랑 빵 좀 사야 해요.
남：그리고 생수랑 과일주스 등도 사야죠.
여：맞아요. 당신 비닐봉지 몇 개를 가져다가 차 안에 두는 것을 기억하세요. 때 되면 쓸 거니까요.
남：알았어요.

문：여자는 남자에게 무엇을 가지고 있으라고 알려주는가?

A 안경집　　　　　B 모자
C 수건　　　　　　D 비닐봉지

[단어] 趟 tàng 얭 차례, 번[왕래한 횟수를 세는 데 쓰임] | 超市 chāoshì 몝 超级市场(슈퍼마켓)의 약칭 | 饼干 bǐnggān 몝 과자 | 矿泉水 kuàngquánshuǐ 몝 생수 | 塑料袋 sùliàodài 몝 비닐봉지 ‖ 盒 hé 몝 상자, 함 | 帽子 màozi 몝 모자 | 毛巾 máojīn 몝 수건

[해설] '당신은 비닐봉지 몇 개를 가져다가 차 안에 두는 것을 기억해라'라고 여자가 비닐봉지를 차 안에 두라고 했으므로 정답은 D이다.

35

男：这次会议在什么地方举行？
女：我看网站上发的消息，说是安排在首都宾馆。
男：离我们这儿还挺近的。
女：是，坐地铁大约二十分钟就能到。

问：会议在哪儿举行？

A 首都宾馆　　　　　B 篮球馆
C 大使馆　　　　　　D 长城饭店

남：이번 회의는 어디에서 개최하나요？
여：제가 인터넷으로 보낸 소식을 봤는데 서우두(首都) 호텔로 정해졌다고 했어요.
남：우리가 있는 여기에서 아주 가깝네요.
여：네. 지하철을 타고 대략 20분 정도면 바로 도착해요.

문：회의는 어디에서 열리는가?

A 서우두 호텔　　　　　B 농구장
C 대사관　　　　　　　D 창청 호텔

단어 | **举行** jǔxíng 통 개최하다 | **网站** wǎngzhàn 명 인터넷 홈페이지 | **消息** xiāoxi 명 소식 | **安排** ānpái 통 안배하다 | **宾馆** bīnguǎn 명 호텔 | **大约** dàyuē 부 대략 ‖ **大使馆** dàshǐguǎn 명 대사관

해설 | '安排'는 '안배하다', '배치하다'라는 의미로 '서우두 호텔로 정해졌다고 했다'라는 여자의 말을 통해 정답이 A라는 것을 알 수 있다.

36-37

鞋保护了我们的双脚让我们走得更远，那么鞋是怎么来的呢？ ³⁷鞋的出现与自然环境有很大关系。以前，路不好走，气候冷热变化大。³⁶人们为了保护自己的脚，就用树叶把脚包住。这应该是最早的鞋了。	신발은 우리의 두 발을 보호하고 우리가 더 멀리 걸을 수 있게 한다. 그렇다면 신발은 어떻게 나온 것일까? ³⁷신발의 출현과 자연환경은 큰 관계가 있다. 예전에는 길이 걷기 불편했고 기후의 춥고 더움의 변화가 커서 ³⁶사람들은 자신의 발을 보호하기 위해서 나뭇잎으로 발을 쌌다. 이것이 분명 최초의 신발일 것이다.

단어 | **鞋** xié 명 신발 | **保护** bǎohù 통 보호하다 | **脚** jiǎo 명 발 | **自然** zìrán 명 자연 | **环境** huánjìng 명 환경 | **气候** qìhòu 명 기후 | **变化** biànhuà 명 변화 | **树叶** shùyè 명 나뭇잎

36

最早的鞋是用什么做的？	최초의 신발은 무엇으로 만든 것인가？
A 动物的皮　　　　B 塑料 C 纸　　　　　　　D 树叶	A 동물의 가죽　　　　B 플라스틱 C 종이　　　　　　　D 나뭇잎

단어 | **皮** pí 명 가죽 | **塑料** sùliào 명 플라스틱

해설 | '사람들은 자신의 발을 보호하기 위해서 나뭇잎으로 발을 쌌다'라고 했으므로 최초의 신발은 나뭇잎으로 만든 것이 된다. 그러므로 정답은 D이다.

37

这段话主要谈的是什么？	이 글에서 주로 이야기하는 것은 무엇인가？
A 做鞋的技术 B 做鞋的材料 C 鞋的出现 D 鞋的缺点	A 신발을 만드는 기술 B 신발을 만드는 재료 C 신발의 출현 D 신발의 단점

단어 | **技术** jìshù 명 기술 | **材料** cáiliào 명 재료 | **缺点** quēdiǎn 명 단점

해설 | '신발의 출현과 자연환경은 큰 관계가 있다'라고 하며, 마지막에 나뭇잎이 최초의 신발일 것이라고 나왔으므로 신발의 출현에 대해 이야기를 하고 있다. 따라서 정답은 C이다.

38-39

^{38}很多人都想选择一条别人没有走过的路来获得成功，其实是否有人走过并不重要，^{39}关键是我们要选择适合自己的路，并且坚持走下去。只有这样，才能比别人走得更久更远，才能看到别人看不到的景色。

^{38}많은 사람들은 다른 사람이 걸어보지 않은 길을 선택해서 성공하기를 바란다. 사실 걸어본 사람이 있는지 없는지는 결코 중요하지 않다. ^{39}관건은 우리가 자신에게 적합한 스스로의 길을 선택하고 끝까지 걸어가야 한다는 것이다. 이렇게 해야만 다른 사람보다 더 오래, 더 멀리 걸을 수 있고 다른 사람이 보지 못 하는 경치를 볼 수 있다.

단어 选择 xuǎnzé 통 고르다, 선택하다 | 获得 huòdé 통 얻다 | 成功 chénggōng 명 성공 | 是否 shìfǒu 부 ~인지 아닌지 | 并不 bìngbù 부 결코 ~이 아니다 | 关键 guānjiàn 명 관건 | 适合 shìhé 통 적합하다 | 坚持 jiānchí 통 유지하다, 견지하다 | 景色 jǐngsè 명 풍경, 경치

38 很多人都想走条什么样的路?

많은 사람들은 어떤 길을 걷고 싶어하는가?

A 自己熟悉
B 没人走过
C 轻松
D 距离远

A 자신에게 익숙한 길
B 걸어본 사람이 없는 길
C 수월한 길
D 거리가 먼 길

단어 熟悉 shúxī 형 익숙하다 | 轻松 qīngsōng 통 수월하다, 가볍다 | 距离 jùlí 명 거리

해설 '많은 사람들은 다른 사람이 걸어보지 않은 길을 선택해서 성공하기를 바란다'라고 했으므로 정답은 B이다.

39 选择适合自己的路后，应该怎么做?

자신에게 어울리는 길을 선택한 후, 어떻게 해야 하는가?

A 坚持下去
B 不怕失败
C 积累知识
D 有自信

A 견지해 나가야 한다
B 실패를 두려워하지 않는다
C 지식을 쌓는다
D 자신감을 가져야 한다

단어 失败 shībài 명 실패 | 积累 jīlěi 통 쌓이다

해설 '관건은 우리가 자신에게 적합한 스스로의 길을 선택하고 끝까지 걸어가야 한다는 것이다'라고 했으므로 A가 정답이다. C의 '积累知识'는 '지식을 쌓다'는 의미로 많이 쓰는 표현이다.

⁴⁰他这个人最大优点是遇事冷静，无论遇到多大问题都不会着急，而是会努力地去找解决的方法，他常挂在嘴边的一句话是："⁴¹没有解决不了的问题，只有不会解决问题的人。"

⁴⁰그의 가장 큰 장점은 일이 생겼을 때 침착하다는 것이다. 얼마나 큰 문제에 부딪히든 간에 조급해하지 않고 열심히 해결할 방법을 가서 찾는다. 그는 "⁴¹해결할 수 없는 문제는 없다. 해결할 줄 모르는 사람만 있다"라는 말을 입에 달고 산다.

단어 **优点** yōudiǎn 몡 장점 | **遇事** yùshì 동 일이 생기다 | **冷静** lěngjìng 혱 침착하다 | **无论** wúlùn 젭 ~을 막론하고 | **着急** zháojí 혱 조급해하다 | **努力** nǔlì 동 노력하다 | **解决** jiějué 동 해결하다 | **挂** guà 동 걸다

40 关于他，下列哪个正确?

A 易紧张
B 对人热情
C 脾气好
D 很冷静

그에 관해, 아래의 어느 것이 정확한가?

A 쉽게 긴장한다
B 사람을 친절하게 대한다
C 성격이 좋다
D 침착하다

단어 **紧张** jǐnzhāng 혱 긴장하다 | **脾气** píqi 몡 성격

해설 첫 문장에 '그의 가장 큰 장점은 일이 생겼을 때 침착하다는 것이다'에서 그가 침착하다는 언급이 있으므로 정답은 D이다.

41 下列哪个是他的看法?

A 别羡慕他人
B 要学会拒绝
C 不要骄傲
D 问题都能解决

아래의 어느 것이 그의 견해인가?

A 다른 사람을 부러워하지 말아야 한다
B 거절을 배워야 한다
C 거만하지 말아야 한다
D 문제는 다 해결할 수 있다

단어 **羡慕** xiànmù 동 부러워하다 | **拒绝** jùjué 동 거절하다 | **骄傲** jiāo'ào 혱 오만하다, 거만하다

해설 '술어 + 不了'는 '술어 할 수 없다'라고 해석할 수 있는데, 마지막에 '해결할 수 없는 문제는 없다'라고 했으므로 그의 견해는 D이다.

42-43

[43]散步是一种最简单也是人们最熟悉的运动，对身体大有好处。随着社会的发展，[42]人们越来越关心健康问题，散步也更加受到人们的重视。每年的9月29日，是世界散步日。在这一天，很多人都会走出家门，用散步来欢迎这个节日的到来。

[43]산책은 가장 간단하면서 사람들에게 가장 익숙한 운동으로 건강에 많은 이점이 있다. 사회가 발전함에 따라 [42]사람들이 점점 건강 문제에 관심을 갖게 되면서 산책도 더욱 사람들의 중시를 받게 되었다. 매년 9월 29일은 세계산책일이다. 이 날에는 많은 사람이 집 문밖을 나가 산책을 함으로써 이 기념일이 온 것을 환영한다.

단어 散步 sànbù 통 산책하다 | 简单 jiǎndān 형 간단하다 | 熟悉 shúxī 형 익숙하다 | 好处 hǎochu 명 장점 | 随着 suízhe 개 ~에 따라 | 越来越 yuèláiyuè 부 더욱더, 점점 | 关心 guānxīn 통 관심을 갖다 | 健康 jiànkāng 명 건강 | 节日 jiérì 명 기념일

42 人们越来越关心什么问题？

A 爱好　　　　　B 节日
C 健康　　　　　D 教育

사람들은 무슨 문제에 점점 더 관심을 갖는가?

A 취미　　　　　B 기념일
C 건강　　　　　D 교육

단어 教育 jiàoyù 명 교육

해설 '사람들이 점점 건강 문제에 관심을 갖는다'라고 했으므로 정답은 C이다.

43 关于散步这种运动，下列哪个正确？

A 不被重视
B 不太科学
C 人们最熟悉
D 很辛苦

산책이라는 이 운동에 관해, 아래의 어느 것이 정확한가?

A 중요시 되지 않는다
B 그다지 과학적이지 못하다
C 사람들에게 가장 익숙하다
D 고생스럽다

단어 重视 zhòngshì 통 중시하다 | 科学 kēxué 명 과학 | 辛苦 xīnkǔ 형 고생스럽다

해설 첫 문장에서 '가장 산책은 간단하면서 사람들에게 가장 익숙한 운동이다'라고 했으므로 정답은 C이다.

表扬和批评是两门不同的艺术，一般情况下，表扬可在人多的时候，如：会议上提出来。而⁴⁴批评最好在没有其他人的情况下进行，这样可能更容易让人接受。⁴⁵当对一个人既有表扬又有批评时，最好先表扬后批评，效果可能会更好些。

칭찬과 비평은 다른 두 종류의 예술이다. 일반적인 상황에서는 칭찬은 사람이 많을 때, 예를 들어 회의에서 꺼낼 수 있다. 하지만 ⁴⁴비평은 다른 사람이 없는 상황에 이루어지는 것이 가장 좋으며 이렇게 할 때 사람들이 받아들이기가 더 쉬울 것이다. ⁴⁵한 사람에게 칭찬도 하고 비평도 해야 할 때는 먼저 칭찬을 한 후 비평하는 것이 제일 좋고 효과도 더 좋은 것이다.

단어 表扬 biǎoyáng 통 칭찬하다 | 批评 pīpíng 통 비평하다 | 艺术 yìshù 명 예술 | 情况 qíngkuàng 명 상황 | 提出 tíchū 통 제기하다 | 其他 qítā 명 기타, 다른 사람 | 容易 róngyì 형 쉽다 | 接受 jiēshòu 통 받아들이다 | 效果 xiàoguǒ 명 효과

44　批评别人时，要注意什么?

A　不能太随便
B　千万别激动
C　要友好
D　别在众人面前

다른 사람을 비평할 때, 무엇을 주의해야 하는가?

A　너무 함부로 하면 안 된다
B　절대 흥분하지 말아야 한다
C　우호적이어야 한다
D　많은 사람 앞에서는 안 된다

단어 随便 suíbiàn 부 마음대로, 함부로 | 激动 jīdòng 통 흥분하다

해설 '비평은 다른 사람이 없는 상황에 이루어지는 것이 가장 좋다'라고 했으므로 정답은 D이다.

45　如果既要表扬又要批评时，最好怎么做?

A　提前通知
B　声音要大
C　只说优点
D　先表扬后批评

만약에 칭찬도 해야 하고 비평도 해야 할 때, 어떻게 하는 것이 가장 좋은가?

A　미리 통지한다
B　목소리를 크게 해야 한다
C　장점만 말해야 한다
D　먼저 칭찬하고 나중에 비평한다

단어 提前 tíqián 통 앞당기다 | 通知 tōngzhī 통 통지하다 | 声音 shēngyīn 명 소리, 목소리 | 优点 yōudiǎn 명 장점

해설 '먼저 칭찬을 한 후 비평하는 것이 제일 좋다'고 언급하고 다음에 이렇게 하는 것이 효과도 더 좋다고 했으므로 정답은 D이다.

二 阅 读

第 一 部 分

46-50

A 理发	B 文章	A 이발하다	B 글
C 世纪	D 坚持	C 세기	D 견지하다
E 停	F 后悔	E 세우다	F 후회하다

단어 理发 lǐfà 동 이발하다 | 文章 wénzhāng 명 문장, 글 | 世纪 shìjì 명 세기 | 坚持 jiānchí 동 유지하다, 견지하다 | 停 tíng 동 정지하다, 세우다 | 后悔 hòuhuǐ 동 후회하다

---

46 女儿, 你的头发有点儿长了, 该去(A 理发)了。

딸아, 네 머리카락이 조금 길었네. (이발하러) 갈 때가 되었어.

단어 头发 tóufa 명 머리카락

해설 문장에서 '该'는 '마땅히 ~해야 한다', '~하는 것이 당연하다'는 뜻으로 '应该(마땅히 ~해야 한다)'와 의미가 같다. 머리가 많이 길었다고 했으니 이발을 하러 가야 한다고 하는 것이 적절하므로 정답은 A이다.

---

47 我的车就(E 停)在商店旁边, 你到了就能看见。

내 차는 상점 옆에 (세워놔서) 네가 도착하면 바로 볼 수 있어.

단어 商店 shāngdiàn 명 상점 | 旁边 pángbiān 명 옆

해설 빈칸 앞에 '就'가 있으므로 빈칸에는 동사가 와야 하는 것을 유추할 수 있다. 또한, 빈칸 뒤 문장에 '在商店旁边(상점 옆에)' 라는 방향보어가 나왔으므로 문맥상 '차를 상점 옆에 세웠다'는 뜻이 되어야 한다. 따라서 정답은 E이다.

---

48 什么时候结束并不重要, 重要的是结束了就不要(F 后悔)。

언제 끝나는지는 결코 중요하지 않다. 중요한 것은 끝마치고 (후회하지) 말아야 하는 것이다.

단어 重要 zhòngyào 형 중요하다 | 结束 jiéshù 동 끝나다

해설 빈칸 앞에 '不要'가 있으므로 빈칸에는 동사가 와야 하는데 문맥상 자연스러운 F가 정답이 된다. 또한, '并不'는 '결코 ~하지 않다'라는 뜻이며 '并'은 부정사 앞에서 부정의 어투를 강조하고 있다.

---

49 我家对面的那条马路是1910年修的, 到现在都快一个(C 世纪)了。

우리 집 맞은편의 그 큰길은 1910년에 만든 것이다. 현재까지로 곧 1(세기)가 되어간다.

단어 马路 mǎlù 명 큰길 | 修 xiū 동 건설하다, 건축하다

해설 빈칸 앞에 '个'라는 양사가 있으므로 빈칸에는 명사가 와야 하는데 보기에 명사는 C와 B뿐이다. 따라서 빈칸에 넣었을 때 의미가 가장 자연스러운 C가 정답이다. '条'는 '路(길)'를 세는 양사이고 '快'는 '곧', '머지않아'라는 뜻으로 쓰였다.

50

| 这篇(B 文章)是由王教授和他的学生一起写的。 | 이 (글)은 왕 교수와 그의 학생들이 함께 쓴 것이다. |

해설 빈칸 앞에 '篇(편)'이라는 양사가 있으므로 정답은 명사일 확률이 가장 높다. 또한, '篇'은 문장 종이 등을 세는 양사이므로 정답은 B가 가장 적절하다.

51-55

A 郊区	B 不过	A 교외 지역	B 그런데
C 温度	D 毕业	C 온도	D 졸업하다
E 超过	F 流行	E 초과하다	F 유행하다

단어 郊区 jiāoqū 몡 (도시의) 변두리, 교외 지역 | 不过 búguò 쩝 그런데, 그러나 | 温度 wēndù 몡 온도 | 毕业 bìyè 통 졸업하다 | 超过 chāoguò 통 초과하다 | 流行 liúxíng 통 유행하다

51

| A 你马上就要(D 毕业)了吧? 将来有什么打算?
 B 我想出国读博士，正在准备签证的材料呢。 | A 너 곧 (졸업이지)? 앞으로 어떤 계획이 있어?
 B 나는 박사 공부를 하러 해외로 나가고 싶어. 비자 자료를 준비하는 중이야. |

단어 将来 jiānglái 몡 미래, 장래 | 打算 dǎsuan 몡 계획 | 准备 zhǔnbèi 통 준비하다 | 签证 qiānzhèng 몡 비자 | 材料 cáiliào 몡 자료, 재료

해설 '读博士'는 '박사 과정을 공부하다'라는 뜻으로 문맥상 곧 졸업하고 박사 공부를 위해 출국을 준비하고 있음을 유추해낼 수 있다. 따라서 가장 잘 어울리는 것은 D이다. '就要…了'는 '곧 ~하다'라는 구문으로 앞에 나오는 '马上(곧)'과 함께 쓰이기도 한다.

52

| A 听说我们公司12月要搬到(A 郊区)，到时候我又得重新租房子了。
 B 这个消息准确吗? 我怎么不知道? | A 듣자 하니 우리 회사가 12월에 (교외 지역)으로 옮긴다는 군요. 그때가 되면 나는 또 다시 방을 구해야겠어요.
 B 이 소식이 정확한가요? 나는 어째서 모르는 거죠? |

단어 重新 chóngxīn 몜 다시 | 消息 xiāoxi 몡 소식 | 准确 zhǔnquè 통 정확하다

해설 빈칸 앞에 있는 '搬到'는 '~로 옮기다'라는 뜻으로 빈칸에는 옮겨질 장소에 해당하는 명사가 올 가능성이 크다. 의미상 '어느 장소로 옮겼다'라고 해야 하므로 정답은 A이다. 뒤 문장의 '得'는 '~해야 한다'로 '要(~해야 한다)'의 뜻과 같다. '重新'은 부사로 '다시'라는 의미이고 뒤에 있는 동사 '租(임차하다)'를 꾸며주는 역할을 한다.

53

A 你好，请问我儿子可以买儿童票吗?
B 不用，身高没(E 超过)一米二的儿童不用买票。

A 안녕하세요. 말씀 좀 물을게요. 우리 아들이 어린이표를 살 수 있나요?
B 그럴 필요 없어요, 키가 1m20cm를 (초과하지) 않는 어린이는 표를 살 필요가 없어요.

단어 儿童 értóng 몡 어린이 | 身高 shēngāo 몡 신장, 키

해설 빈칸 앞에는 '没'라는 부정을 나타내는 부사가 있으므로 빈칸에는 동사가 와야 한다. 의미상 '키가 1m20cm를 초과하지 않는 어린이는 표를 살 필요가 없다'라고 해야 하므로 정답은 E이다. 또한, '可以…吗'는 '~할 수 있습니까'라는 뜻으로 질문에서 자주 나오는 구문이다.

54

A 你看，广播里的歌真好听，是谁唱的?
B 声音听着挺熟悉的，(B 不过)我一下子想不起来了。

A 봐봐. 방송 속 노래 진짜 듣기 좋다. 누가 부른 거지?
B 목소리가 듣기에 매우 익숙하지만, (그런데) 순간 생각이 나지 않아.

단어 广播 guǎngbō 몡 방송 | 熟悉 shúxī 혱 익숙하다 | 一下子 yíxiàzi 단시간에, 갑자기

해설 문맥상 앞 문장에서는 익숙하다고 하였는데 뒤 문장에서는 갑자기 기억이 나지 않는다고 했으므로 앞뒤의 반대되는 내용을 이어줄 수 있는 접속사가 필요하다. 따라서 정답은 B이다. '是…的'는 '~라는 것이다'라는 뜻으로 '是 + 주어 + 동사 + 的'의 구조로 강조구문에 많이 쓰인다. 또한, '想不起来'는 '생각이 나지 않다'는 뜻으로 '想得起来(생각이 나다)'와 반대의 뜻이다.

55

A 姐，你觉得这条蓝色的裙子怎么样?
B 挺好的，今年(F 流行)蓝色，而且夏天穿这样的裙子也凉快。

A 언니, 언니 생각에 이 파란색 치마 어때?
B 정말 좋은걸. 올해 파란색이 (유행할) 뿐만 아니라 여름에 이런 치마를 입는 것은 시원하기도 해.

단어 蓝色 lánsè 몡 파란색 | 裙子 qúnzi 몡 치마 | 夏天 xiàtiān 몡 여름 | 凉快 liángkuai 혱 시원하다

해설 '怎么样'은 '어떻다', '어떠하다'라는 뜻으로 주로 의문문에 쓰인다. A가 B에게 치마가 어떠하냐며 의견을 묻고 있고 B가 치마와 관련하여 의견을 제시하고 있다. 빈칸 뒤에 '蓝色(파란색)'라는 명사가 왔으므로 빈칸에는 동사가 올 확률이 높으며, 의미상 '올해 파란색이 유행한다'라고 해야 한다. 그러므로 정답은 F이다. '而且'는 '게다가'라는 뜻의 접속사로 앞 문장의 내용에 의견을 더할 때 쓰인다.

第 二 部 分

 **56-65**

56

A	我晚点儿才能回去，冰箱里有早上剩下的包子	A	나 좀 늦게 돌아갈 거야. 냉장고 안에 아침에 남긴 찐빵이 있고
B	就先吃点儿	B	먼저 좀 먹어
C	桌子上还有饼干，你要是饿了	C	탁자 위에 과자도 있으니 만약 배가 고프면 (A C B)

단어 冰箱 bīngxiāng 몡 냉장고 | 剩 shèng 동 남다, 남기다 | 包子 bāozi 몡 (소가 든) 찐빵, 바오쯔 | 饼干 bǐnggān 몡 비스킷, 과자 | 饿 è 혱 배고프다

해설 '还有'는 '~도 있다'라는 뜻으로 그 앞에 어떠한 내용이 더 있다는 것을 알 수 있으므로 첫 번째에 올 문장은 C가 아니다. '要是(만약에)'는 뒤 문장에 '就'와 함께 쓰인다. 따라서 C-B의 순서가 되어야 하며, '还有(~도 있다)'가 포함된 문장 앞에 또 다른 내용이 먼저 제시되어야 하기 때문에 자연스럽게 C 앞에 A가 나와야 한다. 문맥상 '나는 좀 늦게 돌아갈 거야. 냉장고 안에 아침에 남긴 찐빵이 있고, 탁자 위에 비스킷도 있으니 만약 배가 고프면 먼저 좀 먹어라'라고 해석하는 것이 자연스럽다. 그러므로 정답은 A-C-B이다.

57

A	信息量较大，重点也多	A	정보량이 비교적 많고 중점도 많아서
B	这段对话谈了好几个方面的问题	B	이 대화는 몇 가지 방면의 문제를 이야기했다
C	所以我们理解起来有点儿困难	C	우리가 이해하기에는 조금 어려움이 있다 (B A C)

단어 信息 xìnxī 몡 정보 | 重点 zhòngdiǎn 몡 중점 | 问题 wèntí 몡 문제 | 理解 lǐjiě 동 이해하다 | 困难 kùnnan 몡 곤란, 어려움

해설 '所以'는 '그래서'라는 뜻으로 앞 문장의 결과를 말할 때 주로 쓰이므로 C 앞에 다른 문장이 먼저 올 것임을 알 수 있다. '이 대화'가 전체적인 문장의 주어가 되어 가장 먼저 나와야 하며, A에서 어떠한 방면에 문제가 있는지를 설명하고 있으므로 문맥상 '이 대화는 몇 가지 방면의 문제를 이야기 했다. 정보량이 비교적 많고 중점도 많아서, 우리가 이해하기에는 조금 어려움이 있다'라고 연결하면 된다. 따라서 정답은 B-A-C이다.

58

A	每次收钱后，他都会先存4000元到银行里	A	매번 돈을 받은 후 그는 먼저 4천 위안을 은행에 저금하고
B	剩下的用做房租、水电费等生活费用	B	남은 것은 방세, 수도세, 전기세 등 생활비에 사용한다
C	小王每个月的工资加上奖金有两万多	C	샤오왕(小王)은 매달 월급에 보너스를 더하면 2만 위안이 좀 넘는다 (C A B)

단어 银行 yínháng 몡 은행 | 房租 fángzū 몡 집세, 방세 | 水电费 shuǐdiànfèi 몡 전기 및 수도료 | 费用 fèiyòng 몡 비용 | 工资 gōngzī 몡 월급 | 奖金 jiǎngjīn 몡 보너스

해설 '그'가 가리키는 주어가 가장 먼저 나와야 하므로 A는 첫 번째 순서가 아니다. C의 '샤오왕'이 A의 '그'와 호응하므로 C-A 순서로 이어져야 하며, B의 '剩下的'는 '남은 것'이라는 뜻이므로 그 앞 문장에서 먼저 제시된 일정한 금액이 있음을 알 수 있다. 따라서 정답은 C-A-B이며 문맥상 '샤오왕은 매달 월급에 보너스를 더하면 2만 위안이 좀 넘는다. 매번 돈을 받은 후 그는 먼저 4천 위안을 은행에 저금하고 남은 것은 방세, 수도세, 전기세 등 생활비에 사용한다'라고 해석하는 것이 자연스럽다.

59

A 受母亲的影响
B 每天晚上无论多晚都要看几页书再睡
C 我从小就养成了睡前阅读的习惯

A 어머니의 영향을 받아
B 매일 저녁 아무리 늦더라도 몇 페이지의 책을 읽어야 잔다
C 나는 어렸을 때부터 잠자기 전 책을 읽는 습관을 길렀다 （A C B）

단어 影响 yǐngxiǎng 몡 영향 | 养成 yǎngchéng 됭 기르다 | 阅读 yuèdú 됭 (책이나 신문을) 보다 | 习惯 xíguàn 몡 습관

해설 '受…影响'은 '~영향을 받다'라는 구문으로 자주 나온다. 문맥상 '어머니의 영향을 받아 나는 어렸을 때부터 잠자기 전 책을 읽는 습관을 길렀다' 그리고 그 결과가 B가 되도록 연결해야 한다. 그러므로 정답은 A–C–B이다. B 문장에서 쓰인 '无论 A 都 B'는 'A를 막론하고 모두 B하다'라는 뜻으로 자주 쓰이는 구문이므로 숙지해야 한다. 또한, '再'는 '~하고 나서'라는 부사로 어떠한 동작이 장차 다른 동작이 끝난 후에 나타남을 가리킨다.

60

A 可又不太清楚他是否有空儿接电话
B 这时礼貌的做法就是先给他发条短信
C 当你想联系一个人时

A 그러나 그가 전화를 받을 시간이 있는지 분명하지 않으면
B 이때 예의 있는 방법은 먼저 그에게 문자 한 통을 보내는 것이다
C 당신이 어떤 사람과 연락을 하고 싶을 때 （C A B）

단어 清楚 qīngchu 혱 분명하다 | 礼貌 lǐmào 몡 예의 | 做法 zuòfǎ 몡 (일 처리나 물건을 만드는) 방법 | 短信 duǎnxìn 몡 문자메시지 | 联系 liánxì 몡 연락

해설 A의 '可'는 '可是(그러나)'의 뜻이므로 앞에 문장이 더 있음을 알 수 있으며, B에서 가리키는 '이때'를 나타내주는 명확한 시간이 먼저 제시되어야 하므로 B 역시 처음에 올 수 없다. C에서 '当…时'는 '~할 때'라는 의미로 이 구문이 독해 2부분에서 나왔을 때는 일반적으로 첫 번째 문장이 될 수 있음을 알아야 한다. 의미상 '당신이 어떤 사람과 연락을 하고 싶을 때, 그러나 그가 전화를 받을 시간이 있는지 분명하지 않으면 이때 예의 있는 방법은 먼저 그에게 문자 한 통을 보내는 것이다'라고 연결하면 된다. 정답은 C–A–B이다.

61

A 生活中，我们永远不会知道
B 我们能做的就是开心过好每一天
C 明天将会发生什么

A 생활 중에 우리는 영원히 모를 것이다
B 우리가 할 수 있는 것은 바로 매일 즐겁게 보내는 것이다
C 내일 무슨 일이 발생할지 （A C B）

단어 永远 yǒngyuǎn 뷴 영원히 | 开心 kāixīn 혱 기쁘다, 즐겁다

해설 '就是'는 '바로 ~하는 것이다'라는 뜻으로 강조할 때 쓰이는 구문이다. 따라서 문맥상 '생활 중에 우리는 내일 무슨 일이 발생할지 영원히 모를 것이다. 우리가 할 수 있는 것은 매일 즐겁게 보내는 것이다'라고 연결해야 한다. 그러므로 정답은 A–C–B이다.

62

A 这种情况下，就需要及时解释
B 两个人在一起，总会出现一些问题
C 否则，误会就可能越来越深

A 이러한 상황에서는 곧바로 설명하는 것이 필요한데
B 두 사람이 함께 있으면 항상 문제들이 발생한다
C 그렇지 않으면 오해는 아마도 더욱 깊어질 것이다 （B A C）

단어 情况 qíngkuàng 몡 상황 | 需要 xūyào 됭 필요하다 | 解释 jiěshì 됭 설명하다 | 问题 wèntí 몡 문제 | 误会 wùhuì 몡 오해

해설 A의 '这种情况下'는 '이러한 상황에서'라는 뜻이므로 이것이 가리키는 상황이 먼저 나와야 한다. C의 '否则'는 '그렇지 않으면'이라는 의미로 앞에 어떠한 상황이 먼저 나오고 '그렇지 않으면 ~하다'라는 뜻으로 전개되어야 함을 유추할 수 있다. 따라서 '두 사람이 함께 있으면 항상 문제들이 발생한다. 이러한 상황에서는 곧바로 설명하는 것이 필요한데 그렇지 않으면 오해는 아마도 더욱 깊어질 것이다'라고 연결해야 한다. 그러므로 정답은 B–A–C이다.

63

A 你这个动作做得还是不太标准，我给你跳一遍
B 你仔细看着，应该像我这样
C 先抬腿，然后再抬胳膊

A 넌 이 동작을 하는 것이 아직 그다지 표준적이지 않구나. 내가 너에게 한번 춰줄게
B 자세히 보렴. 나처럼 이렇게 해야 해
C 먼저 다리를 올리고 그다음에 팔을 올려
　(A B C)

 动作 dòngzuò 〈명〉 동작 | 标准 biāozhǔn 〈형〉 표준적이다 | 仔细 zǐxì 〈형〉 자세하다 | 胳膊 gēbo 〈명〉 팔

 A에서 '내가 너에게 한 번 춰 준다'라고 말하며 뒤이어 춤추는 동작을 설명한다. B의 '像…这样'는 '～와 같다'라는 뜻으로 본인처럼 따라 해 보라고 말하고 있다. 그다음 C의 내용처럼 자세하게 동작을 설명해주는 문장이 나와야 한다. 따라서 문맥상 '넌 이 동작을 하는 것이 여전히 그다지 표준적이지 않다. 내가 너에게 한 번 춰주겠다. 자세히 보아라. 나처럼 이렇게 해야 한다. 먼저 다리를 올리고 그다음에 팔을 올려'라고 연결하는 것이 자연스러우므로 정답은 A–B–C이다.

64

A 这次男子100米短跑比赛
B 当他知道这个结果后，开心得跳了起来
C 小王比第二名快了近五秒钟

A 이번 남자 100m 단거리 경주에서
B 그는 이 결과를 알고 난 후 뛰어 오를 정도로 기뻐했다
C 샤오왕(小王)은 2등보다 5초 가까이 빨랐다
　(A C B)

 短跑比赛 duǎnpǎo bǐsài 〈명〉 단거리 경주 | 结果 jiéguǒ 〈명〉 결과

 B에 나오는 '当…后'는 '～한 후에'라는 뜻이므로 그에 해당하는 전제가 앞 문장에 먼저 나와야 한다. 또한, '그'에 해당하는 주어가 먼저 나와야 하는데 C에 '샤오왕'이라는 이름이 나오므로 B의 '그'임을 알 수 있다. 따라서 C–B로 이어져야 하고 문맥상 '이번 남자 100m 단거리 경주에서 샤오왕은 2등보다 5초 가까이 빨랐고, 그는 이 결과를 알고 난 후 기뻐서 뛰어오를 정도로 기뻐했다'라는 의미가 되어야 하므로 정답은 A–C–B이다.

65

A 课前预习，课上认真听讲，课后及时复习
B 我对同学们的要求非常简单
C 就是希望大家能做到以下三点

A 수업 전에 예습하고, 수업 시간에 열심히 듣고, 수업 후에 곧바로 복습하는 것입니다
B 제가 학생들에게 하는 요구는 매우 간단합니다
C 바로 여러분이 이하 세 가지 점을 잘하기를 바라는데
　(B C A)

 预习 yùxí 〈명〉 예습하다 | 复习 fùxí 〈동〉 복습하다 | 要求 yāoqiú 〈명〉 요구 | 简单 jiǎndān 〈형〉 간단하다 | 希望 xīwàng 〈동〉 바라다

 C에서 '이하 세 가지 점'이라고 하여 그 뒤 문장에 세 가지 내용이 나열될 것임을 알 수 있으므로 C–A의 순서로 배열하면 된다. 문맥상 '내가 학생들에게 하는 요구는 매우 간단하다. 바로 여러분이 이하 세 가지 점을 잘 하기를 바라는데 수업 전에 예습하고, 수업 시간에 열심히 듣고, 수업 후에 곧바로 복습하는 것이다'로 연결하면 B–C–A가 정답이 된다.

第 三 部 分

66

三叶草的叶子一般为三片，但偶尔也会出现四片叶子的，这种四片叶子的叫"四叶草"，因为不常见，所以有人说，找到这种"四叶草"的人会得到幸福。

★ "四叶草"：

A 很高兴
B 非常矮
C 很少见
D 表示友谊

세잎 클로버의 잎은 일반적으로 세 개로 되어 있다. 그러나 가끔씩 네 개의 잎이 보이기도 하는데 이러한 네 개의 잎사귀를 '네잎 클로버'라고 부른다. 흔히 볼 수 없기 때문에 어떤 사람은 이 '네잎 클로버'를 찾는 사람은 행복을 얻는다고 말한다.

★ '네잎 클로버'는 :

A 기쁘다
B 매우 키가 작다
C 보기 드물다
D 우정을 나타낸다

단어 偶尔 ǒu'ěr 툇 때때로 | 叶子 yèzi 명 잎, 잎사귀 | 幸福 xìngfú 명 행복 ‖ 高兴 gāoxìng 혱 기쁘다 | 矮 ǎi 혱 (사람의 키가) 작다 | 友谊 yǒuyì 명 우정

해설 지문에서 쓰인 '因为…所以…'는 '~이기 때문에 ~하다'라는 의미이고 원인과 결과를 나타내는 데 자주 쓰이는 구문이다. 지문에서 '흔히 볼 수 없기 때문에 어떤 사람은 이 '네잎 클로버'를 찾는 사람은 행복을 얻는다고 말한다'고 하였으므로 정답은 C이다.

67

有的人常不好意思拒绝朋友的要求，害怕这样会影响两个人的感情。但真正的友谊不会因为你的一次拒绝就受到影响。

★ 有的人不愿拒绝朋友，是担心会：

A 后悔
B 影响友情
C 被人笑话
D 遇到困难

어떤 사람은 자주 미안해하며 친구의 요구를 거절한다. 이것이 두 사람의 감정에 영향을 줄 수 있다고 두려워하는 것이다. 그러나 진정한 우정은 당신의 한 번의 거절로 인해 영향을 받지는 않을 것이다.

★ 어떤 사람은 친구를 거절하기 꺼려하는데, 무엇을 걱정해서 :

A 후회할까 봐
B 우정에 영향을 줄까 봐
C 사람들로 하여금 비웃음을 살까 봐
D 어려움을 마주칠까 봐

단어 拒绝 jùjué 통 거절하다 | 害怕 hàipà 통 두려워하다 ‖ 后悔 hòuhuǐ 통 후회하다 | 友情 yǒuqíng 명 우정 | 困难 kùnnan 명 곤란, 어려움

해설 질문의 단어와 지문의 단어가 어떻게 바뀌는지 정확히 알아야 이해할 수 있는 문제이다. 지문에서 '不好意思拒绝(미안해하며 거절하다)'는 질문에서는 '不愿拒绝(거절하기를 꺼려하다)'로, '害怕(두려워하다)'는 '担心(걱정하다)'으로 바뀌어서 쓰였다. 어떤 사람이 친구를 거절하기 원하지 않는 것은 우정에 영향을 끼칠까 두려워서이므로 정답은 B이다.

68

　　我来中国一年多了，平时交流也没什么问题，大家都说我的汉语水平提高了很多，但我觉得我的阅读还不太好，需要多学习。

★ 他想要：

A 多复习
B 多交中国朋友
C 多学阅读
D 多了解中国文化

　　나는 중국에 온 지 1년이 넘었고 평상시 교류에도 어떤 문제가 없기에 모두 나의 중국어 실력이 많이 향상되었다고 말한다. 하지만 나는 나의 독해 실력이 그다지 좋지 못해 많은 공부가 필요하다고 생각한다.

★ 그가 하고 싶은 것은 :

A 복습 많이 하기
B 중국 친구와 많이 교류하기
C 독해 공부 많이 하기
D 중국문화 많이 이해하기

> **단어** 　交流 jiāoliú 图 교류하다 | 提高 tígāo 图 향상시키다 ‖ 了解 liǎojiě 图 이해하다 | 文化 wénhuà 명 문화

> **해설** 　질문에서 '想要(하고 싶다)'를 사용하여 그가 하고 싶어하는 것을 묻는 문제이므로 그와 관련된 단어를 찾으면 된다. 지문의 마지막 부분에서 '需要多学习(많은 공부가 필요하다)'라고 말하고 있는데 '需要(필요하다)'가 질문의 '想要(하고 싶다)'와 호응됨을 알고 있으면 쉽게 이해할 수 있다. 문맥상 그는 중국에 온 지 1년이 넘었고 교류하는데 있어서는 아무 문제가 없다고 했지만, 독해 실력이 아직 부족하다고 생각하므로 정답은 C이다.

69

　　做事情，不要一开始就考虑过多：会不会很难，结果会怎么样……这些其实都不重要，重要的是要勇敢地去做，只有去做，一切才有可能。

★ 根据这段话，做事情关键是：

A 敢于开始
B 提前调查
C 多研究
D 有责任心

　　일을 할 때, 시작하자마자 "어렵진 않을까", "결과는 어찌될까?" 등의 너무 많은 생각을 하지 말아라. 이러한 것들은 사실 모두 중요하지 않다. 중요한 것은 용감하게 나서서 하는 것이다. 나서서 하기만 하면 모든 것은 가능성이 있다.

★ 이 글에 근거하여, 일을 할 때 관건은 :

A 용감하게 시작해라
B 사전에 조사해라
C 많이 연구해라
D 책임감을 가져라

> **단어** 　考虑 kǎolǜ 图 생각하다 | 结果 jiéguǒ 명 결과 | 勇敢 yǒnggǎn 혭 용감하다 ‖ 敢于 gǎnyú 图 용감하게 ~하다 | 调查 diàochá 图 조사하다

> **해설** 　독해 3부분에서 문제를 풀 수 있는 지름길은 질문의 단어와 지문 단어의 상관관계를 빠르게 이해하고 키워드를 잡아낼 수 있어야 한다는 것이다. 질문에서 '关键'은 '관건'이라는 뜻으로 중요한 부분을 가리킬 때 쓴다. 지문에서 '重要的是要勇敢地去做(중요한 것은 용감하게 나서서 하는 것이다)'라고 했으므로 정답은 A이고 질문의 '关键(관건)'이 지문의 '重要的(중요한 것)'임을 빠르게 잡아낼 수 있어야 한다.

70

研究发现，如果人一天静坐超过7小时，就会影响身体健康。科学家提醒人们，每天静坐的时间最好不要超过5小时，尤其是久坐办公室的人和学生更要注意，有时间一定要站起来活动活动。

★ 科学家提醒人们：

A　要多走路
B　不要久坐
C　不要抽烟
D　要常检查身体

연구 결과 만약 사람이 하루에 7시간을 넘게 가만히 앉아있으면, 신체 건강에 영향을 줄 수 있다는 것으로 나타났다. 과학자는 사람들에게 매일 가만히 앉아있는 시간을 가장 좋기로는 5시간을 넘기지 말라고 권고했다. 특히 오랜 시간 사무실에 앉아있는 사람과 학생은 더욱 주의해야 하고 시간이 있으면 일어나서 움직여야 한다고 했다.

★ 과학자가 사람들에게 권고한 것은 :

A　많이 걸어라
B　오랜 시간 앉아있지 말아라
C　담배를 피우지 마라
D　신체검사를 자주 해라

> **단어**　健康 jiànkāng 몡 건강 ｜ 提醒 tíxǐng 동 일깨우다, 권고하다 ‖ 抽烟 chōuyān 동 담배를 피우다 ｜ 检查 jiǎnchá 동 검사하다

> **해설**　독해 3부분에서는 질문의 문장이 지문에 그대로 나오는 경우가 있다. 이러한 경우 점수를 쉽게 얻을 수 있으므로 빠르게 지문에서 질문과 일치하는 부분의 앞뒤 문장을 잘 살펴보고 보기에서 정답을 찾아내야 한다. '提醒'은 '일깨우다', '권고하다'라는 뜻으로 누군가에게 중요한 사실을 알려줄 때 쓰이는 단어이다. 질문에서 '科学家提醒人们(과학자가 사람들에게 권고한 것은)'이라고 하였는데, 지문의 밑줄 친 부분에도 똑같은 문장이 쓰여 '과학자는 사람들에게 매일 가만히 앉아 있는 시간을 가장 좋기로는 5시간을 넘기지 말라고 권고했다'고 했으므로 정답은 B이다.

71

上次去上海已经是7年前的事了，当时我还在北京读硕士。记得那时候正好是春天，山上的草都刚刚变绿，景色非常美。

★ 上次去上海时，他：

A　感冒了
B　在放寒假
C　在读硕士
D　觉得很无聊

지난번 상하이에 간 것이 이미 7년 전 일이 되었다. 당시 나는 베이징(北京)에서 석사 공부를 하고 있었다. 그때는 마침 봄이었는데 산의 풀이 모두 막 녹색으로 변해 경치가 매우 아름다웠던 것으로 기억한다.

★ 지난번 상하이에 갔을 때, 그는 :

A　감기에 걸렸다
B　겨울 방학 중이었다
C　석사 공부를 하는 중이었다
D　심심하다고 느꼈다

> **단어**　景色 jǐngsè 몡 풍경, 경치 ‖ 感冒 gǎnmào 동 감기에 걸리다 ｜ 寒假 hánjià 몡 겨울 방학 ｜ 无聊 wúliáo 혱 지루하다, 심심하다

> **해설**　상황을 제시하는 질문이 나올 경우, 똑같은 상황이 지문에 나와 있는지 확인한 후 앞뒤 문맥을 살피면 정답을 쉽게 찾을 수 있다. 지문의 첫 문장에 '上次去上海(지난번 상하이에 간 것)'라고 질문과 똑같은 문장이 있으므로 바로 뒤 문장을 살펴보면 정답을 알 수 있다. 지난번 상하이에 갔을 때 그는 베이징에서 석사 공부를 하고 있었다고 하였으므로 정답은 C이다.

72

旅游不仅能让我们看到许多美丽的景色，还能让我们认识很多来自各国的朋友。

여행은 우리로 하여금 많은 아름다운 경치를 볼 수 있게 할 뿐만 아니라 우리로 하여금 각국에서 온 많은 친구를 알게 해준다.

★ 这段话主要谈的是：

A 怎样准备旅游
B 旅行的目的
C 旅游的好处
D 真正的朋友

★ 이 글이 주로 이야기하는 것은:

A 어떻게 여행을 준비하는가
B 여행의 목적
C 여행의 좋은 점
D 진정한 친구

단어　旅游 lǚyóu 몡 여행 | 许多 xǔduō 혱 매우 많다 | 美丽 měilì 혱 아름답다 ‖ 准备 zhǔnbèi 동 준비하다 | 好处 hǎochu 몡 장점, 좋은 점

해설　주제를 물어보는 문제이다. 첫 문장의 주어 '여행'를 통해 이와 관련된 내용을 나열하고 있음을 알 수 있다. '不仅 A 还 B' 라는 구문은 'A할 뿐만 아니라, B하기도 하다'라는 뜻이며 이 구문을 사용하여 '여행'의 장점을 소개하고 있다. 여행은 우리에게 많은 아름다운 경치를 볼 수 있게 하며 각국에서 온 친구들을 알 수 있게도 한다고 하면서 여행의 장점에 대해 이야기하고 있으므로 정답은 C이다.

73

小李来中国6年了，中文水平很高。平时和中国朋友聊天儿，她几乎都能听懂。偶尔遇到难理解的词语，朋友稍微一解释她就明白了。

샤오리(小李)는 중국에 온 지 6년이 되었고 중국어 실력이 좋다. 평상시 중국 친구와 이야기를 하면 그녀는 거의 다 알아듣는다. 가끔 이해하기 어려운 단어를 들으면 친구가 약간 설명을 해주면 그녀는 바로 이해한다.

★ 和中国朋友交流时，她：

A 觉得很有意思
B 常查词典
C 大部分都明白
D 说得非常标准

★ 중국 친구와 교류할 때, 그녀는:

A 매우 재미있다고 느낀다
B 자주 사전을 찾는다
C 대부분 이해한다
D 말하는 것이 매우 정확하다

단어　遇到 yùdào 동 만나다, 맞닥뜨리다 | 稍微 shāowēi 변 조금, 약간, 다소 | 解释 jiěshì 동 해석하다, 설명하다 ‖ 大部分 dàbùfen 몡 대부분

해설　지문의 마지막 부분에 '一…就…'는 '일단 ～하기만 하면 ～하다'라는 의미로 자주 쓰이는 구문이므로 반드시 기억해야 한다. '稍微'는 '약간'이라는 뜻으로 종종 등장하는 단어이다. 약간 설명해 주면 이해할 수 있다고 했으므로 정답은 대부분 이해할 수 있다는 의미의 C이다.

74

这种植物的叶子非常漂亮，开的花也很香。不过它不喜欢阳光，适合放在阴凉的地方。不少人不了解它的这个特点，买回家后就把它一直放在窗边，这样它很容易死掉。

이 식물의 잎사귀는 매우 아름답고 피어나는 꽃도 매우 향기롭다. 그러나 이 식물은 햇빛을 싫어하여 그늘진 시원한 곳에 놔두는 것이 적합하다. 많은 사람이 식물의 이러한 특징을 이해하지 못하여, 사서 집에 돌아온 후 그것을 줄곧 창가에 놓는다. 이렇게 하면 그 식물은 쉽게 죽는다.

★ "这个特点" 指的是：

A 长得特别快
B 不喜欢阳光
C 花很漂亮
D 难适应环境

★ '이 특징'이 가리키는 것은:

A 자라나는 것이 매우 빠르다
B 햇빛을 싫어한다
C 꽃이 매우 아름답다
D 환경에 적응하기 어렵다

단어　适合 shìhé 동 적합하다 | 阴凉 yīnliáng 혱 그늘져 서늘하다 | 特点 tèdiǎn 몡 특징 | 容易 róngyì 혱 ～하기 쉽다

해설 '식물의 이러한 특징'이 지문에 나와 있으므로 그 앞부분을 살펴보면 정답을 유추할 수 있다. 앞에서 '이 식물은 햇빛을 싫어한다'라고 언급했으므로 '이러한 특징'이라는 것은 '햇빛을 싫어한다'이다. 따라서 정답은 B이다.

75

按照规定，儿童乘坐飞机也需要购买机票。不满两岁的孩子，票价是大人的10%，但不提供座位；而两岁至12岁的儿童，票价是大人的50%，提供座位。

★ 根据这段话，10岁的儿童坐飞机时：

A 无座位
B 机票半价
C 可提前登机
D 提供免费早餐

규정에 따르면 아동이 비행기에 탑승할 때에도 비행기표를 구매해야 한다. 2세가 되지 않은 아이의 푯값은 어른의 10%이고 자리는 제공되지 않는다. 2세에서 12세까지 어린이의 푯값은 어른의 50%이고 자리가 제공된다.

★ 이 글에 근거하여, 10세의 어린이는 비행기를 탈 때 :

A 자리가 없다
B 비행기표가 반값이다
C 미리 비행기에 탑승할 수 있다
D 무료로 아침밥이 제공된다

단어 按照 ànzhào 개 ~에 따라 | 提供 tígōng 동 제공하다 ‖ 登机 dēngjī 동 비행기에 탑승하다 | 早餐 zǎocān 명 아침밥

해설 질문에서 '10세의 어린이는 비행기를 탈 때'에 해당하는 내용을 묻고 있다. 이와 관련하여 지문에서 '2세에서 12세까지 어린이'라는 부분이 질문과 연결되는 것임을 알 수 있다. 또한, 지문의 '50%'가 보기에서는 '半价(반값)'로 표현되어 있음을 주의해야 한다. 종합해보면 이 지문의 마지막 문장에 근거하여 10세의 어린이는 비행기를 탈 때 푯값이 어른의 50%임을 알 수 있으므로 정답은 B이다.

76

张阿姨，我们这种矿泉水取自雪山，不仅很好喝，用它来洗脸对皮肤也很有好处，所以价格要比其他矿泉水贵一些。

★ 这种矿泉水的特点是：

A 很甜
B 有点儿咸
C 来自长山
D 洗脸对皮肤好

장 씨 아주머니, 저희 생수는 설산에서 가져온 것이라 마시기 좋을 뿐 아니라 이 물로 세수를 하면 피부에도 좋답니다. 그래서 가격이 다른 생수보다 조금 비싸요.

★ 이 생수의 특징은 :

A 달다
B 조금 짜다
C 창산에서 가져왔다
D 세수를 하면 피부에 좋다

단어 矿泉水 kuàngquánshuǐ 명 생수 | 皮肤 pífū 명 피부 ‖ 甜 tián 형 달다

해설 '对…有好处'는 '~에 이점이 있다'라는 뜻으로 지문에서는 앞에 '很'을 넣어 '有好处(이점이 있다)'를 강조하고 있다. 이 물로 세수를 하면 피부에도 좋다고 하였으므로 정답은 D이다.

77

目前，人们越来越多喜欢到郊区过周末。因为忙了一周后，他们想找一个空气新鲜、安静的地方好好放松一下。而且，方便的交通也为他们的出行提供了条件。

현재 사람들은 교외 지역으로 가서 주말을 보내는 것을 점점 더 좋아하고 있다. 왜냐하면 바쁜 한 주를 보낸 후, 그들은 공기가 신선하고 조용한 곳을 찾아 긴장을 풀고 싶어 하기 때문이다. 게다가 편리한 교통도 그들의 외출에 조건을 제공한다.

★ 人们喜欢去郊区玩儿，是因为那儿：

★ 사람들은 교외 지역으로 가서 노는 것을 좋아하는데, 왜냐하면 그곳은：

A 饭菜很好吃
B 环境不错
C 很少堵车
D 购物方便

A 음식이 맛있다
B 환경이 좋다
C 차가 덜 막힌다
D 물건 구매가 편리하다

단어 空气 kōngqì 몡 공기 ｜ 新鲜 xīnxiān 혱 신선하다 ｜ 安静 ānjìng 혱 조용하다 ｜ 方便 fāngbiàn 혱 편리하다 ｜ 交通 jiāotōng 몡 교통 ｜ 提供 tígōng 동 제공하다 ｜ 条件 tiáojiàn 몡 조건 ‖ 堵车 dǔchē 동 차가 막히다

해설 '提供了条件'은 어떠한 '조건을 제공한다'는 뜻이므로 문맥을 살펴보면 '～한 것들이 그들의 외출에 조건을 제공한다'는 의미이다. 따라서 그 앞 문장을 자세히 살펴보면 정답을 알 수 있다. 바로 앞 문장에서 신선한 공기와 편리한 교통이 그들이 외출할 조건을 마련해주고 있다고 설명하고 있으므로 정답은 B이다.

78

孩子一般是通过父母的看法来认识自己，因此父母要常对孩子说："你行！""你可以！"只要父母认为孩子行，孩子就会变得更加自信。

아이는 일반적으로 부모의 생각을 통해서 스스로를 인식한다. 이 때문에 부모는 아이에게 자주 "너는 해도 돼!", "너는 할 수 있어!"라고 말해야 한다. 부모는 아이가 할 수 있다고 여기기만 하면 아이는 더욱 자신감 있게 변할 수 있다.

★ 这段话主要想告诉我们，父母要：

★ 이 글이 우리에게 주로 말하고자 하는 것으로, 부모는：

A 听孩子的意见
B 跟孩子一起商量
C 多鼓励孩子
D 理解孩子

A 아이의 의견을 들어라
B 아이와 함께 상의해라
C 아이를 많이 격려해라
D 아이를 이해하라

단어 因此 yīncǐ 접 이로 인하여 ｜ 自信 zìxìn 혱 자신감 있다 ‖ 商量 shāngliang 동 상의하다 ｜ 鼓励 gǔlì 동 격려하다 ｜ 理解 lǐjiě 동 이해하다

해설 질문에서 부모가 해야 할 일을 묻고 있는데 이때의 '父母要(부모는 ～해야 한다)'가 지문에서 똑같이 제시되고 있으므로 그 뒤 문장이 바로 답이 될 수 있다. '只要 A 就 B'는 'A하기만 하면 바로 B하다'라는 구문으로, 지문에서는 '아이가 된다고 여기기만 하면 아이는 (바로) 더욱 자신감 있게 변할 수 있다'고 했으므로 정답은 C이다.

79

我昨天到机场后，只想着给妹妹买礼物，竟然忘记换登机牌了。如果不是同事提醒，我差点儿就错过了航班。

나는 어제 공항에 도착한 후, 단지 여동생에게 선물을 사주는 것만 생각한 채 뜻밖에도 탑승권을 교환하는 것을 잊었다. 만약 동료가 알려주지 않았더라면 나는 하마터면 항공편을 놓칠 뻔 했다.

★ 说话人：

★ 말하는 사람은：

A 赶上了航班
B 来不及买礼物
C 推迟了约会
D 买不到机票

A 항공편을 가까스로 탔다
B 선물을 살 겨를이 없다
C 약속을 뒤로 미루었다
D 비행기표를 사지 못했다

단어 机场 jīchǎng 몡 공항 | 礼物 lǐwù 몡 선물 | 竟然 jìngrán 뷔 뜻밖에도, 의외로 | 忘记 wàngjì 툉 잊어버리다 | 提醒 tíxǐng 툉 일깨우다 | 差点儿 chàdiǎnr 뷔 하마터면 | 推迟 tuīchí 툉 뒤로 미루다

해설 '如果…就…'는 '만일 ～하면 바로 ～하다'라는 뜻의 중요 구문이므로 반드시 알아두어야 한다. 지문에서 여동생에게 줄 선물을 사는 것만 생각하다가 만일 동료가 알려주지 않았더라면 항공편을 놓칠뻔했다고 말하고 있으므로 정답은 A이다.

80-81

⁸⁰不少人都羡慕导游，觉得他们能到处玩儿。⁸¹其实，这个职业并不像人们想的那样轻松。首先，导游要对景点非常了解，而且讲解时还要想办法引起游客的兴趣。其次，导游每天都要走很多路，只有能吃苦，才能坚持下来。另外，旅行中会遇到各种各样的麻烦，导游必须能够冷静地解决问题。

⁸⁰많은 사람이 가이드를 부러워하며 그들이 곳곳에서 놀 수 있다고 여긴다. ⁸¹사실 이 직업은 사람들의 생각처럼 결코 그렇게 수월하지는 않다. 첫째, 가이드는 관광명소에 대해 많은 이해가 있어야 하고 설명할 때에는 방법을 생각해 관광객의 흥미를 유발시켜야 한다. 둘째, 가이드는 매일 많은 길을 걸어야 하는데 고생을 견딜 수 있어야만 비로서 견지할 수 있다. 그 밖에 여행 중 각양각색의 골칫거리 만날 수 있는데 가이드는 반드시 침착하게 문제를 해결할 수 있어야 한다.

단어 羡慕 xiànmù 툉 부러워하다 | 导游 dǎoyóu 몡 가이드 | 职业 zhíyè 몡 직업 | 轻松 qīngsōng 톙 수월하다, 홀가분하다 | 引起 yǐnqǐ 툉 (주의를) 끌다 | 麻烦 máfan 골칫거리 | 冷静 lěngjìng 톙 냉정하다, 침착하다 | 解决 jiějué 툉 해결하다

80

★ 很多人羡慕导游，是因为导游：

A 工资高
B 很轻松
C 知识丰富
D 能去各地玩儿

★ 많은 사람이 가이드를 부러워하는데, 왜냐하면 가이드는 :

A 월급이 높다
B 수월하다
C 지식이 풍부하다
D 여러 곳에 가서 놀 수 있다

단어 工资 gōngzī 몡 월급 | 知识 zhīshi 몡 지식

해설 첫 문장에서 질문과 같은 문장이 나오고 있으므로 바로 뒤의 내용이 답이 될 수 있다. '到处玩儿(곳곳에서 놀다)'은 보기에서 '去各地玩儿(여러 곳에 가서 놀다)'로 바뀌어 제시되었는데, '到处'는 '도처', '곳곳'이라는 뜻이므로 '去各地(여러 곳에 가다)'와 같다. 적지 않은 사람들이 관광가이드라는 직업을 부러워하는 이유는 여러 곳에 놀러 갈 수 있다고 생각해서라고 말하고 있으므로 정답은 D이다.

81

★ 根据这段话，可以知道什么？

A 旅行费很贵
B 游客没耐心
C 热情很关键
D 导游工作辛苦

★ 이 글에 근거하여, 알 수 있는 것은 무엇인가?

A 여행비가 비싸다
B 여행객은 인내심이 없다
C 친절함이 관건이다
D 가이드 일은 고생스럽다

단어 耐心 nàixīn 몡 인내심 | 关键 guānjiàn 몡 관건 | 辛苦 xīnkǔ 톙 고생스럽다

해설 '其实(사실)'라는 단어는 일반적으로 사람들이 생각하는 것과 다르다는 것을 설명할 때 많이 쓰이며 이는 곧 답이 되는 경우가 많다. '并不'는 '결코 ～하지 않다'는 뜻으로 가이드 업무가 수월하지 않다고 하고 있으므로 정답은 D이다.

⁸²一般情况下，对于不太熟悉的人，我们往往会根据周围人对他的想法来做出判断，但这样并不一定正确。⁸³要想真正了解一个人，不能只听别人说，⁸³而应该多与他交流，时间久了，自然就会了解这个人。

⁸²일반적인 상황에서 그다지 익숙하지 못한 사람에 대해 우리는 종종 주위 사람의 그에 대한 생각을 근거하여 판단하곤 한다. 하지만 이러한 것이 결코 반드시 정확한 것은 아니다. ⁸³진정으로 한 사람을 이해하고 싶다면 단지 다른 사람이 말하는 것만을 들어서는 안 된다. ⁸³마땅히 그와 많은 교류를 해야 하며 시간이 오래되면 자연스럽게 이 사람을 이해할 수 있을 것이다.

단어 熟悉 shúxī 톙 익숙하다 | 周围 zhōuwéi 몡 주변 | 判断 pànduàn 동 판단하다 | 正确 zhèngquè 톙 정확하다 | 了解 liǎojiě 동 이해하다 | 交流 jiāoliú 동 교류하다

82

★ 人们一般根据什么来判断不熟悉的人？

A 自己的检验　　B 别人的看法
C 他人的性格　　D 老人的经历

★ 사람들은 일반적으로 어떠한 것에 근거하여 익숙하지 않은 사람을 판단하는가?

A 자신의 경험　　**B 다른 사람의 생각**
C 타인의 성격　　D 노인의 경험

단어 性格 xìnggé 몡 성격

해설 일반적으로 사람들이 생각하는 내용에 대해 묻고 있는 문제이므로 '一般(일반적이다)', '一般来说(일반적으로 말하다)' 등과 같은 단어가 나와 있는지 자세히 살펴봐야 한다. 이러한 문제의 경우 일반적으로 생각하는 내용이 가장 첫 부분에 제시될 확률이 높다. 첫 문장에서 '일반적인 상황에서 그다지 익숙하지 못한 사람에 대해 우리는 종종 주위 사람의 그에 대한 생각을 근거하여 판단하곤 한다'고 언급하고 있으므로 정답은 B이다.

83

★ 想真正了解一个人，应该:

A 相信他
B 同情他
C 多与他交流
D 多提赞成意见

★ 진정으로 한 사람을 이해하고 싶으면, 마땅히 :

A 그를 믿어라
B 그를 동정해라
C 그와 많은 교류를 해라
D 찬성 의견을 많이 내놓아라

단어 同情 tóngqíng 동 동정하다 | 赞成 zànchéng 동 찬성하다

해설 질문에서 묻고 있는 '진정으로 한 사람을 이해하고 싶다'라는 부분을 글에서 찾아 바로 뒤 문장을 살펴보면 정답을 쉽게 알아낼 수 있다. '不能只…而…'은 '단지 ~해서는 안 되고 오히려 ~해야 한다'는 뜻이므로 '而(오히려)' 뒤 문장이 정답이 될 수 있다. 글에서 '진정으로 한 사람을 이해하고 싶다면 마땅히 그와 많은 교류를 해야 한다'고 했으므로 정답은 C이다.

 **84-85**

幸福是什么? 各有各的看法。有人说健康是最大的幸福。[84]还有人说，小时候幸福是一件东西，比如[84]一本书、一块儿巧克力，得到了就很幸福；长大后，幸福是一种态度，是生活的态度决定了我们幸福感的高低。[85]无论你认为幸福是什么，只要你用心去找，就一定能发现它。

행복은 무엇인가? 사람마다 각자의 생각이 있다. 어떤 사람은 건강이 가장 큰 행복이라고 말한다. [84]또 어떤 사람은 어렸을 때의 행복은 하나의 물건이라고 말한다. 예를 들어 [84]책 한 권, 초콜릿 한 덩이를 얻었을 때가 바로 행복이라는 것이다. 성장한 후의 행복은 일종의 태도이다. 생활의 태도는 우리의 행복감의 높이를 결정한다. [85]당신이 행복이 무엇이라고 여기는지를 막론하고 마음을 다해 찾아 나선다면 반드시 그것을 발견할 수 있을 것이다.

단어 幸福 xìngfú 몡 행복 | 健康 jiànkāng 몡 건강 | 巧克力 qiǎokèlì 몡 초콜릿 | 态度 tàidu 몡 태도 | 决定 juédìng 동 결정하다

84

★ 有人觉得小时候幸福是:

A 得到关心
B 多玩儿游戏
C 取得好成绩
D 得到一件东西

★ 어떤 사람은 어렸을 때의 행복은 무엇이라고 생각하는가 :

A 관심을 얻는 것
B 게임을 많이 하는 것
C 좋은 성적을 얻는 것
D 하나의 물건을 얻는 것

단어 关心 guānxīn 몡 관심 | 游戏 yóuxì 몡 게임, 놀이

해설 질문의 키워드는 '小时候幸福(어렸을 때의 행복)이다. 이와 관련하여 비슷하거나 같은 단어를 글에서 찾아 그 뒤에 이어지는 문장을 살펴보면 곧바로 답을 유추할 수 있다. 글에서도 똑같이 '小时候幸福(어렸을 때의 행복)'라는 단어를 사용하여 어렸을 때의 행복은 책 한 권, 초콜릿 한 덩이처럼 어떤 물건을 얻음으로써 생길 수 있다고 하였으므로 정답은 D이다.

85

★ 最后一句的 "它" 指的是:

A 幸福　　　　B 高兴
C 性格　　　　D 态度

★ 가장 마지막 문장의 '그것'이 가리키는 것은 :

A 행복　　　　B 기쁨
C 성격　　　　D 태도

단어 性格 xìnggé 몡 성격

해설 마지막 문장에서 '无论…只要…就…'는 '～를 막론하고 ～하기만 하면 바로 ～할 수 있다'라는 의미이며 자주 쓰이는 구문이므로 반드시 알아두어야 한다. 마지막에 나오는 '그것'이 무엇인지 알기 위해서는 바로 그 앞 문장을 살펴보면 된다. '당신이 행복이 무엇이라고 여기는지를 막론하고 마음을 다해 찾아 나선다면 반드시 그것을 발견할 수 있을 것이다'라고 하였으므로 '그것'이 가리키는 것은 행복이다. 따라서 정답은 A이다.

书 写

第 一 部 分

86-95

86　意见和看法　　谈了　　他们都　　自己的

정답　他们都谈了自己的意见和看法。　　　그들은 모두 자신의 의견과 견해를 이야기했다.

단어　谈 tán 图 말하다, 이야기하다 | 意见 yìjiàn 閱 의견 | 看法 kànfǎ 閱 견해

해설　단어를 배열하는 문제에서는 술어를 찾는 것이 제일 중요하다. 제시어 중 술어가 될 수 있는 표현은 '了'가 붙은 '谈(이야기하다)' 뿐이다. '谈(이야기하다)'이 술어로 쓰일 때, '그들은 모두 자신의 의견과 견해를 이야기했다'라는 해석이 제일 적절하므로 '他们(그들)'은 주어, '意见和看法(의견과 견해)'는 목적어가 된다.

他们　都　谈了　自己的　意见和看法。
주어　부사어　술어　관형어　　목적어

87　要　好习惯　的　养成　晚上读书

정답　要养成晚上读书的好习惯。　　　저녁에 책을 읽는 좋은 습관을 길러야 한다.

단어　习惯 xíguàn 閱 습관 | 读书 dúshū 图 책을 읽다 | 养成 yǎngchéng 图 양성하다, 기르다

해설　'养成习惯'은 '습관을 기르다'라는 의미의 술목구조이다. '要(~해야 한다)'는 조동사이기 때문에 술어인 '养成(기르다)'앞에, '晚上读书的(저녁에 책을 읽는)'는 '习惯(습관)' 앞에 들어가야 한다.

要　养成　晚上读书的　好习惯。
부사어　술어　관형어　　목적어　(주어 생략)

88　英文　他的　说得　不太标准

정답　他的英文说得不太标准。　　　그의 영어는 말하는 것이 그다지 표준적이지 못하다.

단어　标准 biāozhǔn 刨 표준적이다

해설　'得'는 술어 뒤에서 정도를 나타내는 정도보어를 만들어주는 구조조사이다. 일반적으로 '술어 + 得 + 형용사구'의 형태로 쓰인다. '说(말하다)'라는 동사 뒤에 '得'가 붙었고 그 뒤에 형용사구를 붙여야 하므로 '不太标准(그다지 표준적이지 못하다)'을 '说得(말하다)' 뒤에 붙여 주면 된다.

他的　英文　说　得　不太标准。
관형어　주어　술어　　보어

89　调查　还　吗　你现在　来得及

정답　你现在还来得及调查吗?　　　당신은 지금 조사할 겨를이 있겠나요?

단어　调查 diàochá 图 조사하다 | 来得及 láidejí 图 늦지 않다, ~할 겨를이 있다

해설 '来得及'는 '늦지 않다'라는 의미도 있지만 '~할 겨를이 있다'라는 의미도 가지고 있다. 또한, '~할 겨를이 있다'라는 의미로 쓰일 때는 바로 뒤에 동사를 가지고 와 큰 술어 덩어리를 만든다는 것을 알아야 한다. 제시어에서는 동사가 '来得及(~할 겨를이 있다)'와 '调查(조사하다)'가 있는데 이를 붙여서 '조사할 겨를이 있다'라는 의미가 된다.

你　　现在还　　来得及调查　　吗?
주어　　부사어　　술어

90　排好队　　按照　　顺序　　请大家

정답 请大家按照顺序排好队。 | 여러분 순서에 따라 줄을 잘 서주세요.

단어 请 qǐng 图 청하다, 부탁하다 | 按照 ànzhào 꽤 ~에 따라 | 顺序 shùnxù 몡 순서 | 排队 páiduì 图 줄을 서다

해설 '排队'는 '줄을 서다'라는 의미의 이합동사이다. 결과보어 '好'는 술어 뒤에 붙는 것이기 때문에 '줄을 잘 서다'라고 쓸 때는 술어인 '排(배열하다)'뒤에 '好'를 붙여야 한다. 그리고 '按照'는 '~에 따라'라는 의미의 개사이며 개사는 술어 앞에서 '개사 + 명사 + 술어'의 순서로 와서 '按照顺序排好队(순서에 따라 줄을 잘 서다)'라고 써야 한다.

请　　大家　　按照顺序　　排　　好　　队。
　　　주어　　부사어　　술어　보어　목적어
술어　　　　　　　목적어

91　我　　适应了　　这里的　　已经　　生活

정답 我已经适应了这里的生活。 | 나는 이미 이곳의 생활에 적응했다.

단어 已经 yǐjing 閉 이미, 벌써 | 适应 shìyìng 图 적응하다 | 生活 shēnghuó 몡 생활

해설 제시어에서 술어가 될 수 있는 것은 '了'와 함께 있는 '适应(적응하다)'이다. 해석상 '내가 생활에 적응하다'라는 주술목구조가 어울리기 때문에 주어는 '我(나)', 목적어는 '生活(생활)'가 된다.

我　　已经　　适应了　　这里的　　生活。
주어　부사어　술어　　관형어　　목적어

92　内容　　原来的　　他　　不得不　　改变

정답 他不得不改变原来的内容。 | 그는 어쩔 수 없이 원래의 내용을 바꿨다.

단어 不得不 bùdébù 閉 어쩔 수 없이 | 改变 gǎibiàn 图 바꾸다, 고치다 | 原来 yuánlái 혱 원래의 | 内容 nèiróng 몡 내용

해설 '改变'은 '바꾸다'라는 뜻의 동사이므로 술어가 될 수 있다. 이때 바꾸는 것에 대한 주체는 사람인 '他(그)'가 되고 목적어는 '内容(내용)'이다. 마지막으로 '不得不'는 '어쩔 수 없이'라는 뜻의 부사이기 때문에 술어 앞에 와야 한다.

他　　不得不　　改变　　原来的　　内容。
주어　부사어　　술어　　관형어　　목적어

93　举个　　例子　　你　　能　　解释　　吗

정답 你能举个例子解释吗? | 당신은 예를 들어 설명할 수 있습니까?

단어 举 jǔ 图 들다 | 例子 lìzi 몡 예 | 解释 jiěshì 图 설명하다

해설 '举例子'는 '예를 들다'라는 의미의 술목구조이다. 제시어 중에 술어가 될 수 있는 동사는 '举(들다)'와 '解释(설명하다)'인데 '예를 들어 설명하다'라는 해석이 가능하므로 '举(들다)'가 첫 번째 술어, '解释(설명하다)'가 두 번째 술어로 쓰일 수 있다.

你　　能　　举个　　例子　　解释　　吗?
주어　부사어　술어1　목적어　술어2

<table>
<tr><td>**94**</td><td>都　完成了　　今天　　所有的　　任务</td></tr>
</table>

정답 今天所有的任务都完成了。　　　　　　오늘 모든 업무를 모두 완수했다.

단어 所有 suǒyǒu 혱 모든, 전체의 ｜ 任务 rènwu 몡 임무 ｜ 都 dōu 뷔 모두 ｜ 完成 wánchéng 둉 완성하다, 완수하다

해설 부사인 '都(모두)'는 앞에 복수형의 내용이 나와야만 나올 수 있는 부사이다. 다시 말해 앞에서 '所有 + 명사'가 나와야 부사어 자리에 '都(모두)'가 나올 수 있다는 것이다. 그러므로 주어 자리에는 '所有的任务(모든 업무)'가 나와야 한다. 또한, '今天(오늘)'은 시간 명사이기 때문에 주어 앞에 쓸 수 있다.

今天　　所有的　　任务　　都　　完成了。
부사어　관형어　　주어　부사어　술어

<table>
<tr><td>**95**</td><td>这个班的　　大部分　　学生　　日本　　来自</td></tr>
</table>

정답 这个班的大部分学生来自日本。　　　　　이 반 대부분의 학생은 일본에서 왔다.

단어 大部分 dàbùfen 몡 대부분 ｜ 来自 láizì 둉 ～에서 오다 ｜ 日本 Rìběn 몡 일본

해설 '自'는 술어 뒤에 쓰일 때 '～로 부터'라고 해석될 수 있다. 그러므로 '来自'는 '～에서 오다'가 되며 뒤에 장소가 나올 수 있다. 제시어 중 장소는 '日本(일본)' 뿐이기 때문에 '来自日本(일본에서 오다)'라고 쓸 수 있다.

这个班的大部分　　学生　　来　　自日本。
　관형어　　　　　주어　　술어　　보어

第 二 部 分

96-100

96 
汗

모범답안　我每次运动的时候都会出很多汗。

나는 매번 운동할 때마다 많은 땀을 흘린다.

단어　出汗 chūhàn 동 땀이 나다

해설　'出汗'은 '땀이 나다'라는 의미의 이합동사이므로 '많은 땀이 나다'는 '出很多汗'으로 쓴다.

97 
困

모범답안　我困了，想去睡觉。

나 피곤해져서 자러 가고 싶어.

단어　困 kùn 형 피곤하다 ｜ 睡觉 shuìjiào 동 잠을 자다

해설　'困了'는 '피곤해졌다'라는 변화의 느낌을 준다.

98 
受不了

모범답안　走太多了，腿疼得受不了了。

너무 많이 걸어서 다리가 견딜 수 없을 정도로 아프다.

단어　腿 tuǐ 명 다리 ｜ 疼 téng 동 아프다 ｜ 受不了 shòubuliǎo 동 견딜 수 없다

해설　'得'는 술어 뒤에서 정도를 나타내는 정도보어를 만들어주는 구조조사이다. 일반적으로는 '술어 + 得 + 형용사구'의 형태로 쓰이며 이 순서대로 나열하면 '疼得受不了(견딜 수 없을 정도로 아프다)'가 된다.

99 
抬

모범답안　我们把沙发抬到客厅去吧。

우리 소파를 들어 거실로 옮기자.

단어　沙发 shāfā 명 소파 ｜ 抬 tái 동 들어 올리다 ｜ 客厅 kètīng 명 거실, 객실

해설　'把'는 '～를'이라는 의미의 개사이므로 술어 앞에 놓아야 하며, 술어 뒤에 쓰이는 '到'는 '～까지'라는 의미이다.

100 
长城

모범답안　我打算这个周末去爬长城。

나는 이번 주말에 만리장성을 오르러 갈 계획이다.

단어　爬 pá 동 오르다 ｜ 长城 Chángchéng 명 만리장성

해설　'打算'은 '～할 계획이다'라는 의미로 뒤에 나오는 '这个周末去爬长城(이번 주말에 만리장성을 오르다)'은 '打算'의 목적이 된다.

북경대 新HSK 실전 모의고사

2급 · 3급 · 4급 · 5급 · 6급

최신 개정판

★ 출간 즉시 新HSK 시험 매회 적중!

★ 〈新HSK 이거 하나면 끝! 실전 모의고사〉 완벽 해설판!

★ 급수별 필수 단어장 무료 제공!

북경대출판사 펴냄, 쳰즈 외 지음 | 4×6배판

2급	276쪽	16,500원
3급	248쪽	16,500원
4급	308쪽	17,500원
5급	400쪽	18,500원
6급	488쪽	19,500원

중국어뱅크

新HSK 이거 하나면 끝!

실전 모의고사

3급 · 4급 · 5급 · 6급

新HSK 시험문제 최다 적중!
新HSK 모의고사 베스트 1위!

★ 실전모의고사 5회분 수록

★ 실제 시험에 가까운 문제유형 · 난이도 · 길이 ·
어휘 선정

북경대출판사 펴냄, 쳰즈 외 지음 | 4×6배판

3급	152쪽	11,500원
4급	168쪽	12,500원
5급	200쪽	13,500원
6급	224쪽	14,500원

TSC 한권이면 끝

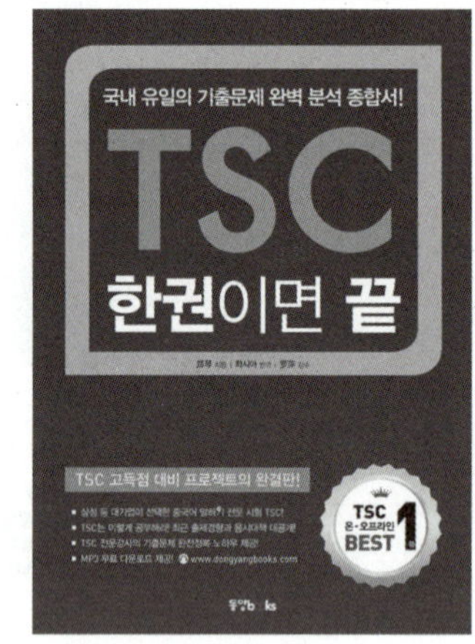

★ 국내 유일의 TSC 기출문제 완벽 분석!
★ 저자의 다년간 TSC 강의 경력을 이 책 한 권에!
★ 각 부분별 학습 공략법 및 예상 답안 대 공개!
★ 충분히 학습・연습할 수 있는 다량의 문제와 답안 제시!

郑琴 지음・최시아 번역 | 4×6배판 | 556면 | 26,500원
(MP3 무료 다운로드)

TSC VOCA

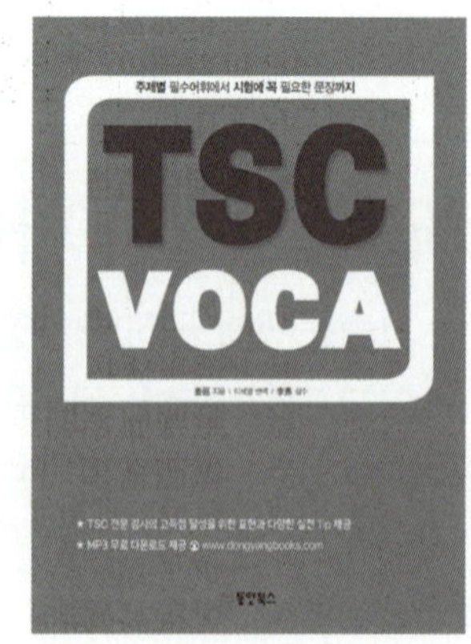

★ TSC 기출단어 완벽 분석!
★ 고득점 달성을 위한 문장 수록!
★ 다양한 중국어 숙어와 어휘 부록!

지앙리 지음 | 142×220 | 424면 | 19,500원
(MP3 무료 다운로드)